Großer Lernwortschatz
Deutsch als Fremdsprache

Vocabulary for Learners of German –
A Comprehensive Thesaurus

Deutsch – Englisch
German – English

Englische Bearbeitung
English translation

John Stevens

Max Hueber Verlag

Autorinnen und Verlag danken
Herrn **Gerd Antensteiner** und Frau **Raffaella Pepe**
für die Bearbeitung des Wortschatzes hinsichtlich
sprachlicher und landeskundlicher Besonderheiten
Österreichs und der Schweiz.

4. 3. 2. | Die letzten Ziffern
2010 09 08 07 06 | bezeichnen Zahl und Jahr des Druckes.
Alle Drucke dieser Auflage können, da unverändert,
nebeneinander benutzt werden.
1. Auflage
© 2003 Max Hueber Verlag, 85737 Ismaning, Deutschland
Verlagsredaktion: Hans Hillreiner, München; Grit Eilhardt, München
Umschlaggestaltung: Parzhuber & Partner, München
Satz: Federer & Krauß GmbH, Augsburg
Druck und Bindung: Ludwig Auer GmbH, Donauwörth
Printed in Germany
ISBN 3–19–007472–0

Inhalt
Contents

Vorwort
Introduction

The *Großer Lernwortschatz Deutsch als Fremdsprache* is an up-to-date, comprehensive and highly efficient tool for learning vocabulary and fulfils all requirements of a modern approach to language learning.

The *Großer Lernwortschatz Deutsch als Fremdsprache* is designed for both adult and younger learners, at elementary, intermediate and advanced level, who want to revise, consolidate, extend and/or reinforce their knowledge of German vocabulary.

With roughly 15,000 entries, the *Großer Lernwortschatz Deutsch als Fremdsprache* provides an extensive vocabulary base and an ideal foundation on which to build. It will enable you to get equipped for a trip to a German-speaking country, master communicative situations at work, at school, and in everyday private life, and prepare for exams.

The *Großer Lernwortschatz Deutsch als Fremdsprache* is ideally suited to the needs of self-study learners, but can also be used to complement classroom learning from the middle of elementary level on (level A2 in the *European Framework of Reference for Language Learning and Teaching*).

The vocabulary that is part of the vocabulary list for the *Certificate of German* (= level B1 in the European reference framework) is highlighted with an asterisk* to make it easily identifiable.

The *Großer Lernwortschatz Deutsch als Fremdsprache* is organized in thematic areas and sub-areas. Major headwords, i.e. important words that typically belong to the topic area, are highlighted in colour to make them easy to find.

To ensure prompt and efficient access, there are separate English and German indexes at the back of the book with chapter number references which will enable learners to search for specific terms and gain easy access to the relevant words of the given topic area. To ensure that the indexes remain clearly structured and easy to use, they include only the main entries and their English translations.

Why are the words grouped according to topic areas?

Psychological research into learning and memory shows that language learners remember better when they encounter and learn words in fields and in meaningful contexts. So, instead of simple vocabulary entries, there are lots of example sentences showing how the words can occur in a concrete communicative situation.

The thematic arrangement in conjunction with the alphabetical index is moreover considerably more user-friendly. As the user finds all the relevant words, functional phrases and idiomatic expressions and cultural information related to a specific situation in one place.

For example, if you go out to a restaurant to eat, the following words, idiomatic expressions and cultural information may be useful: *Ist hier noch frei? / Bezahlen, bitte. / s Menü / Wieviel Trinkgeld soll ich geben?* etc.

In addition there are info boxes on the following areas:

 cultural features of special note in the German-speaking countries

 word fields, specialist vocabulary and technical terms

 functional and idiomatic phrases linked to the topic

 grammatical features of special note and "false friends"

 proverbs and colloquial turns of phrase (not part of the compulsory learning vocabulary, but as extra information and for fun)

These info boxes, the functional and idiomatic phrases listed there, and also the example sentences in the regular entries convey to learners how the words are actually used in concrete linguistic situations.

A German-language *Großer Lernwortschatz Deutsch* also of course covers Austrian and Swiss variants.
The relevant entries are marked by the abbreviations *österr.* and *schweiz* (variants restricted to Southern Germany are annotated *süddt.*).

The appendix contains two separate lists with the Austrian and Swiss variants included in the *Großer Lernwortschatz Deutsch als Fremdsprache* (incl. standard variants from the *Certificate of German* wordlist). Where there are cultural differences in Austria and Switzerland compared to Germany, there are additional info boxes with a contrastive description of the special cultural features.

Benutzerhinweise / Zeichenerklärung
Notes for the user / Explanation of symbols

s **Wọrt**, ⸚er	main entry in bold print and colour: This is how the most important words in the relevant topic area are marked. These words can be found in the alphabetical index.
r Mann	abbreviation for the masculine definite article *der*
e Frau	abbreviation for the feminine definite article *die*
s Kind	abbreviation for the neuter definite article *das*
s Kind, -er	plural form with plural ending: *Kind, Kinder*
s Haus, ⸚er	plural form with umlaut: *Haus, Häuser*
r Direktor, -en // e Direktorin, -nen	symbol separating masculine and feminine form
[...]	text in square brackets: English translator's note, or when there is no equivalent in English
Sg	This word only exists in the singular in this meaning.
Pl	This word only exists in the plural in this meaning.
ụntergehen	marking of main stress: here a short vowel
unterschreịben	marking of main stress: here a long vowel
+*A*	+ accusative (only given for prepositions that govern more than one case)
+*D*	+ dative (only given for prepositions that govern more than one case)
jn	jemanden (= sb / accusative object)
jm	jemandem (= sb / dative object)
etw	etwas (= sth)
sb	somebody
sth	something
süddt.	Southern German variant
österr.	Austrian variant
schweiz.	Swiss variant
ugs.	colloquial
AE / BE	American English / British English
House rhymes *with* mouse.	word in italics in English column when there is a risk of a typical mistake being made as a result of interference, i.e. when the English word or a rule could be wrongly used or applied in German: so-called "false friends".
s Handy ['hɛndi]	phonetic transcription is given only when the pronunciation of the German word is not clear because it is, e.g., a foreign loan-word or an internationalism.
↔	opposite / antonym
*	part of the *Certificate of German* wordlist

It is assumed that users of the *Großer Lernwortschatz Deutsch als Fremdsprache* already have a basic knowledge of German grammar, hence the grammatical notes are restricted to the following:

gehen (ging, ist gegangen) — past forms of irregular verbs (only given for main entries)

gut (besser, best-) — irregular comparative and superlative forms (only given for main entries)

(sich) waschen — reflexive pronoun (in brackets when not compulsory)

jn waschen — *jemanden*; accusative object of verb

jm helfen — *jemandem*; dative object of verb

sich beklagen (über +*A*) — indication of the case after a preposition, only given for prepositions that govern more than one case (accusative or dative), i.e. no note when a preposition always governs only the accusative or dative. This is assumed as known.

Lerntipps
Learning tips

Notes and ...

Learning new words
When learning the words,
say the German words or
sentences out loud,
paying attention to the
correct word stress.
Reading, saying out loud
and listening enhances
the ability to memorise.
It has also been estab-
lished that the ability to
memorise is improved if
you move about when
learning vocabulary.
Learning vocabulary is
(usually) only successful if
the topic is of interest and
motivation is strong
enough.

Revising & repeating words
Words are only transferred
from short-term to long-
term memory if they are
learned, used and/or
recognised **more than
once**.

tips on learning vocabulary

➡ Write the (for you important) **words** from a
chapter down **on little cards**. This enables
you to learn vocabulary wherever you happen
to be.

➡ Cover up one column in the book and trans-
late the individual entries. **Say them out loud**.

➡ Try **learning** in a different way, **by moving**
about at the same time, e.g. going for a walk.

➡ Find out what is your **optimal learning
environment**. You should definitely make
sure you're not distracted by loud music or
noise.

➡ **Learn** with a **cassette** or Walkman / MD-
Player: Record the English word or sentence,
make a short pause, then say the German word
or sentence. Pay attention to the correct word
stress.
When you want to learn, listen to the cassette
and repeat the word or sentence out loud.

➡ Only learn the **words that personally
interest you**, that you need (for an exam)
and will use one day.

➡ If you use little cards for learning (see above),
you can repeat and revise words at certain
fixed intervals by using a **card index system**:
cards with words that you know are placed in
the compartment at the back. You should
revise these again a few days later.
Cards with words that you're not so sure of are
placed in the front section and have to be
learned again.

➡ Hang up **learning posters** with words or
sentences that you find difficult to learn in a
prominent position in your home or place of
work. Your attention will be drawn to them
repeatedly during the course of the day.

➡ When you have learned new words, read or
listen to something on the topic, or talk to
somebody about it or write a short text on it.

Learning words in small portions

Every human being has his or her own rhythm and tempo when learning something new. Most people's ability to take things in is exhausted after around 30 minutes.

➡ Learn new vocabulary and then **take a break after around 30 minutes**.
Do something else for about 5 – 10 minutes. Clear your head by, for example, massaging your earlobe or drawing in the air a figure of eight on its side (symbol for infinity) with your nose. Do whatever enables you to relax.

Good luck and have fun with your vocabulary learning!

The authors

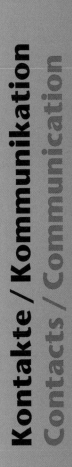

Kontakte / Kommunikation
Contacts / Communication

e **Begrüßung**, -en	greeting, welcome
***begrüßen**	greet, to welcome
***grüßen** / Hallo sagen	greet / say hello
Grüßen Sie Herrn Schneider von mir. – Ich werde es ausrichten.	Give Mr Schneider my regards. – I'll tell him.
r ***Gruß**, ̈e	greeting
Liebe Grüße an Gerd. – Mach ich.	Love to Gerd. – Will do.
Ich soll Sie von Herrn Straub grüßen. / Schöne Grüße von Klaus.	Mr Straub asked me to say hello. / Regards from Klaus.

Hello!

Guten *Tag. / Hallo! *Herr / *Frau Heuer.	Hello, Mr / Ms / Mrs Heuer.
Guten Tag zusammen. (ugs.)	Hello everybody.
Guten *Morgen.	Good morning.
Guten *Abend.	Good evening.
Gute *Nacht.	Good night.
Morgen. (ugs.)	Morning.
Grüezi. ['gryːɛtsi] / Salü. ['zaly *auch* za'lyː] *(schweiz.)*	Hello.
Servus. (südd., österr.)	Hello.
Grüß Gott. / Grüß dich / euch. (südd., österr.)	Hello.
Hi. ['hai] (ugs.)	Hi.
Lange nicht gesehen. (ugs.)	Long time no see.
Freut mich. / Angenehm.	Nice to see you. / Pleased to meet you.
*Willkommen (zu Hause).	Welcome (home).
*Herzlich Willkommen.	A warm welcome to you.
Schön, dass Sie da sind. / dass Sie kommen konnten.	Nice of you to come.
Ah, da bist du ja (endlich).	Ah, there you are (at last).
Im Namen der Firma heiße ich Sie herzlich willkommen.	On behalf of the company I would like to extend to you a very warm welcome.
Wir freuen uns, Sie heute hier begrüßen zu dürfen.	We are pleased to be able to welcome you here today.

e **Anrede**, -n	form of address
jn korrekt ↔ falsch **anreden** / **ansprechen** (spricht an, sprach an, hat angesprochen)	address sb correctly ↔ incorrectly
jn mit falschem Namen anreden	address sb by the wrong name
Wie soll ich ihn anreden?	How should I address him?
r ***Titel**, -	title

r <u>A</u>delstitel	title [of nobility]
Darf ich vorstellen: Ferdinand Herzog von Bayern.	May I introduce Duke Ferdinand of Bavaria.
r akad<u>e</u>mische T<u>i</u>tel / r D<u>o</u>ktortitel	academic title / doctorate
Ihr wurde der akademische Titel eines Doktor phil. verliehen.	She was awarded a doctorate in philosophy.
e Ehrendoktorwürde / Dr. h.c. (= honoris causa)	honorary doctorate
Er hat die Ehrendoktorwürde der Universität Heidelberg erhalten.	He has been granted an honorary doctorate of the University of Heidleberg.

Nowadays you should address people as *Herr / Frau Berger*. The outdated form *Fräulein* (for unmarried women) is hardly used any more.

At public appearances use: *Liebe Bürgerinnen und *Bürger!* – People / Citizens / Residents of … [place]! · *Liebe Kolleginnen, liebe Kollegen!* – My dear colleagues! · *Meine Damen, meine Herren!* – Ladies and gentlemen!

The following written forms are possible: *Politikerinnen und *Politiker / Politiker(in) / PolitikerInnen* – politicians / politician / politicians · *Personen aus der *Politik* – people in politics

Academic titles can, but don't have to be used before the name when addressing someone: *Herr / Frau *Professor*. Doctors of medicine are often addressed as *Herr / Frau *Doktor*, e.g. *Herr / Frau Dr. Peters*.

In Austria academic titles are used much more often than in Germany. The most frequently used are, e.g., *Ing.* (Ingenieur – someone who has passed a technical Abitur), *Mag.* (Magister / Magistra), *DI* (Diplomingenieur) and *Dr.* (Doktor). Another feature special to Austria is that the teachers at a grammar school (*Gymnasium*) are addressed as *Frau / Herr Professor (Huber)*.

Public figures in offices of state are addressed or referred to, for example, as *Herr *Bundespräsident // Frau *Bundespräsidentin* (Mr / Ms Federal President) or *Herr *Bundeskanzler // Frau *Bundeskanzlerin* (Mr / Ms Federal Chancellor) or *Herr Botschafter // Frau Botschafterin* (Mr / Ms Ambassador) or *Herr *Ministerpräsident // Frau *Ministerpräsidentin* (Mr / Ms Prime Minister).

In Christian contexts priests may be addressed as, for example: *Herr Pfarrer / Hochwürden / Herr Pastor*. In prayers God is addressed as *du*.

d<u>u</u>zen / jn mit Du anreden ↔ s<u>ie</u>zen / jn mit Sie anreden	to address sb as "du" ↔ "Sie"
Er hat mir das Du angeboten.	He said I could call him "du".
Wollen wir uns nicht duzen?	Why don't we say "du"?
In dieser Firma duzen sich alle / sind wir alle per du.	In this company everybody calls each other "du".
Er duzt sich mit seiner Chefin.	He's on "du" terms with his boss.

Du or Sie?

The *Sie*-form creates distance. *Du* or *ihr* is used when people are familiar with each other, e.g. within the family, with close friends and with children and teenagers (up to 16). Also in certain social groups if it has been so agreed or is customary in a given social context, e.g. among students, children, teenagers and young people, and colleagues at work. Switching from *Sie* to *Du*: Only if both agree. Normally it's the older person who suggests it to the younger, never vice versa.

r *Kontakt, -e	contact
den Kontakt zu jm *aufnehmen (nimmt auf, nahm auf, hat aufgenommen) ↔ abbrechen (bricht ab, brach ab, hat abgebrochen)	make/establish ↔ break off (the) contact with sb
den Kontakt aufrecht *erhalten (erhält, erhielt, hat erhalten)	maintain contact
Wir bleiben in Kontakt / Verbindung. Ja?	We'll stay in contact/touch. OK?
(sich) *vorstellen	introduce (oneself)
Darf ich mich vorstellen?	May I introduce myself?
Darf ich Ihnen meinen Mann vorstellen?	May I introduce you to my husband?

First contact

Wie geht's? / Wie geht es Ihnen?	How are you?
Danke, sehr gut / super (ugs.) / gut / ganz gut. Und Ihnen?	Very well, / Great, / Fine, / Fine, thanks. And you?
Naja, es geht.	Well, so so.
Ach, nicht so gut.	Oh, not so good.
Ach, das tut mir aber Leid.	Oh, I'm sorry to hear that.
Entschuldigen Sie bitte. / Hallo. Ich hätte eine Frage. – Ja (bitte)?	Excuse me. / Hello. I have a question. – Yes?
*Entschuldigung. Könnten Sie mir *helfen?*	Excuse me. Could you help me?
Ja. / Gern. / Na klar. / Sicher. / Natürlich. / Aber ja.	Yes. / With pleasure. / Sure. / Certainly. / Of course. / Yes, surely.
Um was geht es denn? / Was soll's denn sein?	What can I do for you?
Nein, tut mir Leid. / Entschuldigung, ich hab's eilig. / Leider nicht. / Das geht gerade nicht.	No, sorry. / I'm sorry, I'm in a hurry. / I'm afraid not. / I can't just now.
*Einen *Moment bitte. / Gleich. / Sofort. / Können Sie kurz warten?*	Just a moment, please. / In a moment. / In a minute. / Could you wait a moment?
Kann ich etwas für Sie tun?	Can I do anything for you?
Kann ich Ihnen behilflich sein?	Can I help you?
*Ja *gern. / Das wäre *nett / *lieb.*	Yes, please. / That would be nice.
*Nein *danke, es geht schon / ich schaffe das schon.*	No, thanks, it's OK / I can manage.

Können Sie nicht *aufpassen? / Hey. (ugs.)	Watch out. / Hey.
Entschuldigung, das wollte ich nicht. /	I'm sorry, I didn't mean to do that. /
Das tut mir schrecklich Leid.	I'm terribly sorry.
Keine Ursache. / Das macht (doch) nichts. /	Don't mention it. / Never mind. /
Das kann doch jedem mal passieren. /	That can happen to the best of us.
Das kann vorkommen.	
Danke. / Vielen Dank. / Herzlichen	Thank you. / Thanks very much. /
Dank. / Besten Dank. / Sehr nett	Thank you very much. / Thanks a
von Ihnen.	lot. / That's very nice of you.
Bitte. / Gern geschehen. /	You're welcome. / With pleasure. /
Nichts zu danken. / Schon gut. /	That's OK. / That's all right. /
Kein Problem.	No problem.

s ***Missverständnis**, -se	misunderstanding
*missverstehen (missverstand, hat missverstanden)	misunderstand
richtig ↔ falsch ***verstehen** (verstand, hat verstanden)	understand correctly ↔ misunderstand
verständlich ↔ **unverständlich**	comprehensible ↔ incomprehensible

Checking questions

Entschuldigung. / *Verzeihung.	Excuse me. / Sorry.
Ich habe nichts / nur einen Teil verstanden.	I didn't understand anything. / I only partially understood.
Wie bitte?	Sorry?
Ich kann Sie nicht verstehen.	I don't understand you.
Bitte *wiederholen Sie das.	(Could you) Please say that again.
Noch einmal bitte.	Once more, please.
Bitte *sprechen Sie langsamer.	Could you speak more slowly, please.
Was haben Sie gesagt?	What did you say?
Sagten Sie am 13. oder am 30.?	Did you say on 13th or on 30th?
Das habe ich nicht (*richtig) / *falsch verstanden.	I didn't understand that (correctly)./ I misunderstood that.
Haben Sie alles verstanden?	Did you understand everything?
Können Sie mir folgen?	Are you with me?
Ist das *klar?	Is that clear?
Ist noch etwas unklar? / Ist noch eine Frage offen geblieben?	Is anything unclear? / Is there any question still unanswered?
Entschuldigung, habe ich Sie richtig verstanden?	Sorry, have I understood you correctly?
Meinen Sie *vielleicht: …?	Do you perhaps mean …?

*Also, das heißt / d.h., ...	So that means / i.e. ...
Können Sie mir das noch mal genau *erklären?	Can you explain all that to me again?
Können Sie das *aufschreiben?	Can you write that down?

*sich verạbschieden (von)
say goodbye [to sb]
sich verabschieden mit einem Kuss / einem Händedruck / einer Umarmung
kiss sb goodbye / give sb a farewell handshake / a goodbye hug
Lass dich ***umạrmen.**
Let me give you a hug.
r Ạbschied, -e
farewell
Der Abschied von der Familie fällt mir schwer.
I find it difficult to say goodbye to the family.
ein tränenreicher / kurzer Abschied
a tearful / short goodbye
jm zum Abschied die ***Hạnd schụ̈tteln**
shake sb's hand in farewell
jm zum Abschied ***wịnken** (gewunken)
to wave goodbye to sb

Goodbye!

*Auf Wiedersehen. / Wiedersehen.	Goodbye. / Bye.
Tschüs. / Tschau. / Ciao. [tʃau]	Cheerio. / Cheers.
Ade. (südd.) [aˈdeː]	Bye.
Servus. (südd./österr.)	Bye.
Adieu. (schweiz.) [aˈdjøː]	Bye.
Bis *bald / *später / *gleich / *nachher.	See you soon / later / in a little while / later on.
Einen schönen Tag / Abend noch.	Enjoy the rest of your day / the evening.
(Ein) Schönes Wochenende.	Have a nice weekend.
Bis *morgen / nächste Woche.	See you tomorrow / next week.
Mach's gut. / Machen Sie's gut. (ugs.)	Take care.
Viel *Spaß. / Viel *Erfolg. / Viel *Glück. / Alles Gute.	Have a good time. / Good luck. / Good luck. / All the best.
Toi, toi, toi.	Good luck.
Gute *Reise.	Have a good journey.
Grüße an Ihre Frau. / Grüßen Sie bitte Ihre Frau.	Regards / Please give my regards to your wife.
Ich hoffe, wir sehen uns bald wieder.	I hope we'll meet again soon.
Wir *freuen uns darauf, Sie bald wiederzusehen.	We look forward to seeing you again soon.
Wir hören dann wieder voneinander.	We'll keep in touch.
Ich darf mich dann verabschieden.	I'll say goodbye if I may.
Hat mich sehr gefreut. / Vielen Dank für Ihren *Besuch.	Been very nice to meet/see you. / Thank you very much for coming.
Oh, (ist es) schon so spät?	Oh, (is it) that late already?
Tut mir Leid, aber ich muss jetzt weiter. / Ich muss jetzt leider gehen.	Sorry, but I have to get on. / I'm afraid I have to go now.
Jetzt muss ich aber los.	I really must be off.

seine **Person_alien** angeben / weitergeben	give / pass on one's particulars
r ***N_ame**, -n	name
Wie heißen Sie? / Wie ist Ihr Name?	What's your name?
Wie war Ihr Name gleich wieder?	Sorry, what was your name again?
r ***V_orname** / r ***N_achname**	first name / surname
e (alte / derzeitige / neue) ***Adr_esse**, -n	(old / present / new) address
e **H_eimatadresse**	home address
e Privatadresse *schweiz.*	home address
Wie ist Ihre Adresse? / Welche Adresse haben Sie?	What is your address?
e **Telef_onnummer**, -n / e **H_andynummer**, -n ['hɛndi…] / e **F_axnummer**, -n	telephone number / mobile number / fax number
Geben Sie mir bitte Ihre Telefonnummer.	Give me your phone number, please.
Hast du vielleicht Peters Telefonnummer?	Do you by any chance have Peter's telephone number?
Meine Handynummer hat sich geändert. Die neue Nummer lautet: 123…	I have a new mobile number. The new number is: 123…
e ***E-Mail-Adresse**, -n ['i:me:ladrɛsə]	e-mail address
r **Geb_urtsort**, -e	place of birth
Wo sind Sie geboren?	Where were you born?
s **Geb_urtsdatum**, -daten / r ***Geb_urtstag**, -e	date of birth
Wann ist Ihr Geburtstag? / Wann sind Sie geboren?	When is your birthday? / When were you born?
***buchstab_ieren**	spell
Wie buchstabieren Sie das?	How do you spell that?

Wie buchstabieren Sie das?	**How do you spell that?**
A wie Anton	A for Alpha
B wie Berta	B for Bravo
C wie Cäsar	C for Charlie
D wie Dora	D for Delta
E wie Emil	E for Echo
F wie Friedrich	F for Foxtrot
G wie Gustav	G for Golf
H wie Heinrich	H for Hotel
I wie Ida	I for India
J wie Julius	J for Juliett
K wie Kaufmann	K for Kilo
L wie Ludwig	L for Lima
M wie Marta	M for Mike
N wie Nordpol	N for November
O wie Otto	O for Oscar
P wie Paula	P for Papa

Q wie Quelle	Q for Quebec
R wie Richard	R for Romeo
S wie Siegfried	S for Sierra
T wie Theodor	T for Tango
U wie Ulrich	U for Uniform
V wie Viktor	V for Victor
W wie Wilhelm	W for Whisky
X wie Xanthippe	X for X-ray
Y wie Ypsilon	Y for Yankee
Z wie Zeppelin	Z for Zulu

In Austria the letters J and Q are spelled in a different way: J [je] instead of [jot] and Q [kwe] instead of [ku].

Informationsaustausch
Exchange of information

e *Information, -en	information
e vertrauliche Information	confidential information
Informationen *geben / weitergeben (gibt weiter, gab weiter, hat weitergegeben)	give / pass on information
In etwa zehn Minuten werden die Ergebnisse *bekannt gegeben.	The results will be made known in about ten minutes.
*fragen (nach +D) ↔ *antworten (auf +A) / beantworten	ask (about) ↔ answer
Informationen austauschen	exchange information
Zu Ihrer Information: Die Kantine ist gleich hier um die Ecke.	For your information: the cantine is just around the corner.
*sich informieren (über +A)	inform oneself about
*sich erkundigen (bei +D) (nach +A)	enquire (from sb) (about sth)
Frag doch mal an der Information nach.	Ask at the information desk.

Können Sie mir weiterhelfen? Ich suche ... / Ich brauche ...	Can you help me? I'm looking for ... / I need ...
Wissen Sie vielleicht, ob der *Zug *pünktlich ankommt?	Do you by any chance know whether the train will arrive on time?
Können Sie mir *sagen, wie *spät es ist?	Can you tell me what time is it?
Ich hätte gerne eine Information / eine *Auskunft.	I'd like some information.
Ich hätte da eine *Frage.	I have a question.

*erklären	explain
e Erklärung, -en	explanation

e **Worterklärung**, -en / e **Definition**, -en	explanation of a word / definition
umschreiben (umschrieb, hat umschrieben)	to paraphrase

Was ist denn das?	What's that?
Wie nennt man denn das?	What do you call that?
Wer kann mir das erklären?	Who can explain that to me?
Was ist das deutsche *Wort für „desk"?	What is the German word for desk?
Was ist das Gegenteil von „schnell"?	What is the opposite of "schnell"?
Was ist der Unterschied zwischen „zahlen" und „bezahlen"?	What is the difference between "zahlen" and "bezahlen"?
Wie sagt man auf Deutsch? / Wie heißt das auf Deutsch?	What do people say / What's that in German?
Entschuldigung, ich weiß das Wort auf Deutsch nicht.	Sorry, I don't know the word in German.
Helfen Sie mir bitte. Ich komme nicht auf das Wort.	Help me, please. I can't think of the word.
Ich brauche ein ... für den *Computer. Ich weiß nicht, wie man das nennt.	I need a ... for the computer. I don't know what it's called.
Es ist ein langes Kabel. – Eine Verlängerungsschnur?	It's a long cable. – An extension flex?
Sie meinen *vielleicht ein ...	Perhaps you mean a ...
Wahrscheinlich / Vermutlich ...	Probably / Presumably ...
Ich glaube, dass ...	I think that ...
Ich bin mir nicht *sicher, aber ...	I'm not sure, but ...
Ich weiß es nicht genau.	I'm not quite sure (about it).
Ja.	Yes.
Na klar.	Of course.
Ach ja.	Oh yes.
Richtig.	Right.
Das ist es.	That's it.

*vergessen (vergisst, vergaß, hat vergessen) ↔ ***sich erinnern** (an +A)	forget ↔ remember
ein/einen Blackout haben	have a blackout
Mir fällt das Wort nicht mehr ein. / Das Wort ist mir gerade entfallen.	I can't think of the word. / The word has escaped me.
Es liegt mir auf der Zunge.	It's on the tip of my tongue.
Warte – gleich komme ich drauf.	Wait – I'll have it in a moment.
*erzählen (von)	tell sb (about)
*berichten (von)	to report (about)
Morgen bekommen Sie einen ausführlichen ***Bericht**.	You'll get a full report tomorrow.
e **Zusammenfassung**, -en	summary

Was haben Sie uns zu berichten?	What have you got to report?
Wie liefen die Gespräche?	How did the discussions go?
Und? Was haben Sie (Neues) *erfahren?*	And? What did you find out (that's new)?
Erzähl doch mal.	Come on, tell me/us.
Wie war's? / Wie lief's?	How was it? / How did it go?
Was ist passiert?	What happened?
Was war los?	What was the matter? / What happened?
Stimmt es, dass ...?	Is it right that ...?
Ist es richtig, dass ...?	Is it correct that ...?
Stimmt es etwa nicht, dass ...? – Doch.	Isn't it true that ...? – Yes, it is.
Unglaublich.	Incredible.
Nein wirklich?	No, really?
Kaum zu glauben.	Unbelievable.
Das wundert mich nicht.	That doesn't surprise me.
Ach?!	Really? / No?!

Meinungen
Opinions

e *Meinung, -en / e *Ansicht, -en	opinion
Das ist meine **persönliche** Meinung / die **offizielle** Meinung.	That's my personal / the official opinion.
Wir sind **derselben** ↔ **verschiedener** Meinung.	We are of the same opinion ↔ different opinions.
eine bestimmte Ansicht / Meinung haben	have a certain/definite opinion
seine Meinung *ändern	change one's mind
jn **nach seiner Meinung *fragen**	ask sb their opinion
Meinungen austauschen	exchange opinions
eine (kleine) Meinungsverschiedenheit haben (über +A)	have a (small) difference of opinion (about)
jm deutlich ↔ vorsichtig die Meinung sagen	give sb a piece of one's mind ↔ gently put sb right
***meinen**	think, be of the opinion
Das verstehe ich nicht. Wie meinst du das? / Meinst du das ehrlich?	I don't understand. What do you mean? / Do you really mean that?
zustimmen ↔ ***widersprechen** (widerspricht, widersprach, hat widersprochen) / ***ablehnen**	agree ↔ disagree, contradict / decline, reject, refuse
***dafür** ↔ ***dagegen sein** (ist, war, ist gewesen)	be for ↔ against
jm Kontra geben	flatly contradict sb
das **Pro und Kontra** (abwägen)	(weigh up) the pros and cons
r *Vorteil, -e ↔ r *Nachteil, -e	advantage ↔ disadvantage

Argumente dafür und dagegen
  sammeln
jn ***überreden*** / ***überzeugen***

collect arguments for and against

persuade / convince sb

Was *denken Sie darüber?	What do you think about it?
Wie *finden Sie die neue Mode?	What do you think of the new fashion?
Und was halten Sie davon?	And what do you think about it?
Was ist Ihre Meinung (dazu)?	What's your opinion (on this)?
Ich denke / finde / glaube / meine, ...	I think / feel ...
Ich nehme an, dass ...	I assume that ...
Ich bin *überzeugt davon, dass ...	I am convinced that ...
Wir *vermuten, dass ...	We presume that ...
Meiner Meinung nach ...	In my opinion ...
Soviel ich weiß, ...	As far as I know ...
Richtig. / Genau. / Das stimmt.	Right. / Exactly. / That's right.
Einverstanden. / In Ordnung. / Also gut.	Agreed. / OK.
Sie haben *Recht.	You're right.
Da bin ich völlig Ihrer Meinung!	I fully agree with you.
Wir sind wieder einmal einer Meinung.	We're of one mind again.
Das sehe ich genauso.	I see it exactly the same way.
Egal.	Doesn't matter.
Das ist mir (ganz) *egal. / Das macht mir nichts aus.	I don't care (at all).
Von mir aus. / Meinetwegen.	As far as I'm concerned.
Ganz wie Sie wollen.	As you wish.
Was soll's?	Who cares?
Stimmt das *wirklich?	Is that really true?
Ich bin mir da nicht so *sicher.	I'm not so sure.
Ich habe da meine *Zweifel.	I have my doubts.
Ich muss Ihnen leider widersprechen.	I'm afraid I have to contradict you.
Nein, ich glaube eher, dass ...	No, I rather think that ...
Da bin ich (völlig) anderer Meinung.	I disagree (entirely).
Ich sehe das ganz anders.	I see that quite differently.
Tut mir Leid, Sie haben Unrecht.	Sorry, you're wrong.
Das ist so einfach nicht *richtig.	That's just not right.
Das stimmt (so) nicht.	That's not right.
Das ist Quatsch / Unsinn / kompletter Blödsinn. (ugs.)	That's nonsense / absolute rubbish.
Das ist nicht fair (von Ihnen).	That's not fair.
Das mag ja stimmen, aber ...	That may be true, but ...
Mag schon sein, aber ...	That may be, but ...
Im Großen und Ganzen ja, aber ...	By and large yes, but ...
Da können Sie zwar *Recht haben, aber ...	You may be right, but ...
Schön und gut, aber ...	That's as it may be, but ...
Es hängt davon ab, was / ob ...	It depends what / whether ...

Es kommt darauf an, wann / ob …	It depends when / whether …
Darum geht's hier aber nicht. Eigentlich …	That's not the point. Actually …
Einerseits ja, andererseits: …	On the one hand yes, but on the other hand …

Vorschläge / Bitten
Suggestions / Requests

r *Vorschlag, ⁼e	suggestion
Das ist ein guter ↔ schlechter Vorschlag!	That's a good ↔ bad suggestion.
ein **akzeptabler** / **annehmbarer** ↔ **inakzeptabler** Vorschlag	an acceptable ↔ unacceptable suggestion
ein **konstruktiver** Vorschlag	a constructive suggestion
einen Vorschlag *annehmen (nimmt an, nahm an, hat angenommen) ↔ *ablehnen	accept / take up ↔ reject a suggestion
*vorschlagen (schlägt vor, schlug vor, hat vorgeschlagen)	suggest
Ich schlage vor, wir machen jetzt eine kurze Pause. – Eine gute Idee!	I suggest we take a short break. – Good idea.

Suggestions

Ich würde Folgendes vorschlagen: …	I would suggest the following: …
Ich hätte einen Vorschlag zu machen.	I have a suggestion to make.
Darf ich einen Vorschlag machen?	May I make a suggestion?
Mein Vorschlag ist: …	My suggestion is …
Ich glaube, Sie sollten weniger rauchen.	I think you should smoke less.
Wie wäre es, wenn …?	How about …?
Was denkst du: Sollen wir das Auto kaufen?	What do you think: should we buy the car?
*Nehmen wir doch das *Angebot an. Was halten Sie davon?*	Let's accept the offer. What do you think?
An Ihrer Stelle würde ich das Angebot annehmen.	If I were you I'd accept the offer.
*Vielleicht können wir das *Gespräch heute Abend beim Abendessen fortsetzen.*	Maybe we can continue the discussion over dinner this evening.
Also, dann um 20 Uhr im Hotel (, wenn es Ihnen recht ist).	OK, at 8 in the hotel then (if that's alright with you).

e *Möglichkeit, -en	possibility / chance
Es gibt mehrere Möglichkeiten.	There are several possibilities.
e *Bitte, -n	request
eine **dringende** / **höfliche** Bitte	an urgent / a polite request
jn um etw *bitten (bat, hat gebeten)	ask sb for sth

Dürfte ich Sie bitten, etwas leiser zu
sprechen.

Could I ask you to speak a little
more quietly?

Hilfst du uns, bitte? – Dazu bin ich gern
bereit.

Can you help us, please? – I'm
very willing to do it.

r **Wunsch**, ⁼e

wish

einen Wunsch formulieren / ausdrücken /
zum Ausdruck bringen

formulate / express a wish

e **Absicht**, -en

intention

Sie hat die Absicht, eine Weltreise zu
machen.

She is planning to go on a world
tour.

Das hat er mit Absicht gemacht.

He did that on purpose.

e **Aufforderung**, -en

request, demand

jn **auffordern** etw zu tun

invite / ask sb to do sth

Alle wurden aufgefordert, den Raum zu
verlassen.

Everyone was asked to leave the
room.

Requests

*Würden Sie mich *bitte durchlassen? /
Kann ich bitte durch?*

Would you let me through, please? /
Can I come past, please?

*Könnten Sie mir bitte beim Tragen
helfen?

Could you help me with the
carrying, please?

Ich möchte eine Reservierung machen.

I'd like to make a reservation.

Es wäre schön, wenn du kommen könntest.

It would be nice if you could come.

Kommen Sie doch bitte herein.

Do come in, please.

Melden Sie sich bitte bis heute 3 Uhr.

Report in please by 3 o'clock.

Fahren Sie endlich Ihr Auto weg!

Get your car out of here!

erlauben ↔ **verbieten** (verbot, hat
verboten)

allow, permit ↔ forbid

Meine Eltern erlauben mir das nie.

My parents never allow me to.

Meine Eltern haben mir verboten, auf die
Party zu gehen.

My parents have forbidden me to
go to the party.

e **Erlaubnis**, -se ↔ s **Verbot**, -e

permission ↔ ban

Er muss seine Eltern erst **um Erlaubnis
bitten**.

He has to ask his parents for
permission first.

*Verzeihung / Entschuldigung, ist der Platz
noch frei / brauchen Sie den Stuhl?*

Excuse me, is this seat taken / do
you need this chair?

*Erlauben Sie / Gestatten Sie, dass ich
rauche? – Ja, kein Problem.*

May I smoke? – Yes, no problem.

Stört es Sie, wenn ich rauche?

Do you mind if I smoke?

Kann ich / Könnte ich mal telefonieren?

Can I / Could I use the phone?

*Haben Sie etwas dagegen, wenn ich das
Fenster wieder schließe?*

Do you mind if I shut the window
again?

Kann ich hier parken?

Can I park here?

Wer hat dir erlaubt, Kuchen zu naschen?

Who said you could help yourself
to cake?

Wage es nicht, zu spät zu kommen.

Don't you dare be late.

Reaktionen
Reactions

e *Reaktion, -en	reaction
*positiv ↔ *negativ *reagieren	react positively ↔ negatively
neutral reagieren	react neutrally
s *Gefühl, -e / e Emotion, -en	feeling / emotion
Gefühle *zeigen ↔ unterdrücken / verdrängen	show ↔ suppress / repress feelings
(in) guter ↔ schlechter *Stimmung sein	be in a good ↔ bad mood
Wie fühlen Sie sich heute?	How are you feeling today?
Geht's gut?	Everything OK?

*Wie *schön.* ↔ *Wie *schade.*	How nice. ↔ What a pity.
Schön / Gut, dass ... ↔ Schade, dass ...	It's nice/good that ... ↔ A pity that ...
*So ein *Glück.* ↔ *So ein *Pech.*	How lucky. ↔ What bad luck.
Fährst du morgen zurück? –	Are you going back tomorrow? –
Ja, Gott sei Dank. ↔ *Ja, *leider.*	Yes, thank goodness. ↔ Yes, unfortunately.
Das freut mich aber (für dich). / Ich freue mich für Sie. / Das freut mich zu hören.	I'm pleased (for you). / I'm pleased for you. / I'm pleased to hear that.
Ach, das tut mir aber (schrecklich) Leid. / Das finde ich aber schade. / Das ist ja furchtbar.	Oh, I'm (terribly) sorry. / That's a pity. / That's terrible.

e Sympathie, -n ↔ e Antipathie, -n	liking, affection ↔ antipathy
*gefallen (gefällt, gefiel, hat gefallen) ↔ missfallen (missfällt, missfiel, hat missfallen)	to like ↔ dislike
Der Vorschlag gefällt mir nicht.	I don't like the suggestion.
Wie hat dir das Konzert gefallen? – Gut, ich mag / ich höre gern / ich liebe Mozart.	How did you enjoy the concert? – It was good, I like / I like listening to / I love Mozart.

Wie gefällt es Ihnen hier?	*How do you like it here?*
*Sehr *gut.*	Very much.
Wunderbar. / Fantastisch. / Herrlich.	Wonderful. / Fantastic. / Splendid.
Ich bin begeistert.	I'm delighted.
**Super! (ugs.) / *Toll! (ugs.) / Spitze! (ugs.) / Klasse! (ugs.) / Prima! (ugs.)*	Super! / Great! / Great! / Marvellous! / Fantastic!
*Sehr *interessant.*	Very interesting.
Naja, es geht.	Well, it's OK.
Nicht so (gut).	Not so (good).
Naja.	So so.
*Es ist *langweilig/*hässlich/*schrecklich hier.*	It's boring / ugly / awful here.

Kommst du mit?

Gute *Idee. / Gut. / Einverstanden. / Meinetwegen.

Ja, warum nicht? / Ja, das geht. / Okay. / In Ordnung.

Nein, das geht leider nicht. / Nein, tut mir Leid. / Lieber nicht.

Ich weiß nicht so recht.

Ich habe leider keine Zeit. / Ich kann leider nicht.

Auf keinen Fall. / Kommt (gar) nicht in Frage.

Ein andermal vielleicht. / Gern, aber leider ...

Are you coming (too)?

Good idea. / Super. / Fine. / Alright.

Yes, why not? / Yes, that's alright. / OK. / OK.

No, sorry that's not possible. / No, sorry. / I'd prefer not to.

I'm not sure.

I'm afraid I have no time. / I'm afraid I can't.

Definitely not. / That's (completely) out of the question.

Maybe another time. / I'd love to, but unfortunately ...

bejahen / ja sagen ↔ **verneinen** / nein sagen

s *Ja ↔ s *Nein

ein definitives ↔ unentschiedenes Ja

Antworten Sie mit Ja oder Nein.

Ich kann mich nicht *entscheiden (entschied, hat entschieden). / *entschließen (entschloss, hat entschlossen).

*Grundsätzlich bin ich einverstanden.

affirm / say yes ↔ negate / say no

yes ↔ no

definite ↔ indecisive yes

Answer yes or no.

I can't decide.

In principle, I agree.

Ja – nein – doch

Isst du *gern Schokolade? – Ja, *regelmäßig.↔ Nein, die schmeckt mir nicht.

Ein bisschen Wasser? – Ja bitte. ↔ Nein danke.

Essen Sie kein Fleisch? – Doch, *normalerweise schon.

Kommst du nicht gleich mit? – Doch, einen Moment noch.

Do you like eating chocolate? – Yes, regularly. ↔ No, I don't like it.

Some water? – Yes, please. ↔ No, thanks.

Don't you eat meat? – Yes, I do normally.

Aren't you coming now? – Yes, in a minute.

The affirmative *doch is used if the question is formulated in the negative form with *nicht or *kein-.

Der Mensch
Human beings

2

Angaben zur Person
Personal data

r *Name, -n	name
*heißen (hieß, hat geheißen)	be called, be sb's name
Wie heißen Sie? / Wie ist Ihr Name?	What's your name?
Ich heiße Sabine Bauer.	My name is Sabine Bauer.
Mein Name ist Bauer, Sabine Bauer.	My name is Bauer, Sabine Bauer.
Wie heißt du? / Wie ist dein Name?	What's your name?
Ich heiße Sabine. Und du?	My name's Sabine. And yours?
r *Nachname, -n	surname
Mein Nachname ist Bauer.	My surname is Bauer.
r *Vorname, -n	first name, Christian name
Mein Vorname ist Sabine.	My first name is Sabine.
Meine Vornamen sind Sabine Maria.	My first names are Sabine Maria.
Wie ist Ihr *Geburtsname?	*What* is your maiden name?
Mein Geburtsname ist Bergmann.	My maiden name is Bergmann.
Sabine Bauer, geb. Bergmann	Sabine Bauer, née Bergmann.
s *Alphabet / s ABC	alphabet
s lateinische / griechische / arabische Alphabet	Latin / Greek / Arabic alphabet
*buchstabieren	to spell
r *Buchstabe	letter
*aussprechen (spricht aus, hat ausgesprochen)	pronounce
Entschuldigung, wie spricht man Ihren Namen aus?	Excuse me, how do you pronounce your name?
r *Spitzname, -n	nickname
r Übername, -n *schweiz.*	nickname
Mein Spitzname ist Bine.	My nickname is Bine.
Meine Freunde nennen mich Bine.	My friends call me Bine.
*nennen (nannte, hat genannt)	to call (sb)

The expression **Mädchenname** for the maiden name of a woman is usually replaced nowadays by the term **Geburtsname**, as it is possible for men to adopt their wife's surname when they marry.

s Geburtsdatum, -daten	date of birth
Sie ist am 6.5.1974 / am sechsten Mai 1974 geboren.	She *was* born on 6.5.1974 / on the sixth of May 1974.
Wann haben Sie / hast du Geburtstag? – Am 6. Mai.	When *is your* birthday? – On 6th May.
r *Geburtstag, -e	birthday
Er hat heute Geburtstag.	*It's his* birthday today.
Sie hat nächsten Montag Geburtstag.	*It's her* birthday next Monday.

Dates are written like this:

6. Mai 1974 or 6. 5. 74 or 06.05.1974 (in forms)
1974 = neunzehnhundertvierundsiebzig
2001 = zweitausendeins

s *Alter	age
Wie alt sind Sie? / Wie alt bist du?	How old are you? / What age are you?
Ich bin 35.	I'm 35.
r *Geburtsort, -e	place of birth
r Wohnort, -e	place of residence
e Nationalität, -en /	nationality
e *Staatsangehörigkeit, -en	
Welche Staatsangehörigkeit haben Sie? – Ich bin Deutsche / Deutscher.	What nationality are you? – I'm German.
r Familienstand	marital status
*ledig / *verheiratet / geschieden / *verwitwet	single / married / divorced / widowed
s Geschlecht: männlich ↔ weiblich (in Formularen)	sex: male ↔ female (in forms)
e *Größe	height, size
*groß (größer, größt-)	tall, big
Wie groß sind Sie / bist du?	How tall are you? / What height are you?
s *Gewicht	weight
*wiegen (wog, hat gewogen)	weigh
Wie viel wiegen Sie / wiegst du?	How much do you weigh? / What weight are you?
e *Religion, -en	religion
Was ist Ihre Konfession?	What's your religion? / What religion are you?
e *Adresse, -n / die Anschrift, -en	address
Unter dieser Adresse bin ich immer zu erreichen.	I can always be reached at this address.

Körperteile und Organe
Parts of the body and organs

r *Körper, -	body
r *Kopf, ⸚e	head
von Kopf bis Fuß	from head to toe
mit dem Kopf *nicken	to nod one's head
s Gehirn, -e	brain
s *Haar, -e	hair

Ich ließ mir die Haare schneiden	I had my *hair* cut.
s *Gesicht, -er	face
e Stirn	forehead, brow
die Stirn runzeln	knit/wrinkle one's brow
s *Auge, -en	eye
Sie hat blaue Augen.	She has blue eyes.
mit den Augen zwinkern	wink, blink
e *Nase, -n	nose
die Nase rümpfen	wrinkle / turn up / look down one's nose
e Backe, -n / e Wange, -n	cheek
jn auf die Wange küssen	kiss sb on the cheek
e Sommersprosse, -n	freckle
r Märzenflecken, - *schweiz.*	freckle
s Kinn	chin
r *Mund, ⸚er	mouth
Mach bitte beim Essen den Mund zu!	Please keep your mouth shut when you're eating.
e *Stimme, -n	voice
Er hat eine sympathische Stimme.	He has a pleasant voice.
r *Zahn, ⸚e	tooth
ein Zahn wackelt	a tooth is loose, have a loose tooth
s Gebiss, -e	(set of) teeth
s (künstliche) Gebiss / die dritten Zähne *Pl*	(set of) false teeth / denture(s)
e Zunge, -n	tongue
e Lippe, -n	lip
s *Ohr, -en	ear
s Trommelfell	ear-drum
r *Hals, ⸚e	neck
den Hals recken	crane one's neck
e Kehle, -n	throat
e Schulter, -n	shoulder
Er zuckte nur mit den Schultern / Achseln.	He just shrugged his shoulders.
r *Rücken, -	back
r *Arm, -e	arm
den Arm beugen	bend one's arm
r Ell(en)bogen, -	elbow
e *Hand, ⸚e	hand
jm zur Begrüßung die Hand geben	shake sb's hand (in greeting)
r *Finger, -	finger
r Ringfinger / r Zeigefinger / r Mittelfinger / r Daumen, -	ring finger / index finger / middle finger / thumb
r Fingernagel, ⸚	(finger)nail
sich die Fingernägel schneiden	cut one's fingernails
s *Bein, -e	leg
s *Knie, Knie ['kniːə]	knee
Kniebeugen machen	do knee-bends

das Knie beugen	bend one's knee
r *Fuß, ⸚e	foot
r Zeh, -en	toe
auf Zehenspitzen gehen	walk on tiptoe

Expressions with parts of the body

Sie muss sich ihre Probleme von der Seele reden. – She needs to get it off her chest.
Ich stecke bis über beide Ohren in Arbeit. – I'm up to my ears in work.
Er ist bis über beide Ohren verliebt. – He's head-over-heels in love.
Er macht keinen Finger krumm für mich. – He won't lift a finger for me.
Halt ihn dir ja vom Leib! – Don't let him anywhere near you.
Sie lebt von der Hand in den Mund. – She lives from hand to mouth.
Er ist ein Geizhals. – He's a skinflint.
Ich bringe es nicht übers Herz, ihr die Wahrheit zu sagen. –
    I don't have the heart to tell her the truth.
Diese Nachricht ist mir wirklich unter die Haut gegangen. –
    This piece of news really got under my skin.
Was ist denn dir für eine Laus über die Leber gelaufen? – What's eating you?
Das ist mir ziemlich an die Nieren gegangen. – That really got to me.
Das Wort liegt mir auf der Zunge. – The word's on the tip of my tongue.

German uses possessive adjectives less often with reference to parts of the body and clothing.

Er hat die Nase gerümpft. – He turned up his nose.
Sie zog sich die Schuhe an. – She put on her shoes.
Er zuckte mit den Schultern. – He shrugged his shoulders.

e *Brust, ⸚e	breast, breasts
r Brustkorb	chest
dem Baby die Brust geben	breast-feed the baby
e Rippe, -n	rib
s *Herz, -en	heart
Mein Herz klopfte heftig.	My heart was beating hard.
e Lunge, -n	lung(s)
e Leber, -n	liver
e Niere, -n	kidney
r *Magen, ⸚	stomach
r *Bauch, ⸚e	belly, stomach
auf nüchternen Magen	on an empty stomach
r Unterleib, -er	abdomen
r Darm, ⸚e	bowels, intestines
s Gesäß, -e / r Hintern, - / r Po, -s	buttocks / behind / bottom
r After / r Anus	anus
e Blase, -n	bladder
r Urin / r Harn	urine
urinieren	urinate
pinkeln *ugs.*	pee, piddle

die **Genitalien** / die **Geschlechtsteile**	genitals
die männlichen / weiblichen Geschlechtsteile	the male / female genitals
e **Vagina** / e **Scheide**	vagina
r **Eierstock**, ⁼e	ovary
e **Gebärmutter** / r **Uterus**	womb / uterus
r **Penis**	penis
e **Prostata**	prostate (gland)
r **Kreislauf**	circulation
s ***Blut**	blood
r **Blutspender**, - // e **Blutspenderin**, -nen	blood donor
e **Vene**, -n / e **Arterie**, -n / e **Ader**, -n	vein / artery / blood-vessel
e Krampfader, -n	varicose vein
s **Skelett**, -e	skeleton
r **Knochen**, -	bone
s **Gelenk**, -e	joint
e ***Haut**	skin
r **Muskel**, -n	muscle
e **Sehne**, -n	tendon, sinew
r **Nerv**, -en	nerve
Sie hat gute ↔ schlechte Nerven.	She has strong ↔ bad nerves.

Äußere Erscheinung
Outward appearance

***groß** (größer, größt-)	tall, big
Er ist 1,98 m groß, also jetzt schon größer als sein Vater.	He is 1.98 m tall, so already taller than his father.
***klein**	small, little
Sie hat kleine Füße.	She has small feet.
***schlank**	slim, slender
Sie ist groß und schlank.	She is tall and slim.
***dünn**	thin
***mager** / dürr *ugs.*	skinny / thin
hager	gaunt
***dick**	fat
rundlich / mollig	plump / chubby
Sie hat ein rundliches Gesicht.	She has a chubby face.
korpulent / beleibt / füllig	stout / portly / ample / full / corpulent
Er ist sehr korpulent.	He is very stout / portly.
***kräftig** (gebaut) / stämmig	sturdy / burly / well-built
muskulös	muscular
ein muskulöser Körper	a muscular body

untergewichtig ↔ übergewichtig	underweight ↔ overweight
*breit(schultrig)	broad(-shouldered)

*hübsch ↔ *hässlich	pretty ↔ ugly
ein hübsches Gesicht	a pretty face
*schön	beautiful
Du hast wunderschöne Augen.	You have beautiful eyes.
gut aussehend	good-looking
ein gut aussehender Mann /	a good-looking man /
eine gut aussehende Frau	a good-looking woman
attraktiv	attractive

Euphemisms

Frau Mayer ist etwas füllig geworden. (= Sie ist dick geworden.) – Frau Mayer has put on a bit of weight.
Sie ist vollschlank. (= Sie ist dick.) – She is plump.
Er ist von kräftiger Statur. (= Er ist dick.) – He is a man of sturdy build.

s *Gesicht, -er	face
ein schmales / ovales / rundes / rundliches Gesicht	a narrow / oval / round / roundish face
e Gesichtsfarbe / r Teint [tẽ:]	complexion
eine gesunde Gesichtsfarbe haben	have a healthy colour
*blass	pale
Warum bist du heute so blass? Bist du krank?	Why are you so pale today? Are you ill?
*bleich	pale
Sie wurde kreidebleich vor Schreck.	She went white as a sheet *with* fear.
*rot werden	go red
Sie wurde rot vor Verlegenheit.	She went red *with* embarrassment.
s *Auge, -n	eye
blaue / grüne / braune Augen	blue / green / brown eyes
strahlen	beam
Sie strahlt vor Freude.	She is beaming with joy / delight.
e Falte, -n	wrinkle
faltig / runzelig	wrinkled
s *Haar, -e	hair
Er hat blonde / braune / schwarze / rote / graue Haare.	He has blond / brown / black / red / grey *hair*.
Er hat kurze / lange / glatte / lockige Haare.	He has short / long / straight / curly hair.
In letzter Zeit fallen mir die Haare aus.	I've been losing some hair recently.
e Frisur, -en	hairstyle
Ich möchte mal wieder eine neue Frisur ausprobieren.	I'd like to try out a new hairstyle.

gekämmt ↔ ungekämmt	kempt, combed ↔ unkempt, uncombed
zerzaust ↔ gut frisiert	dishevelled, tousled ↔ beautifully kempt
e **Blondine**, -n	blonde
r **Zopf**, ⸚e	plait, braid, pigtail
Sie trägt einen Zopf.	She wears her hair in / has a pigtail.
e **Perücke**, -n	wig, hairpiece
Sie trägt eine Perücke.	She wears a wig.
Sein Haar lichtet sich.	His hair is thinning.
***dicht** ↔ **schütter**	thick ↔ thin
Er hat dichtes ↔ schütteres Haar.	He has thick ↔ thin hair.
e **Glatze**, -n	bald head
Er bekommt langsam eine Glatze.	He's slowly going bald.
Bereits mit 35 Jahren hatte er eine Glatze.	He was bald at the (early) age of 35.
r ***Bart**, ⸚e	beard
r Schnurrbart / r Vollbart / r Drei-Tage-Bart	moustache / full beard / three-day-old beard

Expressions to do with hair

Lass dir deshalb keine grauen Haare wachsen. – Don't lose any sleep over it.
Da stehen mir ja die Haare zu Berge! – It makes my hair stand on end.
Er findet immer ein Haar in der Suppe. – He's always finding fault with everything.
Warum lässt du nie ein gutes Haar an ihr? – Why are you always picking her to pieces?
Ihr fresst mir noch die Haare vom Kopf! – You're eating me out of house and home.
Sie hat Haare auf den Zähnen. – She's a tough customer.
Das ist doch haarsträubend! – But that's outrageous.
Peter kann niemandem ein Haar krümmen. – Peter couldn't harm a flea.
Aber das ist doch an den Haaren herbeigezogen! – That's a bit far-fetched.
Das wäre um ein Haar schief gegangen. – That very nearly went wrong.
Die zwei liegen sich immer in den Haaren. – Those two are always at loggerheads.
Sie haben sich mal wieder in die Haare gekriegt. – They got into a squabble again.
Das ist doch Haarspalterei! – That's just splitting hairs.

e ***Kleidung** *Sg*	clothing, clothes, dress
Sie ist immer **elegant** / **modisch** / ***schick** / ***chic** gekleidet.	She is always stylishly / fashionably / trendily dressed.
Sie ist **unmodisch** / **schlampig** gekleidet.	She is unfashionably / slovenly dressed.
Sie trägt einen Pullover und einen Rock.	She is wearing a pullover and a skirt.
gepflegt ↔ **ungepflegt**	well groomed ↔ badly groomed
Sein ungepflegtes Äußeres finde ich schrecklich.	I find his unkempt appearance terrible.
***schmutzig** / **schmuddelig**	dirty / grubby
vergammelt	shabby, scruffy
zerknittert	rumpled

Kindheit und Jugend
Childhood and youth

s *B<u>a</u>by, -s [be:bi]	baby
s N<u>eu</u>geborene, -n	new-born baby
s Babyalter	babyhood
*w<u>a</u>chsen (wächst, wuchs, ist gewachsen)	grow
s Kl<u>ei</u>nkind, -er	toddler, infant, small child
e K<u>i</u>ndheit / s K<u>i</u>ndesalter	childhood
im Kindesalter	in childhood
In diesem Haus hat meine Mutter von Kindheit an gewohnt.	My mother has lived in this house since she was a child / since her childhood.
eine glückliche Kindheit verleben	have a happy childhood
s *K<u>i</u>nd, -er	child
k<u>i</u>ndlich	childlike
Sie ist noch sehr kindlich.	She is still very childlike.
Sie ist ein *<u>Ei</u>nzelkind.	She is an only child.
e K<u>i</u>nderbetreuung	child care

> There are various forms of *Kinderbetreuung* = childcare for children from 0-6:
> *Kinderkrippe* = creche (state or privately run for children of 0-3);
> *Kindergarten = kindergarten (state or privately run for children 3-6);
> A *Tagesmutter* (= childminder) looks after a child while the parents are at work.
> A *Babysitter* (= babysitter) is employed just for a few hours during the day or evening.

s (Kinder-)H<u>ei</u>m, -e	(children's) home
r *Betr<u>eu</u>er, - // e *Betr<u>eu</u>erin, -nen	person who is in charge of / looking after sb
e W<u>ie</u>ge, -n	cradle
Das wurde ihr in die Wiege gelegt.	She inherited that.
von der Wiege bis zur Bahre	from the cradle to the grave
s K<u>i</u>nderbett, -en	cot, crib
r K<u>i</u>nderwagen, - / ≈ *südd.*	pram, baby carriage
r Buggy, -s [baqi]	pushchair, stroller
r Schn<u>u</u>ller, -	dummy, pacifier
r Nuggi, - *schweiz.*	dummy, pacifier
s *Sp<u>ie</u>lzeug / e Sp<u>ie</u>lsache, -n	toys / toy
*sp<u>ie</u>len	to play
e Spielzeugeisenbahn, -en	toy train
s Spielzeugauto, -s	toy car
s St<u>o</u>fftier, -e	soft toy
r T<u>e</u>ddybär, -en	teddy bear
s B<u>i</u>lderbuch, ≈er	picture book
ein Bilderbuch anschauen	look at a picture book
ein Buch / Bilderbuch vorlesen	read a book / picture book

s *Märchen, -	fairytale
ein Märchen erzählen	tell a fairytale
r Stift, -e	pen, pencil
r Buntstift, -e	coloured pencil
r Wachsmalstift, -e	wax crayon
*malen	paint
r Malkasten, ⸚	paintbox
r Malblock, ⸚e	colouring pad
s Malbuch, ⸚er	colouring book
e *Puppe, -n	doll
s Puppenhaus, ⸚er	doll's house
r Puppenwagen, - / ⸚ südd.	doll's pram, carriage
r Comic, -s ['kɔmɪk]	comic
s Puzzle, -s ['pasl auch 'pʊsl]	jigsaw (puzzle)

Typical children's games

indoors

Karten spielen	play cards
Verstecken spielen	play hide and seek
mit Puppen / *Autos / r (Modell-)*Eisenbahn spielen	play with dolls / cars / a train set
mit Playmobil spielen	play with Playmobil
Vater – Mutter – Kind spielen	play father – mother – child
Brettspiele machen	play board games
malen / basteln / kneten	paint / make things / play with Play-Doh
am Computer spielen	play at the computer

outdoors

Dreirad fahren	ride a tricycle
Roller fahren	ride a scooter
Kickboard fahren	go kickboarding
*Fahrrad fahren / *Rad fahren / Velo fahren (schweiz.)	ride a bicycle
Inlineskates fahren	go inline-skating
Skateboard fahren	go skateboarding
Schlittschuh fahren	go skating
Schlitten fahren	go sledging/tobogganing
am Kinderspielplatz spielen	playing at a children's playground
rutschen	go on a slide
schaukeln	go on a swing
im Sandkasten spielen	play in the sandpit
Sandburgen bauen	build sandcastles
wippen	go on a seesaw
Ball spielen	play ball (games)
Fangen spielen	play catch
Räuber und Gendarm spielen	play cops and robbers
eine Schnitzeljagd machen	do a paper-chase

*jung (jünger, jüngst-)	young
jugendlich	youthful
r/e *Jugendliche, -n	youth (= young person)
junge Leute Pl	young people
e *Jugend Sg	youth (= period in sb's life; young people collectively)
die heutige Jugend / die Jugend von heute	today's youth / the youth of today
in meiner Jugend / als ich jung war	in my youth / when I was young
r Flegel, -	lout, yob
r Schlingel, -	rascal
r/e Minderjährige, -n	minor, underage person
minderjährig ↔ volljährig sein	be underage ↔ be of age
r/e Heranwachsende, -n	adolescent
e Pubertät	puberty
Meine Tochter ist in der Pubertät.	My daughter is in her puberty.
r Teenager, - ['tiːneːdʒɐ]	teenager
r/e Volljährige, -n	adolescents who have attained their majority / who are of age
s Erwachsenwerden	growing up, achieving adulthood
r Jugendclub, -s	youth club
s Jugendzentrum, -en	youth centre
e Jugendherberge, -n	youth hostel
e Jugendarbeitslosigkeit	youth unemployment
jugendfrei	U-certificate rated, suitable for people under 18
e Jugendliteratur	literature for young people

Erwachsenenalter
Adult life

r / e *Erwachsene, -n	adult
s *Alter Sg	age / old age
im Alter von vierzig Jahren	at the age of forty
im hohen Alter	in old age, at an advanced age
*alt (älter, ältest-)	old
Wie alt sind Sie?	How old are you? / What's your age?
alt werden ↔ jung bleiben	grow/get old ↔ stay young
Wir werden langsam älter.	We're getting on (in years).
alt sein / aussehen / wirken	be / look / seem old
das mittlere Lebensalter (ca. 40-65)	middle age
eine Frau mittleren Alters	a middle-aged woman
Sie ist in den besten Jahren.	She's in her prime.
im reifen Alter von 50 Jahren	at the mature / ripe age of 50

Euphemisms

eine ältere Person	an elderly person
ein betagter Mann	an aged man
ein Mensch im fortgeschrittenen Alter	a person of advanced years
eine Person im reifen Alter	a person of a mature / ripe old age

Er ist über die besten Jahre hinaus. / Er ist nicht mehr der Jüngste.	He's past his prime. / He's no longer a youngster.
im vorgerückten Alter	at an advanced age
das Herannahen des Alters	the approach of old age
Sie erreichte ein hohes Alter.	She lived to a ripe old age.
ein alternder Künstler	an aging artist
e Lebenserwartung	life expectancy
Wechseljahre *Pl*	menopause, the change of life
in die Wechseljahre kommen	reach the menopause, see/ experience the onset of the menopause
alte Leute	old people / folk
r Rentner, - // e Rentnerin, -nen	pensioner, senior citizen
r Pensionist, -en // e Pensionistin, -nen *österr.*	pensioner, senior citizen
r/e Pensionierte, -n *schweiz.*	pensioner, senior citizen
e *Rente, -n / e *Pension, -en	pension
in Rente/Pension gehen / sich pensionieren lassen / in den (vorzeitigen) Ruhestand gehen	go into retirement / retire / go into (early) retirement
r Frührentner, - // e Frührentnerin, -nen	person who has retired early / taken early retirement
r/e frühzeitig Pensionierte, -n *schweiz.*	person who has retired early / taken early retirement
s (vorzeitige) Ausscheiden aus dem Arbeitsleben	(early) retirement (from work)
im Rentenalter	in retirement
s *Altersheim, -e / s *Altenheim, -e / s Seniorenheim, -e	old people's home
altern	grow old to age
Durch seine schwere körperliche Arbeit ist er schnell gealtert.	Hard physical labour has made him age quickly.
typische Altersbeschwerden	typical complaints of old age
e Alterserscheinung	sign / symptom of old age
Pigmentflecken auf der Haut sind eine typische Alterserscheinung.	Pigmentation marks on the skin are a typical sign of old age.
altersbedingt	due to (old) age
e Langlebigkeit	longevity
nachlassende körperliche Energie	declining physical energy
in seinen letzten Lebensjahren	in his declining years
altersschwach·/ gebrechlich	decrepit

ein gebrechlicher alter Mann	a decrepit old man
bei schlechter Gesundheit sein	be *in* poor health
s **Pflegeheim**, -e	nursing home
auf einen Platz in einem Pflegeheim warten	wait for a place in a nursing home
Essen auf Rädern	meals on wheels
r **Verfall** *Sg*	decline
senil	senile
e Senilität	senility
e Alzheimerkrankheit	Alzheimer's disease
an der Alzheimerkrankheit leiden	suffer from Alzheimer's disease
verkalkt sein (ist, war, ist gewesen)	be senile

Persönlichkeit und Verhalten
Personality and behaviour

sich *****verhalten** (verhält, verhielt, hat verhalten)	behave
In dieser Situation hätte ich mich anders verhalten.	I would have behaved differently in this situation.
s *****Verhalten** *Sg*	behaviour
Manchmal ist sein Verhalten unmöglich.	His behaviour is sometimes impossible.
sich **benehmen** (benimmt, benahm, hat benommen)	behave
Die Kleine hat sich gut / schlecht benommen.	The little girl behaved well / badly.
s **Benehmen** *Sg*	behaviour
auf gutes Benehmen achten	set store by good behaviour
e *****Rücksicht**, -en	consideration
Du sollst Rücksicht nehmen auf andere!	You should *show* consideration *for* others.
sich **blamieren**	make a fool of / disgrace oneself
Sie hat sich vor allen blamiert.	She disgraced herself in front of everybody.
jm etw **peinlich sein** (ist, war, ist gewesen)	be embarrassed / feel bad / feel awkward about sth
Entschuldigen Sie bitte, das ist mir sehr peinlich!	I'm sorry, I feel very bad about this.

Adjectives referring to a person's behaviour

geduldig ↔ *ungeduldig*	patient ↔ impatient
*****höflich* ↔ ***unhöflich*	polite ↔ impolite
*****freundlich* ↔ ***unfreundlich*	friendly ↔ unfriendly
anständig ↔ *unanständig*	decent, respectable ↔ indecent, rude

*reif ↔ *unreif	mature ↔ immature
*vernünftig ↔ *unvernünftig	sensible ↔ stupid
bescheiden ↔ unbescheiden	modest ↔ bold, presumptuous
*sympathisch ↔ *unsympathisch	nice, pleasant ↔ unpleasant, disagreeable
*fair / gerecht ↔ *unfair / ungerecht	fair, just ↔ unfair, unjust
kultiviert ↔ unkultiviert	refined ↔ uncultured
rücksichtsvoll ↔ rücksichtslos	considerate ↔ inconsiderate
anspruchsvoll ↔ anspruchslos	demanding ↔ modest, unassuming
taktvoll ↔ taktlos	tactful ↔ tactless
liebenswürdig ↔ unverschämt	kind, friendly ↔ insolent
artig / brav ↔ *frech	well-behaved, good ↔ cheeky
*klug ↔ *dumm	clever ↔ stupid
launisch	moody
*merkwürdig	strange, odd, curious
vornehm	distinguished, refined, posh

 The antonyms (= opposites) are usually formed with the prefix **un-** or the suffix **-los**.

e **Persönlichkeit** — personality
Sie hat eine starke Persönlichkeit. — She has a strong personality.
s **Wesen**, – — nature
Sie besitzt ein sympathisches Wesen. — She has a pleasant nature / an appealing personality.

r ***Charakter**, Charaktere — character
Er hat einen starken Charakter. — He has a strong character.

Adjectives describing a person's character

*ehrlich ↔ *unehrlich	honest ↔ dishonest
sensibel ↔ unsensibel	sensitive ↔ insensitive
aufrichtig ↔ unaufrichtig	honest, sincere ↔ insincere
ausgeglichen ↔ unausgeglichen	(well-)balanced, equable ↔ moody, unstable
gehemmt ↔ ungehemmt	inhibited ↔ uninhibited
selbstsüchtig ↔ selbstlos	selfish ↔ unselfish
egoistisch ↔ altruistisch	egoistic ↔ altruistic
mitfühlend ↔ mitleidlos / wenig mitfühlend	sympathetic ↔ unsympathetic
*offen ↔ verschlossen	open ↔ reserved, taciturn

s **Temperament** — temperament
Monika hat viel Temperament. — Monika is very lively.
temperamentvoll — lively, vivacious
***fröhlich** / ***lustig** ↔ ***traurig** — happy, cheerful, merry ↔ sad, unhappy

cholerisch — choleric
r ***Gegensatz**, ⸚ / s ***Gegenteil**, -e — difference, opposite
Im Gegensatz zu ihr ist er eher ruhig. — Unlike her, he is more calm.

die **Beherrschung verlieren**	lose one's self-control
(sich) *****verändern**	to change
Sabine hat sich in letzter Zeit ziemlich verändert. Findest du nicht auch?	Sabine has changed a lot recently. Don't you think so too?
gute ↔ schlechte *****Laune** haben	be in a good ↔ bad mood
gut gelaunt ↔ **trübsinnig / bedrückt**	cheerful ↔ gloomy / depressed
Anna machte heute einen sehr bedrückten Eindruck.	Anna gave the impression of being / seemed very depressed today.
Unsere Lehrerin hatte heute schlechte Laune. / Unsere Lehrerin war heute schlecht gelaunt.	Our teacher *was in* a bad mood today.

Adjectives that are important in the working world

fähig ↔ *unfähig*	(cap)able ↔ incompetent
***erfahren* ↔ ***unerfahren*	experienced ↔ inexperienced
fleißig ↔ ***faul*	hard-working, diligent ↔ lazy
flexibel ↔ *unflexibel*	flexible ↔ inflexible
***zuverlässig / verlässlich* ↔ ***unzuverlässig*	reliable ↔ unreliable
verantwortungsbewusst ↔ *verantwortungslos*	responsible ↔ irresponsible
belastbar ↔ *wenig belastbar*	tough, able to withstand stress ↔ not very resilient to / not very able to withstand stress
anpassungsfähig ↔ *nicht anpassungsfähig*	adaptable ↔ inflexible
bescheiden ↔ *eingebildet*	modest ↔ conceited

gütig ↔ **boshaft**	benevolent ↔ malevolent
ein boshafter Blick/Nachbar	a malevolent look/neighbour
erbarmungslos	pitiless, merciless
Er nützt andere erbarmungslos aus.	He's pitiless in exploiting others.
korrupt [kɔ'rʊpt]	*corrupt*
ein korrupter Politiker	a corrupt politician

Beware of these false friends!

German	English	English	German
brav	well-behaved	brave	*mutig, tapfer*
charakterlos	devoid of principles	characterless	*farblos, *langweilig*
genial	brilliant, gifted	genial	***herzlich, leutselig*
sensibel	sensitive	sensible	*vernünftig*
selbstbewusst	self-confident	self-conscious	*gehemmt*
sympathisch	nice, likeable	sympathetic	*mitfühlend*

*****konservativ** ↔ **progressiv**	conservative ↔ progressive
*****tolerant** ↔ **intolerant / engstirnig**	tolerant/ broad-minded ↔ intolerant / narrow-minded
*****großzügig** ↔ **geizig / knauserig**	generous ↔ stingy / mean
lässig / locker ↔ **pingelig**	easy-going ↔ fussy

The complete lack of a characteristic can be expressed with

Es mangelt ihm/ihr an (+D) ...:
Es mangelt ihr vollkommen an Ehrgeiz / *Mut / *Humor / Mitleid / Talent. – She's completely devoid of ambition / courage / humour / pity / talent.

charmant ↔ **uncharmant**	charming ↔ uncharming
Sie besitzt keinerlei Charme.	She's devoid of any charm.
optimistisch ↔ **pessimistisch**	optimistic ↔ pessimistic
kontaktfreudig ↔ **zurückhaltend**	outgoing, sociable ↔ reserved
*interessant ↔ ***langweilig**	interesting ↔ boring
*stark (stärker, stärkst-) ↔ ***schwach** (schwächer, schwächst-)	strong ↔ weak
zäh / *hart (härter, härtest-) ↔ schwach	tough / hard ↔ weak
ein harter Bursche / Typ	a tough character
mutig ↔ **feige**	brave, courageous ↔ cowardly
ein feiger Anschlag	a cowardly attack
r **Feigling**, -e	coward
Er ist ein ziemlicher Feigling.	He's a little coward.
*neugierig	inquisitive, nosy, curious
Sei nicht so neugierig!	Don't be so nosy / inquisitive!
entspannt ↔ **angespannt**	relaxed ↔ tense
*nervös	nervous
*durcheinander sein	be confused
*ruhig ↔ **aufgeregt**	calm ↔ agitated
Er war vor der Operation sehr ruhig.	He was very calm before the operation.
(sich) ***aufregen**	get worked up
Meine Mutter regt sich immer auf, wenn ich spät nach Hause komme.	My mother always gets worked up, when I come home late.
respektvoll ↔ ***frech**	respectful ↔ cheeky, sassy
Sei nicht so frech zu deinen Eltern.	Don't be cheeky to your parents.

There are a number of expressions with the preposition *wie* that are used to describe people:

Er / Sie ist ...	He / She is ...:
frech wie Oskar.	a cheeky devil.
mutig wie ein Löwe.	brave as a lion.
*kalt wie eine Hundeschnauze.	cold as ice.
fleißig wie eine Biene.	busy as a bee.
schlau wie ein Fuchs.	crafty as a fox.
sanft wie ein Lamm.	gentle as a lamb.
störrisch wie ein Maultier.	obstinate as a mule.
stur wie ein Bock.	stubborn as a mule.
*stolz wie ein Pfau.	vein as a peacock.
dumm wie Bohnenstroh.	thick as two short planks.

r *Sinn, -e	sense
die fünf Sinne	the five senses
r Gesichtssinn	sense of sight
r Gehörsinn	sense of hearing
r Geruchssinn	sense of smell
r Geschmackssinn	sense of taste
r Tastsinn	sense of touch
sinnlich	sensual, sensuous
Sie ist eine sehr sinnliche Frau.	She's a very sensual woman.
r Sinneseindruck, ⸚e	sensory impression
r *Eindruck, ⸚e	impression
Wir haben den Eindruck, dass ...	We have / are under the impression that ...
s *Gefühl, -e	feeling, sensation
Ich hatte das Gefühl, dass ...	I had the feeling that ...
e Empfindung, -en	sensation
empfindlich	sensitive
Meine Tochter ist extrem schmerzempfindlich.	My daughter is extremely sensitive to pain.
Sei doch nicht immer so empfindlich!	Don't be so touchy.
r Orientierungssinn	sense of direction
Sie hat einen guten Orientierungssinn.	She has a good sense of direction.
*sehen (sieht, sah, hat gesehen)	see
Siehst du den Schmetterling dort oben?	Can you see the butterfly up there?
e Sicht	(sense of) sight
Sie ist kurzsichtig ↔ weitsichtig.	She is shortsighted, nearsighted ↔ long-sighted.
Das war eine sehr kurzsichtige Entscheidung.	That was a very short-sighted decision.
Langsam kam der Zug in Sicht.	Slowly the train came into view.
in Sichtweite von	within sight of
Eine Lösung des Problems ist noch nicht in Sicht.	A solution to the problem is not yet in sight.
sichtbar ↔ unsichtbar	visible ↔ invisible
*schauen	look
Was ist los? Warum schaust du so traurig?	What's the matter? Why are you looking so sad?
Schauen Sie sich das mal bitte an!	Just have / take a look at this, will you, please?
sich etw *ansehen / *anschauen	(have / take a) look at sth
Möchten Sie sich den Film auch ansehen / anschauen?	Would you like to see / watch / have a look at the film, too?
*beobachten	watch, observe

e **Beobachtung**, -en	observation
Haben Sie letzte Nacht irgendetwas Besonderes beobachtet?	Did you observe anything unusual last night?
Notiz nehmen von	take notice of
Sie nahm keine Notiz von ihm.	She took no notice of him.
*bemerken	notice
Hat denn niemand den Diebstahl bemerkt?	Didn't anyone notice the theft?
wahrnehmen	perceive, be(come) aware (of)
e **Wahrnehmung**, -en	perception
Niemand nahm wahr, dass Ralf gegangen war.	Nobody noticed / was aware that Ralf had gone.
r *Blick, -e	glance
Er warf nur einen kurzen Blick auf das Foto.	He just took / cast a quick glance at the photo.
r **Blickkontakt**	eye-contact
Blickkontakt aufnehmen mit jm	establish eye-contact with sb
Es war Liebe auf den ersten Blick.	It was love at first sight.
Das sieht man doch auf einen Blick!	You can see that at first glance.
Wir bekamen ihn nur kurz zu Gesicht.	We only caught a brief glimpse of him.
e *Brille, -n	(pair of) *glasses*
Seit kurzem muss ich eine Brille tragen.	I've had to start wearing glasses.
Deine neue Brille gefällt mir.	I like your new glasses.
e Brille *abnehmen (nimmt ab, nahm ab, hat abgenommen) ↔ aufsetzen	take off ↔ put on glasses
e **Kontaktlinse**, -n	contact lens
*blind sein	be blind

> *Er war wie von Sinnen.* – It was as if he had taken leave of his senses.
> *Er ist nicht ganz bei Sinnen.* – He's gone out of his mind.
> *Dafür hat sie einen sechsten Sinn.* – She has a sixth sense for that sort of thing.
> *Mir steht jetzt nicht der Sinn nach Reden.* – I don't feel like talking just now.
> *Das geht mir nicht mehr aus dem Sinn.* – I just can't get that out of my mind.
> *Sie macht alles ohne Sinn und Verstand.* – She did everything without rhyme or reason.
> *Das ist ganz in meinem Sinn.* – I agree with that completely.
> *Damit habe ich nichts im Sinn.* – I want nothing to do with that.
> *Das ist nicht im Sinne des Erfinders.* – That's not the idea.

s *Ohr, -en	ear
Ich werde die Ohren offen halten.	I'll keep my ears open.
s **Geräusch**, -e	sound, noise
Was war das denn für ein Geräusch?	What was that noise?
*hören	hear
Hast du das Geräusch gehört?	Did you hear that noise?
jn **kommen hören**	hear sb coming
Tut mir Leid, ich habe Sie nicht kommen hören.	Sorry, I didn't hear you (come).
Radio hören	listen to the radio

*z**u**hören	listen
Warum hörst du mir nicht zu?	Why aren't you listening (to me)?
r **Kr**a**ch** / r *Lärm	noise, racket, din
Ich kann diesen Lärm hier nicht aushalten.	I can't stand this noise (here).
(sich) *gew**ö**hnen an +A	get used to
Langsam gewöhnt er sich an den Lärm in der Straße.	Slowly, he's getting used to the noise in the street.
e *Gew**o**hnheit, -en	habit
*l**au**t ↔ *l**ei**se	loud ↔ quiet
Sprechen Sie bitte etwas lauter.	Can you speak a bit louder, please?
das Gerät lauter ↔ leiser stellen	turn the volume up / down
geräuschvoll ↔ geräuschlos	noisy ↔ silent, noiseless
Die Klimaanlage ist zu laut.	The air-conditioning is too noisy.
*r**u**hig / *st**i**ll	quiet / silent
Sei doch mal bitte ruhig!	Can't you be quiet, please?
e *R**u**he / e St**i**lle	quiet, silence / silence
s Geh**ö**r	hearing
Er ist ein bisschen **schw**e**rhörig**.	He's a little hard of hearing.
s H**ö**rgerät, -e	hearing aid
*t**au**b	deaf
t**au**bstumm	deaf-mute
Er ist taubstumm.	He's deaf and dumb.

Expressions with *hören*

Ich habe ihn nicht gehört. – I didn't hear him.
Haben Sie auch etwas darüber gehört? – Did you hear about it, too?
Unser Hund hört auf den Namen Poldi. – Our dog answers to the name Poldi.
Hast du mal wieder etwas von Susanne gehört? – Have you heard from Susanne (again / at all)?
Lass mal wieder was von dir hören! – Keep in touch.
Er hört sich einfach gern reden. – He just likes to hear the sound of his own voice.
Man höre und staune! – Would you believe it? / Wonders will never cease.
Wer nicht hören will, muss fühlen! – If you don't do as you're told, you'll suffer for it.

r **L**au**t**, -e	sound
ein kaum wahrnehmbarer Laut	a scarcely audible sound
r **Kl**a**ng**, ⸚e	sound, tone
Mir gefällt der Klang seiner Stimme.	I like the sound of his voice.
kli**ngen** (klang, hat geklungen) / tönen *schweiz.*	to sound
Das Auto klingt wie ein Diesel.	The car sounds like a diesel.
r **T**o**n**, ⸚e	tone
Mir gefällt dein Ton nicht.	I don't like your tone (of voice).
e **L**au**tstärke**	volume
e *N**a**se, -n	nose
Er hat eine Nase für gute Geschäfte.	He has a nose for profitable deals.
*r**ie**chen (roch, hat gerochen)	smell

Wonach riecht es hier? – Nach frisch
 gebackenem Kuchen.

What does it smell *of* here? –
 Freshly baked cake.

r **Geruch**, ⸚e

smell

Ich liebe den Geruch von frisch
 gemahlenem Kaffee.

I love the smell of freshly ground
 coffee.

r **Duft**, ⸚e

scent

duften

to scent

Diese Rosen duften ja wunderbar!

These roses smell lovely / have a
 wonderful scent.

*atmen

breathe

durch die Nase / den Mund einatmen ↔
 ausatmen

breathe in ↔ out through the
 nose / mouth

r **Atem**

breath

r **Gestank**

stink

*stinken (stank, hat gestunken)

to stink, smell (bad)

English "aroma" is something we smell and find pleasant –
in German: **Duft** or **Aroma**.
German **Aroma** can also be something we taste and find pleasant –
in English: "flavour / taste"
der Duft frisch gemahlenen Kaffees – the aroma of freshly ground coffee
Diese Tomaten haben überhaupt kein Aroma / keinen Geschmack. – These tomatoes
have no flavour / taste at all.

r ***Geschmack**, ⸚er

taste, flavour

Die Geschmäcker sind verschieden.

Tastes differ.

Das hat einen bitteren Geschmack.

It has a bitter taste.

*schmecken

to taste

Das schmeckt ***süß** / **salzig** / ***sauer** /
 *bitter.

It tastes sweet / salty / sour / bitter.

The German word **Geschmack**, like English *"taste"*, also has the meanings:

1. Ability to distinguish what is nice from what is ugly, good from bad:
 Was Kleidung und Einrichtung betrifft, hat sie einen guten / sicheren Geschmack. –
 In clothes and furnishing she has good taste / her taste is sure.

2. Personal preference for something:
 Das ist nicht jedermanns Geschmack. – That is not to everyone's taste.

 The verb **schmecken** can, on its own, mean "taste good":
 Mm, das schmeckt aber. – Mm, this tastes good.
 Schmeckt es? – Do you like it? / Is it OK?

s **Aroma**, -en

flavour, aroma

aromatisch

flavoursome, aromatic

r ***Appetit**

appetite

Das hat mir den Appetit verdorben.

It has spoilt my appetite.

*kosten / ***probieren**

to taste / try

Kann ich mal probieren?

Can I try (it)?

berühren	to touch
e **Berührung**, -en	touch
Der Stoff fühlt sich sehr weich an.	The material has a very soft touch.
***anfassen** / angreifen *österr*.	handle, touch
(Die Waren) bitte nicht anfassen!	Please do not touch (the goods)!
spüren	feel, sense
Sie spürte den Schmerz nicht.	She didn't feel the pain.
***träumen**	to dream
Ich habe letzte Nacht etwas Schreckliches geträumt. / Ich hatte letzte Nacht einen schrecklichen Traum.	I had a terrible dream last night.
r ***Traum**, ⁼e	dream

Gefühle und Einstellungen
Feelings and attitudes

s ***Gefühl**, -e	feeling
***fühlen**	feel
Wie fühlen Sie sich in Ihrer neuen Wohnung?	How do you feel in your new flat?
Hier fühle ich mich richtig wohl!	I feel really at home here.
Ich fühle mich noch ein bisschen fremd in Berlin.	I still feel a little bit of a stranger in Berlin.
Sie fühlte sich müde und deprimiert.	She was feeling tired and depressed.
e ***Stimmung**, -en	mood, atmosphere
Die Stimmung beim Fußballspiel war super!	The atmosphere at the football match was super.
Es herrschte eine ausgelassene Stimmung.	There was a lively / boisterous atmosphere.
e ***Laune**, -n	mood
guter ↔ schlechter Laune sein	be in a good ↔ bad mood
Warum bist du heute so schlechter Laune?	Why are you in such a bad mood today?
emotional	emotional
bewegend	moving
Die Geburt meines Kindes war der bewegendste Augenblick meines Lebens.	The birth of my child was the most moving moment of my life.
zumute sein	feel like, be in the mood
Mir ist zum Weinen zumute.	I feel like crying.
Mir ist jetzt nicht nach Späßen zumute.	I'm not in the mood for joking.
s **Bedürfnis**, -se	need, urge
Ich habe zur Zeit das Bedürfnis nach viel Ruhe.	I feel in need of a lot of peace and quiet at the moment.
e Zuneigung	affection
sich verlieben (in +A)	fall in love (with)
Julia hat sich unsterblich verliebt!	Julia has fallen madly in love.

e *Liebe Sg — love
*lieben — to love
Ich liebe ihn sehr. — I love him very much.
Ich liebe es im Meer zu schwimmen. — I love swimming in the sea.
Ich mache das nur aus Liebe zu ihm. — I'm only doing it out of love *for* him.

anbeten — worship, adore
Er betet seine neue Freundin an. — He adores his new girlfriend.
e Leidenschaft, -en — passion
leidenschaftlich — passionate
s Begehren — desire
begehren — to desire
s Verlangen nach — desire *for*
e Sehnsucht, ⸚e nach — longing / yearning *for*
Ich habe solche Sehnsucht nach dir. — I have such a longing *for* you.
sich sehnen nach — long *for*
Sie sehnen sich nach Frieden. — They long for peace.
*gern haben — like
Ich hab ihn sehr gern. — I like him a lot.
Was hätten Sie gern? — What would you like?
*gern (+ Verb) — like to (+ verb)
Ich fahre gern mit dem Zug. — I like travelling by train.
Ich bin sehr gern mit dir zusammen. — I really enjoy being with you.
*mögen (mag, mochte, hat gemocht) — like
Ich mag keine Schokolade. — I don't like chocolate.
genießen — enjoy
den Ausblick genießen — enjoy the view
Ich genieße es, mit ihr zusammen zu sein. — I enjoy being together with her.

Other ways of expressing affection and liking

Sie war mir sofort sympathisch. – I took to her straightaway.
Auf Schokolade ist er ganz versessen. – He's crazy about chocolate.
Die Berge haben es mir angetan. – The mountains really appeal to me.
Er genießt die Zuneigung aller. – He enjoys everyone's affection / is liked by everyone.
Diese Aufgabe würde mich reizen. – This task would really appeal to me.
Alte Bücher faszinieren mich. – Old books fascinate me.
Sie schwärmt für Madonna. – She's mad about Madonna.
Ich glaube, sie ist ihm wirklich zugetan. – I think she's really taken with him.

s *Interesse, -n — interest
Mit großem Interesse habe ich Ihre Stellenanzeige gelesen. — I read your job advertisment with great interest.
*sich interessieren für — be interested *in*
Interessieren Sie sich auch für klassische Musik? — Are you interested in classical music, too?
*interessant — interesting

> Don't confuse *interessiert* with *interessant* and *sich interessieren für*!
> *Ich bin sehr interessiert an Ihrem Angebot.* – I'm very interested in your offer.
> *Das ist ein sehr interessantes Angebot.* – That's a very interesting offer.
> *Interessieren Sie sich für klassische Musik?* – Are you interested in classical music?

*lieber (+ Verb)	prefer (+ verb)
Ich reise lieber mit dem Zug.	I prefer travelling by train.
*vorziehen	prefer
Ich ziehe es vor, hier zu bleiben.	I prefer to stay here.
vertragen (verträgt, vertrug, hat vertragen)	bear, stand
Er verträgt keine Kritik.	He can't bear being criticized.
ertragen (erträgt, ertrug, hat ertragen) / aushalten (hält aus, hielt aus, hat ausgehalten)	bear, stand, endure
Ich kann seine Arroganz nicht ertragen.	I can't stand his arrogance.
Ich halte diesen Lärm hier nicht mehr aus!	I can't endure this noise one moment longer.
tolerieren	tolerate
e Toleranz	tolerance
*tolerant ↔ intolerant	tolerant ↔ intolerant
Sei doch nicht so intolerant!	Don't be so intolerant!
jn etw *angehen	to concern sb
Diese Sache geht mich nichts an. Da halte ich mich raus.	That's none of my business. I'm going to stay out of this.
sich abfinden mit (fand ab, hat abgefunden)	come to terms with
Ich kann mich nicht damit abfinden, dass …	I can't come to terms with the fact that ….
sich etw *bieten / *gefallen lassen (lässt, ließ, hat gelassen)	put up with, stand for
Das lasse ich mir nicht bieten / gefallen!	That's something I won't put up with!
nicht mögen / nicht leiden können / nicht ausstehen können	dislike / not be able to stand
Ich kann ihn nicht leiden / nicht ausstehen.	I dislike him. / I can't stand him.
e Abneigung, -en (gegen)	aversion (to)
Ich empfinde eine große Abneigung gegen sie.	I have a great aversion *to* her.
sich *ärgern über +A	be / get annoyed / angry about
Worüber ärgerst du dich denn so?	What are you so annoyed about?
*zornig	angry, furious
Warum wirst du denn gleich so zornig? Er hat dir doch nichts getan!	There's no reason to get so angry. He hasn't done anything to you.
*hassen	hate

Ich hasse es, wenn ich mich so abhetzen muss. — I hate having to rush.

r **Hass** Sg — hatred, hate

Ihre Augen waren voller Hass. — Her eyes were full of hate.

Verbs expressing strong dislike

Sie verabscheut ihn.	She detests / loathes him.
Sie kann ihn nicht ausstehen.	She can't stand him.
Ich verabscheue Gewalttätigkeit.	I abhor violence.
Sie verachtet ihn.	She despises him.

r **Optimismus** ↔ r **Pessimismus** — optimism ↔ pessimism

optimistisch ↔ **pessimistisch** — optimistic ↔ pessimistic

***hoffen** — to hope

Wird er uns helfen? – Ich hoffe es. — Will he help us? – I hope *so.*

e ***Hoffnung** — hope

Man darf nie die Hoffnung aufgeben. — You should never give up hope.

e **Befürchtung** — fear

befürchten — to fear

Ich befürchte, er kommt nicht mehr. — I'm afraid that he's not coming.

verzweifeln — to despair

Er sah sie verzweifelt an. — He looked at her in despair.

e **Verzweiflung** — despair, desperation

Ihr stand die Verzweiflung ins Gesicht geschrieben. — The desperation was written all over her face.

s ***Vorurteil**, -e — prejudice

Vorurteile gegen Ausländer — prejudice against foreigners

subjektiv ↔ **objektiv** — subjective ↔ objective

Adjectives expressing annoyance

Sie war *böse / *ärgerlich / verärgert, weil er sie wie immer warten ließ. –
She was angry / cross / annoyed because he was keeping her waiting again.
Der Chef war *wütend. – The boss was furious / livid.

e ***Angst**, ⸚e — fear, anxiety

***Angst haben** (vor +D) — be afraid of

Hast du Angst vor Hunden? — Are you afraid of dogs?

***ängstlich** — anxious

***erschrecken** (erschrickt, erschrak, ist erschrocken) / schrecken *österr.* — get a fright

jn ***erschrecken** — to scare sb, give sb a scare

sich ***fürchten** (vor +D) — be afraid of

e **Furcht** — fear

Sie fürchtet sich vor dem Fliegen. — She's afraid of flying.

vorsichtig (sein) — (be) careful, cautious

e ***Vorsicht** — care, caution

***stolz sein** (ist, war, ist gewesen) (auf +A) — be proud *of*

Auf diese Leistung sind wir stolz.	We're proud of this achievement.
eifersüchtig sein (auf +A)	be jealous *of*
Bist du eifersüchtig auf ihn?	Are you jealous of him?
e **Eifersucht**	jealousy
beneiden	to envy
Ich beneide dich um diesen Job.	I (don't) envy you this job.
*****überraschen**	surprise
Ich bin überrascht dich hier zu sehen.	I'm surprised to see you here.
e **Überraschung**, -en	surprise
Was für eine Überraschung!	What a surprise!
(sich) *****wundern**	to wonder
erstaunt	astonished, amazed
Wir waren ganz erstaunt / verblüfft, sie hier zu sehen.	We were quite astonished / amazed to see her here.
*****weinen**	to cry (= weep)
*****schreien** (schrie, hat geschrien)	to cry (= shout)
Hör doch, das Baby schreit.	Listen, the baby's crying.
*****lachen**	to laugh
Was gibt es da zu lachen?	What is there to laugh about?
s **Gelächter**	laughter

Verbs expressing smiling and laughter

lächeln	smile	*lachen*	laugh
grinsen	grin	kichern	giggle
schallend lachen	guffaw		

e **Einstellung**, -en	attitude
eine positive ↔ negative Einstellung gegenüber etw/jm haben	have a positive ↔ negative attitude *to* sb / sth
e **Haltung**, -en	attitude
Ihre ablehnende Haltung gegenüber unserem Vorschlag hat mich überrascht.	Their opposition to our suggestion surprised me.

Ethik und Moral
Ethics and morality

e **Moral**	morality, morals
Das ist eine Frage der Moral.	That's a question of morals.
Meiner Meinung nach hat er seltsame Moralvorstellungen.	In my opinion he has some strange ideas of morality.
moralisch ↔ **unmoralisch**	moral ↔ immoral
moralische Prinzipien / Maßstäbe	moral principles / standards
Er fühlt sich moralisch verpflichtet, ihr zu helfen.	He feels under a moral obligation to help her.
unmoralisches Verhalten	unethical / immoral behaviour

Expressions to do with morals and morality

Vater hat heute seinen Moralischen! –
  Dad is down in the dumps / is having a fit of remorse today.
Seine dauernden Moralpredigten gehen mir langsam auf die Nerven. –
  His constant (moralizing) lectures are starting to get on my nerves.
Du mit deiner Doppelmoral! – You and your double standards.

ethisch	ethical
e Ethik	ethics
*gut (besser, best-) ↔ *schlecht	good (better, best) ↔ bad
das Gute ↔ das Schlechte	the good ↔ the bad
Sie glaubt immer an das Gute im Menschen.	She always believes in the good in human beings.
Gutes tun	do good
eine gute Tat ↔ eine schlechte / böse Tat	a good deed ↔ a bad / an evil deed
gutmütig	good-natured
Opa ist ein sehr gutmütiger Mensch.	Grandad is a very good-natured person.
*menschlich sein	be human
*richtig ↔ *falsch	right ↔ wrong
Da hast du richtig gehandelt.	You've done the right thing.
s *Recht ↔ s Unrecht	right ↔ wrong
im Recht ↔ Unrecht sein	be in the right ↔ be in the wrong
Ich weiß, dass ich im Unrecht war.	I know I was in the wrong.
*böse	evil
das Böse	the evil
der Konflikt zwischen Gut und Böse	the conflict between good and evil
e Sünde, -n	sin
Es wäre eine Sünde, das zu tun.	It would be a sin to do that.
s Gewissen	conscience
ein ruhiges / gutes / schlechtes Gewissen haben	have a clear / good / bad conscience
Gewissensbisse haben	have pangs of conscience
gewissenhaft	conscientious
Er hat alle Arbeiten gewissenhaft erledigt.	He was always conscientious.
s Ideal, -e	ideal
Er lebt entsprechend seinen Idealen.	He lives according to his ideals.
idealistisch	idealistic
e Tugend, -en ↔ s Laster, -	virtue ↔ vice
Rauchen ist sein größtes Laster.	Smoking is his biggest vice.
e Weisheit	wisdom
e Tapferkeit	bravery
e *Schuld	fault, blame, guilt
*schuldig ↔ *unschuldig	guilty ↔ innocent
Es ist alles ihre Schuld.	It's all her fault.
e Integrität	integrity
Er ist ein integrer Mensch.	He's a man of integrity.
e Gerechtigkeit *Sg*	justice

gerecht ↔ ungerecht		just ↔ unjust	
für eine gerechte Sache kämpfen		fight in a just cause	
e Ehrlichkeit		honesty	
*ehrlich ↔ *unehrlich		honest ↔ dishonest	
Ehrlich währt am längsten.		Honesty is the best policy.	
r Gehorsam ↔ r Ungehorsam		obedience ↔ disobedience	
Sie ist ein gehorsames Kind.		She is an obedient child.	

The seven virtues

r Glaube	faith	e *Hoffnung	hope
e *Liebe	charity	e Gerechtigkeit	righteousness
e Tapferkeit	bravery	e Klugheit	wisdom
e Mäßigkeit	moderation		

The seven deadly sins

r Hochmut	vanity	r *Zorn	anger
r Neid	envy	e Unkeuschheit	unchastity
e Unmäßigkeit	immoderation	r Geiz	miserliness
e Trägheit	lethargy		

e Anständigkeit	decency
anständig ↔ unanständig	decent ↔ indecent
Sicherlich ist er ein anständiger Kerl.	I'm sure he's a decent guy.
Du sollst keine unanständigen Wörter benutzen.	You're not to use any rude words.
e Treue	faithfulness, loyalty
Er schwor ihr ewige Treue.	He swore her eternal faithfulness.
*treu ↔ *untreu	faithful ↔ unfaithful
schwören (schwor, hat geschworen)	swear
*versprechen (verspricht, versprach, hat versprochen)	to promise
Er hat mir versprochen, sich nicht mehr zu *verspäten.	He promised me not to be late in future.
vertrauenswürdig	trustworthy
Ist sie ein vertrauenswürdiger Mensch?	Is she a trustworthy person?
e Gier / e Habsucht	greed
seine Geldgier / Machtgier	his avarice / craving for power
gierig / habsüchtig sein	be greedy
e Korruption / e Bestechung	corruption / bribery
korrupt / bestechlich sein	be corrupt / open to bribery
Glauben Sie, dass er korrupt ist?	Do you think he's corrupt?
e Scheinheiligkeit / e Heuchelei	hypocrisy
scheinheilig / heuchlerisch	hypocritical
Sei nicht immer so scheinheilig!	Don't be so hypocritical / such a hypocrite.
*lügen (log, hat gelogen)	to lie
e *Lüge, -n	lie

r **Lügner**, - // e **Lügnerin**, -nen | liar
Er ist ein verdammter Lügner. | He's a bloody liar.
r **Nichtsnutz**, -e | good-for-nothing
r **Gauner**, - | crook, rogue
Der alte Gauner hat mich betrogen. | The old rogue tricked me.
r **Skrupel**, - | scruple
Sie hatte nicht die leisesten Skrupel. | She didn't have the slightest scruples.

skrupellos | unscrupulous
r ***Fehler**, - | fault
Jeder macht mal Fehler. | Everyone makes mistakes.
sich **schämen** (für) | be ashamed (*of*)
e **Scham** | shame
Ich bin **beschämt**. | I am ashamed.
Du solltest dich schämen. | You should be ashamed of yourself.

e **Reue** | remorse
bereuen | regret, be sorry for
Der Angeklagte hat die Tat bereut. | The accused was sorry for what he did.

reumütig | repentant
jm etw **peinlich** sein (ist, war, ist gewesen) | be embarrassed / feel bad / feel awkward about sth
Das braucht dir nicht peinlich zu sein. | It's nothing to be ashamed of.
obszön / **unzüchtig** | obscene
Er reißt immer obszöne Witze. | He's always making obscene jokes.

Persönliche Beziehungen
Human relations

e ***Beziehung**, -en | relationship
ihre Beziehung zu Männern | her relationship *with* men
Ich habe eine sehr gute Beziehung zu / mit meinen Nachbarn. | I'm on very good terms *with* my neighbours.
seine Beziehungen spielen lassen | pull strings
sich mit jm **gutstellen** | try to get on good terms with sb
zurechtkommen (kam zurecht, ist zurechtgekommen) / **auskommen** mit (kam aus, ist ausgekommen) | get along with
Ich komme gut mit ihm zurecht / aus. | I get along with him.
Wir kommen gut miteinander aus. | We get along well.
sich ***verstehen** (verstand, hat verstanden) | get on
Wir verstehen uns sehr gut. | We get on very well together.
gegenseitig | mutual(ly)

sich *unterstützen	support each other
Sie unterstützen sich sehr.	They give each other lots of mutual support.
e *Freundschaft, -en	friendship
r *Freund, -e // e Freundin, -nen	(male) friend // (female) friend, girlfriend

Expressions to do with friends and friendship

eine enge / *herzliche Freundschaft	a close / warm friendship
freundschaftliche Beziehungen	friendly relations
Freundschaft *schließen mit jm	make friends with sb
r Freundschaftsbeweis, -e	proof / gesture of friendship
jm einen Freundschaftsdienst erweisen	do sb a favour out of friendship
Ich sage Ihnen das in aller Freundschaft.	I'm telling you this as a friend.
Freundschaften *pflegen	cultivate friendships
Freunde *finden	make friends
Freunde *verlieren	lose friends
ein alter Schulfreund / Studienfreund von mir // eine alte Schulfreundin / Studienfreundin von mir	an old schoolfriend of mine, an old friend from my student days
Wir sind dicke Freunde // Freundinnen.	We're close / great friends.
Er hat seit kurzem eine feste Freundin.	He's recently found a steady girlfriend.

r/e *Bekannte, -n	acquaintance
Sie ist eine gute Bekannte von mir.	She is a friend of mine.
e Bekanntschaft, -en	acquaintance
*bekannt (sein)	(be) acquainted
jm/sich *begegnen	to meet
Wo sind wir uns schon einmal begegnet?	Where have we met before?
*kennen lernen	get to know
Ich habe sie in London kennen gelernt.	I got to know her in London.
Allmählich lernte sie ihn besser kennen.	She gradually got to know him better.
vertraut (sein)	(be) close, (be) intimate
Wir sind uns sehr vertraut.	We are very close.
jm nahe stehen (stand, hat / ist gestanden)	be close to sb
Wir standen uns immer sehr nahe.	We were always very close.
r *Nachbar, -n // e Nachbarin, -nen	neighbour
Trinken wir auf eine gute Nachbarschaft!	Let's drink to being good neighbours.
e Gleichgültigkeit	indifference
s Mitgefühl	sympathy
Ich möchte Ihnen mein tiefes Mitgefühl ausdrücken.	I would like to express my deep sympathy.
s Mitleid	sympathy

Mitleid haben mit jm	feel sorry *for* sb
Sie verdienen kein Mitleid.	They deserve no pity.
e **Solidarität**	solidarity
solidarisch sein (mit)	show / declare one's solidarity (with)
r ***Rat** / r ***Ratschlag**, ⸗e	(piece of) advice
Eine gute Freundin weiß fast immer einen Rat.	A good friend almost always knows what to do.
e **Zuneigung**	affection
e ***Liebe**	love
*lieben	to love
verliebt sein in jn	be in love *with* sb
Sie ist in ihn verliebt.	She's in love with him.
nicht ausstehen / leiden können	not be able to stand
Ich kann ihn nicht ausstehen / leiden!	I can't stand him.
r **Hass**	hatred
*hassen	hate
Ich hasse den Winter.	I hate the winter.

People who have something in common or do something together

r *Spielkamerad, en* // e *Spielkameradin, -nen*	playmate
r *Schulkamerad, -en* // e *Schulkameradin,-nen*	schoolmate
r *Studienkollege, -n* // e *Studienkollegin, -nen*	fellow student
r *Mitbürger, -* // e *Mitbürgerin, -nen*	fellow citizen
r/e *Mitreisende, -n*	fellow passenger
r *Kumpel, -*	mate
r **Kollege, -n* // e *Kollegin, -nen*	colleague
r *Komplize, -en* // e *Komplizin, -nen*	accomplice
r **Teilnehmer, -* // e **Teilnehmerin, -nen*	participant
r **Partner, -* // e *Partnerin, -nen*	partner

e ***Gruppe**, -n	group
alle Mitglieder der Gruppe	all the members of the group
Gruppendruck ausüben auf jn	exert group pressure on sb
e ***Familie**, -n	family
r **Klub**, -s	club
r ***Verein**, -e	club
einem Verein beitreten ↔ aus einem Verein austreten	join ↔ leave a club
s ***Mitglied**, -er	member
e **Mitgliedschaft** in einem Verein / Klub	membership of a club
e ***Gesellschaft**, -en	company
Sie leistet ihm Gesellschaft.	She keeps him company.
Er sehnt sich nach Gesellschaft.	He's longing for companionship.
e ***Gemeinschaft**, -en	community
*gemeinsam	common, mutual, joint, together, jointly

e *Hilfe, -n	help, aid
Sie hat ein bisschen Hilfe nötig.	She needs a little bit of help.
jm *helfen (hilft, half, hat geholfen)	to help sb
e Unterstützung	support
moralische / finanzielle Unterstützung	moral / financial support
*unterstützen	to support
e Zusammenarbeit	cooperation
e *Gruppe, -n / s *Team, -s [ti:m]	group / team
Wir haben das in Teamwork gemacht.	It was teamwork.
r *Kontakt, -e	contact
Wir müssen in Kontakt bleiben.	We must keep in touch.
Wir haben den Kontakt zu ihr verloren.	We've lost touch *with* her.
e *Verbindung, -en	connection, link
Sie hat gute Verbindungen.	She has good connections.
in Verbindung stehen mit (stand, hat / ist gestanden)	be in touch with
sich in Verbindung setzen mit	get in touch with
Er setzte sich mit ihr in Verbindung.	He got in touch with her.
sich *unterhalten mit (jm) / über +A (unterhält, unterhielt, hat unterhalten)	talk to (sb) / about sth
Wir müssen uns mit ihm darüber unterhalten.	We've got to talk to him about it.
s *Gespräch, -e	conversation
r Dialog, -e	dialogue
einen Dialog führen mit	enter into a dialogue with
den Dialog nicht abbrechen lassen	not let the dialogue be interrupted / broken off
e *Diskussion, -en	discussion
Darüber gab es lange Diskussionen.	There was much discussion about this.
e Spannung, -en	tension
Es gibt leichte Spannungen innerhalb der Gruppe.	Relations within the group are somewhat strained.
r Konflikt, -e	conflict
einen Konflikt austragen (trägt aus, trug aus, hat ausgetragen)	carry on a conflict
einen Konflikt *lösen	resolve a conflict
e Meinungsverschiedenheit, -en	difference of opinion
Wir hatten eine kleine Meinungsverschiedenheit.	We had a slight difference of opinion.
e Auseinandersetzung, -en	argument, dispute
Sie hatten oft Auseinandersetzungen.	They often clashed.
r *Streit, -s	quarrel
sich *streiten (stritt, hat gestritten)	to argue, to quarrel
Sie haben sich oft gestritten.	They often quarrelled.
Darüber lässt sich streiten.	That's debatable. / That's open to argument.
e Uneinigkeit	disaccord, disagreement

sich **nicht *einig** / sich ***uneinig sein** (ist, war, ist gewesen)	We are in disagreement.
Wir sind uns darüber noch nicht einig.	We haven't reached agreement on that yet.
e **Feindseligkeit**, -en (gegenüber jm)	animosity (towards sb)
feindselig	hostile
r ***Feind**, -e // e **Feindin**, -nen	enemy
Sie hat sich dort viele Feinde gemacht.	She made a lot of enemies there.
r **Gegner**, - // e **Gegnerin**, -nen	opponent
Mach ihn dir nicht zum Gegner!	Don't make an enemy of him.
e **Sympathie** [zympa'ti:] (für) ↔	liking, affection, fondness ↔
e **Antipathie** / e **Abneigung** (gegen)	antipathy (to / towards)
r **Vorwurf**, ⸚e	reproach
jm Vorwürfe machen	to reproach sb
jm etwas **vorwerfen** (wirft vor, warf vor, hat vorgeworfen)	to reproach sb for sth
e **Beleidigung**, -en	insult
***beleidigen**	to insult
Warum bist du denn so beleidigt?	Why are you so offended?
e **Kränkung**, -en	injury (to sb's feelings)
kränken / ***verletzen**	hurt / injure (feelings), offend
Seine Äußerung hat mich sehr gekränkt.	What he said really hurt my feelings.
sich **gekränkt fühlen**	feel hurt
jm etw **übel nehmen** (nimmt, nahm, hat genommen)	hold sth against sb
Das habe ich ihr sehr übel genommen.	I've not forgotten that. / I really hold that against her.
e **Rache**	revenge
sich **rächen** (an +D)	take revenge, avenge oneself
verachten	despise
e **Verachtung**	contempt
Das gibt noch „böses Blut".	That's going to cause bad blood / ill feeling.

A few terms of abuse

Du Trottel / Idiot / Depp / Esel!	You fool / idiot / twit / ass.
So ein Idiot!	What an idiot!
Du bist wohl verrückt?	You must be mad / crazy!
Du hast doch einen Knall!	You're barmy / off your rocker.

e ***Entschuldigung**, -en	apology
sich ***entschuldigen** (für)	apologize
***verzeihen** (verzieh, hat verziehen) / **vergeben** (vergibt, vergab, hat vergeben)	forgive, excuse
Können Sie ihr denn das nicht verzeihen?	Can't you forgive her (for it)?
e ***Verzeihung**	forgiveness
Oh, Verzeihung! Das tut mir Leid!	Oh, I'm terribly sorry.

Sexualität
Sexuality

s Geschlecht, -er	sex
das andere Geschlecht	the *opposite* sex
*männlich ↔ *weiblich	male ↔ female
e Zärtlichkeit, -en	tenderness, affection, caress
zärtlich sein (ist, war, ist gewesen)	be affectionate
jn verführen	seduce sb
erotisch	erotic
e Erotik	eroticism
r Sex	sex
Sex haben (mit)	have sex (with)
e Sexualität	sexuality
e Sexualerziehung	sex education
s Sexualverbrechen, -	sex crime
sexuell	sexual
e sexuelle Belästigung	sexual harassment
heterosexuell	heterosexual
homosexuell	homosexual
e Homosexualität	homosexuality
*schwul	gay
r Schwule, -n	gay
lesbisch	lesbian
e Lesbierin, -nen / e Lesbe, -n	lesbian
e Empfängnisverhütung	contraception
s *Kondom, -e / s Präservativ, -e	*condom*
e *Pille *Sg*	pill
e Spirale, -n	coil
e Schwangerschaft, -en	pregnancy
*schwanger sein	be pregnant
Sie ist zum zweiten Mal schwanger.	She's expecting again / her second.
r Schwangerschaftsabbruch, ⁻e /	abortion
e Abtreibung, -en	
abtreiben lassen	have an abortion
eine Abtreibung vornehmen lassen	undergo an abortion
e Prostitution	prostitution
e Prostituierte, -n / e Hure, -n	prostitute / whore
r Stricher, - / r Strichjunge, -n	rent boy
e Vergewaltigung, -en	rape
jn vergewaltigen	rape sb
sexueller Missbrauch	sexual abuse
e Geschlechtskrankheit, -en	veneral disease (VD)
*Aids / s/r HIV-Virus	AIDS / human immunodeficiency virus (HIV)

Leben und Tod
Life and Death

r *Tod / r Todesfall, ⁼e	death
Es gab einige Todesfälle.	There were a number of deaths.
*sterben (stirbt, starb, ist gestorben)	die
Er sagte mir das auf dem Sterbebett.	He told me that on his deathbed.
Woran ist sie gestorben? – An Krebs / Altersschwäche.	What did he die *of*? – Of cancer / old age.
Sie starb eines natürlichen Todes.	She died a natural death.
r / e Sterbende, -n	person dying
r / e Verstorbene, -n	the deceased
Sie ist heute morgen verstorben.	She died this morning.
*lebendig ↔ *tot	alive ↔ dead
*tödlich	fatal, lethal
eine tödliche Verletzung	a fatal injury
r / e Tote, -n	dead person
r Totenschein, -e	death certificate
e Obduktion, -en / e Autopsie, -n	postmortem / autopsy
eine Obduktion durchführen	perform a postmortem (examination)
r Sarg, ⁼e / e Urne, -n	coffin / urn
begraben / beerdigen	bury
Wo liegt sie begraben?	Where is she buried?
r Friedhof, ⁼e	cemetery, graveyard
s Begräbnis, -se / e Beerdigung, -en / e Beisetzung, -en	funeral / burial / interment
Ich war auf ihrer Beerdigung.	I was *at* her funeral.
s Bestattungsinstitut, -e	funeral home
e Trauerfeier, -n	funeral service
e Totenmesse, -n	requiem mass
s Krematorium, Krematorien	crematorium
s Grab, ⁼er	grave
am Grab einen Kranz niederlegen	lay a wreath on the grave
r Grabstein, -e	gravestone, tombstone
Ruhe in Frieden (*Grabinschrift*)	rest in peace (epitaph)
von der Wiege bis zur Bahre *idiom.*	from the cradle to the grave
s Beileid	condolence(s)
Herzliches Beileid!	(please accept) my sincere condolences / my heartfelt sympathy

From the burial service

Wir haben nichts in die Welt gebracht und wir bringen nichts hinaus. Der Herr gibt, der Herr nimmt; der Name des Herrn sei gelobt.
We brought nothing into this world, and it is certain we can carry nothing out.

The Lord gives and the Lord takes away, blessed be the name of the Lord.
Erde zu Erde, Asche zu Asche, Staub zu Staub.
Earth to earth, ashes to ashes, dust to dust.

e **Seele**, -n	soul
s Leben nach dem Tod	afterlife
die **Hinterbliebenen** *Pl*	the bereaved
(be)**trauern**	mourn
Tausende trauerten um sie.	Thousands mourned for her.
e **Trauer**	mourning
Sie ist immer noch in Trauer.	She's still in mourning.
r **Nachruf**	obituary
e **Todesanzeige**, -n	death notice
e **Euthanasie** / e **Sterbehilfe**	euthanasia
r **Selbstmord**	suicide
e Selbstmordrate, -n	suicide rate
Sie beging Selbstmord.	She committed suicide.
umkommen (kam um, ist umgekommen)	be killed
Bei dem Absturz kamen 96 Menschen ums Leben.	96 people were killed in the crash.
jn **umbringen** (brachte um, hat umgebracht)	kill sb / do away with sb
s **Testament**, -e	will
r letzte Wille	last will and testament
sein letzter Wille	his last will and testament
erben ↔ ver**erben**	inherit ↔ bequeath, bequest
s **Erbe**	inheritance, legacy
Das Erbe muss *gleichmäßig unter den Geschwistern verteilt werden.	The inheritance is to be divided equally among the brothers and sisters.
r **Erbe**, -n // e **Erbin**, -nen	heir // heiress
r **Nachkomme**, -n	descendant, offspring

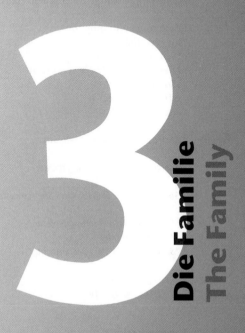

Die Familie
The Family

3
1 Verwandtschaft
Family relations

e *Fam**i**lie, -n	family
Meine Familie lebt seit zwei Generationen hier.	My family has been living here for two generations.
e Verw**a**ndtschaft	relations
r/e *Verw**a**ndte, -n	relation, relative
Haben Sie Verwandte in Deutschland?	Do you have any relatives in Germany?
Sie ist nicht mit mir *verw**a**ndt.	She's no relation of mine.
r/e *A**n**gehörige, -n	relative, relation
Sind die Angehörigen benachrichtigt worden?	Have the next of kin been informed?
r St**a**mmbaum, ⸚e	family tree
r V**o**rfahr, -en	ancestor
Meine Vorfahren kommen aus Polen.	My ancestors are from Poland.
e A**b**stammung / e H**e**rkunft	descent / origins
Sie sind polnischer Abstammung.	They are of Polish descent / extraction.
In den USA leben Menschen verschiedenster Herkunft.	In the USA there live people of the most varied origins.
E**l**tern *Pl*	parents
r *V**a**ter, ⸚ // e *M**u**tter, ⸚	father // mother
s *K**i**nd, -er	child
Meine Kinder sind schon aus dem Haus.	My children have already left home.
Eltern sorgen für ihre Kinder.	Parents take care of their children.
*s**o**rgen (für)	take care (of)
r *S**o**hn, ⸚e // e *T**o**chter, ⸚	son // daughter
r *Br**u**der, ⸚ // e *Schw**e**ster, -n	brother // sister
r Halbbruder, ⸚ // e Halbschwester, -n	half-brother // half-sister
Geschw**i**ster *Pl*	brothers and sisters

*St**ie**feltern / St**ie**fvater / St**ie**fmutter*	stepparents / stepfather / stepmother
*St**ie**fkinder / St**ie**fsohn / St**ie**ftochter*	stepchildren / stepson / stepdaughter
*St**ie**fgeschwister / St**ie**fbruder / St**ie**fschwester*	stepbrothers and -sisters / stepbrother / stepsister
Schwie**gereltern / *Schw**ie**gervater / *Schw**ie**germutter*	parents-in-law / father-in-law / mother-in-law
Schwie**gersohn / *Schw**ie**gertochter*	son-in-law / daughter-in-law

r Schw**a**ger, – // e Schw**ä**gerin, -nen	brother-in-law // sister-in-law

r *Onkel, -s // e *Tante, -n	uncle // aunt
r Großonkel, – // e Großtante, -n	great-uncle // great-aunt
r *Neffe, -n // e *Nichte, -n	nephew // niece
r *Cousin, -s [ku'zɛ̃:] // e *Cousine, -n [ku'zi:nə]	cousin
r Vetter, -n	cousin
Brigitte ist eine Cousine von mir.	Brenda is a cousin of mine.
Großeltern Pl	grandparents
r Großvater, ⸚ // e Großmutter, ⸚	grandfather // grandmother
r Urgroßvater // e Urgroßmutter	great-grandfather // great-grandmother
Urgroßeltern Pl	great-grandparents

Mama (auch [ma'ma:]) / Mami / Mutti	mum(my)
Papa / Papi / Vati	dad(dy)
Oma / Omi	gran(ny)
Opa / Opi	grandad / grandpa

r *Enkel, – // e Enkelin, -nen	grandson // granddaughter
e Enkelkinder Pl	grandchildren
r Urenkel // e Urenkelin	great-grandson // great-granddaughter
Urenkel Pl	great-grandchildren

Partnerschaft
Partnership

s *Paar, -e	couple
Seit wann sind Linda und Franz ein Paar?	How long have Linda and Franz been together?
zusammenleben	live together
Ralf und Sabine sind nicht verheiratet, aber sie leben schon seit fünf Jahren zusammen.	Ralf and Sabine are not married, but they have been living together for five years.
die eheähnliche Lebensgemeinschaft	long-term relationship
r Lebensgefährte, -n // e Lebensgefährtin, -nen / r Lebenspartner, – // e Lebenspartnerin, -nen	partner
*sich verlieben (in +A)	fall in love (with)
*verliebt sein (in +A)	be in love (with)
Bist du in ihn verliebt?	Are you in love with him?
*Liebling, -e	darling
r Flirt, -s [flœrt]	flirt

flirten ['flœrtn]	to flirt
sich verloben	get engaged
verlobt sein (mit)	be engaged (to)
e Verlobung, -en	engagement

Die Verlobung fand im engsten Familienkreis statt.

Only the immediate family were present when the engagement was announced.

| r/e Verlobte, -n | fiancé, fiancée |
| r Heiratsantrag, ⸚e | proposal of marriage |

Peter hat mir einen Heiratsantrag gemacht.

Peter has proposed to me.

e *Ehe, -n — marriage

Sie hat eine Tochter aus erster Ehe.

She has a daughter by a previous marriage.

| e Heirat | marriage |
| *heiraten | marry |

Wir haben 1998 geheiratet.

We got married in 1998.

Mein Sohn heiratet nächsten Sommer.

My son is getting married next summer.

Ich würde ihn nie heiraten!

I would never marry him!

*verheiratet sein (mit) — be married (to)

Sie ist mit einem Künstler verheiratet.

She's married to an artist.

☞

Action	State
Peter hat sich verliebt.	*Peter ist verliebt.*
Peter has fallen in love.	Peter is in love.
Peter und Katja haben sich an Silvester verlobt.	*Peter und Katja sind seit Silvester verlobt.*
Peter and Katja got engaged on New Year's Eve.	Peter and Katja have been engaged since New Year's Eve.
Peter und Katja heiraten im Juli.	*Peter und Katja sind seit Juli verheiratet.*
Peter and Katja are getting married in July.	Peter and Katja have been married since July.
Peter und Katja haben sich getrennt.	*Peter und Katja sind/leben seit einem Jahr getrennt.*
Peter and Katja have separated.	Peter and Katja have been separated for a year.
Peter und Katja haben sich scheiden lassen.	*Peter und Katja sind endlich geschieden.*
Peter and Katja have divorced.	Peter and Katja are divorced at last.

e *Hochzeit, -en / e Trauung, -en — wedding / marriage

Frau Berger und Herr Dr. Rein geben ihre Vermählung bekannt.

Ms Berger and Doctor Rein are pleased to announce their marriage.

s **Standesamt**, ⸗er	registry office
e standesamtliche / kirchliche Trauung	registry-office / church wedding
Am Freitag heiraten wir standesamtlich und am Samstag kirchlich.	We are getting married at the registry office on Friday, with the church ceremony on Saturday.
Die Trauung fand in der Kirche statt.	The marriage took place in church.
r **Polterabend**, -e	pre-wedding party

> The law in Germany obliges couples to get married at the **Standesamt** (registry office), so those who want a church wedding have this as a second ceremony. A party is traditionally held on the evening before the wedding day for relatives and friends of both bride and groom, the **Polterabend**. Sometimes old crockery is smashed to bring good luck. Homosexual (registry office) marriages were legalized in 2001.

s **Aufgebot**, -e	banns
r **Bräutigam**, -e // e **Braut**, ⸗e	bridegroom // bride
s **Brautpaar**, -e	bridal couple
s **Ehepaar**, -e	married couple
e **Heiratsurkunde**, -n	marriage certificate
r **Trauzeuge**, -n // e **Trauzeugin**, -nen	witness (at wedding ceremony)
mein *****Mann** // meine *****Frau**	my husband // wife
mein Gatte / Ehemann // meine Gattin / Ehefrau (*förmlich*)	my husband // wife (formal)
r **Ehering**, -e	wedding ring
s **Hochzeitskleid**, -er	wedding dress
r **Brautstrauß**, ⸗e	wedding bouquet
e **Hochzeitsreise**, -n / **Flitterwochen** *Pl*	honeymoon
Wohin fahren Sie auf Hochzeitsreise?	Where are you going on your honeymoon?
In den Flitterwochen fliegen wir nach Jamaica.	We're flying to Jamaica for our honeymoon.
r **Hochzeitstag**	wedding day / anniversary
Morgen feiern wir unseren ersten Hochzeitstag.	It's our first wedding anniversary tomorrow.
e **silberne / goldene Hochzeit**	silver / golden wedding
Meine Großeltern feiern nächstes Jahr ihre goldene Hochzeit.	It's my grandparents' golden wedding anniversary next year.
r **Junggeselle**, -n	bachelor
Er ist ein überzeugter Junggeselle.	He is a confirmed bachelor.
eheliche ↔ **uneheliche** Kinder	legitimate ↔ illegitimate children
e **Gleichberechtigung**	equality, equal rights / oppurtunities
*****gleichberechtigt**	equal, emancipated
jm *****treu** ↔ **untreu** sein	be faithful ↔ unfaithful to sb
Ich war ihr nie untreu.	I was never unfaithful to her.
s *****Verhältnis**, -se / e **Affäre**, -n	affair

3
2

Casanova hatte viele Affären.	Casanova had many affairs.
r **Liebhaber**, – / e **Geliebte**, -n	(male / female) lover / mistress
Hat er eine Geliebte?	Has he got a mistress?
Seine Frau hatte einen Liebhaber.	His wife had a lover.
r **Frauenheld**, -en	lady-killer
s *Vertrauen ↔ s *Misstrauen	trust / confidence ↔ distrust, suspiciousness
sich *streiten (stritt, hat gestritten) ↔ sich wieder versöhnen	argue ↔ make it up (again)
r *Kuss, ⸚e	kiss
(sich) *küssen	to kiss
sich *trennen	separate
Meine Eltern haben sich getrennt.	My parents have separated.
Sie leben jetzt getrennt.	They are separated now.
e Trennung, -en	separation
Trennungen sind immer schmerzhaft.	A separation is always a painful affair.
scheitern / in die Brüche gehen (ging, ist gegangen)	fail / break up
Unsere Ehe ist gescheitert / in die Brüche gegangen.	Our marriage broke up.
e Scheidung, -en	divorce
Die Zahl der Scheidungen nimmt von Jahr zu Jahr zu.	The number of divorces is going up year by year.
Susanne hat die Scheidung eingereicht.	Sue has filed for divorce.
Sie leben in Scheidung.	They are in the process of getting divorced.
r Scheidungsanwalt, ⸚e	divorce lawyer
sich scheiden lassen (lässt, ließ, hat gelassen)	get divorced
Anton will sich scheiden lassen.	Anton wants a divorce.
geschieden sein	be divorced
Wir haben uns in gegenseitigem Einvernehmen scheiden lassen.	We got divorced by mutual consent.
r Exmann, ⸚er // e Exfrau, -en	ex-husband // ex-wife
r Unterhalt *Sg* / e Unterhaltszahlung, -en	maintenance / maintenance payment
Muss er Unterhalt für seine Ex-Frau zahlen? – Für die Frau nicht, aber für die Kinder.	Does he have to pay maintenance for his ex-wife? – Not for his wife, but for the children.
Alimente *Pl*	alimony
s Sorgerecht	custody
s alleinige ↔ gemeinsame Sorgerecht	sole ↔ joint custody

In Germany parents are automatically granted *das **gemeinsame Sorgerecht*** (joint custody) when they divorce. If one parent wishes to have *das **alleinige Sorgerecht*** (sole custody), they have to make a special application and give their reasons.

Kinder
Children

s Ụngeborene, -n / s ungeborene Kind	unborn child
s *Baby, -s ['be:bi] / r Säugling, -e	baby / infant
s *Kịnd, -er	child
r *Jụnge, -n // s *Mädchen, -	boy // girl
r *Bub, -en *südd./österr./schweiz.*	boy
e Schwạngerschaft, -en	pregnancy
Sie ist *schwạnger. / Sie bekommt ein Baby / ein Kind.	She is pregnant. / She is going to have a baby / a child.
Sie ist im vierten Monat schwanger.	She's in the fourth month (of pregnancy).
e werdende Mutter	mother-to-be
e morgendliche Übelkeit	morning sickness
e Wẹhe, -n	contraction
das Einsetzen der Wehen	the onset of labour
e Hẹbamme, -n	midwife
e Entbịndung, -en	delivery
e Entbịndungsklinik, -en	maternity hospital
e *Gebụrt, -en	birth
ein Kind gebären / zur Wẹlt brịngen	give birth to a child
Unsere Tochter wurde heute früh gebọren.	Our daughter was born this morning.
jm ähnlich sein / sehen	look similar to / resemble sb
Sie ist/sieht ihrer Mutter sehr ähnlich.	She looks very like her mother.
e Gebụrtsurkunde, -n	birth certificate
r Kaiserschnitt, -e	Caesarean (section)
Unser Sohn kam per Kaiserschnitt zur Welt.	Our son was born by Caesarean (section).
e Fẹhlgeburt, -en	miscarriage
e Frühgeburt, -en	premature birth
Das Baby kam zehn Wochen zu früh.	The baby was ten weeks premature.
Zwịllinge *Pl* / Drịllinge *Pl*	twins / triplets
Eineiige Zwillinge kann man kaum unterscheiden.	You can hardly tell identical twins apart.
*unterscheiden (unterschied, hat unterschieden)	distinguish, tell apart
e Taufe, -n	baptism, christening
s Patenkind, -er	godchild
s Göttikind, -er *schweiz.*	godchild
r Pate, -n / r Patenonkel, - // e Patin, -nen / e Patentante, -n	godfather // godmother
r Götti, – // e Gotte, -n *schweiz.*	godfather // godmother

stillen	breast-feed
Ich habe meine Tochter sechs Monate lang gestillt.	I breast-fed my daughter for six months.
die **Flasche geben** (gibt, gab, hat gegeben)	give (a baby) its bottle / bottle-feed (a baby)
den Schoppen geben *schweiz*.	give (a baby) its bottle / bottle-feed (a baby)
füttern	feed
r **Schnuller**, – / r Didi, -s *ugs*.	dummy, pacifier
r Nuggi, – *schweiz*.	dummy, pacifier
e **Windel**, -n	nappy, diaper
wickeln / die **Windel wechseln**	change the baby's nappy / diaper
r ***Topf**, ⁼e	potty
Musst du auf den Topf?	Do you need to go to the potty?
das Baby ***baden**	bath(e) the baby
das Baby ***anziehen** ↔ ***ausziehen** (zog an/aus, hat an/ausgezogen)	dress ↔ undress the baby
das Baby abziehen *schweiz*.	undress the baby
s **Wiegenlied**, -er / s **Schlaflied**, -er	lullaby
ein Schlaflied singen	sing a lullaby
e **Gutenachtgeschichte**, -n	bedtime story
eine ***Geschichte vorlesen** (liest vor, las vor, hat vorgelesen)	read (sb) a story
das Kind **ins Bett bringen** (brachte, hat gebracht)	put the child to bed
Ich muss jetzt die Kinder ins Bett bringen.	I must put the children to bed now.
***aufwachen** ↔ ***einschlafen** (schläft ein, schlief ein, ist eingeschlafen)	wake up ↔ fall asleep
s **Trotzalter**	difficult age
e **Pflege**	care
ein Kind **in Pflege geben** (gibt, gab, hat gegeben) ↔ **nehmen** (nimmt, nahm, hat genommen)	have a child fostered ↔ foster a child
Pflegeeltern *Pl*	foster parents
adoptieren	adopt
e **Adoption**, -en	adoption
zur Adoption freigeben (gibt frei, gab frei, hat freigegeben)	put up for adoption
Wir möchten ein Kind adoptieren.	We'd like to adopt a child.
s **Adoptivkind**, -er / s adoptierte Kind	adopted child
r **Vormund**	guardian
r/e **Waise**, -n / s **Waisenkind**, -er	orphan
s **Waisenhaus**, ⁼er	orphanage
r/e **Alleinerziehende**, -n	single parent
e berufstätige Mutter	working mother
e ***Verantwortung**, -en	responsibility
Verantwortung übernehmen / tragen	take (on) / bear resonsibility

e *Erz**ie**hung
r Erziehungsurlaub / e Elternzeit
ein Kind **gr**o**ßziehen** / **aufziehen** (zog
  auf, hat aufgezogen)
*erz**ie**hen (erzog, hat erzogen)
Sie wurde streng erzogen.
Ihre Kinder sind sehr gut erzogen.

r **Erz**ie**her**, – // e **Erz**ie**herin**, -nen
Die Erzieherinnen in unserem
  Kindergarten sind sehr nett.
r/e **Erz**ie**hungsberechtigte**, -n
e **Erz**ie**hungsberatung**
r **Erz**ie**hungsberater**, – //
  e **Erz**ie**hungsberaterin**, -nen
*sch**i**mpfen
Ich muss jetzt nach Hause, sonst schimpft
  meine Mutter.
*schl**a**gen (schlägt, schlug,
  hat geschlagen) / **hauen**
Du sollst nicht andere Kinder hauen!
sein Kind *l**o**ben
sein Kind **verw**ö**hnen**
Erwin ist ziemlich verwöhnt.
Er ist *fr**e**ch / ungezogen ↔ br**a**v.

Ihr Sohn kann sich einfach nicht
  bene**hmen**!
e *Schw**ie**rigkeit, -en
Verwöhnte Kinder machen in der Schule
  oft Schwierigkeiten.
ein Kind **missh**a**ndeln**
e **K**i**ndesmisshandlung** /
  r **K**i**ndesmissbrauch**
e **K**i**nderbetreuung**
r **B**a**bysitter**, - ['be:bizɪtɐ]
s **Aup**ai**r** (-mädchen, -) [o: 'pɛ:ɐ̯]
s **K**i**ndermädchen**, – /
  e **K**i**nderfrau**, -en
s **T**a**schengeld**
s Sackgeld *schweiz.*
Wir haben sein Taschengeld auf 5 Euro
  erhöht.

upbringing
(longterm) maternity leave
bring up / raise / rear a child

educate
She had a strict upbringing.
Their children have been well
  brought up.
kindergarten teacher
The teachers at our kindergarten
  are very nice.
parent or guardian
child guidance
child guidance counsellor

tell off
I have to go home now, or my
  mother will tell me off.
hit

You're not to hit other children.
laud one's child
spoil one's child
Erwin is pretty spoilt.
He is cheeky / naughty, badly
  behaved ↔ good.
Their son just doesn't know how
  to behave.
difficulty
Spoilt children often cause
  difficulties in school.
maltreat a child
maltreatment of children / child
  abuse
child care, childminding
babysitter
au-pair (girl)
nanny

pocket money, allowance
pocket money, allowance
We've increased his pocket
  money / allowance to 5 euros.

4

Dinge des Alltags
Everyday life

4
Essen
Eating

*ẹssen (isst, aß, hat gegessen)	eat
s *Ẹssen Sg	food
s *Frühstück	breakfast
s *Morgenessen, - / r / s Zmorge(n), - schweiz.	breakfast
r *Honig	honey
e *Marmelade, -n / e *Konfitüre, -n	jam, jelly
Was trinken Sie zum Frühstück: Tee oder Kaffee?	What do you have for breakfast: tea or coffee?
Ich frühstücke immer um 7 (Uhr).	I always have breakfast at 7 (o'clock).
s *Mittagessen	lunch
Zum Mittagessen gibt es heute Pasta.	There's pasta for lunch today.
s *Abendessen	supper, dinner
s Nachtessen schweiz.	supper, dinner
Wir gehen heute zum Abendessen aus.	We're going out for dinner this evening.
s *Menü, -s	set meal, menu [= sequence of dishes]

False friends

German *Menü* corresponds to "menu" in the sense of a sequence of dishes, but not in the sense of a printed list from which you choose:
ein viergängiges Menü = a four-course menu
*Können wir bitte noch einmal die *Speisekarte* haben?* – Can we have the menu again, please?

e *Mahlzeit, -en	meal
eine warme ↔ kalte Mahlzeit	a hot ↔ cold meal

Breakfast (*Frühstück*) in Germany (, Austria and Switzerland) normally consists of bread, rolls and butter, jam, honey and maybe a boiled egg. More recently, more and more people have taken to eating muesli, croissants, toast, yoghurt, or just fruit.
Lunch (*Mittagessen*) starts between 12 and 1 and is usually a cooked meal with meat, potatoes, rice or pasta, vegetables or salad.
For supper (*Abendessen*) there's bread and butter, sausage and cheese. But with more and more people, especially in the cities, no longer going home for lunch, more and more families have a cooked meal in the evening.

e Zwischenmahlzeit, -en	snack [between meals]
e Brotzeit südd. / r Snack, -s	snack, sandwiches / snack
e Jause, -n österr.	snack
Brotzeit machen südd. / jausnen österr.	have a snack [between meals]
s *Picknick, -s	picnic

Treffen wir uns doch am Samstag zum Picknick am See!	Let's meet for a picnic by the lake on Saturday.
r **Brunch** [brantʃ]	brunch
Kommt ihr am Sonntag zum Brunch zu uns? So gegen 12?	Will you come round for brunch on Sunday? About 12?
r *Hunger	hunger
*hungrig ↔ *satt sein	be hungry ↔ be full, have had enough to eat
Ich habe großen Hunger. / Ich bin sehr hungrig.	I'm very hungry.
r *Appetit	appetite
Guten Appetit! – Danke, *ebenfalls / *ebenso / *gleichfalls.	Bon appetit! / Enjoy your meal. – Thank you, (and) the same to you.
*ausgezeichnet	excellent, delicious
Das Essen war ausgezeichnet.	The meal was excellent/ delicious.
*enttäuschen	disappoint
Das Essen hat uns leider enttäuscht.	Sadly, the food was disappointing.
*anbieten (bot an, hat angeboten)	to offer
Was darf ich Ihnen anbieten?	What can I offer you?
sich *ernähren	eat, feed on, live on
Ich versuche, mich gesund zu ernähren.	I try to live on a healthy diet.
e **Ernährung**	diet
fettarme Ernährung	low-fat diet
*gesunde ↔ *ungesunde Ernährung	healthy ↔ unhealthy diet
*vegetarisch	vegetarian
r **Vegetarier**, - // e **Vegetarierin**, -nen	vegetarian
Ich bin Vegetarier.	I'm a vegetarian.
s *Nahrungsmittel, -	food (item)
Lebensmittel Pl	food (stuff)
e **Fertignahrung** Sg	convenience food
e *Dose, -n / e *Büchse, -n	tin, can
Essen aus der Dose / Büchse	tinned / canned food
e **Kalorie**, -n	calorie
e kalorienarme ↔ kalorienreiche Kost / Ernährung	low-calorie food ↔ food rich in calories
e *Diät, -en	diet
eine Diät machen	be/go on a diet
e *Milch	milk
s **Milchprodukt**, -e	dairy product
e fettarme Milch / e Vollmilch	low-fat milk / whole milk, full cream milk
e *Butter	butter
e *Margarine	margarine
e süße ↔ saure *Sahne	sweet ↔ sour cream
r Schlagobers ↔ r Sauerrahm österr.	sweet ↔ sour cream
r *Rahm ↔ r Sauerrahm südd.	sweet ↔ sour cream

e Schlagsahne / r Schlagrahm *südd.* / s Schlagobers *österr.*	whipped / whipping cream
die Sahne steif schlagen	whip up the cream (until it's stiff)
r **Jog(h)urt** / r Fruchtjoghurt	yoghurt / fruit yoghurt
r ***Quark** / r Früchtequark	fromage frais / fromage frais with fruit
r ***Topfen** *südd. / österr.*	fromage frais
r ***Käse** / e Käsesorte, -n	cheese / sort of cheese
r Camembert ['kaməbeːʀ]	camembert
r Weichkäse ↔ r Hartkäse	soft ↔ hard cheese
s ***Eis**	ice (-cream)
e Glace, -n *schweiz.* [glas]	ice (-cream)
s Fruchteis / s Milch(speise)eis	fruit / milk ice-cream
s ***Ei**, -er	egg
s ***Brot**, -e	bread
e Scheibe Brot / e Brotscheibe	slice of bred
Brot aufschneiden (schnitt auf, hat aufgeschnitten)	to slice bread
s ***Gebäck** *Sg*	cakes and pastries, biscuits

Sorts of bread

s *Weißbrot*	white bread
s *Graubrot / s Ruchbrot (schweiz.)*	bread made from rye and wheat flour
s *Vollkornbrot*	wholemeal bread
s *Toastbrot* ['toːstbroːt]	bread for toasting
s **Brötchen, - / e *Semmel, -n (südd. / österr.) / s Semmeli, - (schweiz.) / s Bürli, - (schweiz.)*	roll
s *belegte Brötchen / s Sandwich* ['zɛntvɪtʃ]	filled roll / sandwich
e *Breze, -n / e Brezel, -n*	pretzel

Cakes and pastries

r **Kuchen, -*	cake
r *Obstkuchen / r Fruchtkuchen (schweiz.)*	fruit flan
e *Torte, -n*	gateau, flan
e *Sahnetorte*	cream cake / gateau
s **Hörnchen, - / s Kipferl, - (österr.)*	croissant
s *Nusshörnchen, - / r Nussgipfel (schweiz.)*	pastry with nuts
e *Waffel, -n*	waffle
s/r *Keks, -e / s Guetsli, - (schweiz.)*	biscuit
r **Pfannkuchen, – / r Palatschinken, - (österr.)*	pancake

s ***Getreide** *Sg*	grain, corn, cereal
r Weizen	wheat
r Roggen	rye
r Hafer / Haferflocken *Pl*	oats / oat flakes

s Müsli	muesli
s Müesli / s Birchermüesli, - *schweiz.*	muesli
Cornflakes *Pl* ['koːɐnfleːks]	cornflakes
s *Mehl	flour
s Vollkornmehl	wholemeal flour
r *Reis	rice
*Nudeln *Pl*	pasta, noodles
Spagetti *Pl* / e Pasta	spaghetti / pasta
r Kloß, ⸚e	dumpling
r *Knödel, - *südd. / österr.*	dumpling
r Semmelknödel, - /	bread dumpling / potato dumpling
r Kartoffelknödel, -	
r Teig, -e	dough, pastry
den Teig kneten / rühren	knead / stir the dough
r Pizzateig / r Brotteig	pizza dough / bread dough
s *Fleisch *Sg*	meat
Wie lange ist das Fleisch *haltbar?	How long will the meat keep for?
s Haltbarkeitsdatum, -daten	eat-by date / best-before date
das Fleisch schneiden	carve / cut the meat
s Geflügel *Sg*	poultry
s Wild *Sg*	game
e *Wurst / Wurstsorten, -n	sausage / sausage varieties
e Wurst, ⸚e	sausage
aufgeschnitten ↔ am Stück	sliced ↔ unsliced
r Aufschnitt *Sg*	cold cuts, cold meat(s)

Meat

s *Rindfleisch*	beef
s *Schweinefleisch*	pork
s *Kalbfleisch*	veal
s *Lammfleisch*	lamb
s *Putenfleisch*	turkey
s *Trutenfleisch (schweiz.)*	turkey
s *Hackfleisch*	mince
s *Faschierte (österr.)*	mince
r *(geräucherte) Speck*	(smoked) bacon
r *Schinken (*roh ↔ gekocht)*	ham (uncooked ↔ cooked)

Poultry

s *Huhn, ⸚er / s *Hähnchen, -*	chicken
s *Poulet, -s* [pu'leː] *(schweiz.)*	chicken
e *Ente, -n*	duck
e *Gans, ⸚e*	goose
e *Pute, -n / r Truthahn, ⸚e*	turkey

Game

s *Reh, -e*	venison [from roe-deer]
r *Hirsch, -e*	venison [from deer]
s *Wildschwein, -e*	wild boar

4

1

r Hase, -n	hare
s Kaninchen, -	rabbit

Sausage

s Wiener Würstchen, -	wiener
s Frankfurter Würstel, - (österr.)	wiener
s Wienerli, - / s Frankfurterli, - (schweiz.)	wiener
e Bratwurst, ⸚e	grilled sausage
e Nürnberger Rostbratwurst, ⸚e	Nuremberg grilled sausage
e Leberwurst, ⸚e	liver sausage
e Salami, -[s]	salami

r *Braten, -	roast
r / s Gulasch [auch 'gʊ…]	goulash
s *Steak, -s [steːk]	steak
s *Schnitzel, - ['ʃnɪtsl]	schnitzel
s Kotelett, -s	cutlet, chop
e *Soße, -n / e *Sauce, -n ['zoːsə]	sauce, gravy
r *Fisch, -e	fish

Fish

e Forelle, -n	trout	e Scholle, -n	plaice
r Zander, -	pike-perch	e Seezunge, -n	sole
r Rotbarsch, -e	ocean perch / redfish / rosefish	e Sardine, -n	sardine
		r Lachs, -e	salmon
r Hecht, -e	pike	r Räucherlachs	smoked salmon
e Renke, -n	whitefish	r Heilbutt	halibut
r Karpfen, -	carp	r Hering, -	herring
s Fischstäbchen, -	fish finger(s) / stick(s)	r Tunfisch, -e	tuna fish

Meeresfrüchte Pl	seafood
e Auster, -n	oyster
e Krabbe, -n / e Garnele, -n / e Crevette, -n	shrimp, prawn
r Krabbensalat	prawn cocktail
s *Gewürz, -e	spice, herb, seasoning
würzen	to season
s *Salz	salt
r *Pfeffer	pepper
frische Kräuter	fresh herbs
r Salzstreuer, -	salt cellar, saltshaker
e Pfeffermühle, -n	pepper mill

Spices

e Petersilie	parsley	r Schnittlauch	chive(s)
s Basilikum	basil	s Oregano	oregano
r Rosmarin	rosemary	r Salbei	sage
e Nelke	clove	e Muskatnuss	nutmeg
r Chili	chili	s Lorbeerblatt	bay leaf
r Zimt	cinnamon		

r *Zucker — sugar

Das schmeckt *süß / *sauer / *salzig / *bitter. — This tastes sweet / sour / salty / bitter.

Das schmeckt ganz schön *scharf. (schärfer, schärfst-) — This tastes pretty hot.

r *Essig, -e — vinegar

s *Öl, -e — oil

s Olivenöl / s Sonnenblumenöl — olive oil / sunflower oil

r süße ↔ scharfe Senf, -e — sweet ↔ hot mustard

s *Gemüse Sg — vegetable(s)

s Kilo, -[s] / s Pfund, -[e] südd. — kilo / pound

Ein Pfund / halbes Kilo Tomaten bitte. — A pound / Half a kilo of tomatoes, please.

Vegetables

e *Kartoffel, -n	potato
Salzkartoffeln / Bratkartoffeln	boiled potatoes / fried potatoes, roast potatoes
r Kartoffelbrei / Pommes Frites (Pl)	potato puree / chips, French fries
r Kartoffelstock (schweiz.)	potato puree
e Karotte, -n (südd./österr.) / e Mohrrübe, -n / e gelbe Rübe, -n / e Möhre, -n	carrot
s Rüebli, - (schweiz.)	carrot
e *Tomate, -n / r *Paradeiser, - (österr.)	tomato
e *Zwiebel, -n / Frühlingszwiebeln	onion / French onion
e Gurke, -n	cucumber
e Paprika, -s	pepper
Peperoni (Pl) (schweiz.)	pepper
e Aubergine, -n	eggplant, aubergine
e Zucchini, -s / Zucchetti (Pl) (schweiz.)	courgette, zucchini
r *Pilz, -e / s *Schwammerl, - (südd. / österr.)	mushroom
r Champignon, -s	mushroom
e Erbse, -n	pea
e *Bohne, -n	bean
r Spargel	asparagus
r Kohl / r Weißkohl / r Rotkohl / s Blaukraut	cabbage / white cabbage / red cabbage / red cabbage
r Blumenkohl / r Karfiol (österr.)	cauliflower
r Rosenkohl / Kohlsprossen (Pl) (österr.)	Brussel sprout(s)

r Broccoli	broccoli
r Spinat	spinach
r Mais	sweetcorn

r *Sal<u>a</u>t, -e	salad, lettuce
e Sal<u>a</u>tsoße, -n / s Dr<u>e</u>ssing, -s	salad dressing
r Kopfsalat / r grüne Salat	lettuce
r Eissalat / r Krautsalat / r Tomatensalat / r Gurkensalat	iceberg lettuce / coleslaw / tomato salad / cucumber salad
r gemischte Salat	mixed salad
r <u>Obst</u>salat	fruit salad
r Fruchtsalat *schweiz.*	fruit salad
s *<u>Obst</u> *Sg* / e Fr<u>u</u>cht, ‥e	fruit
Obst schälen	peel fruit
e Schale, -n	skin
r Kern, -e	kernel

Fruit

r *Apfel, ‥	apple
e *Birne, -n	pear
r Pfirsich, -e	peach
e *Aprik<u>o</u>se, -n	apricot
e *Mar<u>i</u>lle, -n (österr.)	apricot
e Nektar<u>i</u>ne, -n	nectarine
e Banane, -n	banana
e Kirsche, -n	cherry
e *Pfl<u>au</u>me, -n	plum
e Zwetschge, -n	damson
e *Or<u>a</u>nge, -n [o'rãʒə] / e *Apfels<u>i</u>ne, -n	orange
e Grapefruit, -s ['gre:pfru:t]	grapefruit
e Mandar<u>i</u>ne, -n	mandarin (orange), tangerine
e *Zitr<u>o</u>ne, -n	lemon
e Weintraube, -n / e Traube, -n	grape
e Ros<u>i</u>ne, -n	raisin, dried grape
e Weinbeere, -n (schweiz.)	raisin, dried grape
e Artischocke, -n	artichoke
e Dattel, -n	date
e Ananas, -	pineapple
e Nuss, ‥e	nut
e Walnuss / e Haselnuss / e Erdnuss	walnut / hazelnut / peanut
e Baumnuss, ‥e (schweiz.)	walnut
e Kast<u>a</u>nie, -n	chestnut

Soft fruit

e Erdbeere, -n	strawberry
e Johannisbeere, -n	redcurrant, blackcurrant
e Ribisel, -n (österr.)	redcurrant, blackcurrant

e Himbeere, -n	raspberry
e Brombeere, -n	blackberry
e Blaubeere, -n / e Heidelbeere, -n	bilberry
e Stachelbeere, -n	gooseberry

*reif / überreif ↔ unreif	ripe / overripe ↔ unripe
Äpfel ernten / pflücken	pick apples
r *Nachtisch / e *Nachspeise, -n /	dessert
s *Dessert, -s [dɛ'sɛːɐ̯]	
e Süßigkeit, -en	sweet
e *Schokolade, -n	chocolate
eine Tafel / ein Stückchen Schokolade	a bar / piece of chocolate
r Schokoriegel, -	chocolate bar
s Marzipan *Sg*	marzipan
s Nougat *Sg*	nougat
e Praline, -n / s Konfekt *Sg*	[individual] chocolate / confectionery
s/r *Bonbon, -s [bõ'bõ:]	sweet
s Gummibärchen, -	jelly baby

Trinken
Beverages

*trinken (trank, hat getrunken)	to drink
s *Getränk, -e	drink
alkoholfreie ↔ alkoholhaltige Getränke	soft, non-alcoholic ↔ alcoholic drinks
r *Durst	thirst
durstig sein	be thirsty
Hast du Durst? / Bist du durstig?	Are you thirsty?
s Leitungswasser	tap-water

The tap-water in Germany, Austria and Switzerland is of a very high quality and can be drunk without reservation.

s *Mineralwasser	mineral water
stilles Mineralwasser / Mineralwasser ohne Kohlensäure	still / uncarbonated mineral water
e Kohlensäure	carbonic acid
Ich möchte bitte ein stilles Mineralwasser.	I'd like a still mineral water, please.
r *Saft, ⸚e	juice
*enthalten (enthält, enthielt, hat enthalten)	contain

Dieser Saft enthält viele Vitamine.	This juice contains a lot of vitamins.
r Orangensaft	orange juice
frisch gepresster Orangensaft	freshly pressed orange juice
r Apfelsaft	apple juice
e Apfelsaftschorle	apple juice with mineral water, spritzer
gespritzter Apfelsaft *österr.*	apple juice with mineral water, spritzer
e/s (Coca-) *C**o**la*®	Coca-Cola™, Coke™
e *Limon**a**de	lemonade
e Orangen- / Zitronenlimonade	orangeade / lemonade
s/r Sp**e**zi®	cola mixed with lemonade
r *K**a**ffee [*auch* ka'fe:]	coffee
Ich möchte bitte eine Tasse Kaffee.	I'd like a cup of coffee, please.
s Kännchen Kaffee	a [small] pot of coffee
r Milchkaffee	coffee with plenty of milk, latte
s Haferl Milchkaffee	a mug of milky coffee
s Koff**ei**n	caffein
koffeinfreier Kaffee	decaffeinated coffee

Kaffee is a meal in its own right, like tea in Britain. In southern Germany people drink coffee at about 3 o'clock in the afternoon, especially at the weekend, and eat a piece of cake or biscuits. The coffee is served with sugar and cream (*Sahne,* or *Schlag* in Austria *Rahm* in Switzerland), milk or evaporated milk. In northern Germany, people tend more to drink tea in the afternoons.

r *T**ee** [te:] / Teesorten	*tea* / varieties of tea
Möchten Sie den Tee mit Milch oder Zitrone?	Would you like your tea with milk or lemon?
r schwarze / grüne Tee	black / green tea
r Kr**äu**tertee	herbal tea
r Pfefferminztee / r Kamillentee / r Früchtetee	peppermint / camomile / fruit tea
e *M**i**lch	milk
fettarme Milch ↔ Vollmilch	low-fat ↔ full-cream milk
e (heiße) *Schokol**a**de	(hot) chocolate
r Kak**ao** [ka'k**au**]	cocoa
Möchtest du einen Kakao?	Would you like a hot chocolate?
e Ovomaltine *schweiz.*	[(hot) beverage made of malt]
r *A**l**kohol	alcohol
Was darf ich Ihnen zu trinken anbieten?	What can I offer you to drink?
r Aperit**i**f, -s [aperi'ti:f]	aperitif
r C**o**cktail, -s ['kɔkte:l]	cocktail
einen Cocktail mixen	mix a cocktail
r Lik**ö**r, -e	liqueur
r Liqueur, -s *schweiz.*	liqueur
r S**e**kt	sparkling wine, champagne

r **Champagner** [ʃam'panjɐ]	champagne
r ***Wein**, -e	wine
Schenkst du bitte den Wein ein?	Can you pour out the wine, please?
r Weißwein / r Rotwein / r Rosé [roˈzeː]	white / red / rosé wine
lieblich ↔ ***trocken**	sweet ↔ dry
Können Sie mir bitte einen trockenen Rotwein empfehlen?	Could you recommend a dry red wine?
r **Jahrgang**, ̈-e	vintage
1998 war ein guter Jahrgang.	1998 was a good year.
r **Schnaps**, ̈-e	schnapps
r Digestif, -s [digɛsˈtiːf]	digestive
s ***Bier**, -e	beer
helles ↔ dunkles Bier	light ↔ dark beer
Noch ein Bier, bitte!	Another beer, please.
alkoholfreies Bier	alcohol-free beer
ein Kasten Bier	a crate of beer
r ***Kasten**, ̈- / e ***Kiste**, -n *österr.*	crate
s Altbier	(top-fermented dark) beer
s Weißbier / s Weizenbier	weissbeer
s Radler	shandy
s Starkbier	strong beer
s Pils	pilsener
***Prost**!	Cheers!

If you order a beer, in the Rhineland you automatically get 0.2 of a litre, but in Bavaria 0.5 or 0.4. At the Oktoberfest in Munich, in the Hofbräuhaus or in a beer garden *(Biergarten)*, you can usually only order *eine Mass* (= 1 *Liter* / 1 litre).
If you are in Switzerland and would like to order a glass of beer, you have to ask for a *Stange*, which is usually 0.3 of a litre.

nüchtern ↔ **betrunken** sein	be sober ↔ drunk
blau sein *ugs.*	be tight, plastered
Er war gestern Abend total betrunken / blau.	He was completely drunk / absolutely plastered last night.
r / e Betrunkene, -n	drunk, drunkard
e ***Flasche**, -n	bottle
s ***Glas**, ̈-er	glass
Lasst uns doch ein Glas Wein zusammen trinken!	Let's have a glass of wine together.
r **Flaschenöffner**, -	bottle opener
aufmachen ↔ zustöpseln	open ↔ cork, put a cork in
r **Korkenzieher**, -	corkscrew
r Zapfenzieher, - *schweiz.*	corkscrew
r Korken, -	cork
Wein **eingießen** (goss ein, hat eingegossen) / **einschenken**	pour out wine
Wein nachgießen / nachschenken	top up sb's glass with wine

verschütten	spill, slop
*probieren / *kosten	taste
einen Schluck trinken	take a sip / gulp
das Glas austrinken	empty the glass
Der Wein *schmeckt wunderbar!	The wine tastes wonderful.
Die Flasche ist (halb)*voll ↔ (halb) *leer.	The bottle is (half) full ↔ (half) empty.

Rauchen
Smoking

*rauchen	to smoke
Hier ist das Rauchen verboten!	Smoking is not permitted here. / No smoking.
Ich habe es endlich geschafft, mit dem Rauchen aufzuhören!	I have finally succeeded in giving up smoking.
r *Raucher, - ↔ r *Nichtraucher, -	smoker ↔ non-smoker
Ich rauche nicht. / Ich bin Nichtraucher.	I don't smoke. / I'm a non-smoker.
r Raucherhusten	smoker's cough
r Kettenraucher, -	chain-smoker
r Gelegenheitsraucher, -	occasional smoker
r Raucherbereich ↔ r Nichtraucherbereich	smoking ↔ non-smoking area
Darf ich hier rauchen?	May I smoke here?
r Tabak Sg	tobacco
r Drehtabak	tobacco for rolling your own cigarettes
s Zigarettenpapier, -e	cigarette paper
e selbst gedrehte Zigarette	[one's own] rolled cigarette
eine Zigarette drehen	roll a cigarette
s Nikotin	nicotine
e *Zigarette, -n	cigarette
e Filterzigarette, -n	filter cigarette
Zigaretten ohne Filter / filterlose Zigaretten	non-filter cigarettes
eine Schachtel / eine Packung Zigaretten	a packet of cigarettes
r Zigarettenautomat, -en	cigarette machine
e Stange(, -n) Zigaretten	carton of cigarettes

> In Germany, cigarettes can also be bought from vending machines fixed to the walls of buildings in the street, or in pubs.

e Zigarre, -n	cigar
e Kiste(, -n) Zigarren	box of cigars
e Pfeife, -n	pipe

eine Zigarette / Zigarre / Pfeife *anzünden ↔ *ausmachen / ausdrücken	light ↔ extinguish / stub out a cigarette / cigar / pipe
e Kippe, -n	cigarette end
Haben Sie Feuer?	Do you have a light?
s *Feuerzeug, -e	lighter
s *Streichholz, ⸚er	match
s *Zündholz, ⸚er *südd. / österr. / schweiz.*	match
r *Aschenbecher, -	ashtray

Körperpflege
Personal hygiene

e Körperpflege	personal hygiene
e Hygiene	hygiene
*sauber ↔ *schmutzig	clean ↔ dirty
gepflegt ↔ ungepflegt	neat ↔ untidy, ungroomed, unkempt
sich *waschen (wäscht, wusch, hat gewaschen)	wash
Hast du dir die Hände gewaschen?	Did you wash your hands?
gründlich	thorough(ly)
*baden / ein Bad nehmen	bath / have, take a bath
e *Badewanne, -n	bath(tub)
Hast du schon gebadet?	Have you had a bath?
(sich) *duschen	to shower
e *Dusche, -n	shower
Ich gehe jetzt unter die Dusche.	I'm going to have a shower now.
e *Seife, -n	(a bar of) soap
e Waschlotion, -en	washing lotion
r Waschlappen, -	flannel
s *Handtuch, ⸚er	(hand) towel
s Gästehandtuch	towel for guests
s Badetuch	bath towel
sich die *Haare waschen	wash one's hair
s Shampoo, -s ['ʃampo]	*shampoo*
e Pflegespülung, -en	conditioner
s Haarspray, -s	hairspray
e Haarbürste, -n	hairbrush
r Kamm, ⸚e	comb
Vergiss nicht, dir noch die Haare zu kämmen.	Don't forget to comb your hair.
r Föhn, -e / r Haartrockner, -	hair dryer
sich die Haare schneiden lassen	have one's hair cut
Ich muss mir mal wieder die Haare schneiden lassen.	It's about time I had another haircut.

r *Fris<u>eu</u>r, -e // e Fris<u>eu</u>rin, -nen [fri'zøːɐ̯]	hairdresser
r *Coiffeur, -e // e *Coiffeuse, -n [koa'føːɐ̯] // [koa'føːzə] *schweiz.*	hairdresser
beim Friseur einen Termin vereinbaren	fix an appointment at the hairdresser's
Morgen gehe ich zum Friseur.	I'm having my hair cut / done tomorrow.

At the hairdresser's

waschen und schneiden	wash and cut
kurz / kürzer	short / shorter
an der Seite / seitlich	at the side
v<u>o</u>rn(e) ↔ *hinten*	in the front ↔ at the back
r Pony ['pɔni]	fringe
e Dauerwelle, -n	perm
fönen	blow-dry
tönen	tint
färben	colour

sich die Z<u>ä</u>hne p<u>u</u>tzen	clean one's teeth
Ich muss mir noch die Zähne putzen.	I have to clean my teeth.
e *Z<u>a</u>hnpasta, -s / e *Z<u>a</u>hncreme, -s	toothpaste
e Z<u>a</u>hnbürste, -n	toothbrush
e Z<u>a</u>hnseide, -n	dental floss
sich die Zähne mit Zahnseide reinigen	floss one's teeth
sich nass ↔ trocken *ras<u>ie</u>ren	to shave wet ↔ dry
Ich muss mich noch rasieren.	I still have to shave.
e Trockenrasur ↔ e Nassrasur	dry shave ↔ wet shave
e Rasiercreme, -s / r Rasierschaum	shaving cream / foam
r Ras<u>ie</u>rapparat, -e	razor, shaver
e Ras<u>ie</u>rklinge, -n	razor blade
sich schm<u>i</u>nken	put on make-up
e Schm<u>i</u>nke / s Make-up [meːkˈlap]	make-up
Make-up auftragen ↔ entfernen	apply ↔ remove make-up

A few cosmetics

*e *Cr<u>e</u>me, -s* [kreːm]	cream
e Gesichtscreme	face cream
e Reinigungscreme	cleansing cream
e Reinigungsmilch (Sg)	cleansing milk
e Feuchtigkeitscreme	moisturizing cream
e Körperlotion, -en [...loˈtsi̯oːn]	body lotion
s Körperöl	body oil
s Duschgel	shower gel
s Rouge [ruːʃ]	rouge
r Puder	powder
r Lidschatten	eye shadow

e Wimperntusche, -n	mascara
r Augenbrauenstift, -e	eyebrow pencil
r Lippenstift, -e	lipstick
s Deodorant [delodo'rant], s Deo (ugs.)	deodorant
s Parfüm	perfume

e **Maniküre** / e **Pediküre**	manicure / pedicure
e **Nagelschere**, -n	(pair of) nail scissors
die Finger- / Fußnägel schneiden	cut one's finger / toe nails
e **Nagelfeile**, -n	nail file
r **Nagellack**, -e	nail polish/varnish
e **Watte**	cotton (wool)
s Wattestäbchen, -	cotton bud / Q-tip™
s **Taschentuch**, ⸚er	handkerchief, hanky
s Papiertaschentuch, ⸚er / s Tempo®, -s	tissue / Kleenex™
sich die **Nase putzen**	wipe one's nose
s Toilettenpapier / s **Klopapier** ugs.	toilet paper, lavatory paper
e **Toilette**, -n [tŏa'letə] / s **WC**, -s / s **Klo**, -s ugs.	toilet / loo, john
Ich muss auf die Toilette / aufs Klo.	I have to go to the toilet / loo.
Wo ist bitte die Toilette?	Where's the toilet, please?
e **Slipeinlage**, -n	panty liner
r **Tampon**, -s	tampon
e **Binde**, -n	sanitary towel

Kleidung
Clothing

e **Kleidung** Sg / **Kleider** Pl	clothes, clothing
Ich gebe nicht viel für Kleidung aus.	I don't spend much on clothes.
Sie zieht sich immer gut an. / Sie ist immer gut gekleidet.	She is always well dressed.
elegant / gut ↔ schlecht / schlampig / unordentlich gekleidet / angezogen sein	be stylishly / well ↔ badly / slovenly dressed
e **Mode**, -n	fashion
r **Trend**, -s [trɛnt]	trend
modisch / modern ↔ altmodisch / unmodern	fashionable / modern ↔ unfashionable
tragen (trägt, trug, hat getragen)	wear
Sie trägt nie einen Hut.	She never wears a hat.
sich **anziehen** (zog an, hat angezogen) ↔ sich **ausziehen**	get dressed ↔ undressed
sich abziehen schweiz.	get undressed
anhaben (hatte an, hat angehabt)	wear / have sth on

Er hat ein blaues Hemd an.	He's wearing a blue shirt.
Ich brauche etwas Neues zum Anziehen.	I need something new to wear.
e *Garderobe, -n	coat rack
Die Garderobe befindet sich dort hinten.	The coat rack is over there. / You can hang your things up over there.
Darf ich Ihnen **den Mantel abnehmen**?	May I take your coat?
(nimmt ab, nahm ab, hat abgenommen)	
Darf ich Ihnen **in den Mantel helfen**?	May I help you into your coat?
(hilft, half, hat geholfen)	
den Mantel ablegen	take off one's coat
Möchten Sie ablegen?	Would you like to doff (your coat)?
r *Mantel, ⸚	coat
r Wintermantel ↔ Sommermantel	winter coat ↔ summer coat
r Regenmantel / r Pelzmantel	raincoat / fur coat
e *Jacke, -n	jacket
r Anorak, -s	anorak
e Windjacke, -n schweiz.	anorak
e Mütze, -n / e Kappe, -n	cap
die Mütze aufsetzen	put on one's cap
s Stirnband, ⸚er	headband
r Hut, ⸚e	hat
s *Tuch, ⸚er / s Kopftuch	scarf / headscarf
r Schal, -s / s Halstuch	scarf [worn round the neck]
r Handschuh, -e	glove
s *Kleid, -er	dress
s Abendkleid	evening dress
s Hochzeitskleid	wedding dress
s Sommerkleid	summer dress
r Reißverschluss, ⸚e	zip
Mein Reißverschluss ist offen. Kannst du ihn mir bitte zumachen?	My zip is open. Can you do it up for me, please?
s *Kostüm, -e	[women's] suit
r *Rock, ⸚e	skirt
r Jupe, -s [ʒyːp] schweiz.	skirt
s Jackett, -s [ʒaˈkɛt]	jacket
r Veston, -s [vɛsˈtõː] schweiz.	jacket
s Sakko, -s	sports jacket
e *Hose, -n	(pair of) trousers
e kurze Hose	(pair of) shorts
Können Sie die Hose kürzen?	Can you shorten the trousers?
e *Jeans, - [dʒiːns]	jeans

Singular in German

Diese Hose war nicht teuer.
These trousers weren't / This pair of trousers wasn't expensive.
Nimm doch deine kurze Hose mit.
Why don't you take your shorts with you?
Diese Jeans ist zu eng.
These jeans are / This pair of jeans is too tight.
Diese Strumpfhose hat eine Laufmasche.
These tights have got / This pair of tights has got a ladder.
Wo ist Daniels Badehose ?
Where are Daniel's swimming trunks?

r *Anzug, ⸚e	suit
r Hosenanzug	trouser suit
r Trainingsanzug	tracksuit
e *Weste, -n	waistcoat (GB) / vest (US)
s Gilet, -s [ʒi'le:] *schweiz.*	waistcoat (GB) / vest (US)
r Smoking, -s ['smo:kɪŋ]	dinner jacket/suit (GB) / tuxedo (US)
r Frack, -s	tails, evening dress
e Krawatte, -n	tie
die Krawatte binden	to tie one's tie
e Fliege, -n	bow tie
s *Hemd, -en	shirt
e *Bluse, -n	blouse
r Ärmel, -	sleeve
langärmelig ↔ kurzärmelig / ärmellos	long-sleeved ↔ short-sleeved / sleeveless
r Kragen, -	collar
r Knopf, ⸚e	button
aufknöpfen ↔ zuknöpfen	to unbutton ↔ button up
einen Knopf annähen	sew on a button
s T-Shirt, -s ['ti:ʃø:ɐt]	T-shirt
r *Pullover, - [pʊ'lo:vɐ]	pullover
e Strickjacke, -n	cardigan
e *Unterwäsche *Sg*	underwear
e Badekleidung *Sg*	swimwear

Underwear

e *Unterhose, -n	(under)pants
r Unterrock, ⸚e	underskirt, petticoat
r *Slip, -s / r Schlüpfer, -	panties
Boxershorts	boxer shorts
e lange Unterhose, -n	longjohns
e Skiunterwäsche	underwear for skiing
s *Unterhemd, -en	vest (GB) / undershirt (US)
r Büstenhalter, - / r BH, -s	bra

| e Strumpfhose, -n | (pair of) tights |
| s Korsett, -s | corset |

Swimwear

e Badehose, -n	(pair of) swimming trunks
r Badeanzug, ⁔e	swimming costume
r Bikini, -s	bikini

r *Schuh, -e	shoe
die Schuhe zum Schuster bringen	take shoes to the shoemaker / take shoes to be repaired
die Absätze erneuern lassen	have a pair of shoes re-heeled
r Halbschuh	shoe [as opposed to boot]
r Hausschuh	slipper
r Turnschuh / r Sportschuh / r Tennisschuh / r Fußballschuh	trainer / trainer / tennis shoe / football boot
r Slipper, -	slip-on shoe [not *slipper!*]
r Schlüpfer, - *österr.*	slip-on shoe [not *slipper!*]
e Sandale, -n	sandal
r *Stiefel, - / r Gummistiefel	boot / wellington boot
r *Strumpf, ⁔e / r Kniestrumpf	[knee-high] sock
e Strumpfhose, -n	tights
e Seidenstrumpfhose, -n	silk tights
e Socke, -n / r Socken, - *südd./schweiz.*	[ankle] sock
e Schürze, -n	apron
r Kittel, -	smock, overall
e Kittelschürze, -n	sleeveless overall
r Gürtel, -	belt
r Hosenträger, -	(pair of) braces
e *Tasche, -n	pocket, bag
e Handtasche	handbag
e Umhängetasche	shoulder bag
e Hosentasche	trouser pocket
anprobieren / probieren	try on
Wo kann ich das Kleid bitte anprobieren?	Where can I try the dress on, please?
e Umkleidekabine, -n / e Anprobe, -n	fitting room, changing room
Steht mir diese Farbe?	Does this colour suit me?
e *Größe, -n / e Konfektionsgröße, -n	size
Welche Größe haben Sie?	What size are you?
*passen	to fit
zu *eng ↔ zu *weit	too tight ↔ too loose/big
Die Hose ist leider zu eng. Haben Sie sie noch eine Nummer größer?	I'm afraid the trousers are too tight. Do you have them in the next size up?
zu *groß ↔ zu *klein	too big ↔ too small
zu *lang ↔ zu *kurz	too long ↔ too short
r Schneider, - // e Schneiderin, -nen	tailor / dressmaker

*nähen	sew
e Änderungsschneiderei, -en	tailor's [that does alterations]
die Hose kürzen / kürzer machen	shorten the (pair of) trousers
den Rock enger nähen	take in the skirt
r *Stoff, -e	material
e *Wolle	wool
e Baumwolle	cotton
e Seide	silk
r Samt	velvet
e Kunstfaser	man-made fibre
s *Leder	leather
r *Schmuck Sg	jewellery / jewelry
r *Ring, - / r Ehering, -e	ring / wedding ring
e Halskette, -n / e *Kette, -n	necklace
s Armband, ⁼er	bracelet
e Brosche, -n	brooch
r Ohrring, -e / r Ohrstecker, -	earring / stud earring

Einkaufen
Shopping

*einkaufen	go shopping, do one's shopping
r Einkauf, ⁼e	shopping
Einkäufe machen	to shop
Heute mache ich einige Weihnachtseinkäufe.	I'm doing some Christmas shopping today.
einkaufen gehen (ging, ist gegangen)	go shopping
Wir müssen noch einkaufen gehen.	We've still got to do some shopping.
e Einkaufstasche, -n / r Einkaufskorb, ⁼e	shopping bag / shopping basket
r Einkaufswagen, -	shopping trolley/cart
s Einkaufszentrum, -zentren	shopping centre/mall
einen Einkaufsbummel machen / durch die Stadt bummeln	go on a shopping spree / take a stroll through town, go window shopping

Useful expressions

Ich suche ...	I'm looking for ...
Haben / Führen Sie ...?	Do you have / stock ...?
Wo finde ich ...?	Where can I find ...?
Was / Wie viel kostet ...?	What / How much does ... cost?
Könnten Sie es bitte als Geschenk einpacken?	Could I have it gift-wrapped, please?
*Wo kann ich das *umtauschen?*	Where can I change this?
Bekomme ich das Geld zurück oder einen Gutschein?	Do I get the money back or a voucher / credit note?

s *Kaufhaus, ⸚er / s Warenhaus /   department store / store / furniture
  s Möbelhaus   store
Die Damenabteilung befindet sich im   The ladies' departement is on the
  Erdgeschoss, gleich beim Eingang.   ground floor, right at the
                                     entrance.

r *Eingang, ⸚ ↔ r *Ausgang, ⸚e   entrance ↔ exit
e *Stufe, -n   step
Vorsicht Stufe!   Mind the step!
s Versandhaus, ⸚er   mail-order firm/company
r Versandhauskatalog, -e   mail-order catalogue
etwas bei einem Versandhaus kaufen   buy something by mail order
s Online-Shopping [ɔ'nlaɪn'lʃɔpɪŋ]   online shopping
s *Geschäft, -e / r *Laden, ⸚   shop, store
s Fachgeschäft   specialist shop/store

Specialist shops & stores

s Modegeschäft / e Boutique, -n   fashion store / boutique
s Schuhgeschäft   shoe shop
e Buchhandlung, -en   bookshop
s Antiquariat, -e   secondhand bookshop
s Schreibwarengeschäft   stationer's
e Papeterie, -n (schweiz.)   stationer's
s Spielwarengeschäft   toy store
s Möbelgeschäft   furniture store
s Antiquitätengeschäft   antique shop
s Sportgeschäft   sports shop
s Fotogeschäft   photographic shop
s Elektronikgeschäft   electronics store
s Haushaltswarengeschäft   household goods store
s Zeitungsgeschäft   newsagent's
e *Trafik, -en (österr.)   kiosk
s Blumengeschäft   flower shop
r Juwelier, -e   jeweller's
e *Apotheke, -n   pharmacy, chemist's
e *Drogerie, -n / r Drogeriemarkt, ⸚e   chemist's, drugstore

Food shops

s Obst- und Gemüsegeschäft   greengrocer's
r Naturkostladen, ⸚ / s Reformhaus, ⸚er   health food shop
e *Bäckerei, -en   baker's
e Konditorei, -en   confectioner's
e *Metzgerei, -en / e Fleischerei, -en   butcher's

r *Kiosk, -s / r Zeitungskiosk   kiosk
r *Supermarkt, ⸚e   supermarket
Ich geh' noch schnell in den Supermarkt.   I'm just going to nip into the
                                     supermarket.

r *Markt, ⸚e	market
r Wochenmarkt / r Bauernmarkt	weekly market / farmers' market
Obst und Gemüse kaufe ich immer auf dem Markt.	I always buy my fruit and vegetables at the market.
e Markthalle, -n	covered market
e Öffnungszeit, -en / Ladenöffnungszeiten *Pl*	opening hours (of a shop)
Das Geschäft hat *geöffnet ↔ *geschlossen.	The shop *is* open ↔ closed.
s *Schaufenster, -	shop window
e *Fußgängerzone, -n	pedestrian precinct
r Verkäufer, - // e Verkäuferin, -nen	shop assistant
r *Kunde, -n // e Kundin, -nen	customer
Er ist ein guter / zufriedener Kunde.	He is a good / satisfied customer.
kundenfreundlich	customer-friendly
r Kundendienst	(customer) service, service department
e Kundenbetreuung	customer service
Sie erreichen unseren Kundenservice werktags von 9 bis 18 Uhr.	You can contact our customer service department any workday between 9am and 6pm.
s *Angebot, -e	offer
Das ist ein günstiges Angebot.	That's a very good / reasonable offer.
ein Angebot *nützen / nutzen	take advantage of an offer
Das nützt mir nichts.	That won't help me.
s *Sonderangebot, -e	special offer
jn *aufmerksam machen auf +*A*	draw sb's attention to sth
„Darf ich Sie auf unser Sonderangebot aufmerksam machen?"	"May I draw your attention to our special offer?"
*teuer ↔ günstig / *billig / *preiswert	expensive ↔ cheap, good value
Das war ein Schnäppchen.	That was a bargain.
r Sommerschlussverkauf / r Winterschlussverkauf	summer sale(s) / winter sale(s)
r Ausverkauf *schweiz.*	sale(s)
r Totalausverkauf *schweiz.*	clearance sale
r Räumungsverkauf	clearance sale
Das habe ich sehr günstig bei einem Räumungsverkauf bekommen.	I got that very cheap in a clearance sale.
r Flohmarkt, ⸚e	flea market
r Secondhandladen, ⸚ ['zɛknthɛnt…]	secondhand shop
*sparen	save
Im Sommerschlussverkauf können Sie bis zu 40 Prozent sparen.	You can save up to 40% in the summer sale(s).
e *Rechnung, -en	bill
Können Sie mir bitte eine Rechnung ausstellen?	Could you make me out a bill?
e *Kasse, -n / e *Kassa *österr.*	cash desk

e *Quittung, -en — receipt
Hier ist Ihre Quittung. — Here's your receipt.
*zahlen / *bezahlen — to pay
Zahlen Sie bar oder mit Karte? — Are you paying cash or credit?
e EC-Karte, -n / e Kreditkarte, -n — EC card / credit card
e *Tüte, -n / s *Sackerl, - *österr.* — bag, paperbag
e Barzahlung, -en — cash payment
Sie bekommen bei Barzahlung 2% Skonto. — You get a 2% discount if you pay cash.

e Anzahlung, -en — deposit, down payment
Sie müssten bitte eine Anzahlung von 50 Euro leisten. — I have to ask you for a down payment of 50 euros, please.
*ausreichen — be sufficient / enough
„Ich möchte ja bezahlen, aber mein Geld reicht nicht aus." — "I'd like to pay, but I haven't got enough money."
e Rate, -n — installment
Wir haben das Auto auf Raten gekauft. — We bought the car on hire purchase / the installment plan.

e Ratenzahlung — payment by instalments, hire-purchase / installment-plan payment

eine monatliche Ratenzahlung in Höhe von 100 Euro — a monthly hire-purchase / installment-plan payment of 100 euros

e Lieferung, -en — delivery
*liefern — deliver
Ab einem Betrag von 50 Euro liefern wir frei Haus. — Delivery is free of charge on amounts over 50 euros.
e *Marke, -n — brand
e Markenkleidung — recognized brand of clothing
r Gutschein, -e — voucher, credit note
r Bon, -s [bɔŋ] *schweiz.* — voucher, credit note
e Reklamation, -en — complaint
r Umtausch *Sg* — exchange
Sie können die Ware nur mit dem Kassenbon umtauschen. — To exchange the goods you must have the original receipt.

5

Zu Hause
At home

Wohnen
How people live

r **Wohnort**, -e	place of residence
***wohnen**	live
Wo wohnen Sie? – In Frankfurt. / In der Bahnhofstraße.	Where do you live? – In Frankfurt. / In Bahnhofstraße.
***leben**	live
Ich lebe seit einem Jahr in Deutschland.	I have been living in Germany for a year.
e ***Stadt**, ⸚e	town
städtisch	urban
e **Metropole**, -n	metropolis
s ***Zentrum**, Zentren	centre
Wir wohnen im Zentrum von Zürich.	We live in the centre of Zurich.
***zentral**	central
Ich suche eine Wohnung in zentraler Lage.	I'm looking for a flat in a central location.
e ***Innenstadt**, ⸚e	town/city centre
r ***Vorort**, -e	suburb
Sie wohnt in einem Vorort von Wien.	She lives in a suburb of Vienna.
r **Stadtrand**	outskirts
Sie wohnt am Stadtrand von Zürich.	She lives on the outskirts of Zurich.
s ***Dorf**, ⸚er	village
dörflich	rural, village …
auf dem Land ↔ in der Stadt	in the country ↔ in town / in the city
Wir wohnen lieber auf dem Land als in der Stadt.	We prefer living in the country to living in town.
e ***Wohnung**, -en	flat / apartment
Wir haben eine Drei-Zimmer-Wohnung mit Balkon.	We have a three-room flat with a balcony.
Er hat eine **Zweitwohnung** in Berlin.	He has a flat in Berlin as a second home.
s **Apartment**, -s [a'partmənt]	small studio / flat

In Germany, Austria and Switzerland the number of reception rooms and bedrooms is added together to give the flat *(Wohnung)* size. So a three-room flat would consist, for example, of a living room, a bedroom, and a study or child's (bed)room. A kitchen and bathroom are standard.

The term *Apartment* nearly always indicates a one-room studio or bedsitter, with a small kitchen or kitchenette and a bathroom.

e Eigentumswohnung, -en ↔ e Mietwohnung, -en	owner-occupied flat ↔ rented flat
e Dachterrassenwohnung / s Penthouse ['pɛnthaʊs]	penthouse

e Sozialwohnung — council house / flat, municipal housing unit

s Eigenheim, -e — home of own's own, (owner-occupied) house

s *Erdgeschoss / s *Parterre [par'tɛr(ə)] — ground floor

e Etage, -n [e'ta:ʒə] / r *Stock / s *Stockwerk, -e — storey, floor

s Souterrain [zutɛ'rɛ̃: auch 'zu:tɛrɛ̃:] — basement

s Untergeschoss schweiz. — basement

r *Keller, - — cellar

*liegen (lag, hat gelegen) — be (situated / located)

Meine Wohnung liegt im 3. Stock / in der 3. Etage / im Erdgeschoss / im Parterre. — My flat is on the 3rd floor / on the ground floor.

r *Balkon, -s/-e — balcony

e *Terrasse, -n — patio, terrace

s *Gebäude, - — building

s *Haus, ⸚er — house

Buildings

s Bürogebäude, - / s Bürohaus	office block
s Wohnhaus	residential building
s Einfamilienhaus	detached house
s Mehrfamilienhaus	large house with several flats
s Reihenhaus	terraced / row house
s Doppelhaus	semi-detached house
s Bauernhaus	farmhouse
s Fertighaus	prefab
r Bungalow, -s	bungalow
e Villa, Villen	villa
s Landhaus / s Haus am Land	country house / house in the country
e Hütte, -n / e Holzhütte, -n	cabin / log cabin
s Hochhaus	high-rise (building)
r Wolkenkratzer, -	skyscraper

Wo liegt euer Haus? – Am Stadtrand. / In einem Vorort. / Am Land. / Am See. / In den Bergen. — Where is your house? – On the outskirts of town. / In a suburb. / In the country. / By the lake. / In the mountains.

ein Haus mit Garten / mit Seeblick — a house with a garden / view of the lake

r *Wohnblock, ⸚e — block of flats / apartment building

*mieten ↔ *vermieten — to rent ↔ rent / let out

e *Miete, -n — rent, lease, hire

r Mieter, - // e Mieterin, -nen — tenant

r *Vermieter, - // e Vermieterin, -nen — landlord / landlady

r Untermieter, - // e Untermieterin, -nen — subtenant

ein möbliertes Zimmer in Untermiete — lodgings

Jahrelang habe ich zur Untermiete gewohnt.	For years I lived in lodgings.
e Wohngemeinschaft, -en / e WG, -s	flat-share, house-share
r *Makler, - // e Maklerin, -nen	estate agent / realtor
e Vermittlungsgebühr, -en / e Provision, -nen	commission
r Kaufvertrag, ⸚e	contract of sale
r Vorvertrag, ⸚e	preliminary / provisional agreement
r Kaufpreis, -e	purchase price
r Quadratmeterpreis, -e	price per square metre
r Notar, -e	solicitor
r Mietvertrag, ⸚e	lease, tenancy agreement
einen Mietvertrag / Kaufvertrag abschließen / unterschreiben	enter into / sign a rental agreement / contract of sale
r *Nachbar, -n // e Nachbarin, -nen	neighbour
r Hausbewohner, -	occupant / tenant of a house / building
r Mitbewohner, - // e Mitbewohnerin, -nen	other / fellow occupant
r *Hausmeister, - // e Hausmeisterin, -nen	caretaker / concierge / janitor
r Abwart, -e // e Abwärtin, -nen schweiz.	caretaker / concierge / janitor
e Kaution	deposit
*einziehen ↔ *ausziehen (zog aus, ist ausgezogen)	move in ↔ out
*umziehen	to move
übersiedeln österr.	to move
r Umzug, ⸚e	removal, move
e Übersiedlung, -en österr.	removal, move

Rooms in a house

s *Zimmer, - / r *Raum, ⸚e	room
s Wohnzimmer	living room
s Schlafzimmer	bedroom
s Kinderzimmer	child's (bed)room
s Esszimmer	dining room
s Arbeitszimmer	study
s Gästezimmer	guest room
e *Küche, -n	kitchen
e Wohnküche	kitchen-cum-living room
s *Bad, ⸚er / s Badezimmer	bathroom
e Speisekammer, -n	larder
r Abstellraum, ⸚e	storage room
r Flur, -e / r *Gang, ⸚e / r Korridor, -e / e Diele, -n	hall
e Eingangshalle	[large] entrance hall

r Hausflur	[smaller] entrance hall
e *Treppe, -n	stairs, staircase
e *Stiege, -n (österr.)	stairs, staircase
s Treppenhaus	stairwell, staircase
s Stiegenhaus (österr.)	stairwell, staircase
r *Keller, - / r Kellerraum	cellar
r Speicher / r Dachboden	[storage] loft, attic
e Mansarde	attic [room]
s Mansardenzimmer	attic room
e Waschküche / r Waschraum	laundry room
r Hobbyraum	hobby room

Rooms outside the house

r Schuppen, -	shed
r Geräteschuppen	toolshed
e Scheune, -n	barn
e Hundehütte	kennel
s Gewächshaus	greenhouse
r Pferdestall, ⸗e	stable
r Hühnerstall, ⸗e	chicken-coop
r Schweinestall, ⸗e	pigsty
r Kuhstall, ⸗e	cowshed
r Carport ['ka:ɐ̯po:ɐ̯t]	carport
r Fahrradabstellraum	bike shed, room for storing bikes
s Gartenhaus, ⸗er	summer house
e Laube, -n	summer house, bower, arbo(u)r

s **Quartier**, -e / e *****Unterkunft**	accommodation, place to stay
s Notquartier / e Notunterkunft	emergency accommodation
r **Wohnwagen**, -/⸗	caravan / trailer
s **Wohnmobil**, -e	mobile home / house trailer
s **Hausboot**, -e	houseboat
s *****Zelt**, -e	tent
e *****Tür**, -en	door
Es ist jemand an der Tür.	There's someone at the door.
die Tür **aufmachen** / *****öffnen** ↔ **zumachen** / *****schließen** (schloss, hat geschlossen)	open ↔ close / shut the door
die Tür **abschließen** / zuschließen / absperren österr.	lock the door
e Haustür / e Hintertür / e Eingangstür / e Wohnungstür / e Zimmertür / e Terrassentür / e Drehtür / e Schiebetür	front door / back door / (entrance/ front) door / door of a flat / door of a room / patio door / revolving door / sliding door
e *****Türklinke**	door handle
e Türschnalle österr.	door handle
s *****Schloss** / s Türschloss	lock / door lock

r *Schlüssel, -	key
r Haus- / Wohnungs- / Zweit- / Garagenschlüssel	house / flat / spare / garage key
den Schlüsseldienst rufen	call the locksmith service
einen Schlüssel nachmachen lassen	have a spare key made
s Sicherheitsschloss, ⸚er	security lock
e *Klingel, -n	bell
e Glocke, -n österr.	bell
e Hausglocke, -n schweiz.	bell
*klingeln	ring the bell
läuten österr./schweiz.	ring the bell
Hat es gerade geklingelt?	Was that the doorbell?
e Sprechanlage, -n / e Gegensprechanlage, -n	intercom
s *Fenster, -	window
das Fenster aufmachen ↔ zumachen	open ↔ close / shut the window
das Fenster kippen	open the [horizontally pivoted] window, tilt the window
Es zieht. Mach bitte das Fenster zu!	There's a draught. Please shut the window.

A house from the outside

e *Mauer, -n	wall
r Zaun, ⸚e	fence
s Gartentor, -e	garden gate
r *Briefkasten, ⸚	letterbox
e Eingangstür, -en	front door, entrance door
r Fensterladen, ⸚	shutter
r Rollladen, ⸚ / e Jalousie [ʒalu'zi:], Jalousien [...'zi:ən]	shutter, blind
r Blumenkasten, ⸚	flower-box, window-box
r Balkon, -e	balcony
e Terrasse, -n	patio / terrace
e *Garage, -n [ga'ra:ʒə]	garage
s *Dach, ⸚er	roof
r Dachziegel, -	(roofing) tile
r Schornstein, -e	chimney
r Rauchfang, ⸚e / r Kamin, -e	chimney
e Antenne, -n	aerial
e Satellitenschüssel, -n	satellite dish
e Regenrinne, -n / e Dachrinne	gutter

e *Klimaanlage, -n	air conditioning
*heizen	to have / put the heating on
e Heizung, -en	heating
e Zentralheizung	central heating

r *Ofen, ⸚   stove
e Ölheizung / e Gasheizung /   oil-fired heating / gas-fired
  e Ofenheizung   heating / heating by stoves
r Heizkörper, -   radiator
s Thermostat, -e   thermostat
r *Strom Sg   electricity
r Stromzähler, -   electricity meter
den Stromzähler ablesen   read the electricity meter
r Warmwasserboiler, -   hot-water heater
*warm (wärmer, wärmst-) ↔   warm/hot ↔ cold
  *kalt (kälter, kältest-)
e *Wärme ↔ e *Kälte   warmth ↔ cold
*frieren (fror, hat gefroren)   freeze
r *Aufzug, ⸚e / r *Lift, -e   lift, elevator
r *Hof, ⸚e   (court)yard
r Hinterhof   backyard
Die Kinder spielen im Hof.   The children are playing in the
                                          (court)yard.

Einrichtung
Furnishings

---

*einrichten   furnish
e Einrichtung Sg   (fittings and) furnishings
*Möbel Pl   furniture.
möbliert   furnished
*anschaffen   to buy
Beim Umzug haben wir uns neue Möbel   When we moved, we bought new
  angeschafft.   furniture.
s Möbelhaus, ⸚er   furniture store
s Einrichtungshaus, ⸚er   furniture store
*gemütlich   comfortable, cosy
Ihre Wohnung ist sehr gemütlich /   Their flat is very cosy / very
  sehr elegant / sehr geschmackvoll   elegant / very tastefully
  eingerichtet / sehr einfach möbliert.   furnished / very simply furnished.
altmodisch ↔ *modern / zeitgemäß   old-fashioned ↔ modern /
                                          up-to-date

r Fußboden, ⸚   floor
r *Teppich, -e   carpet
r Teppichboden, ⸚   fitted carpet
den Teppichboden verlegen   lay the carpet
das Parkett verlegen   lay parquet flooring
e *Decke, -n   ceiling
r Plafond, -s österr.   ceiling
e *Wand, ⸚e   wall
e Tapete, -n   wallpaper
s *Bild, -er   picture

Wir müssen noch die Bilder und die Deckenlampe aufhängen.	We still have to hang up the pictures and the ceiling lamp.
r *Schrank, ⸚e	cupboard / closet
r Kasten, ⸚ österr./schweiz.	cupboard / closet
r Einbauschrank	built-in / fitted cupboard / closet
r Kleiderschrank	wardrobe
r *Haken, - / r Kleiderhaken, -	hook / coat hook
e Kommode, -n	chest of drawers
e Schublade, -n	drawer
*öffnen / *aufmachen ↔ *schließen (schloss, hat geschlossen) / *zumachen	open ↔ close/shut
s *Bett, -en	bed

s Doppelbett	double bed
s Kinderbett	cot, child's bed
e Wiege, -n	cradle
s Schlafsofa, -s	sofa bed
e Schlafcouch, -s/-en	sofa bed, studio couch
e Matratze, -n	mattress
s *Kissen, - / s Polster, - (österr.)	pillow
s Kopfkissen, -	pillow (for the head)
e *Decke, -n / e Bettdecke, -n	blanket, duvet, quilt, eiderdown
s Federbett / s Daunenbett	duvet
s Bettlaken, -	sheet
s Leintuch, ⸚er (österr.)	sheet
r Bezug, ⸚e	(duvet) cover
r Überzug, ⸚e (österr.)	(duvet) cover

s *Regal, -e	shelf, shelves
s Bücherregal / r Bücherschrank	bookcase
e Regalwand	wall lined with shelf units
s Büfett, -s [by'fe:] / s Sideboard, -s ['saitboːɐt]	sideboard
r *Tisch, -e	table
den Tisch decken ↔ abräumen	lay ↔ clear the table
tischen ↔ abtischen schweiz.	lay ↔ clear the table
e Serviette, -n	napkin, serviette

r Esstisch	dining table
r Küchentisch	kitchen table
r Couchtisch	coffee table
r Beistelltisch	occasional / side table
r Nachttisch	bedside table
r *Schreibtisch	(writing) desk
r Arbeitstisch	work-table, bench, desk
r Klapptisch	folding table
r Gartentisch	garden table
e Tischdecke, -n	tablecloth

s *S<u>o</u>fa, -s / e *C<u>ou</u>ch, -s/-en [k<u>au</u>tʃ]	sofa, couch, settee
Setz dich doch zu mir aufs Sofa.	Come and sit next to me on the sofa.
r *S<u>e</u>ssel, -	armchair
r Fauteuil, -s [foˈtøːj] *österr./schweiz.*	armchair
Setzen Sie sich doch dort in den Sessel.	Have a seat over there in the armchair.
r *St<u>uh</u>l, ⸚e	chair
*beq<u>ue</u>m ↔ unbequem	comfortable ↔ uncomfortable
r Sessel, - *österr.*	chair
r Schaukelstuhl	rocking chair
r Liegestuhl	deckchair
r *H<u>o</u>cker, -	stool
e *B<u>a</u>nk, ⸚e / e S<u>i</u>tzbank	bench
r Sitz, -e	seat
*s<u>i</u>tzen (saß, ist/hat gesessen)	sit
sich (hin)*s<u>e</u>tzen ↔ *<u>au</u>fstehen (stand auf, ist aufgestanden)	sit down ↔ stand up
Setzen Sie sich doch bitte. / Bitte nehmen Sie Platz.	Please sit down / have a seat.
s B<u>a</u>dezimmer, - / s *B<u>a</u>d, ⸚er	bathroom
e *Toil<u>e</u>tte, -n / s *Kl<u>o</u>, -s *ugs.*	toilet, lavatory / loo
Wo ist bitte die Toilette?	Where's the toilet, please?
e *B<u>a</u>dewanne, -n	bath(tub)
*b<u>a</u>den	to bath(e)
e *D<u>u</u>sche, -n	shower
Sie ist gerade in / unter der Dusche.	She's in the shower just now.
(sich) *d<u>u</u>schen	(have a) shower
Ich dusche noch schnell. Dann können wir gehen.	I'll just have a quick shower. Then we can go.
s W<u>a</u>schbecken, -	washbasin / (bathroom) sink
s Lavabo, -s *schweiz.*	washbasin / (bathroom) sink
r B<u>a</u>dezimmerschrank	bathroom cabinet
r W<u>a</u>sserhahn, ⸚e	tap / faucet
den Wasserhahn aufdrehen ↔ abdrehen	turn the tap/faucet on ↔ off
Der Wasserhahn tropft.	The tap's dripping.
s Sp<u>ü</u>lbecken, - / e Sp<u>ü</u>le, -n	(kitchen) sink
e Abwasch, -en *österr.*	(kitchen) sink
e <u>A</u>blage, -n	draining board

Küchen- und Haushaltsgeräte	**Kitchen equipment and electrical appliances**
r *Kühlschrank	fridge
r Eiskasten, ⸚ (österr.)	fridge
r Gefrierschrank / e Tiefkühltruhe, -n	[upright] freezer / freezer [chest]
e Geschirrspülmaschine, -n / e Spülmaschine / r Geschirrspüler	dishwasher

e Waschmaschine	washing machine
r Wäschetrockner, - / r Trockner, -	tumble-dryer / dryer
r Staubsauger, -	vacuum cleaner
r Herd, -e	stove
e Küchenmaschine	food processor
r Toaster, -	toaster
e Brotschneidemaschine, -n	bread slicer
e Mikrowelle, -n	microwave
e Saftpresse, -n	juice extractor
e Kaffeemaschine, -n	coffee-maker
r Mixer, -	blender, mixer

e *Lampe, -n	lamp
e Stehlampe	standard / floor lamp
e Nachttischlampe	bedside lamp
r Lampenschirm, -e	lampshade
das Licht / die Lampe anmachen ↔ *ausmachen	switch the light / lamp on ↔ off
das Licht / die Lampe *einschalten ↔ *ausschalten	switch the light / lamp on ↔ off
das Licht / die Lampe aufdrehen ↔ abdrehen österr.	switch the light / lamp on ↔ off
das Licht / die Lampe anzünden ↔ ablöschen schweiz.	switch the light / lamp on ↔ off
e *Steckdose, -n	(power) point, (electric) socket
r Lichtschalter, -	light switch
e *Uhr, -en	clock
e Wanduhr / e Standuhr	wall clock / grandfather clock
r *Wecker, -	alarm clock
r *Spiegel, -	mirror
r *Vorhang, ⁼e / e Gardine, -n	curtain, drape
r Store, -s österr.	curtain, drape
die Vorhänge aufziehen ↔ zuziehen	open ↔ draw the curtains
r Papierkorb, ⁼e	wastepaper basket / wastebasket
r *Mülleimer, - / r Abfalleimer	rubbish/waste bin, garbage can
r Mistkübel, - österr.	rubbish/waste bin, garbage can
r (Abfall-) Kübel, - schweiz.	rubbish/waste bin, garbage can
e Mülltonne, -n	dustbin / ashcan / garbage container
r Abfallcontainer, - schweiz.	dustbin / ashcan / garbage container
Bring bitte den Müll runter. Heute wird die Mülltonne geleert.	Take the rubbish/trash down, will you. It's collection day today.
e Mülltrennung	separation of waste / garbage
s Recycling [ri'saiklıŋ]	recycling
r Plastikmüll / r Biomüll / s Altpapier	plastic waste / organic waste / waste paper

Hausarbeit
Housework

e Hausarbeit	housework
die Hausarbeit machen / erledigen	do the housework
r *Haushalt, -e	household, housekeeping
Sie führt einen großen Haushalt.	She keeps house for a large family / a lot of people.
e Haushälterin, -nen	housekeeper
e *Hausfrau, -en // r Hausmann, ⁼er	housewife / househusband
r *perfekte Hausmann	perfect househusband
e Reinigungsfrau, -en	cleaner, cleaning woman
s Reinigungspersonal Sg	cleaning staff
*aufräumen	clear / tidy up
Räum bitte dein Zimmer auf!	Please tidy up your room.
fegen / kehren	sweep
kehren österr.	sweep
r Besen, -	broom

Neue Besen kehren gut.	A new broom sweeps clean.
Ich fress einen Besen, wenn das nicht stimmt.	I'll eat my hat if that's true.

r Staubsauger, -	vacuum cleaner
Staub saugen	to vacuum(-clean)
Wir sollten mal wieder staubsaugen.	It's time we did some vacuuming.
Teppiche (aus)*klopfen	beat carpets
*putzen / *sauber machen	clean
die Fenster putzen	clean the windows
die Küche gründlich sauber machen	give the kitchen a good clean
Bitte putz dein Zimmer *ordentlich.	Please clean your room properly.
wischen	wipe
den Boden wischen	wipe the floor (with a damp cloth)
*waschen (wäscht, wusch, hat gewaschen)	wash
einen Pullover von Hand waschen	wash a pullover by hand
Die Tischdecke müsste mal wieder gewaschen werden.	The tablecloth needs washing.
Die Flecken sind (beim Waschen) leider nicht rausgegangen.	I'm afraid the stains didn't wash out.
e *Wäsche Sg	washing
Wo ist meine schwarze Hose? – In der Wäsche.	Where are my black trousers? – In the wash.
die Wäsche waschen / *spülen / schleudern	wash / rinse / spin-dry the washing
die Wäsche waschen / schwemmen / schleudern österr.	wash / rinse / spin-dry the washing

*trocknen
Im Sommer trocknet die Wäsche schnell.

die Wäsche **aufhängen** ↔ ***abnehmen**
(nimmt ab, nahm ab, hat abgenommen)

to dry
In summer the wash(ing) dries quickly.

hang up ↔ take down the washing

Cleaning equipment

r Lappen, - / r Putzlappen / r Wischlappen	cloth, rag / cleaning rag, cloth / (floor) cloth
s *Tuch, ⁼er / s Wischtuch / s Putztuch	cloth / (floor) cloth / cloth
r Schwamm, ⁼e	sponge
e Spülbürste, -n	washing-up brush
s Spülmittel, -	washing-up liquid
s Geschirrtuch	tea towel, drying-up cloth
s Fensterleder	(wash-)leather
s Staubtuch	duster
r Besen, -	brush, broom
r Bartwisch, -e (österr.)	(hand)brush
e Schaufel, -n	dustpan
r Staubsauger, -	vacuum cleaner
s Waschpulver / s *Waschmittel	washing powder / detergent
s Putzmittel, -	cleaning agent

bügeln
die Hemden bügeln
aufwischen
Wenn du etwas verschüttest, könntest du es bitte auch aufwischen.
Geschirr **spülen** / ***abwaschen**

das Geschirr ***abtrocknen**
die **Spülmaschine** einräumen ↔ ausräumen
Eine Spülmaschine ist sehr ***nützlich**.
Man spart damit viel Zeit.
r **Staub**
Staub wischen
Es ist nicht ***notwendig**, jeden Tag Staub zu wischen.
abstauben
Das Bücherregal müsste mal abgestaubt werden.
e **Kleiderbürste**, -n
abbürsten
Er bürstete sich die Fusseln vom Mantel (ab).

iron, do the ironing
iron the shirts
mop/wipe up
If you spill something, could you please mop it up.
do the dishes / wash up, do the washing up
dry up, dry the dishes
load ↔ unload the dishwasher

A diswasher is very useful. It saves you a lot of time.
dust
to dust
It's not necessary to dust every day.
to dust
The bookcase needs dusting.

clothes brush
brush (off)
He brushed the fluff off his coat.

Kochen
Cooking

*k**o**chen	to cook
e *K**ü**che, -n	cooking, cuisine
die gutbürgerliche / einfache / schnelle / französische Küche	good plain cooking / plain/simple food / quick dishes / French cuisine
r K**o**ch, ⸚e // e K**ö**chin, -nen	cook, chef
Sie ist eine hervorragende Köchin.	She's an excellent cook.
s K**o**chbuch, ⸚er	cookery book, cookbook
s *Rez**e**pt, -e	recipe
nach Rezept kochen	follow a recipe (when you cook)
r H**e**rd, -e / r Elektroherd / r Gasherd	stove / electric stove / gas stove
r B**a**ckofen, ⸚	oven
e M**i**krowelle, -n / s M**i**krowellenger**ä**t, -e	microwave / microwave oven
r *T**o**pf, ⸚e / r Kochtopf, ⸚e	pot, sauecpan
r Topfdeckel, -	(saucepan) lid
r Griff, -e	handle
r Schn**e**llkochtopf	pressure cooker
r W**o**k, -s	wok
e *Pf**a**nne, -n / e Br**a**tpfanne, -n	frying pan
*br**a**ten	fry, roast
ein Steak braten	fry a steak
r Schweine-, Rinder-, Kalbsbraten, -	roast pork, beef, veal
kurz anbraten	brown, sear

braten	fry, roast
dünsten	steam, braise [meat], stew [fruit]
garen	cook [slowly], simmer
frittieren	deep-fry
grillen	grill
schmoren	braise
dämpfen	steam

das Essen **auf**w**ä**rmen	heat up food
*P**u**dding kochen	make pudding
Die Milch kurz **auf**kochen lassen und dann das Puddingpulver **ein**rühren.	Bring the milk to the boil and then stir in the blancmange powder.
s H**ä**hnchen, - / s Br**a**thähnchen, -	chicken / roast chicken
*r**o**h ↔ *g**a**r / gek**o**cht	raw ↔ cooked
Wie möchten Sie das Steak: englisch, medium oder medium well / durch gebraten?	How would you like your steak: rare, medium or well-done?

5

4

*weich ↔ *hart	soft ↔ hard
ein weiches ↔ hartes Ei	a soft ↔ hard-boiled egg
s Spiegelei, -er	fried egg
s Rührei, -er	scrambled egg
*schneiden	cut
e Scheibe, -n	slice
(das Brot) in Scheiben schneiden	slice (the bread)
das Gemüse *putzen	clean the vegetables
die Kartoffeln schälen	peel the potatoes
den Salat anmachen	dress the salad
das Schnitzel panieren	bread the schnitzel
rühren / umrühren	stir

Kitchen idioms (coll.)

Er hat mich in die Pfanne gehauen.	He landed me in trouble / took me to pieces.
Ich koch' sie schon noch weich.	I'll bring her round / soften her up.
*Sie machen *Hackfleisch aus ihm.*	They'll make mincemeat of him.
*Lass ihn ruhig in seinem *Saft schmoren.*	Let him stew in his own juice.

r *Kuchen, -	cake
e Kuchenform, -en	baking tin
einen Kuchen *backen	bake a cake
r Teig, -e	pastry, dough, mixture
den Teig anrühren / kneten	mix the ingredients (for the pastry/dough/mixture) / knead the dough
den Hefeteig gehen lassen	let the yeast dough rise
e Torte, -n	gateau
die Torte garnieren	decorate the gateau
die Sahne *schlagen	whip the cream
*Kaffee [auch ka'fe:] machen / kochen	make coffee
r Toaster, -	toaster
toasten	to toast
s Toastbrot, -e	toast
s *Besteck	cutlery
s Salatbesteck	salad-servers
r *Löffel, -	spoon
r Suppenlöffel, -	soup spoon
r Kaffeelöffel, -	teaspoon
r Schöpflöffel, -	ladle
s *Messer, -	knife
*scharf ↔ stumpf	sharp ↔ blunt
e *Gabel, -n	fork
e Kuchengabel, -n	cake fork

r Schneebesen, -	whisk
r Kochlöffel, -	wooden spoon
r Kartoffelschäler, -	potato peeler
r Dosenöffner, -	tin/can opener
r Hobel, -	slicer
s Sieb, -e	sieve, strainer, colander

r *Teller, -	plate
flache ↔ tiefe Teller	dinner ↔ soup plate
r Suppenteller	soup plate
r Kuchenteller	cake-plate
e *Tasse, -n	cup
e Untertasse	saucer
s *Glas, ⸚er	glass
s Weinglas / Sektglas / Wasserglas	wine / sparkling wine, champagne / water glass
s Marmeladenglas	jam jar
s Gefäß, -e	container, receptacle
e Schale, -n	bowl, dish
e Schüssel, -n	bowl, dish
e Salatschüssel / Suppenschüssel	salad bowl / soup bowl
e *Dose, -n	tin, can
Tomaten in der Dose	canned tomatoes
r *Messbecher, -	measuring cup/jug
s Schneidebrett, -er	cutting board
e Waage, -n	scales
*wiegen / abwiegen	weigh / weigh out
s Tablett, -s	tray

6

Feste und Freizeit
Festivals and free time

r **Feiertag**, -e — holiday
gesetzliche / kirchliche Feiertage — public/bank holidays / religious holidays

The main holidays

Silvester – New Year's Eve
Neujahr – New Year's Day
Heilige Drei Könige – Epiphany
Ostern – Easter
Karfreitag – Good Friday
Ostersonntag – Easter Sunday
Ostermontag – Easter Monday
Christi Himmelfahrt – Ascension
Pfingsten – Whitsun
Pfingstsonntag – Whit Sunday
Pfingstmontag – Whit Monday
Weihnachten – Christmas
r *Heiligabend* / r *Heilige Abend* – Christmas Eve
1. / 2. Weihnachtsfeiertag – Christmas Day / Boxing Day
Maifeiertag / *Tag der Arbeit* (1. Mai) – May Day / Labour Day
Nationalfeiertag in Deutschland:
Tag der Deutschen Einheit (3. Oktober) –
German National Holiday: Day of German Unity
Nationalfeiertag in Österreich (26. Oktober) – Austrian National Holiday
Nationalfeiertag in der Schweiz (1. August) – Swiss National Holiday

In addition there are a number of religious, i.e. Catholic and Protestant holidays. Whether it is a "real" holiday (with schools and businesses closed) depends on whether there are more Protestants or Catholics in the individual federal state. Thus *Fronleichnam* (Corpus Christi), *Mariä Himmelfahrt* (Assumption Day), *Allerheiligen* (All Saints) are "real" holidays in Bavaria, which has a predominantly Catholic population, but normal working days in Berlin. On the other hand, *Reformationstag* (Reformation Day) is celebrated in Berlin with its mainly Protestant population.
If a public or religious holiday falls on a Thursday, companies may remain closed on the following Friday. Employees make up for such a *Fenstertag* by working longer on other days.
Public and private employees often finish work early on a normal Friday (at any time from about midday on). Again they make up for this by working longer hours Monday to Thursday.
In Germany schools and most kindergartens are closed for a few days or up to two weeks at autumn half-term, at Christmas, during Carnival, at Easter and Whitsun. *Sommerferien* (summer holidays) last six and a half weeks.
In Austria schools and workplaces are closed in all the federal states on days that are Catholic festivals. Protestants also have Good Friday off.

r *Urlaub / *Ferien *Pl*	holidays
Urlaub machen / im Urlaub sein	have a holiday / be on holiday
(ist, war, ist gewesen)	
auf Urlaub sein *österr.*	be on holiday
Sind Sie geschäftlich hier? – Nein, auf	Are you here on business? – No,
Urlaub. / Nein, ich mache hier Ferien.	on holiday. / No, I'm on holiday
	here.
Haben Sie heute Abend Zeit? – Nein, wir	Are you free this evening? – No,
wollen morgen in Urlaub fahren /	we're going on holiday / going
wegfahren. (fährt weg, fuhr weg, ist	away tomorrow.
weggefahren)	
auf Urlaub fahren *österr.*	go on holiday
(schul-)frei haben / sich frei nehmen	have time off (have no school) /
(nimmt, nahm, hat genommen)	take time off
Ich werde mir die nächsten Tage frei	I'm going to take the next few
nehmen.	days off.

Private und öffentliche Feierlichkeiten
Private and public celebrations

s *Fest, -e / e *Feier, -n / e *Party, -s	celebration / party
e Veranstaltung, -en	event
r *Gast, ⁻e	guest
r Ehrengast, ⁻e	guest of honour
r Gastgeber, - // e Gastgeberin, -nen	host // hostess
e *Gastfreundschaft *Sg*	hospitality
gastfreundlich ↔ ungastlich	hospitable ↔ inhospitable
ein Fest geben / (gibt, gab,	give / have / throw a party
hat gegeben) / ein Fest machen	
Feste *feiern / begehen	celebrate / hold celebrations
Du hast die Prüfung bestanden. Das	You've passed your exam. We
müssen wir heute Abend mit einer	must celebrate it this evening
großen Party feiern.	with a big party.
Das ist Grund genug zum Feiern.	That is sufficient for celebration.
*einladen (lädt ein, lud ein,	invite
hat eingeladen)	
e Einladung, -en	invitation
eine Einladung verschicken ↔	send (out) ↔ receive an invitation
*erhalten (erhält, erhielt, hat erhalten)	
eine Einladung *annehmen (nimmt an,	accept ↔ turn down an invitation
nahm an, hat angenommen) ↔	
*ablehnen	
Nach reiflicher Überlegung ist er der	After much deliberation he
Einladung gefolgt.	accepted the invitation.

Invitation texts

Wir laden Sie und Ihre Lebensgefährtin / Ihren Lebensgefährten ein. – We invite you and your partner.
Abendgarderobe / festliche / elegante Kleidung ist erwünscht! – Evening Dress / Formal Dress / Please dress for the occasion.
u.A.w.g. (= um Antwort wird gebeten) – RSVP

e **Feierlichkeit**, -en
Die Feierlichkeiten zur 1000-Jahr-Feier der Stadt dauern sieben Tage.

feierlich
Das 100-jährige Firmenjubiläum wird in feierlichem Rahmen begangen.

Die Gäste waren in feierlicher / ausgelassener Stimmung.
s **Feuerwerk**
Der Höhepunkt des Festes war ein gigantisches Feuerwerk.
***sich amüsieren** / sich vergnügen / sich **gut** *unterhalten* (unterhält, unterhielt, hat unterhalten)
r ***Ball**, ⸚e / r Faschingsball, ⸚e
auf einen Ball / auf eine Party gehen (ging, ist gegangen)
Der Wiener Opernball ist <u>das</u> gesellschaftliche Ereignis Wiens.
e Tanzveranstaltung, -en
Heute: Geschlossene Gesellschaft!

r (Staats-) **Empfang**, ⸚e
s **Festspiel**, -e / s **Festival**, -s / e Festwoche, -n
e **Eröffnungsfeier** ↔ e (Ab-) **Schlussfeier**
s **Festessen** / s Festmahl
s **Familienfest**, -e / s Familientreffen, –
Wir feiern Weihnachten im familiären / kleineren Kreis.

e **Verlobung**, -en / e Verlobungsfeier, -n
e ***Hochzeit**, -en / e Hochzeitsfeier, -n
r **Hochzeitstag**, -e
e silberne (= 25 Jahre) / e goldene (= 50 J.) / e diamantene Hochzeit (= 60 J.)

celebration, festivity
The city's 1000th anniversary celebrations / festivities last a week.

ceremonial, formal
The company's 100th anniversary will be marked with an official celebration.

The guests were in a celebratory / boisterous mood.
fireworks *Pl*
The climax of the festival was a gigantic firework display.
enjoy oneself / have a good time

ball / Carnival ball
go to a ball / party

The Vienna Opera Ball is <u>the</u> social event in Vienna.
dance
(Closed today for) Private function

(state) reception
festival / festival week

opening ↔ closing ceremony

banquet
family celebration / reunion
We celebrate Christmas just with the family / a few close relatives / friends.

engagement / engagement party
wedding / wedding reception
wedding day
silver / golden / diamond wedding (anniversary)

e eiserne (= 65 J.) / e steinerne (= 70 J.) Hochzeit	iron / stone wedding (anniversary)
An ihrem 40. Hochzeitstag kam die ganze Familie zusammen.	The whole family met up on their 40th wedding anniversary.
e **Taufe**, -n	christening, baptism
e Konfirmation / e Kommunion	(first) communion
e Firmung	confirmation
r Namenstag, -e	name-day
r **Jahrestag**, -e	anniversary
Goethes Todestag	anniversary of Goethe's death
s **Klassentreffen**, -	class reunion
e Klassenzusammenkunft *schweiz.*	class reunion
s **Jubiläum**, Jubiläen	anniversary, jubilee
r *****Geburtstag**, -e	birthday
s *****Geschenk**, -e	present
*****schenken / ein Geschenk machen**	give a present
Was schenken wir ihr nur zum Geburtstag?	Just what are we going to give her for her birthday?
etw geschenkt bekommen (bekam, hat bekommen)	get sth as a present/gift
Zum Geburtstag bekam er eine Ballonfahrt geschenkt.	For his birthday he was given a balloon ride/trip.
sich für ein Geschenk *****bedanken**	say thank you for a present
Zur Hochzeit wurden sie reich **beschenkt**.	They were showered with presents when they got married.
*****einpacken** ↔ *****auspacken**	wrap (up) / pack ↔ unwrap / unpack
Könnten Sie mir das bitte als Geschenk einpacken?	Could you wrap it (up) as a present, please?
Sollen wir für das Geschenk nicht zusammenlegen?	Shall we club together and get a joint present?

Hier hast du deine 30 Cent zurück. – Geschenkt!
Here are your 30 cents back. – Don't bother. / Keep it.
Ein Bungeesprung. Den möchte ich nicht mal geschenkt haben!
A bungee jump. I wouldn't want that even as a present / even if it were given to me.
Ein neuer Porsche für 30.000 EURO. Das ist ja halb / fast geschenkt!
A new Porsche for 30,000 euros. That's a real bargain / give-away.
In meinem neuen Job bekomme ich nichts geschenkt.
I'm having a hard time in my new job.

---

e *****Gratulation**, -en / r *****Glückwunsch**, ⸚e	congratulations *Pl*
*****gratulieren** +D	congratulate
Wir müssen unserer Chefin noch zum Geburtstag gratulieren / noch alles Gute zum Geburtstag wünschen.	We must wish our boss many happy returns / all the best for her birthday.
e **Glückwunschkarte**, -n	greetings card

The right words for special occasions

Alles Gute!	All the best.
Alles Liebe zum Geburtstag!	Happy birthday dear(est) …
Herzlichen Glückwunsch zum Geburtstag / zur Verlobung / zur Hochzeit.	Happy birthday / Congratulations (on your engagement / wedding)
Meine (herzlichsten) Glückwünsche zur Geburt Ihrer Tochter / zum freudigen Ereignis!	(Warmest) Congratulations on the birth of your daughter / on the happy event.
Die besten Glückwünsche zu …!	Congratulations on / Best wishes for …
Alles Gute zum Geburtstag / zur Hochzeit / etc.	Many happy returns / All good wishes on your wedding / …
Im Namen der Kolleginnen und Kollegen möchten wir Ihnen ganz herzlich zum Geburtstag gratulieren.	On behalf of the staff we would like to wish you a very happy birthday.
Die besten Glückwünsche zu Ihrem Firmenjubiläum und weiterhin viel Erfolg!	Congratulations on your company anniversary and all good wishes for continuing success in the future.
Viel Glück (und Erfolg)!	Good luck (and much success)!
Frohe Ostern / Weihnachten!	Happy Easter / Christmas
Frohes Fest!	Merry Christmas!
Schöne Feiertage!	Have a nice break / good holiday.
Gutes neues Jahr! / Ein glückliches neues Jahr!	Happy New Year!
Guten Rutsch (ins neue Jahr)! (ugs.)	Happy New Year!
Herzliches Beileid!	Sincere condolences.

e *Tradition, -en	tradition
s Volksfest	fair
r Umzug, ⸚e / r Trachtenumzug	parade / fancy-dress parade
r *Karneval / r *Fasching / e *Fas(t)nacht	Carnival / Shrovetide

Festivals

Carnival time: In Germany and Austria *Faschingszeit* or *Karneval* (the Carnival period) begins at 11.11 a.m. on 11th November, ending on *Faschingsdienstag / Karnevalsdienstag* (Shrove Tuesday), as *Fastenzeit* (Lent) begins at midnight on *Aschermittwoch* (Ash Wednesday).

In southern Germany people celebrate *Fasching*, with *Umzüge* (parades), *Straßenfeste* (street parties) and *Faschingsbälle* (carnival balls) usually on a particular theme (e.g. *Das Weiße Fest* – The White Party).

The traditional *Karneval* is celebrated along the Rhine from the Mainz area to Cologne and Dusseldorf, with big traditional parades and parties organized by the *Karnevalsvereine* (Carnival societies) on *Rosenmontag* (the Monday before Shrove Tuesday). On *Altweiber-Tag / Altweiber-Fasching* (the Thursday in the penultimate week of Carnival) it is a tradition that women take over control of the town for the day, and men can have their ties cut off.

In northwest Switzerland, in the region round Basle, they celebrate *Fastnacht* (Shrovetide). It begins with the so-called *Morgenstraich* at 4 o'clock in the morning a week after *Rosenmontag*, and lasts till 4 a.m. on Wednesday. During the *Basler Fastnacht* (Basle Carnival) large and small "circles" parade through the streets with their drums and pipes, to drive out the spirits of winter according to ancient custom.

Local festivals: In the Rhine and Moselle regions, wine festivals are important local festivals. In Munich they have the *Oktoberfest*, and in northern Germany their midsummer celebrations.

Gesellschaftlicher Umgang
Socializing

s **Treffen**, - / e Zusammenkunft, ⁓e	meeting, get-together
(sich) *****treffen** (trifft, traf, hat getroffen) / **zusammenkommen** (kam zusammen, ist zusammengekommen)	meet, to get together
Wollen wir uns morgen kurz treffen? – Es *****hängt** davon **ab**, wie lange ich arbeiten muss.	Shall we have a brief get-together tomorrow? – It depends (on) how long I have to work.
Wir sollten uns mal wieder mit Peter und Paul treffen.	We ought to meet up with Peter and Paul again.
Unsere Gruppe kommt alle 14 Tage zusammen.	Our group meets / gets together every two weeks.

Formulating invitations

Haben Sie heute Abend schon etwas vor? Ich würde Sie gerne zum Essen einladen. – Have you got plans for / Are you doing anything this evening? I'd like to invite you to/for dinner.

Darf ich dich heute Abend zum Essen ausführen? – May I take you out to dinner this evening?

Hätten Sie Lust, morgen Abend auf ein Glas Wein zu uns zu kommen? – Would you like to come / Would you fancy coming round for a glass of wine tomorrow evening?

Nächsten Montag feiern wir unser 10-jähriges Firmenjubiläum. Sie sind herzlich eingeladen. – Next Monday we are celebrating our 10th anniversary / the 10th anniversary of the founding of our company. You are warmly invited.

Wenn Sie mal in der Gegend sind, schauen Sie doch mal bei uns vorbei. – If you're ever in the area, just drop in.

accepting and …	declining an invitation
Vielen Dank. Sehr gern.	*Vielen Dank für die Einladung, aber leider …*
Thank you. I'd / We'd love to.	Thank you for the invitation, but unfortunately …
Vielen Dank für die Einladung.	*Das ist sehr nett von Ihnen, aber …*
Thank you very much for the invitation.	That's very kind of you but …
Sehr nett, gern.	*Schade, da kann ich leider nicht, da muss ich …*
That's very nice. I'd / We'd be glad to.	That's a pity, I can't make that, I have to …
Da kann ich natürlich nicht nein sagen.	*Ich würde gern kommen, aber …*
I can't say no to that now, can I?	I'd like to come, but …

Leider geht es heute nicht, aber wie wäre es mit morgen?
I'm afraid I / we can't make it today, but how about tomorrow?

… and positive reactions and	negative reactions to that
Schön, dass Sie kommen können.	*Na ja, macht nichts. Vielleicht geht es ein andermal.*
It's nice that you can come.	Oh well, never mind. Maybe another time.
Gut, ich freue mich. Also dann bis Freitag.	*Ach, wie schade.*
Fine, I'll look forward to that. Till Friday then.	Oh, what a pity.

e **Verabredung**, -en	date, appointment
*****sich verabreden** / **verabredet sein** (ist, war, ist gewesen)	arrange to meet sb, fix a date with sb / have arranged to meet sb, have a date
Sehen wir uns um 7 (Uhr)? – Geht leider nicht, da bin ich bereits mit Barbara verabredet.	Can / Shall we meet at 7? – Afraid I can't, I've arranged to meet Barbara then.
etw *****abmachen** / *****ausmachen**	to agree / fix / arrange
Was hast du mit deinen Eltern abgemacht?	What have you arranged with your parents?
s **Rendezvous**, - [rãde'vu: *auch* 'rã:devu]	date
ein Rendezvous haben (hat, hatte, hat gehabt)	have a date
r **Lebensgefährte**, -n // e **Lebensgefährtin**, -nen	partner
r *****Freund**, -e // e **Freundin**, -nen	(boy)friend // (girl)friend
Sein langjähriger Freund ist jetzt nach Australien gegangen.	His old friend / friend of many years standing has gone to Australia now.
Sie ist seine Freundin. / Er ist mit ihr zusammen. / Er geht mit ihr. *ugs.*	She's his girlfriend. / They are/live together. / He goes out with her.

e **Bekạnntschaft**, -en
acquaintance

neue Bekanntschaften machen /
  Anschluss finden
make new acquaintances / make
  friends

r/e ***Bekạnnte**, -n
acquaintance

Gestern habe ich durch ***Zụfall** /
  ***zụfällig** zwei alte Bekannte
  wiedergetroffen.
Yesterday I bumped into two old
  friends.

"Friends"

Freund and *Freundin* can signify either a person with whom one has a relationship based on friendship (friend), or a person with whom one has a love or sexual relationship ([boy / girl]friend). The relationship in both cases is close. *Bekannte/r* (acquaintance) is the term used to refer to a "friend" in the sense of someone one knows but has only a loose relationship with.

The politically correct term for a (heterosexual or same-sex) partner with whom someone has a more or less permanent relationship is *Lebensgefährte //Lebensgefährtin*.

***ausgehen** (mit)
go out (with)

Gehst du heute schon wieder aus / weg?
Are you going out again?

(durch die Stadt) bummeln gehen
go for a stroll (round town)

r Stubenhocker, - //
  e Stubenhockerin, -nen *ugs.*
stay-at-home, house mouse

***tạnzen gẹhen** (ging, ist gegangen)
go dancing

Darf ich (Sie um den nächsten Tanz) bitten?
May I have the next dance?

***ẹssen gẹhen** (ging, ist gegangen)
go out for a meal / to eat

einen ***trịnken gẹhen** (ging, ist
  gegangen) / auf ein Bier gehen *ugs.*
go out for a drink / a beer

Darf ich Sie einladen? Was trinken
  Sie? / Ich schmeiße einẹ Runde. *ugs.*
You're my guest. What are you
  having / drinking? / This round's
  on me.

r ***Besụch**, -e
visit

***besụchen**
to visit

Er war vorigen Sommer bei uns
  zu Besụch.
We had a visit from him last
  summer.

Ach, du erwartest wohl Besuch?
Oh, you're expecting visitors,
  are you?

spontan / unangemeldet
  vorbẹikommen (kam vorbei,
  ist vorbeigekommen)
drop in

Du solltest dich / deinen Besuch vorher
  anmelden.
You should give prior notice of
  your visit.

***mịtbringen** (brachte mit, hat
  mitgebracht)
bring (along)

Ich habe Ihnen eine Flasche Wein
  mitgebracht. – Vielen Dank, aber das
  wäre nicht nötig gewesen.
I've brought you a bottle of wine.
  – Thank you very much, but you
  really shouldn't have.

s **Mịtbringsel**, -
little present

6

3/4

What you have to remember when you're invited

If you're invited to a person's house for a meal, take either some flowers (not <u>red</u> roses!) or a bottle of wine / sparkling wine / champagne. Make sure you arrive more or less on time, i.e. 10-15 minutes late at the most.

At table, wait until everyone has something on their plate and the host starts to eat. People then often wish each other *Einen guten Appetit.*

If you want, you can raise or clink glasses (you don't have to) and say *Prost!* if it's beer, otherwise *Zum Wohl!* or, at a business lunch: *Auf (eine/die) gute Zusammenarbeit!*

When you take your leave, you can say: *Vielen Dank für die Einladung. Es hat sehr gut geschmeckt.* – Thank you for the invitation. The meal was wonderful.

The host might say: *Einen schönen Abend.* – Enjoy the rest of your evening.
Kommen Sie gut nach Hause. – Have a safe journey home.
Vielen Dank fürs Kommen. / Schön, dass Sie gekommen sind. – Thank you for coming. / It was nice that you could come.

Auswärts essen und trinken
Going out to eat and drink

s *Restaur**a**nt, -s [rɛstoˈrãː]	restaurant
ein Restaurant besuchen / in ein Restaurant gehen	go to a restaurant
Kommst du mit (ins Restaurant)?	Are you joining us / coming with us (to the restaurant)?
*auss**u**chen / auswählen	choose / select
Such du doch ein Restaurant aus.	You choose a restaurant.
ein **f**e**ines / eleg**a**ntes ↔ **ei**nfaches Restaurant	an elegant ↔ an unpretentious restaurant
*empf**e**hlen (empfiehlt, empfahl, hat empfohlen)	recommend
Können Sie mir ein gutes (indisches) Restaurant empfehlen?	Can you recommend me a good (Indian) restaurant?
ein Restaurant mit Hausmannskost / mit regionalen Spezialitäten	a restaurant with down-to-earth home cooking / regional specialties

r (Land-) Gasthof, ⸚e / e *Gaststätte, -n / e *Kneipe, -n	(country) inn / restaurant / pub
s *Gasthaus / s *Beisel, -n (Wien österr.)	restaurant / pub
s Bistro, -s	bistro
s (Eis-)*Café, -s / s Kaffeehaus, ⸚er (österr.)	(ice-cream parlour), café / coffee-house
e Teestube, -n	tearoom
e *Bar, -s	bar
r Weinkeller, -	wine cellar

s *Stüberl*, -	snug (bar)
s **Lokal*, *-e*	pub, restaurant
s *Gartenlokal*, *-e*	beer-garden, open-air café / restaurant
s *Ausflugslokal*, *-e*	(country) pub / restaurant (catering for people on an outing)
r **Biergarten*, ⸚	beer garden
r *Heurige (österr.)*	wine tavern
e **Kantine*, *-n*	canteen
e *Cafeteria*, *-s*	cafeteria
s *Selbstbedienungsrestaurant*, *-s*	self-service restaurant
r *(Schnell-)Imbiss*, *-e / e Imbissstube*, *-n*	snack-bar
r *Würstelstand*, ⸚*e (österr.)*	hot-dog stand
e *Raststätte*, *-n / s Autobahnrestaurant*, *-s*	services / motorway/expressway restaurant

r **Geheimtipp**, -s	inside tip
Das Restaurant „Goldener Löwe" ist ein echter Geheimtipp.	The "Goldener Löwe" restaurant is a real tip for insiders.
Ich habe ein neues Restaurant entdeckt, in dem man gut essen kann. – Wo denn?	I've found a new restaurant with good food. – Where?
Wohin gehen wir jetzt? – Warum nicht **zum Griechen / in die Pizzeria**?	Where shall we go now? – Why don't we go to the (Greek) taverna / pizzeria?
s vegetarische / italienische Restaurant / s Fischrestaurant	vegetarian / Italian / fish restaurant
Was machen wir jetzt? – Gehen wir doch in den Biergarten!	What shall we do now? – Let's go to the beer garden.
Was macht ihr heute? – Wir treffen uns mit Freunden in einer Kneipe.	What are you doing today? – We're meeting some friends in the pub.

Eating out

When you enter a restaurant (except an exclusive one) you usually choose a table yourself. In a simple pub or country inn, it's OK to join other people at their table. But you have to ask first: *Ist der Platz noch frei? / Darf ich mich zu Ihnen setzen? / Ist hier noch frei?*

In most German restaurants smoking is still (in 2005) permitted. Sometimes, however, for example in vegetarian restaurants, there are specially designated non-smoking areas.

One of the first things the waiter/waitress asks is what you would like to drink, often when handing over the menu.

Payment of the bill is made to the waiter/waitress at your table. You usually add a tip of 5–10% of the total amount, depending on how pleased you were with the food and the service. In smarter restaurants you wait for your change and then decide what tip you are going to give. In a pub or inn the waiter/waitress often says what

the total amount of the bill is, and you as the customer add on the tip, rounding up.
It is not common to wait till the waiter/waitress has gone and then leave the tip on the table.

r *Gast, ⸗e	customer
r Stammgast, ⸗e	regular (customer)
r Stammtisch, -e	regulars' table
*bestellen ↔ eine Bestellung aufnehmen	order ↔ take an order
r Gourmet, -s [gʊrˈmeː]	gourmet
r (Restaurant-) Kritiker, - // e Kritikerin, -nen	(restaurant) critic
r (Gast-) *Wirt, -e // e Wirtin, -nen / Wirtsleute *Pl*	landlord / landlady / landlord & landlady
r Koch, ⸗e // e Köchin, -nen	cook, chef
Das Essen schmeckt lecker ↔ komisch. – Darf ich mal kosten / probieren?	The food is delicious ↔ tastes strange. – May I try (it)?
r Service [ˈzøːɐ̯vɪs]	service
Der Service war *gut / mittelmäßig ↔ *schlecht.	The service was good / mediocre ↔ bad.
e *Bedienung, -en	waiter // waitress, service
eine *freundliche ↔ unfreundliche Bedienung	a friendly ↔ unfriendly waiter/ waitress
eine exzellente ↔ schlechte Bedienung	excellent ↔ bad service
r (Ober-)*Kellner, - // e Kellnerin, -nen	(head) waiter / waitress
*bedienen	serve
servieren / das Essen bringen	serve / bring the food
e *Rechnung, -en	bill
Die Rechnung geht heute auf mich. / Ihr seid heute eingeladen.	This is on me today. / You are my guests today.
s *Trinkgeld, -er	tip
Wie viel Trinkgeld ist hier üblich?	How big a tip is customary here?
Er gibt immer ein gutes Trinkgeld.	He always gives generous tips.

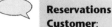

Reservations
Customer:
Ich möchte gern für heute Abend einen Tisch reservieren ... um 19.30 Uhr für 12 Personen ... auf den Namen Schnitzelberger. –
I'd like to book a table for tonight ... at 7.30 for 12 people ... in the name of Schnitzelberger.
Restaurant:
Auf welchen Namen bitte? / Wie war Ihr Name? –
In whose name, please? / What was the name?
Für wie viele Personen? – For how many people?
Um wie viel Uhr? – At what time?
Tut mir Leid. Wir sind schon voll. / Alle Tische sind schon reserviert. –
Sorry. We're already full. / All the tables are already booked.

After entering the restaurant
Customer:

Wir haben einen Tisch reserviert auf den Namen Schnitzelberger. –
We have a reservation / table reserved in the name of Schnitzelberger.
Einen Tisch für 3 Personen, bitte. – A table for three, please.

Restaurant:

Haben Sie (einen Tisch) reserviert? – Have you booked (a table)?
Zu wievielt sind Sie? / Wie viele Personen? –
How many are you? / How many?
*Nichtraucher oder *Raucher? – Smoking or non-smoking?
Gefällt Ihnen dieser Tisch? – Would you like this table?
Hier entlang bitte. Ist der recht? – This way, please. Is this OK?

Ordering
Customer:

Entschuldigung, können wir bitte bestellen? –
Excuse me, can we order, please?
Könnten Sie uns bitte die Speisekarte bringen? –
Could you bring us the menu, please?
Was können Sie empfehlen? – What can you recommend?
Können Sie mir sagen, was „Königsberger Klopse" sind? –
Can you tell me what "Königsberger Klopse" are?
Ich hätte gern / Ich nehme / Ich möchte ein Wiener Schnitzel. –
I'd like / I'll have / I'd like a Viennese schnitzel.
Zu trinken hätten wir gern eine Flasche Rotwein. –
And we'd like a bottle of red wine (to drink).
Probier doch mal den Fisch. – Why don't you try the fish?
Das Gleiche bitte. – The same, please.
Noch ein Gedeck bitte. / Ein Gedeck fehlt noch. –
One more place setting please. / There's a place setting missing.

Restaurant:

Was wünschen / möchten Sie bitte? – What would you like?
Möchten Sie schon bestellen? / Haben Sie schon gewählt? / Haben Sie sich (schon) entschieden? – Are you ready to order?
Möchten Sie zuerst einen Aperitif? – Would you like an aperitif first?
(Am Salatbüffet) Bitte bedienen Sie sich selbst. –
(At the salad bar) Please help yourself.
Ich würde Ihnen einen trockenen Rotwein empfehlen. –
I would recommend a dry red wine.

During the meal
Customer:

Bringen Sie mir bitte Salz und Pfeffer / eine Pfeffermühle. –
Could you bring me salt and pepper / the pepper mill, please?
Noch etwas Brot, bitte. – A little more bread, please.
Entschuldigung, ein Messer fehlt. – Excuse me, there's a knife missing.
Darf ich rauchen? / Stört es Sie (, wenn ich rauche)? –
May I smoke? / Do you mind (if I smoke)?

Restaurant:

Möchten Sie noch einen Schluck Wein? / Darf ich Ihnen noch etwas einschenken? –
Would you like a drop more wine? / Can I refill your glass?
Hat es (Ihnen) geschmeckt? / War's gut? – *Ja, sehr lecker.* –
Did you enjoy it? / Was it good? – Yes, very tasty.

Making complaints
Customer:

Entschuldigung, hier fehlt noch ein Gericht. – Excuse me, one of the dishes is missing.
Entschuldigung, ich hatte Kartoffeln als Beilage bestellt. – Excuse me, I ordered potatoes
(as a side-dish).
Ich möchte das zurückgehen lassen. – I want to send this back.
Die Suppe ist kalt / zu salzig / versalzen. – The soup is cold / too salty.
Entschuldigung, aber die Rechnung stimmt nicht. – I'm sorry, but there's a mistake in
the bill.
Ich würde gern den Geschäftsführer / Chef / Koch sprechen. – I'd like to speak to the
manager / boss / chef.

Paying
Customer:

Die Rechnung bitte. / Bitte zahlen. – The bill, please.
Wir möchten gern zahlen. – We'd like the bill, please.
Sie sind heute mein Gast. / Ich lade euch heute ein. –
You're my guest today. / This is on me.
Kann ich mit Kreditkarte zahlen? – Can I pay by credit card?
Gibst du kein Trinkgeld? Dann mach ich das. –
Aren't you leaving a tip? Then I'll do it.
Wie viel Trinkgeld sollen wir geben? – What sort of tip should we give?

Restaurant:

Zusammen oder getrennt? – Together or separate?
Das macht (dann) 36 EURO 80 (Cents). – That's 36 euros 80 (Cents).

Customer:

40 EURO bitte. – 40 euros.
Der Rest ist für Sie. – The rest is for you.
Stimmt so. – That's OK.
Geben Sie mir bitte 60 EURO zurück. – Just give me 60 euros change (, and that's
fine).

s *Frühstück	breakfast
r Brunch, -s	brunch
s Mittagessen / s Abendessen, -	lunch / evening meal, supper, dinner

Gehen wir jetzt endlich Mittagessen? –
Gut, aber ich möchte etwas Richtiges
essen ↔ nur ein bisschen/eine
Kleinigkeit essen.

Isn't it time we went and had
some lunch? – OK, but I want a
proper meal ↔ but I only want
something small/a bite.

e *Speisekarte, -n
Was empfehlen Sie uns heute?

menu
What do you recommend today?

s Tagesgericht, -e / s Mittagsmenü, -s	dish of the day / set lunch
Hier gibt es einen guten Mittagstisch.	They serve a good lunch here.
s Abendmenü, -s / e Abendkarte, -n	evening/dinner menu
r **Seniorenteller**, - / s Seniorenessen, -	senior citizen's / OAP special
r **Kinderteller**, - / s Kindermenü /	children's special/menu / special
s ***Menü** für die kleinen Gäste	menu for our young customers
e Salatbar / s Salatbüffet	salad bar
s ***Gericht**, -e	dish
Die Portionen sind reichlich ↔ relativ klein.	Servings are generous ↔ relatively small.
s ***Essen**, - / e ***Mahlzeit**, -en	meal / meal
Das Menü besteht aus fünf Gängen.	The set menu consists of five courses.
r erste / zweite / dritte ***Gang**	first / second / third course
e **Vorspeise**, -n	starter, hors d'oeuvre
Als Vorspeise hätte ich gern einen Salat.	I'd like a salad as a starter.
r ***Salat**, -e	salad
e ***Suppe**, -n	soup
s **Hauptgericht**, -e	entré, main course
r Hauptgang *schweiz.*	entrée, main course
gekocht / gegrillt / gebraten / gesotten	boiled/cooked / grilled / roast/ fried / boiled
Wie möchten Sie das Fleisch gebraten? Medium oder durch? – Leicht angebraten / Blutig *ugs.*, bitte.	How would you like the meat done? Medium or well-done? – Rare, please.
e **Beilage**, -n	side dish/order, vegetables [as accompaniment to main dish]
Als Beilage bitte nur Spinat.	Just spinach with it, please.
e ***Nachspeise**, -n / s ***Dessert**, -s	dessert, sweet
s ***Glas**, ⁼er	glass
s Wein- / Bier- / Wasserglas	wine / beer / water glass
Ich hätte gern ein Glas Wein / einen Schoppen Wein.	I would like a glass of wine, please.
Entschuldigung, ich habe etwas Wein verschüttet.	Sorry, I've spilt some wine.
Mir ist leider das Glas runtergefallen. / Das Glas ist leider umgefallen.	I'm afraid my glass has fallen over. / I've knocked my glass over.

jm reinen Wein einschenken – tell sb the truth
Im Wein liegt die *Wahrheit. – In vino veritas.
Mir läuft das Wasser im Mund zusammen. – It makes my mouth water.
Das ist nicht dein Bier. (ugs.) – That's not your pigeon. / That's none of your business.
So ein Saftladen! (ugs.) – What a lousy joint!

e ***Tasse**, -n	cup
e Kaffeetasse, -n	coffee cup
e Tasse Kaffee	cup of coffee
r ***Becher**, -	mug

r **Teller**, -   plate
Brauchen wir flache oder tiefe Teller?   Do we need plates or dishes / bowls?
s **Besteck**, -s   cutlery
s **Messer**, - / e **Gabel**, -n / r **Löffel**, -   knife / fork / spoon
Das Messer ist nicht scharf genug. Könnte   The knife isn't sharp enough.
  ich ein neues haben.   Could I have another one?
e **Serviette**, -n [zɛr'vi̯etə]   serviette, napkin

Drinks

nichtalkoholische ↔ alkoholische Getränke   non-alcoholic ↔ alcoholic drinks
s *Wasser, - mit Kohlensäure   water, carbonated/fizzy
s Wasser ohne Kohlensäure / stilles Wasser   water, still
r Apfel- / Orangensaft, ⁼e   apple / orange juice
e Apfelsaftschorle, -n   apple spritzer (= half apple juice,
                                               half mineral water)

r gespritzte Apfelsaft (österr.)   apple spritzer (= half apple juice,
                                               half mineral water)

s Spezi, -s   (= mixed cola and orangeade)
r *Wein, -e   wine
r Rot- / Weißwein   red / white wine
r offene Wein / Hauswein ↔   wine by the glass/carafe / house
Wein in Flaschen / Flaschenwein   wine ↔ wine in bottles
ein lieblicher / leichter ↔   a medium-sweet / light ↔ dry /
trockener / schwerer Wein   strong wine
e Spätlese   spätlese / late vintage wine
e Weinschorle, -n /   spritzer (= half wine, half mineral
  r (rote/weiße) Gespritzte, -n (österr.)   water)
s *Bier, -e   beer
s Weizenbier, -e   weiss beer
ein alkoholfreies Bier   an alcohol-free beer
s Pils, -   pils, pilsner

Local specialities
eine Stange (schweiz.)   a glass of beer
ein Kölsch   (= strong, very pale beer from
                                               Cologne)

ein Alt   (= top fermented dark beer from
                                               Dusseldorf)

ein Helles / ein Dunkles (südd.)   a lager / dark beer
ein helles / dunkles Weißbier (südd.)   a light / dark weiss beer
ein Radler (südd.) / s Alsterwasser (nordd.) shandy (= half beer, half
                                               lemonade)

eine Berliner Weiße mit Schuss   (= light, very fizzy weiss beer
                                               sweetened with a little raspberry
                                               or woodruff syrup)

eine Russnmass / ein Russ (südd.)   (= half weiss beer, half lemonade)
s Rauchbier   "smoke" beer (= dark beer from
                                               barley malt, dried over smoke)

s Schwarzbier	"black" beer (= very dark, full-bodied beer)
s Starkbier	strong beer (with high-alcohol-content)
r Federweiße, -n	new wine
r (rote/weiße) Sturm (österr.)	(red / white) new wine

r **Snack**, -s [snɛk]	snack
Zum Hier-Essen? – Nein, zum Mitnehmen.	To eat here? – No, to take away.
aus der Hand / im Stehen essen	eat on the hoof / standing up
r Toast, -s [toːst] / r Trinkspruch, ⸚e	toast
Lasst uns auf das Brautpaar trinken.	Let's drink to (the health of) the bride and groom.
e **Garderobe**, -n [gardəˈroːbə]	cloakroom / checkroom / coat-rack
Soll ich den Mantel für dich abgeben?	Shall I hand in your coat for you?
e Garderobenmarke, -n	cloakroom/checkroom ticket
e **Toilette**, -n [toaˈlɛtə]	toilet
Entschuldigung. Ich muss noch kurz auf die Toilette.	Sorry. I just have to *nip in to* the toilet.
r Kinderstuhl, ⸚e	highchair

Unterhaltsames / Leichte Unterhaltung
Entertainment / Light entertainment

r **Jahrmarkt**, ⸚e / s **Volksfest**, -e / e Kirmes	fair
s **Karussell**, -s	merry-go-round, roundabout
Die Kinder sind zweimal Karussell gefahren.	The children have been on the merry-go-round twice.

Funfair attractions

s Fahrgeschäft, -e	funfair ride
s Riesenrad	Ferris wheel
e Achterbahn, -en	roller coaster
e Geisterbahn, -en	ghost train
s Kettenkarussell, -s	merry-go-round
r Schießstand, ⸚e / e Schießbude, -n	shooting gallery
r Wurststand, ⸚e	hot-dog stand
r Würstlstand, ⸚e	hot-dog stand
s Bierzelt, -e	beer tent

r **Zirkus**, -se	circus
e Zirkusvorstellung	circus performance
s Zirkuszelt, -e	big top

r **Clown**, -s [klaun] — clown
r **Artist**, -en // e **Artistin**, -nen — artiste
r Dompteur, -e [dɔmp'tøːɐ̯] // — animal tamer
  e Dompteurin, -nen
s dressiertes Tier, -e — an animal that has been trained
r **Akrobat**, -en // e **Akrobatin**, -nen — acrobat
r Straßenkünstler, - // — street artist(e)/entertainer
  e Straßenkünstlerin, -nen
r Straßenmusikant, -en // — busker
  e Straßenmusikantin, -nen
Musizieren verboten! — Busking prohibited.
e Kleinkunstbühne, -n / s Kabarett, -s — cabaret
s **Nachtleben** — night life
e ***Disko**, -s / e Diskothek, -en — disco / discotheque
e Single-Party, -s — singles party
s Tanzcafé, -s — coffee-house with a dance floor
e (Musik- / Tanz-) **Kapelle**, -n / — (dance) band
  e (Musik-) **Band**, -s [bɛnt *auch* bænd]
Bei unserer Feier haben wir **Livemusik** — We're going to have live music
  ['laifmuziːk]. —   at our party.
e ***Bar**, -s — bar
e ***Kneipe**, -n — pub
s Lokal, -e / s Beisel, -n *österr.* — pub
s Nachtlokal, -e / r Nachtklub, -s — nightclub, nightspot
e Weinstube, -n — wine bar
s (Spiel-)Kasino, -s / e Spielbank, -en — casino

Reise und Reiseplanung
Travel and travel plans

s Fernweh ↔ s ***Heimweh** — wanderlust ↔ homesickness
e ***Reise**, -n / e ***Fahrt**, -en — journey, trip
Gute Reise! / Gute Fahrt! — Have a nice journey / trip.
eine Urlaubsreise / Ferienreise machen — go away on holiday
r/e **Reisende**, -n — traveller
***reisen** / ***verreisen** — travel / go away
Er ist für 3 Tage verreist. — He's away for 3 days.
Im Winter verreise ich nicht gerne. — I don't like going away in the winter.

Wie lange bleibst du in der Mongolei? — How long are you going to stay in Mongolia?

Im Juli fährt Uwe per Schiff nach New York. — In July Uwe is travelling to New York by ship.
in Urlaub fahren (nach) (fährt, fuhr, ist gefahren) — go on holiday

auf Urlaub fahren (nach) *österr.*	go on holiday
in die Ferien fahren *schweiz.*	go on holiday
n<u>a</u>ch Honol<u>u</u>lu fl<u>ie</u>gen (flog, ist geflogen)	fly to Honolulu
Meine Nachbarn sind übers Wochenende verreist / weggefahren.	My neighbours have gone away for the weekend.
eine St<u>a</u>dt bes<u>u</u>chen	visit a town/city
Ich will im Urlaub vor allem neue Kulturen kennen lernen.	The main thing I want from a holiday is to get to know new cultures.
*erl<u>e</u>ben	to experience
Was habt ihr im Urlaub alles erlebt?	What did you see and do on holiday?
s *R<u>ei</u>sebüro, -s	travel agent's/agency
ins / zum Reisebüro gehen	go to the travel agent's/agency
r Reiseveranstalter, - / r Reiseanbieter, -	tour operator
s R<u>ei</u>seprospekt, -e / r Reisekatalog, -e	travel brochure / holiday catalogue
verbilligte Reiseangebote	reduced-price / special-offer holidays
e Tour<u>i</u>sten-Informati<u>o</u>n, -nen [tu'rɪstənɪnfɔrma'<u>ts</u>i̯oːn] / r Verkehrsverein, -e	tourist information / tourist office(s)
s <u>U</u>rlaubsangebot, -e	choice of holidays
r Kurzurlaub, -e	short break
e St<u>ä</u>dtereise, -n	city trip
e Studienreise, -n	educational tour
e Kr<u>eu</u>zfahrt, -en	cruise
e (Schweiz-) Rundreise, -n	tour (of Switzerland)
e F<u>a</u>hrradtour, -en (durch)	cycling tour
e Velotour, -en *schweiz.*	cycling tour
e Pausch<u>a</u>lreise, -n	package tour
e Individualreise, -n [ɪndivi'du̯aːlraizə]	holiday undertaken individually
r Abenteuerurlaub, -e	adventure holiday
eine Reise nach China / zum Nordpol	a trip / journey to China / the North Pole
e W<u>e</u>ltreise, -n	world tour
e Last-Minute-Reise, -n [laːst'mɪnɪtraizə]	last-minute holiday
im Land herumreisen	travel round the country
Wie reisen Sie an? – Per / Mit dem *<u>Au</u>to / der *B<u>a</u>hn / dem *Fl<u>u</u>gzeug.	How are you coming? – By car / train / plane.
per Anhalter fahren	hitchhike
e Mitfahrgelegenheit	lift, ride
eine Reise (im Voraus) *b<u>u</u>chen ↔ die Buchung r<u>ü</u>ckgängig m<u>a</u>chen	book a holiday (in advance) ↔ cancel the booking
*reserv<u>ie</u>ren ↔ storn<u>ie</u>ren	make a reservation ↔ cancel

s R**e**iseziel, -e / r Zielbahnhof / — destination
r Zielflughafen

e **A**nreise / e **A**nfahrt ↔ e **A**breise — arrival ↔ departure
r Zwischenstopp, -s — stop(over)
r Reiseplan, ⁼e / e Reiseroute, -n — itinerary / route
einen Reiseplan aufstellen / die Reiseroute — draw up an itinerary / fix the route
festlegen
r **U**rlaubsort, -e — resort
r **Tour**i**smus** [tu'rɪsmʊs] — tourism
Die Insel Mallorca lebt vom Tourismus. — The island of Mallorca lives on tourism.

r *Tour**i**st, -en // e Tour**i**stin, -nen — tourist
e R**e**iseleitung, -en — representative [of a tour operator], courier, guide

Die Reiseleitung vor Ort kümmert sich — Our local representative(s) will
um Sie. — take care of you.
r R**e**iseleiter, - // — courier, guide
e R**e**iseleiterin, -nen /
r R**e**iseführer, - //
e R**e**iseführerin, -nen /
r Fremdenführer, - //
e Fremdenführerin, -nen
Unsere Reiseführerin spricht sehr gut — Our guide speaks very good
Italienisch. – Sie ist auch in der Schweiz — Italian. – Well, she was born in
geboren. — Switzerland.
r R**e**iseführer, - — guide(book), travel guide
Wie alt ist der Kölner Dom? – Lies doch — How old is Cologne Cathedral? –
mal im Reiseführer nach. — See what it says in the guide.
e **Stadtrundfahrt**, -en — city tour
e Besichtigung, -en — sightseeing
***bes**i**chtigen** / *a**nschauen** — see (the sights [of]), look round / view, look at
e **Ö**ffnungszeit, -en — opening hours
Wann ist das Museum geöffnet? ↔ Wann — When is the museum open? ↔
schließt das Museum? — When does the museum close?
Die nächste Führung beginnt — The next guided tour starts at
um 11 Uhr 30. — 11.30.
e *S**e**henswürdigkeit, -en — sight
In einer Woche besichtigen Sie die — In the space of a week, you will see
wichtigsten Sehenswürdigkeiten — all the most important European
Europas. — sights.
Wir möchten heute Abend die Stadt — We'd like to explore the town this
erkunden. Können Sie uns einen Tipp — evening. Could you give us a
geben / etwas *empf**e**hlen (empfiehlt, — tip / recommend something?
empfahl, hat empfohlen)?
s *Souven**i**r, -s [zuvə'niːɐ̯] / — souvenir / little present
s M**i**tbringsel, -

Schau mal, ich habe dir was mitgebracht.	Look, I've brought you something.
r Kitsch	kitsch
Das ist kitschig / an der Grenze zum Kitsch.	That's kitschy / very close to being kitsch.
e *Grenze, -n	border
über die Grenze gehen ↔ an der Grenze halt machen	cross the border ↔ stop at the border
r Zoll / e Zollabfertigung	customs / customs clearance
durch den Zoll gehen	go through customs
Haben Sie etwas zu verzollen?	Do you have anything to declare?
e Einfuhrsteuer	import duty
e Zollabgabe, -n	(customs) duty
Zoll *zahlen	pay duty (on)
zollfreie Waren	duty-free goods
Zigaretten schmuggeln	smuggle cigarettes
r *Schmuggel Sg	smuggling
e Passkontrolle, -n	passport control
durch die Passkontrolle gehen	go through passport control
den Pass kontrollieren	check sb's passport
r Reisepass, ⸚e	passport
r *Ausweis, -e / r Personalausweis, -e	identity card
e Identitätskarte, -n schweiz.	identity card
*gültig ↔ *ungültig	valid ↔ invalid
Der (Reise-)Pass ist abgelaufen.	This passport has expired.
s *Visum, Visa	visa, visas
r Visumzwang / e Visumpflicht	compulsory visa requirement
Für bestimmte Länder gilt Visumpflicht. ↔ Die Einreise nach Deutschland ist für EU-Bürger visumfrei.	Certain countries have a compulsory visa requirement. ↔ No visa is required by EU citizens entering Germany.

Schengen agreement

Since 1995 passport controls and customs checks have been done away with at the borders between Germany, the Benelux countries, France, Spain, Portugal, Italy and Austria. Instead there are more rigorous controls at the external borders of this area and at airports that are points of entry to it.

e Botschaft, -en	embassy
s (General-)Konsulat, -e	consulate (general)
e Visa-Abteilung, -en	visa department
r *Antrag, ⸚e (auf ein Visum)	application (for a visa)
s Einreisevisum	entry visa
ein Visum *beantragen	apply for a visa
ein Visum ausstellen / erteilen	issue a visa
Dieses Visum ist nur 90 Tage gültig.	This visa is only valid for 90 days.

ablaufen (läuft ab, lief ab, ist abgelaufen)
Mein Visum läuft ab. – Dann lass es doch
  *verlängern.
*Geld *wechseln / *umtauschen
Ich möchte 500 EURO in japanische Yen
  umtauschen.
r Wechselkurs, -e
r Reisescheck, -s
einen Reisescheck einlösen
s *Gepäck
r *Koffer, - / r Rollkoffer, -
die Koffer *packen
*aufmachen ↔ *zumachen
Machen Sie mal den Koffer bitte auf.

r Rucksack, ⁻e
e (Reise-) *Tasche, -n
*leicht ↔ *schwer
s Schließfach, ⁻er /
  e Gepäckaufbewahrung
r Gepäckträger, -
r Kofferkuli, -s
e *Versicherung, -en
e Reise- / Gepäck- / Reiserücktritt- /
  Auslandskrankenversicherung
eine Versicherung *abschließen (schloss
  ab, hat abgeschlossen) ↔ *kündigen
r Impfausweis, -e / s Impfzeugnis, -se
e (Schutz-) Impfung, -en

expire
My visa is expiring soon. – Then
  get it extended.
change money
I'd like to change 500 euros into
  Japanese yen.
exchange rate
travellers cheque
cash a travellers cheque
luggage, baggage
(suit)case / (suit)case with wheels
pack one's (suit)case
open ↔ shut / close
Will you open your suitcase,
  please?

rucksack
bag
light ↔ heavy
(left-)luggage locker / left luggage

porter
luggage trolley, baggage cart
insurance
travel / luggage/baggage /
  cancellation / health insurance
take out ↔ cancel (an) insurance
  (policy)
valid vaccination certificate
vaccination

Reiseunterkunft
Accommodation

In a hotel

Guest:

Wir suchen für drei Nächte ein Doppelzimmer. –
We're looking for a double room for three nights.
Haben Sie noch Zimmer frei? –
Do you have any vacancies?
Wir bräuchten für drei Nächte ein Zimmer für 2 Personen. –
We need a room for two people for three nights.
Was kostet ein Zimmer für eine Nacht? –
What is the room rate (per night)?
Ich möchte für den 11. 11. 2003 ein Einzelzimmer reservieren. –

I'd like to make a reservation for a single room for 11.11.2003.
Ist das Frühstück im Preis eingeschlossen? –
Is breakfast included in the price?
Kann ich bei Ihnen mit VISA-Card bezahlen? –
Can I pay *by* Visa?
Wo kann ich über Nacht mein Auto parken? –
Where can I park my car overnight?

Hotel:
Leider haben wir zur Zeit keine Zimmer frei. –
I'm afraid we have no vacancies at the moment.
Leider sind wir total ausgebucht. –
I'm afraid we're fully booked.
Für wie viele Nächte? –
For how many nights?
Wie viele Personen? –
How many people?
Wie lange bleiben Sie? –
How long will you be staying?
In welcher Kategorie? –
What price range?
Ein Doppel- oder ein Einzelzimmer? –
A double or a single room?
Wie wollen Sie bezahlen? –
How are you paying / would you like to pay?
Inklusive/Mit Übernachtung und Frühstück für 2 Personen kostet das 70 EURO. –
Inclusive/With breakfast for two that's 70 euros.

e *****Unterkunft**, ⁼e	accommodation
*****übernachten**	stay (the night), spend the night
r *****Gast**, ⁼e	guest
*****Zimmer**, -	room
s **Einzelzimmer**, - / s **Doppelzimmer**, -	single / double room
mit Zusatzbett, -en	with extra bed
e Suite, -n [svi:t]	suite
s *****Hotel**, -s	hotel
s Motel, -s	motel
e *****Pension**, -en [pãˈzi̯oːn *auch* pɛn…]	guest house, bed-and-breakfast
s *****Gasthaus**, ⁼er	inn
e Privatunterkunft, ⁼e	private accommodation
e **Jugendherberge**, -n	youth hostel
e (Zimmer-)**Reservierung**, -en /	(hotel) reservation(s) /
e Zimmervermittlung, -en	accommodation service
empfehlenswert	recommended
Das Hotel ist sehr zu *****empfehlen**. ↔	The hotel is highly recommended.
Von diesem Hotel würde ich Ihnen **abraten**.	↔ I can't recommend this hotel.

Das Hotel ist für seine besonders gute Küche bekannt.	The hotel is known for its excellent cuisine.
e Eingangs- / Hotelhalle, -n / s Foyer, -s	hotel lobby / foyer
r Frühstücksraum, ̈-e	breakfast room
e *Rezeption, -en [retsep'tsio:n] / r Empfang	reception
r (Hotel-)Portier, -s	hall porter, concierge
ein Zimmer *bestellen / *buchen / *reservieren ↔ stornieren / die Buchung rückgängig machen	make a reservation, book / reserve a room ↔ cancel a booking
Wo wohnen Sie während Ihres Aufenthalts in Zürich? / Wo sind Sie untergebracht? – In einem Hotel.	Where are you staying (when you're in Zurich)? – In a hotel.
*sich beschweren	to complain
Der Hotelgast beschwert sich über die Kakerlaken im Zimmer	The hotel guest is complaining about the cockroaches in his room.
r Zimmerpreis, -e	room rate
e Hauptsaison / Vorsaison / Nachsaison	high/peak season / low/early season / off/late season
e Vollpension / Halbpension	full / half board
*billig ↔ *teuer (teurer, teuerst-)	cheap ↔ expensive
mit Aufschlag / Aufpreis ↔ mit Vergünstigung(en)	with surcharge / supplement ↔ with reduction(s)
Für Zimmer mit Seeblick wird ein Aufpreis erhoben.	For seaview rooms, supplements apply.
*sich lohnen	to be worth / worthwhile
Es lohnt sich, nach Vergünstigungen zu fragen.	It is worth asking for reductions.
e Wochenendpauschale, -n	weekend (flat) rate
r Zimmerservice	room service
beim Zimmerservice ein Sandwich bestellen	order a sandwich from room service
r Weckruf, -e	morning call, wake-up call
Könnten Sie uns bitte um sechs wecken?	Could you wake us at six, please?
Bitte nicht *stören.	Please do not disturb.
e Anreise ↔ e Abreise	arrival, check-in ↔ departure, check out
Wann reisen Sie an ↔ ab?	When are you arriving ↔ departing?
Das Zimmer muss bis 11 Uhr geräumt sein.	The room must be vacated by 11 o'clock. / Checkout time is 1100 hrs.
e *Rechnung, -en	bill
Könnten Sie mir bitte die Rechnung (fertig) machen?	Could you get my bill ready, please?
Ich muss noch den *Schlüssel *abgeben.	I still have to hand in the key.

r Campingplatz, ⁼e	campsite
c<u>a</u>mpen / Camping machen	camp / go camping
r Campingbus, -se / r Wohnwagen, -	camper / caravan
s ***Z<u>e</u>lt**, -e	tent
zelten gehen	go camping [in a tent]
das Zelt aufstellen	erect / put up a tent

Hobbys
Hobbies

s ***H<u>o</u>bby**, -s ['hɔbi]	hobby
Was für ein Hobby haben Sie?	What do you do as a hobby?
Meine Hobbys sind Golf und Lesen.	My hobbies are golf and reading.
Weißt du schon, dass ich mir ein neues Hobby zugelegt habe?	Did you know I've taken up a new hobby?

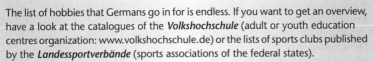

Hobbies

The list of hobbies that Germans go in for is endless. If you want to get an overview, have a look at the catalogues of the *Volkshochschule* (adult or youth education centres organization: www.volkshochschule.de) or the lists of sports clubs published by the *Landessportverbände* (sports associations of the federal states).

r **F<u>ei</u>erabend**, -e	evening / finishing time, end of work
nach Feierabend	after work
s **W<u>o</u>chenende**, -n	weekend
am Wochenende ↔ unter der Woche	at the weekend ↔ in the week
Nach ihrer Pensionierung hat sie begonnen, sich künstlerisch zu betätigen.	After she retired she took up artistic pursuits.
Sie widmet sich jetzt allen möglichen ehrenamtlichen Aufgaben.	She devotes herself to all sorts of voluntary work now.
Aus einer Laune heraus habe ich mit dem Bierdeckelsammeln angefangen.	On a whim I started collecting beer mats.

What people collect

Briefmarken	stamps
Telefonkarten	phonecards
alte Geldscheine	old banknotes
Münzen	coins
Autogramme	autographs
Antiquitäten	antiques
Streichholzschachteln	matchboxes
Zündholzschachteln (österr.)	matchboxes
Bierdeckel	beer mats

| Schallplatten / CDs | records / CDs |
| alte Zeitungen etc. | old newspapers etc. |

e **Freizeitaktivität**, -en /
e (Freizeit-) **Beschäftigung**, -en /
e Betätigung, -en

free-time / spare-time /
leisure-time activity / pursuit

e *****Freizeit**

free time, leisure (time)

Seine Freizeit verbringt er mit
Nachforschungen zum Stammbaum
seiner Familie.

He spends his time researching his
family tree.

*****gern** (lieber, liebst-)

[adverb with no English
equivalent, used with verb in
the meaning to enjoy / like]

Was machst du in deiner Freizeit gern?

What are your favourite
pastimes? / What do you like
doing in your free/spare time?

Die meiste Zeit **verbringe** ich beim
Segeln. Und du?

I spend most of my time sailing.
What about you?

Ich bin sehr *****sportlich**. ↔ Ich **faulenze**
gern.

I do a lot of sports. ↔ I like lazing
around.

rumhängen *ugs.*

hang about *coll.*

s *****Interesse**, -n

interest

Was für Interessen haben Sie? – Ich
*****interessiere** mich für die moderne
Kunst.

What interests do you have? –
I am interested in modern art.

Um mir im Zug die Zeit zu vertreiben, löse
ich Kreuzworträtsel.

To pass the time on the train, I do
crossword puzzles.

Wir verbringen viel Zeit mit
Kartenspielen.

We spend a lot of time playing
cards.

e **Entspannung** / e **Erholung**

relaxation

Zur Entspannung geht sie ins Kino.

Going to the cinema is her
relaxation.

Beim Malen **entspannt** er sich am
besten.

Painting is the best way for him to
relax / is his favourite relaxation.

Um sich vom Stress zu *****erholen**, bastelt
er regelmäßig an seinem Motorrad
herum.

To relax from all his stress, he
often messes / fiddles around
with his motorbike.

r (Wochenend-) *****Ausflug**, ⸚e

(weekend) trip, excursion, day out

r Ausflügler, - // e Ausflüglerin, -nen

(day-)tripper

eine Spritztour / **einen Ausflug
machen**

go on a spin / an excursion

einen Abstecher machen

make a detour

*****wandern** / eine Wanderung machen

hike / go on a hike

r Wanderer, - // e Wanderin, -nen

hiker

bergsteigen (ist berggestiegen, *nur
Infinitiv + Partizip Perfekt*) / *****klettern**

go (mountain-)climbing /
to climb

*****spazieren gehen** (ging, ist gegangen)

go for a walk

joggen — jog
Ich gehe jeden Morgen joggen / zum Joggen. — I go jogging every morning.
im *Garten *arbeiten — work in the garden
*fotografieren — photograph, do photography
(am) *Computer [kɔm'pju:tɐ] *spielen — play computer games
einen Tanzkurs machen — go to a dance class

Sport
Sport

r *Sport — sport
r Freizeitsport — leisure sport
r Sportler, - // e Sportlerin, -nen — sportsman // sportswoman
r Extremsportler — person who does adventure sports
*sportlich ↔ unsportlich — athletic, sporty ↔ unathletic
e Sportart, -en — discipline, kind of sport
Fußball ist Deutschlands beliebtester Sport. — Football is Germany's most popular sport.
Sport treiben / machen — do sport
Treibst du Sport? / In welchen Sportarten bist du aktiv? — Do you do any sport? / What sports do you go in for?
Ich fahre gern Ski. — I like skiing.
Seit drei Monaten spiele ich Golf. — I took up golf three months ago.

Sport

Ballsportarten	Ball games
r *Fußball	football
s *Tennis	tennis
r Basketball	basketball
r Handball	handball
r Volleyball	volleyball
s (Feld-) Hockey	hockey
s Golf	golf
s Federballspiel / s Badminton	badminton
s Squash	squash

Wassersport	Water sports
s Segeln	sailing
s (Wind-) Surfen	(wind-) surfing
s Surfen / s Wellenreiten	surfing
Wasserski fahren	go water-skiing
s Schwimmen	swimming
s Turmspringen	high diving
s Tauchen	diving
s Angeln / s Fischen	fishing

Leichtathletik	**Athletics**
s Laufen	running
r Marathon	marathon
s Gehen	walking
r 100-Meter-Lauf	100-metre race
r Hürdenlauf	hurdles
s Diskuswerfen	throwing the discus
s Speerwerfen	throwing the javelin
s Kugelstoßen	shot-putting
r *Sprung, ˝-e	jump
*springen	to jump
r Weitsprung	long jump
r Hochsprung	high jump

Wintersport	**Winter sports**
s Skifahren / s Skilaufen	skiing
s Snowboardfahren	snowboarding
s Langlaufen	cross-country skiing
s Skispringen	ski-jumping
s Schlittschuhlaufen	skating
s Eishockey	ice-hockey
s Eisstockschießen	curling
s Schlittenfahren / s Rodeln	tobogganing
r Eiskunstlauf	figure skating

Diverses	**Various**
s Rollerbladen	rollerblading
s Skateboardfahren	skateboarding
s Reiten	riding
s Boxen	boxing
e Gymnastik	gymnastics
s Radfahren	cycling
s Mountain-biking	mountain biking
s Fallschirmspringen	parachuting / skydiving
s Gleitschirmfliegen / s Paragliding	para-gliding
s Drachenfliegen	go hang-gliding

 To denote the person who does a particular sport, in most cases just add the suffix *-er* or *-erin*

r Fußballer, - // e Fußballerin, -nen	footballer
r Skifahrer, - // e Skifahrerin, -nen	skier etc.

<u>but:</u>

r Tennisspieler, - // e Tennisspielerin, -nen	tennis player
r Marathonläufer, - //	marathon runner
e Marathonläuferin, -nen	

r **Spȯrtverband**, ⸚e / r Tennisverband	sport / tennis association
r (Fußball-) ***Verein**, -e / r Club, -s [klʊb] / r Klub, -s	(football) club
s Vereinsleben	club activities
s Vereinsheim, -e / s Vereinslokal, -e	club meeting room / club pub
r **Vorstand**, ⸚e	committee
e Satzung, -en	statutes
s ***Mitglied**, -er	member
Wie kann man Mitglied werden?	How can someone become *a* member?
e Mitgliedsgebühr, -en	membership fee
r ***Beitrag**, ⸚	contribution, subscription
Als Mitglied zahlt man jedes Jahr einen Beitrag.	As a member you pay an annual subscription.
e Aufnahmegebühr, -en	joining fee
ein Mitglied *aufnehmen	admit a member
e **Mitgliedschaft**, -en	membership
die Mitgliedschaft *kündigen	resign one's membership
e ***Mannschaft**, -en	team
r Mannschaftssport, Mannschaftssportarten	team sport
r Favorit, -en // e Favoritin, -nen ↔ r Außenseiter, - // e Außenseiterin, -nen	favourite ↔ outsider
r **Gegner**, - // e **Gegnerin**, -nen / e gegenerische Mannschaft, -en	opponent / opposing team
herausfordern	to challenge
r Herausforderung, -en	challenge
r **Amateur**, -e // e **Amateurin**, -nen / r Freizeitsportler, - // e Freizeitsportlerin, -nen ↔ r ***Profi**, -s	amateur / leisure sportsman // sportswoman ↔ professional
e **Fairness** / s sportliche / faire Verhalten	fairness / sportsmanlike / fair behaviour
r **Trainer**, - ['trɛ:nɐ] // e **Trainerin**, -nen	trainer
s ***Training**, -s ['trɛ:nɪŋ *auch* 'trɛ:n…]	training
Vor der Olympiade haben die Sportler ein hartes Training absolviert.	Before the Olympics, the sportsmen and women put in some hard training.
s Trainingslager, -	training camp
gedopt sein	be doped
r Doping-Skandal, -e	doping scandal
r **Schiedsrichter**, - // e **Schiedsrichterin**, -nen	referee, umpire
r Linienrichter, - // e Linienrichterin, -nen	lines(wo)man, line judge
pfeifen (pfiff, hat gepfiffen)	blow the whistle
r **Wettkampf**, ⸚e / s ***Spiel**, -e / e **Partie**, -n	match, game

Wann ist das Spiel angesetzt?	When is the match due to start? When is kick-off?

Sports locations

s *Stadion, Stadien	stadium
s Olympiastadion	Olympic stadium
r Austragungsort der Olympiade	venue of the Olympic Games
s Fußballstadion	football stadium
r Sportplatz, ⁻e	sportsground
r Tennisplatz	tennis court
r Golfclub	golf club
r Fußballplatz	football pitch
e Sporthalle, -n	hall
e Schwimmhalle	indoor swimming pool
s Spielfeld, -er	field, pitch
s Fußballfeld	football field
e Rennbahn, -en	racetrack
e Rennstrecke, -n	racetrack, circuit

e (Welt-) **Meisterschaft**, -en	(world) championship
e (Sommer- / Winter-) **Olympiade**, -n	(summer / winter) Olympics
r **Wettbewerb**, -e	contest, competition
s (Leichtathletik-)Sportfest, -e	(track and field) meeting
s **Turnier**, -e	tournament
s Pokalturnier, -e	cup competition
s **Heimspiel**, -e / s **Auswärtsspiel**, -e	home / away game/match
r Heimsieg, -e / Auswärtssieg, -e	home / away victory
e Auslosung	draw
In welcher Gruppe spielt Österreich?	Which group is Austria playing in?
Gegen wen spielte Boris Becker in Wimbledon?	Who did Boris Becker play against at Wimbledon?
e **Bundesliga**	Bundesliga [= Premier League]
s Freundschaftsspiel, -e (gegen)	friendly (match) (against)
s **Rennen**, -	race
r (Wett-)Lauf, ⁻e	race
r *Start ↔ s *Ziel	start ↔ finish
Ich bin mit ihr um die Wette gelaufen.	I ran a race with her.
r *Zuschauer, -	spectator
*zuschauen	watch
r Fan, -s [fɛn] / r Handballfan	fan / handball fan
Ich bin ein Fan von Bayern München.	I'm a Bayern Munich fan.
r Fanartikel, -	fan merchandise
r Hooligan, -s ['hu:ligən] / r Fußballrowdy ['fu:sbalraudi]	hooligan / football hooligan

Football

e Elf	eleven
e Mannschaftsaufstellung	(team) line-up
r (Mannschafts-) Kapitän	(team) captain
r Torwart	goalkeeper
r Libero	libero
r Stürmer	forward
r Verteidiger	defender
r Mittelfeldspieler	mid-field player
r Vorstopper	stopper, sweeper
r Ersatz- / Auswechselspieler	substitute
r Anstoß	kick-off
eine Flanke von rechts	a centre from the right
Sein Kopfball ging an die (Quer-)Latte.	His header hit the crossbar / post.
e Ecke, -n	corner
r Strafraum	penalty area
r Freistoß, ⁓e	free kick
r Elfmeter, - / r Strafstoß	penalty
s Elfmeterschießen	penalty shootout [to decide a match]
s Tor, -e	goal
Der Ball *rollt ins Tor.	The ball rolls into the goal.
Ein (Eigen-) Tor schießen.	Score a goal (an own goal).
Im Abseits stehen.	Be offside.
Das ist ein klares Foul.	That's a flagrant foul.
e gelbe / rote / gelbrote Karte, -n	yellow / red / orange card
Er hat die gelbe Karte bekommen.	He was cautioned / shown the yellow card.
Er erhielt / bekam einen Platzverweis. / Er wurde des Feldes verwiesen.	He was sent off.

e (gesamte) **Spielzeit**	(whole) (playing) time
in der ersten / zweiten **Halbzeit**	in the first / second half
im letzten **Drittel**	in the last third (of the game)
in die Verlängerung gehen	go into extra time
s (End-) ***Ergebnis**, -se	(final) result
Wie steht es? – 3 zu 1 für Stuttgart.	What's the score? – 3:1 for Stuttgart.
unentschieden	drawn
***gewinnen** (gewann, hat gewonnen) ↔ ***verlieren** (verlor, hat verloren)	win ↔ lose
r ***Erfolg**, -e ↔ r ***Misserfolg**, -e	success ↔ failure
r **Sieg**, -e ↔ e **Niederlage**, -n	victory ↔ defeat
r **Sieger**, - // e **Siegerin**, -nen / r **Gewinner**, - // e **Gewinnerin**, -nen ↔ r **Verlierer**, - // e **Verliererin**, -nen	victor / winner ↔ loser
eine **starke** ↔ **schwache** Leistung	a powerful ↔ weak performance

*gut (besser, best-) ↔ *schlecht gespielt	well ↔ badly played
r *Meister, - // e Meisterin, -nen	champion
r Weltmeister, - // e Weltmeisterin, -nen	world champion
r Vizeweltmeister	world vice-champion / runner-up
r (Welt-)*Rekord	(world) record
einen Rekord aufstellen ↔ *brechen / *halten	set ↔ break / hold a record
r / e Zweite, -n / r / e Zweitplatzierte, -n	runner-up
r / e Letzte, -n / r / e Letztplatzierte, -n	last

Tennis

r Tennisplatz, ⁼e	tennis court
s Tennisfeld, -er	field of play
e Grund- / Seitenlinie	baseline / sideline
s Netz, -e	net
r Tennisball, ⁼e	tennis ball
r Tennisschläger, -	tennis racket
e Vor- / Rückhand	forehand / backhand
ein Ass schlagen	hit an ace
r Doppelfehler, -	double fault
fünfzehn null (15:0)	fifteen love
Einstand	deuce
Vorteil	advantage
s Tiebreak	tiebreak
r Satz- / Matchball, ⁼e	set / match point
Spiel, Satz und Sieg	game, set and match
Einzel / Doppel / Mixed	singles / doubles / mixed doubles match

7

Gesundheit und Krankheit
Health and illness

Krankheit und gesundheitliche Probleme
Illness and health problems

e *Krankheit, -en	illness, disease
e Infektionskrankheit, -en	infectious disease
e Tropenkrankheit, -en	tropical disease
*krank werden (wird, wurde, ist geworden)	fall ill
Ich fühle mich heute so unwohl. Ich glaube, ich werde krank.	I don't feel at all well today. I think I'm sickening for something.
*krank sein (ist, war, ist gewesen)	be ill
Meine Kollegin ist seit zwei Wochen krank.	My colleague has been off sick for two weeks.
Gute Besserung!	Get well soon!
Sie befinden sich auf dem Weg der Besserung.	You're on the mend.
jn krank schreiben (schrieb, hat geschrieben)	give sb a medical certificate
Der Arzt hat mich eine Woche krank geschrieben.	The doctor has given me a week off work.
e Krankschreibung, -en / s Attest, -e	medical certificate
s Arztzeugnis, -se schweiz.	medical certificate
r/e *Kranke, -n	sick person

Colloquial expressions with krank

Er ärgert sich noch krank über seinen Chef.	He's going spare about his boss.
Du machst mich ganz krank!	You're driving me nuts.
(= Du gehst mir auf die Nerven!)	
Ich werde krank vor Sehnsucht nach ihm.	I'm getting sick with longing for him.
Sie ist liebeskrank.	She's lovesick.
Bist du krank? (Jugendsprache)	Are you crazy?

e *Krankenkasse, -n / e Krankenversicherung, -en	health insurance scheme / health insurance
e Krankenkassa österr.	health insurance scheme
e gesetzliche / private Krankenversicherung	state / private health insurance
e Pflegeversicherung	nursing care insurance
e Zusatzversicherung	supplementary insurance
e *Versichertenkarte, -n	health insurance card
r Krankenschein österr.	health insurance card
versichert sein (ist, war, ist gewesen)	be insured, be covered (by insurance)
Wie sind Sie versichert? Privat oder Kasse?	How are you covered? Privately or under a health insurance scheme?

s **Symptom**, -e / s **Anzeichen**, -
die typischen Symptome einer Grippe
e **Erkältung**, -en
*sich **erkälten**
sich verkühlen *österr.*
Ich habe mich wohl erkältet.
eine leichte ↔ schwere Erkältung haben /
  erkältet sein
Sind Sie erkältet?
s *Fieber / e erhöhte Temperatur
Das Kind hat seit letzter Nacht Fieber.

Haben Sie schon Fieber gemessen?

Das Fieber ist leicht ↔ stark angestiegen.

s **Fieberthermometer**, -
r *Husten *Sg*
Mein Kind hat einen schlimmen Husten.
e **Bronchitis** [brɔn'çi:tɪs]
Ich bin ganz heiser.
r *Schnupfen *Sg*
Brauchst du ein Taschentuch / ein Tempo ®?
niesen
Ich muss ständig husten und niesen.

Ich habe **Halsschmerzen**.
e *Grippe *Sg*
e Grippeepidemie, -n
e Grippeimpfung
sich gegen Grippe impfen lassen
e **Impfung**, -en (gegen)
e **Infektion**, -en
e **Infektionskrankheit**, -en
(sich) **anstecken** (bei jm)
Ich habe mich wohl bei dir angesteckt.
eine ansteckende Krankheit
Ist das **ansteckend**?
e **Übelkeit** *Sg*
Mir ist **übel** / **schlecht**.
Ihm wird beim Autofahren oft übel.
Ich fahre nicht so gern Schiff, denn ich
  werde leicht **seekrank**.
(sich) **erbrechen** (erbricht, erbrach, hat
  erbrochen) / sich **übergeben** (übergibt,
  übergab, hat übergeben)
r *Magen
s **Magengeschwür**, -e

symptom / sign
the typical symptoms of flu
cold
catch a cold
catch a cold
I must have caught a cold.
have a slight ↔ heavy cold / have
  a cold
Have you got a cold?
fever / high temperature
The child developed a
  temperature last night.
Have you taken his / her
  temperature?
His / Her temperature has risen
  slightly ↔ sharply.
thermometer
cough
My child has a bad cough.
bronchitis
I've completely lost my voice.
(head-)cold
Do you need a hankie / tissue?
sneeze
I'm constantly coughing and
  sneezing.
I have a sore throat.
flu, influenza
flu epidemic
flu vaccination
be vaccinated against flu
vaccination
infection
infectious disease
pick up / catch sth (from sb)
I suppose I've picked up your bug.
an infectious disease
Is it infectious?
nausea
I feel sick.
He often gets carsick.
I don't like travelling by ship
  because I get seasick easily.
be sick, vomit

stomach
stomach ulcer

Magenbeschwerden *Pl*	stomach trouble
Er hat sich den Magen verdorben.	He has an upset stomach.
Bauchweh haben	have stomach-ache
e **Verstopfung**	constipation
Sie klagt ständig über Verstopfung.	She's constantly complaining of being constipated.
r **Durchfall**	diarrhoea
Er leidet an Durchfall.	He's suffering from diarrhoea.
r **Schlaganfall**, ⸚e	stroke
Er erlitt einen leichten Schlaganfall.	He suffered a mild stroke.
zusammenbrechen (bricht zusammen, brach zusammen, ist zusammengebrochen) / **kollabieren**	collapse
Er ist auf der Straße zusammengebrochen.	He collapsed in the street.
e **Bewusstlosigkeit**	unconsciousness
bewusstlos / ohnmächtig werden (wird, wurde, ist geworden)	faint, pass out
s ***Herz**	heart
Sie ist **herzkrank**.	She has a heart condition.
Er erlitt einen **Herzanfall** / **Herzinfarkt**.	He suffered a heart attack.
Er hat zwei Herzinfarkte überlebt.	He has survived two coronaries.
Wegen des Herzinfarktes schwebte er in ***Lebensgefahr**.	After the heart attack his condition was critical.
Herzbeschwerden *Pl*	heart trouble
chronisch	chronic
eine chronische Krankheit	a chronic illness
e **Kinderkrankheit**, -en	childhood / children's disease

Typical children's diseases include:	
Masern	measles
Röteln	German measles
Windpocken	chickenpox
Keuchhusten	whooping cough
Scharlach	scarlet fever

r **Blutdruck**	blood pressure
hohen ↔ niedrigen Blutdruck haben	have high ↔ low blood pressure
r ***Schmerz**, -en	pain
leichte ↔ starke Schmerzen haben	be in slight ↔ great pain

Was fehlt Ihnen denn?	*Ich habe Kopfschmerzen / Bauchschmerzen / Ohrenschmerzen.*
What seems to be the trouble?	I have (a) headache / stomachache / earache.
Oh Gott, wie schaust du denn aus?	*Ich bin total erkältet. / Bei Föhn habe ich oft Migräne.*

Oh Lord, you look terrible. What's the matter?	I'm completely bunged up with a cold. / I often have migrane when there's a föhn.

r **Tumor**, -en	tumour
ein **gutartiger** ↔ **bösartiger** Tumor	a benign ↔ malignant tumour
r **Krebs**	cancer
Er hat Krebs.	He has cancer.
*****sterben** (an+D) (stirbt, starb, ist gestorben)	die (of)
Er starb an Krebs.	He died of cancer.
e **Berufskrankheit**, -en	occupational illness
e **Allergie**, -n	allergy
allergisch	allergic
Sie ist gegen Katzen allergisch.	She's allergic to cats.
r **Ausschlag**, -̈e	rash
einen Ausschlag bekommen	come out / break out in a rash
jucken	itch
Der Mückenstich juckt so.	The midge bite is itching like mad.
e **Schwellung**, -en	swelling
r **Fußpilz**	athlete's foot

Verletzungen und Unfälle
Injuries and accidents

e **Verletzung**, -en	injury
r/e **Verletzte**, -n	injured person
verletzt ↔ **unverletzt**	injured ↔ uninjured
Sie blieb zum Glück unverletzt.	Fortunately she wasn't injured.
(sich) *****verletzen**	hurt / injure (oneself)
(sich) **wehtun** (tat weh, hat wehgetan)	hurt oneself
Hast du dir wehgetan?	Have you hurt yourself?
Soll ich ein Pflaster holen?	Shall I get a plaster?
*****stürzen**	fall (down)
r *****Unfall**, -̈e	accident
r Autounfall / Fahrradunfall / Motorradunfall	car accident / cycling accident / motorcycle accident
ein Unfall mit Verletzten	an accident involving casualties
Sie wurde bei dem Unfall leicht ↔ schwer verletzt.	She was slightly ↔ badly injured in the accident.
r *****Alarm**	alarm
s *****Feuer**, -	fire
*****brennen** (brannte, hat gebrannt)	to burn
Es brennt!	Fire, fire!

| ein Haus in Brand setzen | to set fire to a house / to set a house on fire |
| e *Feuerwehr | fire brigade/department |

Fire brigade/department

e (freiwillige) Feuerwehr	(voluntary) fire brigade/department
r Feueralarm	fire alarm
e Feuerwache	fire station / firehouse
r Feuerwehrmann, ⸚er // e Feuerwehrfrau, -en	fireman // firewoman
s Feuerwehrauto, -s	fire engine
e Feuerwehrleiter, -n	fire ladder
s Sprungtuch, ⸚er	safety blanket / jumping sheet
r Feuermelder / r Brandschutzmelder	fire detector
die Scheibe einschlagen	to break the glass, smash the windowpane
112 anrufen	to dial 999 / 911
den Brand löschen / ersticken	to put out / smother the fire
r Feuerlöscher, -	fire extinguisher
r Hydrant, -en	fireplug / hydrant
s Löschwasser	water for firefighting
r giftige Rauch / r Qualm / r Ruß	poisonous/toxic smoke / fumes / soot
e Rauchvergiftung	smoke poisoning
s Atemschutzgerät	breathing apparatus / respirator
e Brandwunde, -n	burn
den Brandherd finden / lokalisieren	to find / localize/localize the source of the fire
e Brandursache	cause of the fire
Es wurden Schäden in Höhe von 100.000 Euro *verursacht.	The fire caused 100,000 euros worth of damage.

r Schock	shock
Sie stand offensichtlich unter Schock.	She was obviously in shock.
jm Erste Hilfe leisten	administer first aid to sb
e Mund-zu-Mund-Beatmung	mouth-to-mouth resuscitation

die Unfallstelle absichern	to secure the scene of an accident / make ... safe
die stabile Seitenlage	recovery position (stable lateral position)
den Puls fühlen	to feel / check sb's pulse
die Atmung überprüfen	to check sb's breathing

| das *Leben *retten | save sb's life |
| ums Leben kommen (kam, ist gekommen) | die |

Bei dem Zusammenstoß kamen sechs Menschen ums Leben.	Six people died in the crash.
überleben	survive
Wie durch ein Wunder haben sie diesen Unfall überlebt.	Miraculously they survived the accident.
(ärztlich) ***behandeln** / **versorgen**	treat
wiederbeleben	resuscitate
Die Opfer wurden an der Unfallstelle ärztlich versorgt.	The victims were treated at the scene of the accident.
r ***Krankenwagen,** - / ÷ / r **Rettungswagen,** - / ÷	ambulance
e Rettung *österr.*	ambulance
e Ambulanz, -en *schweiz.*	ambulance
einen Krankenwagen ***rufen**	call an ambulance
r **Rettungshubschrauber,** - / r Helikopter, -	emergency rescue helicopter
Die Verletzten wurden ins Krankenhaus **eingeliefert.**	The injured were taken to hospital.
r **Notfall,** ÷e	emergency
r **Notarzt,** ÷e // e **Notärztin,** -nen	emergency doctor
e ***Notaufnahme** im Krankenhaus	casualty / emergency room in hospital
Er wurde in die Notaufnahme gebracht.	He was taken to casualty / to the emergency room.
e Notfallstation, -en *schweiz.*	casualty / emergency room in hospital
das Bein ***brechen** (bricht, brach, hat gebrochen)	break a leg
Er hat sich das / ein Bein gebrochen.	He's broken his / a leg.
r **Bruch,** ÷e / e **Fraktur,** -en	fracture
Sie hat sich bei dem Unfall einen komplizierten Beinbruch zugezogen.	She suffered a complicated fracture of her leg in the accident.
verrenken	dislocate, twist
Ich habe mir den Arm verrenkt.	I've dislocated my arm.
verstauchen	sprain
Sie hat sich den Fuß verstaucht.	She has sprained her ankle.
e **Muskelzerrung** / e **Zerrung**	pulled muscle
Er hat sich beim Squashspielen eine Muskelzerrung zugezogen.	He pulled a muscle playing squash.
r ***blaue *Fleck,** -en / e **Prellung,** -en	bruise / contusion
Sie hatte überall blaue Flecken.	She was badly bruised.
e **Gehirnerschütterung**	concussion
Sie erlitt eine Gehirnerschütterung.	She suffered concussion.
Verbrennungen *Pl*	burns
Er erlitt Verbrennungen zweiten Grades.	He suffered second-degree burns.
ersticken	suffocate
e ***Wunde,** -n	wound
e Schürfwunde, -n	graze, abrasion

stark ↔ leicht ***bluten**
Der Mann blutete stark.
eine Wunde **verbinden** (verband, hat
  verbunden)
r **Verband**, ⸗e
s ***Pflaster**, -
Gib mir bitte schnell ein Pflaster.
e **Unterkühlung**, -en
Die beiden Überlebenden litten an starker
  Unterkühlung.
ertrinken (ertrank, ist ertrunken)
r ***Zustand** / e **Verfassung**
Ihr Zustand ist immer noch kritisch.
Sie befindet sich in schlechter
  körperlicher Verfassung.

bleed slightly ↔ heavily
The man was bleeding profusely.
dress a wound

dressing
plaster
Give me a plaster, quick.
exposure
The two survivors were suffering
  from severe hypothermia.
drown
condition
She's still in a critical condition.
She is in a bad state of health.

Behinderungen
Disabilities

e **Behinderung**, -en
körperliche / geistige Behinderung
Er leidet unter einer schweren
  körperlichen Behinderung.
behindert sein (ist, war, ist gewesen)
Er ist mehrfach behindert.
Mein Sohn ist **von Geburt an** geistig
  behindert.
Sie ist in ihrer geistigen Entwicklung
  zurückgeblieben.
Immer mehr Gebäude werden
  behindertengerecht (um)gebaut.

disability
physical / mental disability
He's afflicted with a serious
  physical disability.
be disabled
He is multiply disabled.
My son has been mentally
  handicapped from birth.
She is mentally retarded.

More and more buildings are
  being built / converted to meet
  the needs of the disabled.

r/e **Behinderte**, -n
eine Schule für Behinderte
e **Förderschule**, -n

disabled person
a school for the handicapped
special school (for children with
  special needs)

e Spezialschule, -en *schweiz.*

special school

In Germany there are schools for …	
Körperbehinderte	the physically handicapped
Sehbehinderte	the visually handicapped
Gehörlose	the deaf
Lernbehinderte	people with learning difficulties
Sprachbehinderte	people with speech impediments
geistig Behinderte	the mentally handicapped
verhaltensauffällige Kinder	children with a behavioural disorder

körperbehindert / körperlich behindert	physically handicapped
sehbehindert / *blind	visually handicapped / blind
Ihre Sehkraft ist eingeschränkt.	Her vision is impaired.
Er / Sie ist *taub /*stumm / taubstumm / schwerhörig.	He / She is deaf / dumb / deaf and dumb / hard of hearing.
lernbehindert	with learning difficulties
sprachbehindert	with a speech impediment
geistig behindert	mentally handicapped
verhaltensauffällig	disturbed, with a behavioural disorder
Er / Sie kann nicht sprechen.	He / She cannot speak.
e Beeinträchtigung, -en	impairment
beeinträchtigt sein (ist, war, ist gewesen)	be impaired
Er / Sie ist unfähig, allein zu essen.	He / She is unable to feed himself / herself.
r/e Invalide, -n	invalid
Ein Reitunfall machte sie zur Invalidin.	A riding accident left her an invalid.
s Koma	coma
Sie liegt seit ihrem Reitunfall im Koma.	She has been in a coma since her riding accident.
r *Rollstuhl, ⸚e	wheelchair
Seit ihrem Unfall ist sie an den Rollstuhl gefesselt.	Since her accident she has been restricted to a wheelchair.
Ihre Beine sind gelähmt.	Her legs are paralyzed.
Sie ist querschnittsgelähmt.	She is paraplegic.
e Erwerbsunfähigkeit aufgrund einer Behinderung	inability to work due to a handicap, total disability
Seit einem Jahr ist er erwerbsunfähig / arbeitsunfähig.	He's been unable to work / incapacitated for work for a year now.

Beim Arzt
At the doctor's

> *Doktor* (doc) is the colloquial word for *Arzt* / *Ärztin* (doctor) *(Ich muss heute noch zum Doktor. – I have to go to the doc today.)* and also a common form of address *(Vielen Dank, Herr/Frau Doktor. – Thank you, doctor.).*

r *Arzt, ⸚e // e Ärztin, -nen / r *Doktor, -en // e *Doktorin, -nen	doctor
Er ist ein sehr erfahrener / guter Arzt.	He is a very experienced / good doctor.

r **Hausarzt** // e **Hausärztin**	family doctor
einen **Hausbesuch** machen	make a home visit
Mein Hausarzt ist leider gerade in Urlaub. Deshalb muss ich zu seinem *****Vertreter** gehen.	My doctor is unfortunately on holiday at the moment. So I'll have to go to his locum.
e *****Arztpraxis**, Arztpraxen	doctor's surgery / office
e Ordination, -en *österr.*	surgery [time] / doctor's office
e *****Sprechstunde**, -n	surgery [time]
Mittwochs ist keine Sprechstunde.	No surgery on Wednesdays.
e **Sprechzeit**, -en	surgery (hours), practice opening hours
Wann sind die Sprechzeiten? / Wann ist die Praxis geöffnet?	What are the surgery hours? / When is the practice open?
r **Empfang**	reception
e **Arzthelferin**, -nen / e **Sprechstundenhilfe**, -n	doctor's receptionist
e medizinische Praxisassistentin, -nen *schweiz.*	doctor's receptionist
Nehmen Sie bitte kurz im **Wartezimmer** Platz.	Just take a seat in the waiting room, please.
s **Sprechzimmer**, -	consultation room
r *****Termin**, -e	appointment
einen **Termin vereinbaren** / *****ausmachen**	make an appointment
einen **Termin absagen** / **verschieben**	cancel / postpone an appointment
Wir müssen noch einen Termin beim Orthopäden vereinbaren.	We'll have to make an appointment with the orthopaedist specialist.
Haben Sie schon einen Termin?	Do you have an appointment?
Ich muss leider meinen Termin absagen. Könnten wir ihn auf Freitag verschieben?	I'm afraid I have to cancel my appointment. Could we move it to Friday?

Some specialists

r *Allgemeinarzt, ̈e* // e *Allgemeinärztin, -nen*	general practioner, GP
r *Internist, -en* // e *Internistin, -nen*	internist
r *Chirurg, -en* // e *Chirurgin, -nen*	surgeon
r *Orthopäde, -n* // e *Orthopädin, -nen*	orthopaedist
r *Gynäkologe, -n* // e *Gynäkologin, -nen* / r *Frauenarzt, ̈e* // e *Frauenärztin, -nen*	gynaecologist
r *Urologe, -n* // e *Urologin, -nen*	urologist
r *Hals-Nasen-Ohren-Arzt, ̈e* // e *Hals-Nasen-Ohren-Ärztin, -nen* / r *HNO-Arzt* [haːlɛnˈloː…]	ear, nose & throat specialist
r *Dermatologe, -n* // e *Dermatologin, -nen* / r *Hautarzt, ̈e* // e *Hautärztin, -nen*	dermatologist

r Kardiolo̲ge, -n // e Kardiolo̲gin, -nen	cardiologist
r Ki̲nderarzt, ⸚e // e Ki̲nderärztin, -nen	paediatrician
r Au̲genarzt, ⸚e // e Au̲genärztin, -nen	ophthalmologist
r Psychia̲ter, - // e Psychia̲terin, -nen [psy'çi̲a:tɐ]	psychiatrist
r Psychotherapeu̲t, -en // e Psychotherapeu̲tin, -nen [psyçotera'pɔyt]	psychotherapist
r Homöopa̲th, -en // e Homöopa̲thin, -nen [homøo'pa:t]	homeopath

r *Patie̲nt, -en // e Patie̲ntin, -nen [pa'tsi̲ɛnt]	patient
Was fe̲hlt Ihnen?	What seems to be the trouble?
Beschwe̲rden Pl	trouble
Ich habe öfters Magenbeschwerden.	I have stomach trouble now and then.
e Blu̲tuntersuchung, -en / e Uri̲nuntersuchung, -en / e Stu̲hluntersuchung, -en	blood / urine / stool test
s *Erge̲bnis, -se	result
Das Ergebnis der Blutuntersuchung kommt morgen.	The result of the blood test will be in tomorrow.
e Diagno̲se, -n	diagnosis
r *Schme̲rz, -en	pain
Wo haben Sie Schmerzen? – Ich habe starke Rückenschmerzen.	Where is the pain? – I have severe back pains.
Wie lange haben Sie diese Schmerzen schon?	How long have you been having these pains?
Mein Rücken ma̲cht mir zu scha̲ffen.	My back is giving me trouble.
we̲htun (tat weh, hat wehgetan)	hurt
Mein Rücken tut mir weh.	My back hurts.

Regular pains

Ich habe …	I have a…
Kopfschmerzen / Kopfweh.	headache.
Ohrenschmerzen.	earache.
Halsschmerzen.	sore throat.
Bauchschmerzen. / Magenschmerzen.	belly / stomach ache.
Rückenschmerzen.	backache.

In these expressions the ache is a plural noun:
Ich habe Ohrenschmerzen. Die Ohrenschmerzen sind ganz schlimm.

*le̲iden (an + D) (litt, hat gelitten)	suffer (from)
Leiden Sie häufig an Kopfschmerzen?	Do you often suffer from headaches?

Ich glaube, ich habe eine **Magenverstimmung**.	I think I've got a stomach upset.
(sich) **erbrechen** / **sich übergeben**	be sick, vomit
Ich habe mich letzte Nacht dreimal übergeben.	I was sick three times last night.
Haben Sie regelmäßig **Stuhlgang**?	Is your bowel movement regular?
Wie steht es mit Ihrem ***Appetit**?	How is your appetite?
Ich habe keinen Appetit.	I have no appetite.
***abnehmen** (nimmt ab, nahm ab, hat abgenommen) ↔ ***zunehmen**	lose weight ↔ put on weight
Sie haben ziemlich abgenommen ↔ zugenommen.	You've lost ↔ put on quite a bit of weight.
s ***Gewicht**	weight
r **Atem**	breath
Ich gerate schnell außer Atem.	I'm easily out of breath.
Holen Sie bitte mal tief ***Luft**.	Please breathe in deeply.
einatmen ↔ **ausatmen**	breathe in ↔ out
s ***Fieber**	fever, temperature
Haben Sie Fieber?	Do you have / Are you running a temperature?
Messen Sie bitte mal Fieber.	Please take his / her / your temperature.
Wie hoch ist die ***Temperatur**?	How high is his / her / your temperature?
Gestern hatte ich 38,5° Fieber.	Yesterday I had a temperature of 38.5.
r **Blutdruck**	blood pressure
Darf ich mal bitte Ihren Blutdruck messen?	May I take your blood pressure, please?
hoher ↔ niedriger Blutdruck	high ↔ low blood pressure
(sich) ***ausziehen** (zog aus, hat ausgezogen) ↔ (sich) ***anziehen**	get undressed ↔ get dressed
sich abziehen *schweiz.*	get undressed
Würden Sie bitte den Oberkörper frei machen.	Would you please strip to the waist.
Würden Sie sich bitte ganz ausziehen.	Would you please take off all your clothes.
Sie können sich jetzt wieder anziehen.	You can get dressed now.
***untersuchen**	examine
(sich) **untersuchen lassen** (lässt, ließ, hat gelassen)	be examined
Ich muss mal wieder meinen Blutzucker untersuchen lassen.	It's time I had another blood sugar test.
e ***Untersuchung**, -en	examination
Würden Sie sich bitte hier hinlegen, damit ich Sie untersuchen kann.	Will you lie down here, please, so I can examine you.

Wir müssen Ihr Blut und Ihren Urin untersuchen.	We have to do a blood and a urine test.
nüchtern	with an empty stomach
Kommen Sie bitte morgen früh nüchtern in die Praxis.	Please come to the surgery tomorrow morning with an empty stomach.
eine **Röntgenaufnahme machen** / **röntgen** [ˈrœntgn]	do an X-ray
Wir werden den Fuß sicherheitshalber röntgen.	We'll do an X-ray of the foot to make sure.
s **EKG**, -s [eːˌkaˈlgeː] (= Elektrokardiogramm)	ECG
e **Ultraschalluntersuchung**, -en	ultrasound scan
Ich mache noch eine Ultraschalluntersuchung.	I'm just going to do an ultrasound scan, too.
Wir müssen bei Ihnen eine Magen- / Darmspiegelung durchführen.	We have to do a gastroscopy / colonoscopy on you.
e ***Spritze**, -n / e **Injektion**, -en	injection
Der Arzt gab ihr eine Spritze.	The doctor gave her an injection.
s ***Medikament**, -e / s **Arzneimittel**, -	medicine
ein Medikament ***verschreiben**	prescribe medicine
die Medikamente **einnehmen**	take medicine
Nehmen Sie irgendwelche Medikamente ein?	Are you taking any medicines?
s ***Rezept**, -e	prescription
nur auf Rezept erhältlich	available on prescription only
e Rezeptgebühr, -en	prescription charge
e ***Apotheke**, -n	pharmacy, dispensary, chemist's

Most medicines in Germany, Switzerland and Austria are available on prescription only (*verschreibungspflichtig* / *nur auf Rezept erhältlich*). For example, if you need an antibiotic you have to get a prescription (*Rezept*) from a doctor before you can go to the pharmacy to get it. In Germany and Austria there is a prescription charge (*Rezeptgebühr*) for each medicine prescribed.

Ich brauche bitte wieder ein Rezept für meine Medikamente.	I need a new prescription for my medicines, please.
e ***Medizin** / e **Arznei**, -en	medicine
e ***Tablette**, -n	tablet
e **Kapsel**, -n	capsule
Nehmen Sie bitte zweimal täglich je eine halbe Tablette morgens und abends.	Take half a tablet twice a day in the morning and evening.
s ***Mittel**, -	remedy
zur Vorbeugung gegen	as a prophylactic against
Ich kann Ihnen ein gutes Mittel zur Vorbeugung gegen Erkältungen empfehlen.	I can recommend a good prophylactic against colds.

s **Schmerzmittel**, - | painkiller
Aspirin ist ein bekanntes Schmerzmittel / Mittel gegen Schmerzen. | Aspirin is a well-known painkiller.

regelmäßig — regular

e ***Pille***, -en — pill
Sie nimmt seit Jahren die Pille / Antibabypille. — She's been on the pill for years.

e ***Salbe***, -n — ointment
Sie müssen die Salbe zweimal täglich **auftragen** (trägt auf, trug auf, hat aufgetragen). — You must apply the ointment twice daily.

r ***Tropfen***, - — drop
Augentropfen *Pl* — eye drops

s **Spray**, -s [ʃpre: *auch* spre:] — spray

e **Bescheinigung**, -en — certificate
eine Bescheinigung ausstellen — write out a certificate

s **Attest**, -e — certificate

s Arztzeugnis, -se *schweiz.* — certificate

ein ärztliches Attest — a doctor's certificate
Wenn Ihr Kind beim Sportunterricht in der Schule nicht mitmachen kann, benötigt es ein ärztliches Attest. — If your child is unable to take part in school sport, he or she needs a doctor's certificate.

e **Physiotherapie** [fyzjotera'pi:] / e **Krankengymnastik** — physiotherapy

r **Krankengymnast**, -en // e **Krankengymnastin**, -nen / r **Physiotherapeut**, -en // e **Physiotherapeutin**, -nen [fyzjotera'pɔyt] — physiotherapist

e **Massage**, -n [ma'sa:ʒə] — massage
Der Arzt hat mir Massagen verschrieben. — The doctor has prescribed massages.

Die Massage hat mir gut getan. — The massage did me good.

massieren — to massage

Beim Zahnarzt
At the dentist's

r **Zahnarzt**, ⸚e // e **Zahnärztin**, -nen — dentist
Ich muss mal wieder meine Zähne kontrollieren lassen. — It's time I had another dental check-up.

r **Kieferchirurg**, -en — oral surgeon

e **Zahnklinik**, -en — dental clinic

e **Zahnbehandlung**, -en — dental treatment

r *Z**a**hn, ⸚e	tooth
r Milchzahn	milk tooth
r Schneidezahn	incisor
r Backenzahn	molar, back tooth
r Weisheitszahn	wisdom tooth
r **Oberkiefer** / r **Unterkiefer**	upper jaw / lower jaw
Zahnschmerzen *Pl*	toothache
Ich habe starke Zahnschmerzen.	I have a bad toothache.
empf**i**ndlich	sensitive
Der Zahn ist kälteempfindlich.	The tooth is sensitive to cold.
w**e**htun (tat weh, hat wehgetan)	hurt
Der letzte Zahn oben links tut mir weh.	The last tooth top left hurts.
Tut er ständig weh oder nur, wenn Sie draufbeißen?	Does it hurt all the time or only when you bite on it?
e Z**u**nge	tongue
Was spüren Sie, wenn Sie den Zahn mit der Zunge berühren?	What do you feel when you touch your tooth with your tongue?
s **Z**ahnfleisch	gum(s)
Beim Zähneputzen bekomme ich Zahnfleischbluten.	My gums bleed when I brush my teeth.
e Paradontose	paradontosis
Der Zahn w**a**ckelt.	The tooth is loose.
Lehnen Sie sich bitte zurück.	Will you lean back, please.

At the dentist's

Öffnen Sie bitte den Mund so weit wie möglich. / Machen Sie ganz weit auf, bitte.
Open your mouth as wide as you can, please.
Wo tut es weh? – Da unten links. / Da hinten rechts.
Where does it hurt? – Down here on the left. / At the back on the right.
Drehen Sie den Kopf bitte ein bisschen nach links / rechts. Tut's weh?
Turn your head a bit to the left / right. Does it hurt?
Einmal fest zubeißen bitte. – Bite hard.
Bitte gründlich ausspülen. – Give your mouth a good rinse out, please.

s *L**o**ch, ⸚er	hole, cavity
Dieser Zahn hat ein Loch.	This tooth has a cavity.
Leider haben Sie mehrere Löcher.	I'm afraid you need several fillings.
Diese Füllung muss erneuert werden.	This filling needs replacing.
e **Injektion**, -en / e *Spr**i**tze, -n	injection
Können Sie mir bitte eine Spritze geben?	Could you give me an injection, please?
e (örtliche) **Bet**ä**ubung**	(local) anaesthetic
b**o**hren	to drill
r **B**ohrer, -	drill
e **K**aries	tooth decay, caries

Ich muss noch etwas bohren, um die Karies zu entfernen.	I'll have to drill some more to remove the decay.
e **Füllung**, -en / e **Plombe**, -n	filling
eine **provisorische** Füllung	a temporary filling
füllen / **plombieren**	fill
Dieser Zahn muss plombiert werden.	This tooth needs filling.

Types of fillings

e *Amalgamfüllung*	amalgam filling
e *Kunststofffüllung*	synthetic filling
s *Inlay / Goldinlay*	inlay / gold inlay

einen **Zahn ziehen** (zog, hat gezogen)	extract a tooth
Mir ist ein Weisheitszahn gezogen worden.	I've had a wisdom tooth out.
r **Zahnersatz**	(a set of) dentures
e **Krone**, -n	crown
einen Zahn überkronen	crown a tooth
e ***Brücke**, -n	bridge
eine Brücke anbringen	fit a bridge
e **Zahnprothese**, -n / s **Gebiss**, -e	denture(s)
e Vollprothese / e Teilprothese	complete / partial denture
s **Implantat**, -e	implant
e **Wurzelbehandlung**	root treatment
r **Abdruck**, ⁼e	impression
einen Abdruck für ein Inlay machen	take an impression for an inlay
r **Zahnstein**	tartar
Sie haben viel Zahnstein.	You have a lot of tartar.
Wir müssen den Zahnstein entfernen.	We'll have to remove the tartar.
r **Zahnbelag**	plaque
e **Zahnseide**	dental floss
Benutzen Sie regelmäßig Zahnseide?	Do you floss your teeth regularly?
e **Munddusche**, -n	water jet
e **Zahnbürste**, -n	toothbrush
e elektrische Zahnbürste, -n	electric toothbrush
e Zahnpasta	toothpaste
Sie sollten Ihre Zähne besser pflegen.	You ought to take better care of your teeth.

Im Krankenhaus
In hospital

s ***Krankenhaus**, ⁼er / e **Klinik**, -en	hospital
s Spital, ⁼er *österr./schweiz.*	hospital
e Privatklinik, -en	private clinic
e Universitätsklinik, -en	university hospital

s **Klinikum**	university hospital
e ***Station**, -en	ward
die chirurgische Station / die Chirurgie	the surgery ward
die internistische Station / die Innere	the medical ward
Sie liegt auf der Inneren.	She's in the medical ward.
e **Ambulanz**	out-patients' department
die chirurgische Ambulanz	outpatient surgical centre
die ambulante **Behandlung**	outpatient treatment
Er wurde ambulant behandelt.	He was treated as an outpatient.
e ***Notaufnahme**	accident and emergency department
Sie wurde in die Notaufnahme gebracht.	She was taken to A&E.
e Notfallstation *schweiz.*	accident and emergency department
e **Einweisung**, -en	admission
jn ins Krankenhaus **einweisen** (wies ein, hat eingewiesen)	have sb admitted to hospital
jn ins Krankenhaus **einliefern**	admit sb to hospital
r ***Patient**, -en // e **Patientin**, -nen [pa'tsient]	patient
r ***Arzt**, ⸚e // e **Ärztin**, -nen	doctor
r **diensthabende** Arzt	doctor on duty
r **behandelnde** Arzt	attending physician
r Chefarzt // e Chefärztin	senior consultant
r Assistenzarzt // e Assistenzärztin	houseman, resident
r Oberarzt // e Oberärztin	senior registrar, chief resident
r Stationsarzt // e Stationsärztin	ward doctor
r ***Spezialist**, -en	specialist
Sie ist Spezialistin für Herzchirurgie.	She's a coronary surgery specialist.
sich spezialisieren (auf +*A*)	specialize (in)
Sie hat sich auf Herzchirurgie spezialisiert.	She is a specialist in coronary surgery.

At a sickbed

Wie geht es Ihnen heute? – Danke gut / besser / nicht so gut.
How are you today? – Fine thanks / Better thanks / Not so good but thanks for asking.
Haben Sie gut geschlafen? – Ja. / Nein, leider nicht. Ich musste eine Schlaftablette nehmen
Did you sleep well? – Yes. / No, I'm afraid not. I had to take a sleeping tablet.
Haben Sie noch Schmerzen? – Ja. / Naja, es geht. / Heute geht es schon besser als gestern.
Are you still in pain? – Yes. / Well, so, so. / It's better than yesterday.
Wo genau tut es Ihnen denn weh? – Hier auf der rechten Seite.
Where exactly does it hurt? – Here on the right-hand side.
Drehen Sie sich bitte mal auf den Rücken / auf die Seite, damit ich Sie untersuchen kann.
Turn over on your back / side, please, so that I can examine you.

Sind Sie schon einmal aufgestanden? – Nein, noch nicht. / Ja, gestern.
Have you been up yet? – No, not yet. / Yes, yesterday.
Später bekommen Sie eine Spritze gegen die Schmerzen.
We'll give you an injection later on to ease the pain.

*pflegen	tend, nurse
e **Krankenpflege**	nursing
e ***Krankenschwester**, -n //	nurse / male nurse
r ***Krankenpfleger**, -	
e Stationsschwester	ward sister, charge nurse
e Oberschwester	matron
e **Pflegedienstleitung**	nursing staff administration
e **Pflegedienstleiterin**, -nen //	head of nursing staff
r **Pflegedienstleiter**, -	
e Schwesternschülerin, -nen /	probationer, trainee nurse
e Lernschwester, -n	
r ***Praktikant**, -en //	trainee, intern
e **Praktikantin**, -en	
e **Visite**, -n	round
Der Chefarzt macht gerade Visite.	The consultant is doing his round.
e ***Untersuchung**, -en	examination
Ich muss zur Nachuntersuchung.	I have to go for a follow-up examination.
*untersuchen	examine
e **Diagnose**, -n	diagnosis
Wie lautet die Diagnose?	What is the diagnosis?
Ihr Zustand hat sich **verbessert** ↔ **verschlechtert**.	Her condition has improved ↔ deteriorated.
Ihr Zustand ist **gleich geblieben**.	Her condition is unchanged.
*sich erholen	recover
Sie hat sich gut von der Operation erholt.	She has made a good recovery from the operation.
besser ↔ **schlechter *aussehen**	look better ↔ worse
(sieht aus, sah aus, hat ausgesehen) / ausschauen *österr.*	
Heute sehen Sie wieder viel besser aus.	You look much better today.
röntgen ['rœntgn]	X-ray
Wir müssen ein Röntgenbild machen.	We have to take an X-ray.
*operieren	operate (on)
sich operieren lassen	have an operation
Er muss sich am Knie operieren lassen.	He has to have an operation on his knee.
e ***Operation**, -en	operation
sich einer Operation unterziehen	have / undergo an operation
Ich wurde am Blinddarm operiert.	I was operated on for appendicitis.
r **Operationssaal**, ⸗e / der OP	operating theatre / room

e Operationsschwester, -n / e OP-Schwester, -n	theatre nurse, operating room nurse
oper**a**bel ↔ **i**noperabel	operable ↔ inoperable
ein inoperabler Gehirntumor	an inoperable brain tumour
e (**Org**an-) **Transplantation**, -en	(organ) transplant
r **K**aiserschnitt, -e	Caesarean (section)
Das Baby wurde mit Kaiserschnitt entbunden.	The baby was born by Caesarean.
e **Nark**ose / e Bet**äu**bung / e **Anästhesie**	anaesthesia
r **Anästhesi**st, -en // e **Anästhesistin**, -nen	anaesthetist
s Anästhetikum, -a / s Narkosemittel, -	anaesthetic
e Vollnarkose	general anaesthetic
die örtliche Betäubung	local anaesthetic
r **W**achraum, ⁓e / e **W**achstation, -en	recovery room
e **Intensi**vstation, -en	intensive care unit
Sie liegt auf der Intensivstation.	She's in intensive care.
e **Infusi**on, -en / r **Tr**opf	drip
Sie hängt immer noch am Tropf.	She's still on a drip.
unheilbar kr**a**nk sein (ist, war, ist gewesen)	be terminally ill
r/e unheilbar Kranke, -n	terminally ill person
einen **Kr**ankenbesuch m**a**chen	visit someone who is ill / in hospital
Wann sind die Bes**u**chszeiten?	What are the visiting hours?
e **K**ur, -en	course of treatment, treatment / stay at a health resort
eine Kur machen	take a cure / course of treatment (at a health resort)
auf Kur gehen	go to a health resort
Nach der Operation gehe ich auf Kur / mache ich eine Kur.	After the operation I'm going to a health resort / rehab centre.
r Kurort, -e	spa / health resort
e **Rehabilitation** / e R**e**ha	rehabilitation / rehab
e Reha-Klinik	rehab clinic

Gesunde Lebensweise
Healthy living

e *Ges**u**ndheit	health
Sie hat eine robuste Gesundheit.	She has a robust constitution.
*ges**u**nd ↔ **u**ngesund	healthy ↔ unhealthy
Meeresluft ist sehr gesund.	Sea air is very good for you.
Peter lebt sehr ungesund.	Peter has a very unhealthy lifestyle.

Viel Alkohol trinken ist ungesund.	Drinking a lot of alcohol is bad for you.
Rauchen **gefährdet** die Gesundheit.	Smoking is a health hazard.
Schwimmen ist gut für die Gelenke.	Swimming is good for the joints.
schädlich sein / *schaden (+D)	be harmful / damage
Zucker ist schädlich für die Zähne. / Zucker schadet den Zähnen.	Sugar is harmful for your teeth. / Sugar damages your teeth.
Meine Schwester ist eine echte Gesundheitsfanatikerin.	My sister is a real health fanatic.
gesundheitsbewusst	health conscious
Sie lebt sehr gesundheitsbewusst.	She is very health conscious.
gesunde **Ernährung** / **Lebensweise**	healthy diet / way of life
fettarm ↔ **fettreich**	low-fat ↔ high-fat
s **Fastfood** ['fa:stfu:t]	fastfood
e **Naturkost**	health food
r Naturkostladen / Bioladen, ⸚ / s Reformhaus, ⸚er	healthfood shop

Green products including cosmetics can be purchased in Germany in a *Naturkostladen / Bioladen*, a *Reformhaus* (healthfood shop), or at *Bauernmärkten* (country fairs and markets). With increasing demand they are also becoming more and more available in supermarkets.

ökologisch	green, organic, ecological
die ökologische Landwirtschaft	organic / ecological agriculture
aus ökologischem Anbau	organically grown
Eier von frei laufenden Hühnern	free-range eggs
frei von **chemischen Zusätzen**	additive-free
Ballaststoffe *Pl*	fibre
Ballaststoffreiche Kost ist gut für die Verdauung.	High-fibre food is good for the digestion.
r **Vegetarier**, - [vege'ta:riɐ] // e **Vegetarierin**, -nen	vegetarian
*vegetarisch	vegetarian
vegetarische Ernährung	vegetarian diet
Meine Schwester ernährt sich rein vegetarisch.	My sister's diet is 100% vegetarian.
e **Biokost** / **Biolebensmittel** *Pl*	organic food
e **Vollwertkost**	wholefood
e **Vollwerternährung**	wholefood diet
e *Diät, -en	diet
eine Diät machen	go on a diet
Meine Mutter muss eine Diät zur Senkung des Cholesterinspiegels machen.	My mother has to go on a diet to lower her cholesterol level.
r Diätplan, ⸚e	diet regime
abnehmen ↔ **zunehmen** (nimmt zu, nahm zu, hat zugenommen)	lose ↔ put on weight

Ich habe fünf Kilo zugenommen. Ab Montag mache ich Diät.	I've put on five kilos. As from Monday I'm going on a diet.
fạsten	to fast
Es tut dem Körper gut, gelegentlich zu fasten.	It does your body good to fast occasionally.
Sie fastet aus gesundheitlichen Gründen einmal pro Jahr.	She fasts once a year for health reasons.
e **Fạstenkur**, -en	drastic reducing diet
r **Kräutertee**, -s	herbal tea
s **Vitamịn**, -e	vitamin
Vitamin C	vitamin C
vitaminreich ↔ vitaminarm	rich ↔ low in vitamins
e **Saụna**, -s	sauna
Wir gehen heute Abend in die Sauna.	We're having a sauna tonight.
*****schwịtzen**	to sweat
s **Dạmpfbad**, ̈-er	steam room, Turkish bath
r Whirlpool, -s	whirlpool
s *****Schwịmmbad**, ̈-er	swimming pool
s **Hạllenbad**, ̈-er ↔ s **Freibad**, ̈-er	indoor ↔ outdoor swimming pool
e *****Bewẹgung**	movement, exercise
Sie brauchen mehr Bewegung.	You need more exercise.
r **Bewẹgungsmangel** *Sg*	lack of exercise
Bewegungsmangel ist eine Ursache für viele Krankheiten.	Lack of exercise is a frequent cause of illness.
s *****Training** ['trɛ:nɪŋ *auch* 'trɛ:nɪŋ]	training
*****trainịeren** [trɛ'ni:rən *auch* trɛ'n…]	to train
r *****Spọrt**	sport
Spọrt treiben	do sport
Wir treiben / machen einmal pro Woche Sport.	We do sport once a week.
s **Fịtnessstudio**, -s	fitness studio
Mein Großvater ist körperlich sehr *****fịt**.	My grandfather is physically very fit.
e *****Übung**, -en	exercise
Übungen zur Stärkung der Rückenmuskulatur	exercises to strengthen your back muscles
(sich) *****ausruhen**	to rest, take / have a rest
sich entspạnnen	relax
e **Entspạnnung**	relaxation
e Entspannungstechnik, -en	relaxation technique

Popular relaxation techniques

Yoga	yoga
Autogenes Training	autogenic training
Atemtherapie	breathing techniques
Feldenkrais	feldenkrais

spazieren gehen (ging, ist gegangen) — go for a walk
*wandern — go walking / hiking
e **Wanderung**, -en — walk
eine Wanderung in die Berge machen — go walking / hiking in the mountains

joggen ['dʒɔgn] — jog
Wollen wir joggen gehen? — Shall we go for a jog?

8

Staat und staatliche Institutionen
State and government institutions

Staat
State

r *Staat, -en	state
e Souveränität / e Unabhängigkeit eines Staates	sovereignty / independence of a state
e *Grenze, -n	border
e Staatsgrenze / e Hoheitsgrenze	state frontier, border / limit of sovereignty
e Nation, -en	nation
s *Volk, ¨er	people
s *Land, ¨er	country
*staatlich / *städtisch	state / municipal
staatliche Gelder *Pl*	public money / funds
e staatliche Behörde, -n	government department
e staatliche Institution, -en	state institution
r Bundesstaat	federal state
r Rechtsstaat	state founded on the rule of law
r Sozialstaat	welfare state
e *Bundesrepublik Deutschland / e BRD	Federal Republic of Germany / FRG
e *Schweiz / e Schweizerische *Eidgenossenschaft	Switzerland / Swiss Confederation
*Österreich / e *Republik Österreich	Austria / Austrian Republic
e *Staatsangehörigkeit, -en / e Nationalität, -en / e Staatsbürgerschaft, -en	nationality / citizenship
r Pass, ¨e / r Reisepass, ¨e	passport
r *Ausweis, -e / r Personalausweis, -e	identity card
r Kinderausweis, -e	child's passport
Können Sie sich ausweisen? / Ihren Pass bitte.	Do you have any means of identification? / Your passport, please.
r / e *Deutsche, -n	German
r *Österreicher, - // e *Österreicherin, -nen	Austrian
r *Schweizer, - // e *Schweizerin, -nen	Swiss
ein deutscher / österreichischer / schweizer Staatsbürger	a German / Austrian / Swiss national
Sie lebt in Deutschland / in Österreich / in der Schweiz.	She lives in Germany / in Austria / in Switzerland.
Er kommt aus Deutschland / aus Österreich / aus der Schweiz.	He comes from Germany / from Austria / from Switzerland.
e *Hauptstadt, ¨e	capital city
e Bundeshauptstadt / e Landeshauptstadt	federal capital / state capital

The federal states from north to south

The Federal Republic of **Germany** consists of 16 federal states or *Länder* (from north to south): *Schleswig-Holstein, Mecklenburg-Vorpommern* (Mecklenburg-West Pommerania), *Hamburg, Bremen, Niedersachsen* (Lower Saxony), *Sachsen-Anhalt* (Saxony-Anhalt), *Brandenburg, Berlin, Nordrhein-Westfalen* (Northrhine Westfalia), *Rheinland-Pfalz* (Rhineland-Palatinate), *Hessen* (Hesse), *Thüringen* (Thuringia), *Sachsen* (Saxony), *Saarland, Baden-Württemberg, Bayern* (Bavaria). Three of them are city states or so called *Stadtstaaten*: *Berlin, Hamburg* and *Bremen*. These three cities are states at the same time.

Switzerland / The Swiss Confederation has 26 cantons or *Kantone* (20 whole and 6 half cantons): *Basel / Basle, Solothurn, Aargau, Schaffhausen, Zürich, Thurgau, Sankt / St. Gallen, Appenzell, Jura, Neuenburg / Neuchâtel, Waadt / Vaud, Freiburg / Fribourg, Bern / Berne, Luzern / Lucerne, Unterwalden, Zug, Schwyz, Uri, Glarus, Graubünden / Grisons, Genf / Geneva, Wallis / Valais, Tessin / Ticino.*

Austria has 9 federal states or provinces: *Oberösterreich* (Upper Austria), *Niederösterreich* (Lower Austria), *Wien* (Vienna), *Burgenland, Vorarlberg, Tirol* (Tyrol), *Salzburg, Kärnten* (Carinthia), *Steiermark* (Styria).

Capital cities

Berlin is the capital city of Germany. In Switzerland it's Berne, and in Austria Vienna.

Country identification on the back of cars

D for Germany; A for Austria; CH for Switzerland (*Confoederatio Helvetica*).

Ensigns

German flag: black, red, gold; Austrian flag: red, white, red; Swiss flag: white cross on a red base.

s **Bundesland**, ⸚er	federal state, Land
r Kanton, -e *schweiz.*	canton
die alten / neuen Bundesländer	the former West / East Germany
e ehemalige DDR	former GDR
r **Föderalismus**	federalism
e föderative Struktur	federal structure
die Länder und Gemeinden	the Lander [federal states] and local authorities
e **Gegend**, -en	area
e **Region**, -en / s **Gebiet**, -e	region
regional / **überregional**	regional / national
dicht ↔ dünn besiedelt	densely ↔ sparsely populated
e **Gemeinschaft**, -en	community
e **Gesellschaft**, -en	society
öffentlich ↔ **privat**	public ↔ private
s **Volk**, ⸚er	people
s Vaterland / s Heimatland	fatherland / native country

e Heimat	home
in meiner Heimat / bei uns	in my / our country
e *Bevölkerung, -en	population
e Bevölkerungsdichte	population density
bevölkerungsreich ↔ bevölkerungsarm	heavily ↔ thinly populated
e einheimische Bevölkerung	indigenous population
s Bevölkerungswachstum ↔ r Rückgang der Geburtenzahlen	population growth ↔ fall in the birth-rate
e Alterspyramide	age pyramid
e Volkszählung, -en	census
r *Einwohner, - // e Einwohnerin, -nen	inhabitant
e Einwohnerzahl, -en	number of inhabitants
r *Bürger, - // e Bürgerin, -nen	citizen
r Staatsbürger // e Staatsbürgerin	citizen
e Kommune, -n / e Gemeinde, -n	local authority (area), municipality
e kommunale Selbstverwaltung	local government

In accordance with the federal structure, the Basic Law grants local authorities the right of self-government (to a degree). The decision-making bodies in local government are:

The chief administrative officer *(r Landrat / r Bezirkshauptmann, ̈-er (österr.))* in an administrative district *(Landkreis)*.

The district council *(r Gemeinderat)* in a municipality *(e Gemeinde, -n / s Magistrat, -e (österr.))*.

The town/city council *(r Stadtrat)* in a town or city.

The mayor *(r *Bürgermeister / r *Stadtpräsident, -en / r *Amman, ̈-er (schweiz.))* as chair of a local council.

The area council *(r Bezirksausschuss)* in the individual districts of a big city.

Demokratie
Democracy

e *Politik	politics *Pl*
e Parteipolitik / e Lokalpolitik	party politics / local politics
r *Politiker, - // e Politikerin, -nen	politician
*politisch	political
aus politischen Gründen	for political reasons
e Regierungsform, -en / s Regierungssystem, -e	form of government / system of government
e *Demokratie, -n	democracy
in einer Demokratie leben	live in a democracy
e parlamentarische Demokratie	parliamentary democracy

*demokr**a**tisch	democratic
e *Part**ei**, -en	party
e Parteienlandschaft	party political scene
e Republ**i**k, -en	republic
e Bundesrepublik Deutschland	Federal Republic of Germany
s Gr**u**ndgesetz	Basic Law
e Bundesverfassung *schweiz.*	Basic Law
e (demokratische / freiheitliche) Verf**a**ssung	(democratic / liberal) constitution
e Pflicht, -en ↔ s Recht, -e	duty ↔ right
s Gr**u**ndrecht, -e	basic right
e Glaubens- und Gewissensfreiheit	freedom of conscience and religion
r Gleichheitsgrundsatz	right of equality
e Pr**e**ssefreiheit	freedom of the press
e M**ei**nungsfreiheit / e Freiheit der Meinungsäußerung	freedom of speech
s Verfassungsorgan, -e	organ of the constitution
e Gewaltenteilung	separation of powers
s *Parlam**e**nt, -e	parliament
s Abgeordnetenhaus	chamber of deputies
e Kammer, -n	chamber
s St**aa**tsoberhaupt, ⸚er	head of state
r *Präsid**e**nt, -en / r Staatspräsident	president / state president
r *B**u**ndespräsident, -en // e *B**u**ndespräsidentin, -nen	President of the Republic
Der Bundespräsident erfüllt überwiegend repräsentative Pflichten.	The President of the Republic carries out largely representative duties.
Die Amtszeit beträgt 5 Jahre.	The term of office is 5 years.
e Exekutive / e vollziehende Gewalt	executive / executive power
r *B**u**ndestag	(Lower House of the) Federal Parliament
r Nationalrat *schweiz.*	(Lower House of the) Federal Parliament
e *B**u**ndesregierung / s Kabin**e**tt	Federal Government / cabinet
r Regierungschef, -s	head of government
e Legislative / e gesetzgebende Gewalt	legislature / legislative power
r Gesetzgeber, -	legislature
r B**u**ndesrat	Upper House of the Federal Parliament
e Judikative / e richterliche Gewalt	judiciary / judicial power
s B**u**ndesverf**a**ssungsgericht	Federal Constitutional Court
s Bundesgericht *schweiz.*	Federal Constitutional Court
s *V**o**lk	people
e V**o**lksbefragung, -en / r V**o**lksentscheid, -e	referendum

e Volksabstimmung, -en / s Referendum *schweiz.*	referendum
eine Volksbefragung durchführen	hold a referendum
e Bürgerinitiative, -n für ↔ gegen	citizens' action group for ↔ against
e Basisdemokratie	grassroots democracy
frei ↔ unfrei	free ↔ not free
r Polizeistaat	police state
autoritär	authoritarian
r Monarch, -en // e Monarchin, -nen	monarch
r **Kaiser**, - // e **Kaiserin**, -nen	emperor / empress
r *****König**, -e // e **Königin**, -nen	king / queen
e **Politikwissenschaft** / e Politologie	political science
e Staatsbürgerkunde	civics
r Politologe, -n / e Politologin, -nen	political scientist

Other forms of government

e (konstitutionelle) Monarchie	constitutional monarchy
e Diktatur	dictatorship
s Regime	regime
e Militärregierung	military government
r Totalitarismus	totalitarianism
r totalitäre Staat	totalitarian state

Regierung
Government

e *****Regierung**, -en / s **Kabinett**	government / cabinet
*****regieren** / an der Macht sein	rule / be in power
Die Legislaturperiode beträgt 4 Jahre.	The legislative period is 4 years.
e *****Macht**, ⸚e	power
an die Macht kommen	come to power
e Machtübernahme	take-over of power
e Staatsmacht	power [of government]
e *****Bundesregierung**	Federal Government
r Bundesrat *schweiz.*	Federal Government
e *****Landesregierung**, -en	government of a land / provincial government
r *****Landtag**	parliament [of a land]
r *****Senat**	senate
r *****Senator**, -en // e *****Senatorin**, -nen	senator
eine Regierung bilden	form a government
e Regierungspartei ↔ e Opposition	ruling party ↔ opposition
r Oppositionsführer	leader of the opposition

e **Koalition**, -en	coalition
r ***Bundeskanzler**, - //	Federal Chancellor
e ***Bundeskanzlerin**, -nen	
Am 8. Mai trat sie ihr Amt an.	She took office on May 8.
s **Ministerium**, Ministerien	ministry
s Departement, -e *schweiz.*	ministry
s Außenministerium	ministry of foreign affairs
r Staatssekretär, -e //	permanent secretary,
e Staatssekretärin, -nen	undersecretary
r ***Minister**, - // e **Ministerin**, -nen	minister
r ***Bundesminister**, - //	Federal minister
e ***Bundesministerin**, -nen	
r Bundesrat, ⁼e //	minister
e Bundesrätin, -nen *schweiz.*	
r Außenminister / r Innenminister	minister of foreign affairs / minister of the interior
r Finanzminister	minister of finance
r Verteidigungsminister	minister of defence
r designierte Minister	minister designated
r ehemalige Minister	former minister
r ***Ministerpräsident**, -en //	prime minister of a Land [federal
e ***Ministerpräsidentin**, -nen	state]
r Bundespräsident, -en //	prime minister of the
e Bundespräsidentin, -nen *schweiz.*	Confederation
r Landeshauptmann, ⁼er //	prime minister of a state
e Landeshauptfrau, -en *österr.*	
e **Ernennung**, -en	appointment
ernennen (ernannte, hat ernannt)	appoint
Heute wurde die neue Außenministerin ernannt.	The new foreign affairs minister was appointed today.
e **Vereidigung**, -en	swearing in
vereidigen	swear in
Die neue Außenministerin wird vom Bundespräsidenten vereidigt.	The new foreign affairs minister is sworn in by the Federal Chancellor.

The government or cabinet consists of the federal chancellor and the federal ministers, who are aided by permanent secretaries. Ministries include, for example, the foreign office (*s Auswärtige Amt*), the interior ministry (*s Bundesministerium des Inneren*), the finance ministry (*s Bundesministerium der Justiz*), and the ministry of defence (*s Bundesministerium der Verteidigung*).

If the cabinet is composed of members of more than one party, the term used to describe the government is *Koalitionsregierung* (coalition government).

Each *Land* (federal state) has a prime minister who represents the interests of his or her state in the federation.

The federal parliament discusses external and domestic affairs, puts forward, debates and passes proposals for new legislation or changes in existing laws. Many laws need the approval (by a two thirds majority) of the *Bundesrat* (Upper House, representing the 16 federal states).

Government in Switzerland is organized in a similar way, but the names of the various institutions vary.

s *Parlament	parliament
s Gremium, Gremien	committee
r/e Abgeordnete, -n /	member of parliament
r/e Parlamentsabgeordnete /	
r Parlamentarier, - //	
e Parlamentarierin, -nen	
Die Abgeordneten des Bundestages werden für vier Jahre gewählt.	Members of the federal parliament are elected for a four-year term.
r *Sitz, -e / r Parlamentssitz, -e / s Mandat, -e	seat / parliamentary seat
r Bundestagsprecher, - // e Bundestagsprecherin, -nen	Speaker (of the Lower House of Parliament)
r parlamentarische Geschäftsführer	parliamentary chairperson
e Kabinettssitzung, -en	cabinet meeting
r (parlamentarische) Ausschuss, ⁓e	(parliamentary) committee
r Haushaltsausschuss	budgetary committee
r / e Vorsitzende des Ausschusses	committee chairman/chairwoman
Sie sitzt in mehreren Ausschüssen. / Sie ist Mitglied mehrerer Ausschüsse.	She sits on several committees. / She's a member of several committees.
Der Ausschuss tagt gerade.	The committee is in session now.
e *Sitzung, -en	session
e Bundestagssitzung	parliamentary session
s Protokoll, -e	minutes
(sich) *beraten (berät, beriet, hat beraten)	discuss, have discussions, consult, be in consultation
r *Antrag, ⁓e	motion
einen Antrag *stellen / einbringen	put forward / propose a motion
e Debatte, -n (über +A)	debate
e *Rede, -n	speech
eine Rede *halten (hält, hielt, hat gehalten)	make, give, deliver a speech
e *Reform, -en	reform
e Rentenreform	pension reform
Das Gesundheitswesen muss *reformiert werden.	The health care system needs reforming.
e Abstimmung, -en	vote, ballot
geheim ↔ offen	secret ↔ open
über eine Vorlage *abstimmen	vote on a bill
Sie *stimmen *für ↔ *gegen die neue Gesetzesvorlage.	They are voting in favour of ↔ against the new bill.

e *Mehrheit ↔ e *Minderheit	majority ↔ minority
e Stimmenthaltung, -en	abstention
Vier Abgeordnete haben sich der Stimme enthalten.	Four members of parliament abstained.
s Veto, -s	veto
ein Veto einlegen	to veto
s *Gesetz, -e	law
gesetzlich	legal
Die Gesetzesvorlage besagt, dass ...	The bill says that ...
r Gesetzestext, -e	wording of a / the law
ein Gesetz im Parlament einbringen	introduce a bill to parliament
r Änderungsantrag, ⸚e	amendment
r Zusatzartikel, -	amendment
Das Gesetz zum subventionierten Wohnungsbau ist in Vorbereitung.	The bill on subsidized housing is in preparation.
Sie haben in zweiter Lesung über ein Gesetz beraten. (berät, beriet, hat beraten)	They debated a bill at the second reading.
ein Gesetz *beschließen (beschloss, hat beschlossen) / *verabschieden	pass a bill / law
r Lobbyist, -en // e Lobbyistin, -nen	lobbyist
e Kabinettsumbildung, -en / e Regierungsumbildung, -en	cabinet reshuffle
r Misstrauensantrag, ⸚e	motion of no confidence
Das Parlament wird aufgelöst und Neuwahlen werden angesetzt.	Parliament is being dissolved and an election is being called.
r Rücktritt, -e	resignation
zurücktreten (tritt zurück, trat zurück, ist zurückgetreten)	step down
Dem Minister wurde der Rücktritt nahegelegt.	The minister was put under pressure to resign.
*zwingen (zwang, hat gezwungen)	to force / compel
Der Minister wurde zum Rücktritt gezwungen.	The minister was forced / compelled to step down.
r Nachfolger, - // e Nachfolgerin, -nen	successor

Parteien und Wahlen
Parties and elections

e (politische) *Partei, -en	(political) party
in die Partei eintreten ↔ aus der Partei austreten (tritt aus, trat aus, ist ausgetreten)	join ↔ resign from a party
aus der Partei *ausschließen (schloss aus, hat ausgeschlossen)	expel from the party

r / e **Part_eivorsitzende**, -n	party leader
r Parteipräsident //	party leader
e Parteipräsidentin *schweiz.*	
e Parteimitgliedschaft	party membership
s **Part_eimitglied**, -er ↔	party member ↔ independent
r / e Parteilose, -n	
s Parteibuch	party membership book
e (politische) **Stiftung**, -en	(political) foundation
r ***Pol_itiker**, - // e **Pol_itikerin**, -nen	politician
eine führende SPD-Politikerin	a leading SPD politician
in die *Polit_ik *g_ehen (ging, ist	go into politics / be politically
gegangen) / politisch aktiv sein	active
eine gemeinsame Politik verfolgen	pursue a joint policy
e Parteilinie	party line
r Parteitag, -e	party conference
e Parteibasis	grassroots of a party
die Partei an der Basis verstärken	strengthen the party at the grassroots

The political scene

... in Germany

e CDU = e Christlich-Demokratische *Union (Deutschlands)*	Christian Democractic Union (of Germany)
e CSU = e Christlich-Soziale Union *(Deutschlands)*	Christian Social Union (of Germany) (only in Bavaria)
e FDP = e Freie Demokratische Partei *(Deutschlands)*	Free Democratic Party (of Germany)
Die Grünen = Bündnis 90 / Die Grünen	The Greens = Bündnis 90 / The Greens
e PDS = e Partei des Demokratischen *Sozialismus*	Party of Democratic Socialism
e SPD = e Sozialdemokratische Partei *Deutschlands*	Social Democratic Party (of Germany)

... in Austria

e SPÖ = e Sozialdemokratische Partei *Österreichs*	Social Democratic Party of Austria
e ÖVP = e Österreichische Volkspartei	Austrian People's Party
e FPÖ = e Freiheitliche Partei Östereichs	Freedom Party of Austria
Die Grünen	The Greens

... in Switzerland

e SP = Sozialdemokratische Partei	Social Democratic Party
e FDP = Freisinnig-Demokratische Partei	Free Democratic Party
e CVP = Christlichdemokratische *Volkspartei*	Christian Democratic People's Party
e SVP = Schweizerische Volkspartei	Swiss People's Party
e Grüne = e Grüne Partei	The Greens

e *Mitte / s *Zentrum	centre
eine Mitte-Links-Koalition	a centre-left coalition
r linke ↔ rechte Flügel	left ↔ right wing
r / e Linke, -n ↔ r / e Rechte, -n	leftist ↔ rightist
r / e Rote, -n ↔ r / e Schwarze, -n	red, leftie ↔ Conservative
sozial-demokratisch / liberal / christdemokratisch / konservativ	social-democratic / liberal / Christian-democratic / conservative
kommunistisch / sozialistisch	communist / socialist
nationalistisch / rechtsradikal	nationalist / radical right-wing
e rechtsextreme ↔ linksextreme Partei	extremist right-wing ↔ left-wing party
r Sozialismus	socialism
r Sozialist, -en // e Sozialistin, -nen	socialist
r Genosse, -n // e Genossin, -nen	comrade
sozialistisch	socialist
r Kommunismus	communism
e kommunistische Partei	communist party
e *Wahl, -en / e Abstimmung, -en	election / vote, ballot
r Wahlaufruf, -e	election announcement
e Wählerliste, -n	electoral roll
*wählen	elect, vote
In Bayern wählt die Mehrheit CSU.	In Bavaria the majority votes CSU.
Am nächsten Sonntag wird in Hessen gewählt.	Next Sunday is election day in Hesse.

Federal elections

... in Germany:

Voters have two votes. *Die Erststimme* (first vote) is a direct vote for a candidate from one's constituency on a first-past-the-post basis (= the candidate with the most votes is elected directly to parliament). *Die Zweitstimme* (second vote), the main vote, is cast for a political party on a proportional representation basis (with 656 seats being distributed among the parties according to the percentage of the votes cast). Only parties polling more than five per cent of the second votes (the so-called *Fünf-Prozent-Hürde*) or winning at least three direct seats (with the first votes) get into parliament.

... in Austria:

Each voter can cast one vote for a party. In addition voters can cast a vote of preference for a candidate on the party's list of candidates in their state and in their region.

... in Switzerland:

Voters cast a vote for a candidate, whereby that candidate's party automatically gets a vote too. The final result depends on the total number of votes cast for specific candidates and for the parties.

r **Wähler**, - // e **Wählerin**, -nen	voter
r Jungwähler, - / r Erstwähler, -	young voter, first-time voter
Mit 18 Jahren hat man Wahlrecht. / Wenn man volljährig ist, darf man wählen.	You have the right to vote at 18. / When you come of age, you're allowed to vote.
r Wechselwähler, -	floating voter
e politische Einstellung, -en / e politische Überzeugung, -en	political attitude / political persuasion
s Wählerverhalten	voting / voter behaviour
r **Stimmzettel**	ballot paper
e ***Stimme**, -n	vote
eine **gültige** ↔ **ungültige Stimme** ***abgeben** (gibt ab, gab ab, hat abgegeben)	cast a valid ↔ invalid / spoilt vote
ein Kreuz machen	make a cross
e Stichwahl, -en	runoff (election)
e Briefwahl, -en	postal vote
e Stimmabgabe, -en per Post *schweiz.*	postal vote
r **Wahlkampf**	(election) campaign
r **Kandidat**, -en // e **Kandidatin**, -nen	candidate
sich aufstellen lassen	allow oneself to be nominated / put up for election
kandidieren (für ein Amt)	stand, run (for a post)
e Nominierung, -en	nomination
nominieren	nominate
r **Wahlkreis**	constituency
Er vertritt den Wahlkreis Berlin Mitte.	He represents the Berlin Mitte constituency.
s **Wahlprogramm**, -e	(election) manifesto, platform
Der Parteitag entscheidet über das Wahlprogramm der Partei.	The party conference / convention decides on the party's election manifesto.
e **Meinungsumfrage**, -n	opinion poll
In den Meinungsumfragen liegen die beiden Kandidaten Kopf an Kopf.	The two candidates are neck and neck in the polls.
s **Wahlergebnis**, -se	election result
e **Hochrechnung**, -en	projection
Nach den letzten Hochrechnungen haben wir die Wahl knapp gewonnen ↔ verloren.	According to the latest projections we have narrowly won ↔ lost the election.
Wir haben bei der Wahl gut ↔ schlecht abgeschnitten.	We have done well ↔ badly in the election.
Die Grünen wurden in das Parlament gewählt.	The Greens were elected to parliament.
s **Mandat**, -e / r ***Sitz**, -e	seat
Die CDU errang 270 Sitze.	The CDU won 270 seats.
e Fraktion, -en	parliamentary group / party

Internationale Beziehungen
International relations

e *Bez<u>ie</u>hung, -en	relationship
internation<u>a</u>le / diplom<u>a</u>tische	international / diplomatic
Beziehungen (zu +D)	relations (with)
<u>a</u>bbrechen (bricht ab, brach ab, hat	sever ↔ re-establish / maintain
abgebrochen) ↔ wiederh<u>e</u>rstellen /	
<u>au</u>frechterhalten (erhält aufrecht,	
erhielt aufrecht, hat aufrecht erhalten)	
s *<u>Au</u>sland Sg	foreign countries
im Ausland ↔ im Inland	abroad ↔ at home
e <u>Au</u>ßenpolitik	foreign policy, foreign affairs
außenpolitisch	relating to foreign policy / affairs
r Außenminister, - //	foreign minister, minister of
e Außenminsterin, -nen	foreign affairs
s Auswärtige Amt	foreign office
s Departement für auswärtige	foreign office
Angelegenheiten schweiz.	
e Diplomat<u>ie</u>	diplomacy
r Diplom<u>a</u>t, -en //	diplomat
e Diplom<u>a</u>tin, -nen	
diplom<u>a</u>tisch	diplomatic
e diplomatische Anerkennung	diplomatic recognition
e diplomatische Vertr<u>e</u>tung, -en	diplomatic mission
e B<u>o</u>tschaft, -en	embassy
r B<u>o</u>tschafter, - //	ambassador
e B<u>o</u>tschafterin, -nen	
s Konsul<u>a</u>t, -e	consulate
r / e Gesandte, -n	envoy
r / e Delegierte, -n	delegate
Sie nahm als Vertr<u>e</u>terin ihres Landes an	She took part in the conference as
der Konferenz teil.	the representative of her country.
r Staatsbesuch, -e	state visit
r offiz<u>ie</u>lle ↔ <u>i</u>noffizielle Staatsbesuch	official ↔ unofficial state visit
r St<u>aa</u>tsmann, ⸚er	statesman
s Gipfeltreffen, -	summit
e *Konfer<u>e</u>nz, -en	conference
e Abrüstungskonferenz	disarmament conference
r / e Sonderbeauftragte, -n	special envoy
Er ist in geheimer Mission unterwegs.	He is on a secret mission.
s B<u>ü</u>ndnis, -se / e All<u>ia</u>nz, -en	alliance
ein Bündnis schließen / eingehen	form / enter into an alliance
e Union, -en / e Vereinigung, -en	union
e Staatengemeinschaft, -en /	community of states /
e Völkergemeinschaft	international community
r Staatenbund	confederation

r / e **Verbündete**, -n /	ally
r **Bündnispartner**, -	
e *****Europäische Union** / e **EU**	European Union / EU
die EU-Mitgliedschaft beantragen	apply for membership of the EU
r EU-Anwärter, -	EU candidate
in die EU aufnehmen	admit to the EU
e Gemeinschaft Unabhängiger Staaten /	Commonwealth of Independent
e GUS	States / CIS
die mittel- und osteuropäischen Länder /	the central and eastern European
e MOE-Länder	countries
e Vereinten Nationen / e UNO	United Nations / UNO
r UN-Sicherheitsrat	UN Security Council
e Vollversammlung	General Assembly
r UNO-Generalsekretär	Secretary General of UNO
e NATO	NATO
r **souveräne** Staat	sovereign state
e Souveränität	sovereignty
e *****Krise**, -n	crisis
e **Auseinandersetzung**, -en	dispute
einen *****Streit** / Streitigkeiten beilegen	resolve a dispute
e **angespannte** politische Lage	tense political situation
Die Lage hat sich **entspannt**.	The situation has eased.
e bewaffnete Intervention, -en	armed intervention
e Bedrohung, -en	threat
r Mediator, -en // e Mediatorin, -nen	mediator
schweiz.	
r **Konflikt**, -e (zwischen +*D*)	conflict (between)
e Konfliktpartei, -en	party to a conflict
in einem Konflikt **vermitteln**	act as a mediator in a conflict
einen Konflikt beilegen	settle a conflict
Spannungen abbauen	reduce tensions
e Entspannungspolitik	policy of détente
e politische *****Lösung**, -en	political solution
e Normalisierung der Beziehungen	normalization of relations
e Wirtschaftssanktion, -en	economic sanctions
s **Embargo**, -s	embargo
s Handelsembargo	trade embargo
ein Handelsembargo verhängen ↔	impose ↔ lift a trade embargo
aufheben	
e **Verhandlung**, -en	negotiations
verhandeln / Verhandlungen führen	negotiate / conduct negotiations
(mit)	(with)
r **Vermittler**, - //	mediator
e **Vermittlerin**, -nen	
s Kommunikee /	communiqué
Kommuniqué [kɔmyni'ke:]	
ein Kommunikee veröffentlichen	issue a communiqué

r **Kompromiss**, -e	compromise
einen Kompromiss eingehen	agree on a compromise
Sie haben nach zehn Verhandlungsstunden einen Durchbruch erzielt.	After ten hours of negotiations they achieved a breakthrough.
sich **einig** *werden (wird, wurde, ist geworden) / zu einer Einigung gelangen	reach agreement
r *Vertrag, ⁼e	treaty
r Freundschaftsvertrag	treaty of friendship
r Atomwaffensperrvertrag	(nuclear) nonproliferation treaty
einen Vertrag aushandeln	negotiate a treaty
e *Bedingung, -en	condition
unterzeichnen / *abschließen (schloss ab, hat abgeschlossen)	sign / conclude
ratifizieren	ratify
Staatsverträge werden durch den Bundestag ratifiziert.	Treaties must be ratified by the Bundestag.
s **Abkommen**, -	agreement, accord
s Waffenstillstandsabkommen / s Friedensabkommen	a cease-fire / peace agreement
r Friedensplan	peace plan
e UN-Friedenstruppe, -n	UN peacekeeping force
s Völkerrecht	international law
e Auslandshilfe, -n	foreign aid
e **Entwicklungshilfe**	development aid
Entwicklungsgelder Pl	development aid funds
Hilfe zur Selbsthilfe	help given to help people help themselves

In some developing countries there is still, according to UNESCO, low life expectancy (*niedrige Lebenserwartung*) and high infant mortality (*Kindersterblichkeit*). UNESCO also campaigns for an end to child labour (*Kinderarbeit*), street children (*Straßenkinder*), illiteracy (*Analphabetentum*), infectious diseases (*Infektionskrankheiten*), epidemics (*Seuchen*), hunger (*Hunger*) and diet deficiency (*Mangelernährung*) and malnutrition (*Unterernährung*).

Wirtschaft
Economy

e *Wirtschaft / e Ökonomie	economy
in der Wirtschaft tätig sein	be engaged in business
r **Wirtschaftszweig**	branch of business / the economy
r Wirtschaftsminister, - // e Wirtschaftsministerin, -nen	minister for economic affairs

r Wirtschaftswissenschaftler, - //	economist
e Wirtschaftswissenschaftlerin, -nen /	
r Ökonom, -en //	
e Ökonomin, -nen	
r Betriebswirt, -e //	graduate in business management
e Betriebswirtin, -nen	
r Wirtschaftsexperte, -n //	economic expert
e Wirtschaftsexpertin, -nen	
s Wirtschaftssystem, -e	economic system
e Soziale Marktwirtschaft	social market economy
e Planwirtschaft	planned economy
r *Markt, ⸚e	market
e freie Marktwirtschaft	free-market economy
e Globalisierung der Märkte /	globalization of markets / free
r freie Welthandel	world trade
im Zeitalter der Globalisierung	in the age of globalization
r Globalisierungsgegner, -	anti-globalisation activist
neue Märkte erschließen	open up new markets
sich auf dem Weltmarkt behaupten	survive in the global marketplace
r Wirtschaftsaustausch	economic exchange
Die *Grundlage unserer	The basis of our cooperation is
Zusammenarbeit ist	economic exchange.
Wirtschaftsaustausch.	
s Industrieland, ⸚er ↔	industrialized ↔ developing
s Entwicklungsland, ⸚er	country
s Schwellenland, ⸚er	newly industrializing country
s Dritte-Welt-Land	Third-World country
Geberländer ↔ Nehmerländer (in der EU)	(country that is a) net contributor
	↔ beneficiary (in the EU)
r Wirtschaftsraum	economic area
r Wirtschaftsstandort	location of industry and
	commerce
s Wirtschaftsabkommen, -	economic agreement, trade
	convention
r Europäische Binnenmarkt	Single European Market
e Währung, -en	currency
Geld wechseln / umtauschen	change / exchange money
r *Euro, -s ['oyro] / r *Cent, -s	euro / cent
[tsent auch sent]	
r *Schweizer Franken / r *Rappen, -	Swiss franc / centime
r US Dollar, -s	US dollar
e Europäische Zentralbank / e EZB	European Central Bank / ECB
e Landeszentralbank	state / regional central bank
e Freihandelszone, -n	free trade area
Handelsschranken beseitigen ↔	remove ↔ erect trade barriers
errichten	
s Handelsembargo, -s	trade embargo
r Handelspartner, -	trading partner

r *Handel	trade
r Binnenhandel ↔ Außenhandel	domestic ↔ foreign trade
r *Import / e Einfuhr, -en ↔	import ↔ export
r *Export / e Ausfuhr, -en	
r Zoll	customs (duty)
e Abfertigung beim Zoll	customs clearance
wirtschaftlich / ökonomisch	economic(ally)
e Wirtschaftspolitik	economic policy

Reconstruction programme in the former East Germany

In October 1990, the year of East and West German reunification, East Germany was unable to compete economically – after decades of planned economy by the state. Since then, various steps, and great efforts have been taken to stimulate and boost the economy in the former East Germany, for example by means of the *Solidaritätspakt* (solidarity pact).

e Wirtschaftskrise, -n	economic crisis
e Weltwirtschaftskrise	the (Great) Depression
Die Wirtschaftskrise hat das Kaufverhalten *beeinflusst.	The economic crisis has affected people's willingness to spend.
s Wirtschaftswachstum ↔ e Stagnation / e Wirtschaftsflaute *ugs.*	economic growth ↔ stagnation
Die Wirtschaft / Die Konjunktur erholt sich schnell ↔ nur langsam.	The economy is recovering fast ↔ only slowly.
die Wirtschaft ankurbeln / in Schwung bringen	boost the economy / get the economy going
r Aufschwung ↔ r Abschwung	upturn ↔ downturn
Der Aufschwung bleibt vorerst aus ↔ setzt bald ein.	The upturn is still to come ↔ will soon start.
Es geht mit der Wirtschaft wieder bergauf ↔ bergab.	The economy is looking up ↔ going downhill.
Die Preise sind stabil.	Prices are stable.
Die Produktivität ist hoch ↔ niedrig.	Productivity is high ↔ low.
Die Außenhandelsbilanz ist gut ↔ schlecht.	The balance of trade is good ↔ bad.
Die Arbeitslosenzahlen sind niedrig ↔ hoch.	The unemployment figures are low ↔ high.
r Arbeitsmarkt, ⸚e	labour market
e Liberalisierung des Arbeitsmarktes	liberalization of the labour market
e Konjunktur	(state of the) economy
Die neuesten Konjunkturdaten besagen, dass …	The latest data on the state of the economy indicate that …
e Rezession / r Konjunkturrückgang	recession / decline in economic activity
e *Inflation ↔ e Deflation	inflation ↔ deflation
e Inflationsrate, -n	inflation rate
e schleichende ↔ galoppierende Inflation	creeping ↔ galloping inflation

e wirtschaftliche Stagnation	economic stagnation
r *Haushalt / r Haushaltsplan /	budget
r Etat [e'ta:] / s Budget [by'dʒe:]	
den Haushalt ausgleichen	balance the budget
den Haushaltsplan verabschieden ↔	approve ↔ reject the budget
ablehnen	
s Haushaltsjahr, -e	financial year
r Staatshaushalt	national budget
Staatsgelder Pl	public funds
e Bilanz, -en	balance sheet
e Ausgaben ↔ e Einnahmen	expenditure ↔ income
Soll ↔ Haben	debit ↔ credit
s Haushaltsdefizit ↔ r Überschuss	budget deficit ↔ surplus
r ausgeglichene Haushalt	balanced budget
Schulden Pl	debts
sich verschulden	get into debt
in den roten ↔ schwarzen Zahlen sein /	be in the red ↔ black
rote ↔ schwarze Zahlen schreiben	
bankrott / pleite sein	be bankrupt / have gone bust
Wir sind pleite und müssen die Firma	We have to close down our
*schließen (schloss, hat geschlossen) /	business / firm because we have
zusperren österr.	gone bust.
Konkurs anmelden / in Konkurs gehen	file for bankruptcy / go bankrupt
s Insolvenzverfahren, -	insolvency proceedings
Staatsschulden Pl /	national debt
e Staatsverschuldung	
Der Staat muss zuerst einen Teil des	The state first has to discharge part
Schuldenbergs abtragen / seine Schulden	of the mountain of debts / pay
abbezahlen.	off its debts.
Die Zahlungsbilanz dieser Firma ist gut ↔	This company's balance of
schlecht.	payments is good ↔ bad.
gut ↔ schlecht wirtschaften	manage one's money / affairs well
	↔ badly
*finanziell gut ↔ schlecht dastehen	be in a financially good ↔ bad
	position
verschwenderisch ↔ *sparsam sein	be wasteful ↔ thrifty
*sparen	save
s Sparprogramm, -e /	austerity programme / economy
e Sparmaßnahme, -n	measure
die Zinsen senken ↔ anheben (hob an,	cut ↔ raise / drive up interest rates
hat angehoben) / in die Höhe treiben	
Subventionen abbauen / streichen	reduce / cut subsidies
e Volkswirtschaft	national economy
r Volkswirtschaftler, - //	economist
e Volkswirtschaftlerin, -nen	
Ist es volkswirtschaftlich sinnvoll, die	Does it make economic sense to
Steuern zu erhöhen?	raise taxes?
e *Steuer, -n	tax

Steuergelder *Pl*	taxes
e *Reform, -en / e Steuerreform	reform / tax reform
Steuern *erhöhen ↔ senken	raise ↔ lower taxes
r niedrige ↔ hohe Steuersatz, ⁼e	low ↔ high rate of tax
e Steuereinnahme, -n	taxation revenue
e Steuerbefreiung, -en	tax exemption
s Bruttosozialprodukt	gross national product
s Bruttoinlandsprodukt / s BIP	gross domestic product / GDP
e Dienstleistung	service
r Dienstleistungsbereich /	service sector
r Dienstleistungssektor	
e Landwirtschaft	agriculture
e *Produktion, -en	production
die Produktion steigern ↔	increase ↔ decrease / wind down
senken / herunterschrauben	production
*herstellen / *produzieren	produce
s *Produkt, -e / s Erzeugnis, -se	product
neue Produkte auf den Markt bringen	launch new products
e Produktpalette, -n / s Sortiment	product range
r Marktanteil	market share
e *Industrie, -n	industry
e Chipindustrie / e Halbleiterindustrie	chip / semiconductor industry
e chemische / pharmazeutische Industrie	chemical / pharmaceutical industry
e Automobilindustrie	car industry
e *Fabrik, -en / s *Werk, -e	factory / plant
s Handwerk	craft professions, trade, service sector
s Unternehmen, - / r Betrieb, -e	enterprise, concern / business, firm
ein privates / staatliches Unternehmen	private / state enterprise
s kleine Unternehmen /	small firm / large concern
s Großunternehmen	
s Familienunternehmen	family business
s mittelständische Unternehmen	medium-sized business
r / e Selbstständige, -n	self-employed person, freelancer
e Privatwirtschaft	private sector
r multinationale / internationale	multinational / international
Konzern, -e	concern
e *Firma, Firmen	firm
eine Firma *gründen	set up a firm
e Firmengründung, -en /	setting up of a business / of a
e Existenzgründung, -en	self-employed business
s Start-up, -s / s Start-up-Unternehmen, -	start-up / start-up company
s Startkapital / s Eigenkapital /	starting capital / equity capital /
s Fremdkapital	outside capital
s staatliche Fördergeld	government (development) funding

Seine Firma ist finanziell gut ausgestattet. His firm has a sound financial base.
e **Fusion**, -en / merger / amalgamation (of
r Zusammenschluss, ⸚e (von Firmen)   companies)
fusionieren merge, amalgamate
e feindliche Übernahme, -n hostile takeover

GmbH = Gesellschaft mit beschränkter Haftung	limited company
AG = Aktiengesellschaft	public limited company, stock corporation
KG = Kommanditgesellschaft	limited partnership
GbR = Gesellschaft bürgerlichen Rechts	non-trading partnership, civil corporation

s *Angebot, -e supply
e *Nachfrage, -n / r *Bedarf demand
*steigen (stieg, ist gestiegen) ↔ rise ↔ drop / fall
zurückgehen (ging zurück, ist
zurückgegangen) / *fallen (fällt, fiel,
ist gefallen)
*zunehmen ↔ *abnehmen (nimmt ab, increase ↔ decrease
nahm ab, hat abgenommen)
Der Handel mit Bananen geht zurück / The trade in bananas is falling
stagniert. off / stagnating.
r *Preis, -e price
Die Benzinpreise steigen ↔ fallen wieder. Petrol / Gas prices are increasing
↔ falling again.
Die Benzinpreise sind gerade günstig ↔ Petrol prices are reasonable ↔ very
sehr hoch. high at the moment.
r Umsatz, ⸚e turnover, sales
Die Umsätze sind dieses Jahr gering This year's turnover has remained
geblieben ↔ übersteigen die Erwartungen. low ↔ exceeded expectations.
r *Gewinn, -e / r Profit, -e [auch pro'fɪt] profit ↔ loss
↔ r *Verlust, -e
Dieses Jahr ist der Gewinn um 10 % Profits this year have risen by
gestiegen. 10%.
e Dividende, -n / dividend / divident payment
e Dividendenzahlung
Der Gewinn wurde ausgeschüttet ↔ Profits were distributed ↔
einbehalten. withheld.

The value of a business

e Vermögenslage	financial situation
e Ertragslage	profit situation
e Finanzlage	financial situation
e Innovation, -en	innovation
e Investition, -en	investment

s Management	management
e Firmenorganisation /	company organization /
s Organigramm	organization chart, organigram
e Produktpalette	product range
e Wettbewerbsposition	competitive position
r verantwortliche Umgang mit Ressourcen	responsible handling of resources

e Aktie, -n	share
Die Aktien sind zu 51 % in Familienbesitz.	51% of the shares are owned by the family.
Die Mehrheit (der Aktien) hält der Firmengründer.	The founder of the firm is the majority shareholder.
r *Kurs, -e / r Aktienkurs	price / share price
Die Allianz-Aktien steigen ↔ fallen.	Allianz stock is rising ↔ falling.
s *Risiko, Risiken	risk
e Spekulation, -en	speculation
e Börse, -n	stock exchange
r Aktienhandel / s Aktiengeschäft	share trading / share business
r DAX® / r Deutsche Aktienindex	[average stock index of 30 major German companies]
r Aktionär, -e // e Aktionärin, -nen	shareholder
r Kleinaktionär / r Großaktionär	minor / major shareholder
e Hauptversammlung, -en	shareholders' meeting
s Stimmrecht, -e	right to vote
r Anlageberater, - // e Anlageberaterin, -nen	investment advisor
s Vermögen	wealth, assets
r Vermögensberater, - // e Vermögensberaterin, -nen	financial consultant
Er hat einen Großteil seines Vermögens mit Aktien gemacht.	He made a large part of his fortune with shares.
s Staatsvermögen / s Privatvermögen	government assets / private fortune
r Reichtum / r Wohlstand ↔ e Armut	wealth / prosperity ↔ poverty
*reich / wohlhabend ↔ *arm (ärmer, ärmst-) / minderbemittelt	rich / prosperous ↔ poor / less well-off
r hohe ↔ niedrige Lebensstandard	high ↔ low standard of living
e Korruption	corruption
s Schwarzgeld, -er	illegal contributions
jn bestechen (besticht, bestach, hat bestochen)	bribe sb

Steuern
Taxation

e *Steuer, -n / e Abgabe, -n	tax
direkte ↔ indirekte Steuern	direct ↔ indirect taxes
e Mehrwertsteuer (= MWSt)	value-added tax (= VAT)
Alle Preise verstehen sich inklusive / einschließlich ↔ ohne Mehrwertsteuer.	All prices are inclusive ↔ exclusive of VAT.
mehrwertsteuerfrei	exempt from VAT
s Finanzamt	tax office, taxman
s Steueramt schweiz.	tax office, taxman
r Fiskus / e Staatskasse	treasury
Steuergelder Pl	taxes, tax revenue, taxpayers' money
Steuergelder verschwenden ↔ sinnvoll verteilen / verwenden	waste taxpayers' money ↔ distribute / use taxpayers' money in a sensible way
r Bundesrechnungshof	Federal Audit Office
r Bund der Steuerzahler	Taxpayers Association
e Steuerreform	tax reform
s Steueraufkommen	tax yield
e Steuereinnahme, -n	tax revenue
Steuern *erhöhen ↔ senken	raise / increase ↔ reduce / lower / cut taxes
e Steuererhöhung, -en ↔ e Steuersenkung, -en	tax increase ↔ tax cut
hohe ↔ niedrige Steuern zahlen / abführen	pay high ↔ low taxes
e Steuererleichterung, -en	tax relief
Steuern eintreiben	collect taxes

Taxes

e Mehrwertsteuer	value added tax
e Umsatzsteuer	turnover / sales tax
e Lohnsteuer	income tax [on wages and salaries]
e Einkommensteuer	income tax
e Ökosteuer	eco-tax
e Körperschaftssteuer	corporation tax
e Erbschaftssteuer	inheritance tax
e Vermögenssteuer	wealth tax, net worth tax
e Vergnügungssteuer	entertainment tax
e Gemeindesteuer	local tax
e Kirchensteuer	church tax
e Energiesteuer / Mineralölsteuer	energy tax / tax on oil
e Grundsteuer	property tax

| e Ausfuhrsteuer | export duty |
| e Einfuhrsteuer | import duty |

r Steuerzahler, -	taxpayer
e Steuerklasse, -n	tax group / bracket
brutto ↔ **netto**	gross ↔ net
Ich verdiene monatlich 3.000 Euro brutto, das sind ungefähr 1.800 Euro netto.	I earn 3,000 euros a month before tax, that's about 1,800 euros after tax.
s Nettoeinkommen / s Bruttoeinkommen	net income / gross income
e Steuerprogression	tax progression
r Steuersatz, ⸚e	tax rate
r Grenzsteuersatz ↔ r Spitzensteuersatz	threshold-level tax rate ↔ top tax rate
e **Steuererklärung**	tax return
die Steuererklärung abgeben	submit an income tax return
e Veranlagung (durch das Finanzamt)	assessment (by the tax authorities)
Sie kann den Computer **von der Steuer absetzen**.	Her computer is tax-deductible.
Ist das steuerlich absetzbar?	Is that deductible?
r Steuerfreibetrag, ⸚e	tax-free allowance
e Abschreibung	write-off, depreciation
e **Spende**, -n	donation to charity
e Steuervergünstigung, -en	tax break
r **Steuerbescheid**, -e	tax assessment
e Steuerrechnung, -en *schweiz.*	tax assessment
e Steuerrückerstattung, -en	tax refund
Sie haben Anspruch auf eine Erstattung.	You are entitled to a refund.
e Steuervorauszahlung, -en	advance tax payment
steuerfrei ↔ **steuerpflichtig**	tax-free ↔ liable to tax
e **Buchhaltung** / e Buchführung	bookkeeping
s Rechnungswesen	accountancy, accounting
r Wirtschaftsprüfer, - // e Wirtschaftsprüferin, -nen	accountant, auditor
r **Steuerberater**, - // e **Steuerberaterin**, -nen	tax consultant
s Steuerrecht	tax law
Steuern hinterziehen	evade tax
e Steueroase / s Steuerparadies	tax haven
s **Schwarzgeld**	illegal earnings
e Steuerfahndung	tax investigation
r Steuerfahnder, - // e Steuerfahnderin, -nen	tax investigator
e Selbstanzeige, -n	self-denunciation

e Steuerprüfung	tax inspection
r Steuerprüfer, - //	tax inspector, auditor
e Steuerprüferin, -nen	

Sozialstaat
Welfare state

r **Sozialstaat** / r Wohlfahrtsstaat	welfare state
***sozial**	social
s soziale Netz	social safety net
sozial abgesichert sein	be protected by the social security system
r Sozialabbau	cuts in social services
Sozialabgaben Pl	social security contributions
r Arbeitgeberanteil /	employer's contribution /
r Arbeitnehmeranteil	employee's contribution
e **Sozialleistung**, -en	social welfare benefit
kürzen ↔ **anheben** (hob an, angehoben)	cut / reduce ↔ raise
streichen (strich, hat gestrichen)	cancel, withdraw
s **Kindergeld**	child benefit
e Familienbeihilfe /	child benefit
e Kinderbeihilfe österr.	

In Germany and Austria every household with children, irrespective of income, is entitled to monthly child benefit (*Kindergeld / Kinderbeihilfe (österr.)*). For the first two children it is less than for the third and fourth child. The state also grants parents a tax-free allowance (*Steuerfreibetrag*).

s ***Amt**, ¨er	office, department
s **Sozialamt**	social services, welfare office
s **Wohnungsamt**	housing department

Germans are entitled to the following **forms of government support** (in 2003):

e Sozialhilfe	income support, welfare assistance
s Wohngeld	housing benefit, rent subsidy
e Sozialwohnung, -en	council housing, project housing
s Krankengeld	sickness benefit
s Pflegegeld	care allowance
s Arbeitslosengeld	unemployment benefit
e Arbeitslosenhilfe	unemployment assistance
s Mutterschaftsgeld / r Mutterschaftsurlaub /	maternity allowance / leave
s Wochengeld (österr.) / e Karenz (österr.)	
s Erziehungsgeld /	child benefit [paid after birth while
s Kinderbetreuungsgeld (österr.)	parent is not working]

e **Arbeitslosenversicherung**	unemployment insurance
e **Krankenversicherung** /	medical insurance / health
e *****Krankenkasse**	insurance
e **Pflegeversicherung**	nursing-care insurance
r (1,5 fache) Pflegesatz	(1.5 times the) (daily) rate for hospital charges for people in nursing care
e **Rentenversicherung**	pension scheme, retirement insurance
e AHV / e Alters- und Hinterbliebenenversicherung *schweiz.*	pension scheme, retirement insurance
e Bundesversicherungsanstalt für Angestellte / e BfA	Federal Insurance Office for Salaried Employees
e *****Rente** / e *****Pension** *südd., österr.* / r Ruhestand	pension
Wann sind Sie in Rente gegangen? – Erst mit 65. / Schon mit 55.	When did you retire? – Not until 65. / At 55.

Recht und Gesetz
Law

s *****Recht**, -e	law
r **Gesetzgeber** / e Legislative	legislator / legislature
e Rechtssprechung / e Judikative	administration of justice / judiciary
s Recht auf freie Meinungsäußerung	right of free speech
s **Strafrecht**	criminal law
s Strafgesetzbuch / s StGB	criminal / penal code
s **Zivilrecht**	civil law
e Zivilprozessordnung / e ZPO	Code of Civil Procedure, Civil Practice Act
s internationale Recht	international law
nach geltendem Recht	in accordance with the law (as it now stands)

s *Arbeitsrecht*	labour / industrial law
s *bürgerliche Recht*	civil law
s *Erbrecht*	law of inheritance
s *Familienrecht*	family law
s *Gesellschaftsrecht*	company law
s *Grundrecht*	basic right
s *Handelsrecht*	commercial law
s *Menschenrecht*	human right
s *Mietrecht*	law of landlord and tenant
s *Patentrecht*	patent law
s *Privatrecht*	private / civil law

s Sachenrecht	law of property
s Schuldrecht	law of obligations
s Staatsrecht	public / constitutional law
s Steuerrecht	tax law
s Strafrecht	criminal law
s Urheberrecht	copyright law
s Verbraucherrecht	consumer law
s Verfassungsrecht	constitutional law
s Verkehrsrecht	traffic law
s Verlagsrecht	copyright / publishing law
s Verwaltungsrecht	administrative law
s Zivilrecht	civil law

s *Gesetz, -e	law
öffentlich-rechtliche Gesetze	public laws
privat-rechtliche Gesetze	private laws
s **Grundgesetz**	Basic Law
e Bundesverfassung schweiz.	Basic Law
s **Gesetzbuch**, ⸚er / s Bürgerliche Gesetzbuch / s BGB	statute book / Civil Code
s Zuwanderungsgesetz	Immigration Act
s Jugendschutzgesetz	Protection of Young Persons Act
r Gesetzestext, -e	wording / text of a law
Gesetze **einhalten** (hält ein, hielt ein, hat eingehalten) / respektieren ↔ *brechen (bricht, brach, hat gebrochen) / übertreten	obey / respect ↔ break / violate laws
Immer wieder verstößt er gegen das Gesetz.	He flouts the law time and time again.
gesetzlich / **legal** ↔ **ungesetzlich** / **illegal** [auch ıle'ga:l]	legal ↔ illegal
rechtlich zulässig ↔ unzulässig	admissible ↔ inadmissible
r Gesetzesbrecher, - // e Gesetzesbrecherin, -nen ↔ r Gesetzeshüter, - // e Gesetzeshüterin, -nen	law-breaker ↔ long arm / guardian of the law
Er handelte **gesetzwidrig** ↔ **gesetzmäßig**.	He acted unlawfully ↔ lawfully.
e **Justiz**	legal authorities
s Justizministerium	ministry of justice
e Justizbehörde	legal authorities
e Anwaltskammer, -n	law society
r **Jurist**, -en // e **Juristin**, -nen	lawyer
Er studiert **Jura** / Rechtswissenschaften.	He is studying law.
s *Gericht, -e	court (of law)
s Gerichtsgebäude, -	court house

r Gerichtssaal, ⸚e	court room
Sie gehen damit vor Gericht.	They're taking that to court.
s zuständige Gericht	court of jurisdiction
s Bundesverfassungsgericht	Federal Constitutional Court
s **ordentliche Gericht**	court exercising civil and criminal jurisdiction
s **Verwaltungsgericht**	administrative court
e erste / zweite **Instanz**, -en	court of original jurisdiction / appeal court
durch die Instanzen gehen	go through the courts
r **Richter**, - // e **Richterin**, -nen	judge
Sie ist Richterin am Amtsgericht.	She is a judge at the magistrates'/district court.
r Verfassungsrichter, -	constitutional court judge
r Familienrichter / r Jugendrichter	family court judge / juvenile court judge
r Beisitzer, - // e Beisitzerin, -nen	assessor, associate judge
r Schöffe, -n // e Schöffin, -nen	lay judge, assessor
r Laienrichter, - // e Laienrichterin, -nen *schweiz.*	lay judge, assessor
r Schlichter, - // e Schlichterin, -nen	arbitrator, mediator
r Mediator, -en // e Mediatorin, -nen	mediator
e **Anklage** ↔ e **Verteidigung**	prosecution ↔ defence
e **Staatsanwaltschaft**, -en / e Anklagebehörde, -n	public prosecutor's office, prosecuting attorney's office / public prosecutor, prosecuting authority
Die Staatsanwaltschaft ermittelt bereits in diesem Fall.	The prosecutor's / attorney's office has already taken up the case.
r **Staatsanwalt**, ⸚e // e **Staatsanwältin**, -nen	prosecuting counsel, prosecuting attorney
r **Rechtsanwalt**, ⸚e // e **Rechtsanwältin**, -nen / r ***Anwalt**, ⸚e // e **Anwältin**, -nen	lawyer, solicitor, attorney, barrister
r **Verteidiger**, - // e **Verteidigerin**, -nen	defence counsel
r Pflichtverteidiger, - // e Pflichtverteidigerin, -nen	court-appointed defence counsel
r Rechtsschutz	legal protection
e Rechtsschutzversicherung	legal costs insurance
e **Kanzlei**, -en / e Anwaltskanzlei	law firm, office (of a lawyer)
Die Firma hat die Angelegenheit ihrem Rechtsanwalt übergeben.	The company has placed the matter in the hands of its solicitor.
Nehmen Sie sich am besten einen Rechtsanwalt.	You should take legal advice.
Ich bestehe auf einem Rechtsbeistand.	I insist on access to a lawyer.
e Vernehmung, -en / s Verhör, -e	examination, questioning

jn **verhören**	question sb
Sie wurde **eingesperrt**, aber aus Mangel an Beweisen wieder **freigelassen**.	She was jailed but freed for lack of evidence.
e Untersuchungshaft	remand, pre-trial detention
Er ist in Untersuchungshaft.	He's on remand.
e **Kaution**, -en / e Sicherheitsleistung, -en	bail
Der Firmenchef wurde gegen Kaution freigelassen.	The boss of the firm was released on bail.
e **Klage**, -n (gegen +A)	action, suit, charge, proceedings (against)
e Klageschrift, -en	(list of) charge(s), statement of claim
r Mahnbescheid, -e	(court) order to pay
e Verfügung, -en	writ
r Vollstreckungsbescheid, -e	enforceable default summons
r **Kläger**, - // e **Klägerin**, -nen ↔ r / e **Beklagte**, -n	plaintiff ↔ defendant, respondent
r / e Geschädigte, -n	injured party
verklagen / eine Klage einreichen	sue, take to court / institute proceedings, bring an action
Sie verklagte die Firma auf Schadenersatz.	She sued the company for damages.
Wir werden **gerichtlich** gegen ihn vorgehen.	We will take action against him.
e **Anklage**, -n	charge
e Anklageschrift, -en	indictment
Die Anklage lautet auf Mord.	The charge is murder.
anklagen	to charge
Er wurde des Totschlags angeklagt.	He was charged with manslaughter.
r / e **Angeklagte**, -n	accused, defendant
r Anklagesteller, - // e Anklagestellerin, -nen	accuser
r Klagegegner, - // e Klagegegnerin, -nen	defendant
r *Prozess, -e / s *Verfahren, - / s Gerichtsverfahren, - / e Gerichtsverhandlung, -en	trial, case / proceedings / legal / court proceedings / trial, hearing

Court proceedings

Die Verhandlung wird eröffnet / unterbrochen / vertagt / geschlossen.	The trial / hearing is opened / interrupted / adjourned / closed.
*Ein neuer *Termin wird anberaumt auf den 12. April 2003, 15 Uhr.*	A new date for the hearing is fixed for 12th April 2003, at 3 pm.
*Der Kläger stellt *Antrag aus dem Schriftsatz V 654-04 vom 2. 8. 2003.*	The plaintiff enters a petition from the written statement V 654-04 of 2. 8. 2003.

Der Beklagte beantragt kostenpflichtige Klageabweisung.	The accused files an application for dismissal of the suit with costs.
Wir verhandeln in Sachen Müller gegen Meier.	We are hearing the case Müller against Meier.
Einspruch stattgegeben ↔ abgelehnt!	Objection upheld ↔ overruled.
Sie stehen unter Eid.	You are under oath.
Ihr Plädoyer, Herr Staatsanwalt.	Your summing up, counsel for the prosecution.

r *Z**eu**ge, -n // e Z**eu**gin, -nen	witness
r Belastungszeuge ↔ r Entlastungszeuge	witness for the prosecution ↔ defence
auss**a**gen / eine Aussage machen	testify / make a statement
Sie muss vor Gericht erscheinen.	She has to appear in court.
einen Zeugen ins Kreuzverhör nehmen	cross-examine a witness
schwören / einen Eid ablegen	swear / take an oath
e *W**a**hrheit ↔ e *L**ü**ge, -n	truth ↔ lie
Er hat *****offenbar doch die Wahrheit gesagt.	He was obviously telling the truth after all.
r M**ei**neid, -e	perjury
Sie steht wegen Meineids vor Gericht.	She's on trial for perjury.
r Offenbarungseid	oath of disclosure
Sie musste einen Offenbarungseid ablegen.	She had to swear an oath of disclosure.
r *Bew**ei**s, -e	proof, evidence
ein stichhaltiger ↔ widerlegbarer Beweis	conclusive / irrefutable ↔ refutable evidence
e Beweisführung	presentation of the evidence
s Ind**i**z, -ien	piece of circumstantial evidence
Die Indizien sprechen eindeutig dafür ↔ dagegen.	The circumstancial evidence supports ↔ doesn't support it.
e DNA-Anal**y**se, -n	DNA analysis
unschuldig ↔ *schuldig	innocent ↔ guilty
Bis die Schuld erwiesen ist, gilt man als unschuldig.	You're assumed to be innocent until proved guilty.
s *U**r**teil, -e	verdict
*ver**u**rteilen	to sentence
sch**u**ldig *spr**e**chen (spricht, sprach, hat gesprochen)	find guilty
Sie wurde wegen Betruges zu drei Monaten Gefängnis verurteilt.	She was sentenced to three months imprisonment for fraud.
verknacken *ugs.* / verdonnern *ugs.*	put inside / sentence

Verdicts

Im Namen des Volkes ergeht folgendes Urteil:	In the name of the people judgement is pronounced as follows:
Der Angeklagte ist schuldig eines Verbrechens / eines vorsätzlichen Vergehens gemäß Paragraph 88 Strafgesetzbuch / StGB.	The accused is found guilty of a crime / a wilful offence according to paragraph 88 of the penal code.
*wegen mildernder Umstände	due to mitigating circumstances
wegen verminderter Zurechnungsfähigkeit	due to diminished responsibility
eine Geldstrafe über 3.000 Euro	a fine of 3,000 euros
eine Verwarnung	a warning, caution
drei Jahre Freiheitsstrafe mit / ohne Bewährung	a three-year suspended prison sentence / a three-year prison sentence without probation
acht Jahre Gefängnisstrafe	eight years imprisonment
lebenslänglich	life imprisonment
e Todesstrafe (nicht in der EU)	death penalty (not in the EU)
Im *Zweifel für den Angeklagten. / In dubio pro reo.	In doubt for the accused. / In dubio pro reo.
Der Angeklagte wird mangels Beweisen freigesprochen.	The accused is acquitted for lack of evidence.
Die *Kosten trägt der Angeklagte / die Staatskasse.	The accused / public purse shall bear the costs.
Die Klage wird abgewiesen.	The case is dismissed.
Die Parteien einigen sich außergerichtlich.	The parties have reached a settlement out of court.
Das Urteil ist rechtskräftig.	The verdict is final.
Wir gehen in die Berufung.	We are going to appeal.

den Prozess ***verlieren** (verlor, hat verloren) ↔ ***gewinnen** (gewann, hat gewonnen)	lose ↔ win the case
e ***Strafe**, -n	penalty
e Jugendstrafe, -n	youth custody sentence
*bestrafen	punish, sentence
gerecht ↔ **ungerecht**	just ↔ unjust
*leicht / mild ↔ ***hart** (härter) / ***hoch** (höher, höchst-)	light / mild ↔ hard / severe
ein hohes ↔ niedriges Strafmaß	a harsh ↔ light sentence
gegen das Urteil **Berufung einlegen** / in Revision gehen	lodge an appeal against the verdict / go to appeal
r **Justizirrtum**, ⸚er	miscarriage of justice
Das Urteil wird aufgehoben.	The verdict is quashed.
s **Gefängnis**, -se / e Justizvollzugsanstalt, -en	prison

r offene ↔ geschlossene Strafvollzug	open ↔ closed penal system
e Resozialisierung /	reintegration into society
e Wiedereingliederung	
e Jugendhaftanstalt, -en	youth detention centre
hinter Gittern sein / sitzen	be behind bars
eine Strafe absitzen / verbüßen	serve a sentence
r / e (entkommene)	(escaped) convict
Strafgefangene, -n	
r Sträfling, -e	prisoner
e **Zelle**, -n	cell
e Einzelhaft	solitary confinement
r / e Entlassene, -n	released prisoner

Das Recht des Stärkeren.	The law of the jungle.
Alles was recht ist!	There's a limit.
Das geschieht dir recht!	It serves you right!
Die Kinder sind so still, sieh doch mal	The children are so quiet, see if
nach dem Rechten.	everything's all right.
Man kann es nicht allen recht machen.	You can't please everyone.

Polizei
Police

e ***Polizei**	police
Er ist bei der Polizei.	He's in the police.
r ***Notruf** / 110 anrufen	emergency call / dial 110
die Polizei ***rufen** (rief, hat gerufen) /	call / get / inform the police
*holen / verständigen	
Hilfe! / Polizei!	Help! / Police!
r Polizeieinsatz, ÷e	police operation
e **Polizeikontrolle**, -n	police check
Ein Polizist hat mich angehalten. Ich	A policeman stopped me. I had to
musste rechts ranfahren.	pull in.
s Verkehrsdelikt, -e	traffic offence
Tut mir Leid, das Schild habe ich nicht	Sorry, I didn't see the sign.
gesehen.	
r Falschparker, -	parking offender
r **Strafzettel**, - / e Busse, -n *schweiz.*	(parking / speeding) ticket
Strafzettel verteilen	hand out (parking / speeding)
	tickets
einen Strafzettel bekommen	get a (parking / speeding) ticket

Tasks of the police

*Verbrechen bekämpfen	fight crime
Verbrechen vorbeugen und verhindern	prevent crime
Verbrechen *aufklären	solve crimes
Nachforschungen anstellen	carry out investigations
Verbrecher verfolgen und *fassen	track and catch criminals
*Eigentum und die *Bevölkerung *schützen	protect property and the population
Verkehrsdelikte ahnden	punish traffic offences
die Bevölkerung aufklären	inform/educate the public
die Bevölkerung *warnen	warn the public

s **Polizeipräsidium**	police headquarters
e Hauptwache schweiz.	police headquarters
e Dienststelle, -n	police station
s **Polizeirevier**, -e / e Polizeistation, -en / e Wache, -n	police station
r Polizeiposten, - schweiz.	police station
Kommen Sie mal bitte mit auf die Wache!	I must ask you to come to the police station with me.
r *** Polizist**, -en // e **Polizistin**, -nen / r **Polizeibeamte**, -n // e **Polizeibeamtin**, -nen	policeman // policewoman / police officer
e Gendarmerie, -n [ʒandarmə'ri: auch ʒãd…]	police
r Gendarm, -en [ʒan'darm auch ʒã'd…] österr.	policeman [in many smaller localities]
r Streifenpolizist / r Verkehrspolizist	policeman on patrol duty / on traffic duty
(auf) Streife fahren	be / go on patrol
r Kontaktbeamte	contact officer
e Bahnpolizei	railway police
e Grenzpolizei	border police
e *** Kriminalpolizei** / e Kripo	CID
e Mordkommission, -en	murder / homicide squad
r *** Kriminalbeamte**, -n // e *** Kriminalbeamtin**, -nen	detective
r **Kommissar**, -e // e **Kommissarin**, -nen	detective inspector, superintendent
einen Mordfall aufklären	solve a murder case
r Bundesnachrichtendienst / r BND	Federal Intelligence Agency
r Polizeistaat / r Überwachungsstaat	police state
e Rasterfahndung, -en	computer search
e Polizeisperre, -n	police road-block
s Polizeiauto, -s	police car
e Kelle, -n	signalling disc

mit Blaulicht fahren	go / race along with the blue light flashing
s Martinshorn	siren
e **Uniform**, -en	uniform
r **Dienstausweis**, -e	identity card
Weisen Sie sich bitte aus! / Zeigen Sie mir bitte Ihren Dienstausweis.	Show me proof of your identity.
r Schlagstock, ⁼e	truncheon
s Tränengas / r Wasserwerfer	tear-gas / water cannon
Ihm wurden **Handschellen** angelegt.	He was put in handcuffs.
e Schusswaffe, -n / e Pistole, -n	firearm / pistol
Hände hoch!	Hands up!
schießen (schoss, hat geschossen)	shoot
Ein Schuss hat sich gelöst.	His / Her firearm went off.
*****treffen** (trifft, traf, hat getroffen)	hit
die Pistole entsichern ↔ sichern	release ↔ put the safety catch on a pistol
e Munition, -en / e Kugel, -n	ammunition / bullet

Militär
The military

s **Militär** *nur Sg*	the military (only Sg)
r **Militär**, -s	military personnel
militärisch	military
Streitkräfte *Pl*	armed forces
e NATO	NATO
r Verteidigungsminister, - / e Verteidigungsministerin, -nen	defence minister
e *****Bundeswehr** / r Bund *ugs.*	Federal Armed Forces
s Bundesheer *österr.* / e Armee *schweiz.*	Armed Forces
Er ist beim Militär / Bund *ugs.*	He is in the armed forces. / He's doing his military service.
zum Militär gehen / ins Militär eintreten	join the armed forces / sign up
r *****Soldat**, -en // e **Soldatin**, -nen	soldier
r Berufsoldat // e Berufsoldatin	professional soldier
r Zeitsoldat // e Zeitsoldatin	regular soldier [serving for a fixed term]
r Wehrpflichtige, -n	conscript, draftee
e Wehrpflicht / r Wehrdienst	conscription, the draft
Ab 18 Jahren können deutsche Männer zum Wehrdienst eingezogen werden.	German men can be called up for military service from the age of 18.

Er leistet gerade seinen Wehrdienst.	He's just doing his military service.
r Fahnenflüchtige, -n / r Deserteur, -e [dezɛr'tøːɐ̯]	deserter
r Wehrdienstverweigerer, -	conscientious objector
r Zivildienst	community service [as alternative to military service]
r Zivildienstleistende, -n / r Zivi, -s *ugs.*	person doing community service
e **Arm<u>ee</u>**, -n / e Berufsarmee	army / regular army
e **Tr<u>u</u>ppe**, -n	army, unit

In the army

r Sanitätsdienst	(service in the) medical corps
s Heer	army
e Infanterie	infantry
r Fallschirmjäger, -	paratrooper
r Panzer, -	tank
e Marine	navy
s Kriegsschiff, -e	warship
r Flugzeugträger, -	aircraft carrier
s U-Boot, -e / s Atom-U-Boot, -e	submarine / nuclear submarine
e Luftwaffe	air force
r Düsenjäger, -	jet fighter
s Aufklärungsflugzeug, -e	reconnaissance aircraft
e Rakete, -n	missile

e ***B<u>o</u>mbe**, -n	bomb
eine Bombe abwerfen / bombardieren	drop a bomb / bombard
e Wasserstoffbombe, -n / e Atombombe	hydrogen bomb / atom bomb
e Explosion, -en	explosion
e Bewaffnung	armament(s)
e ***W<u>a</u>ffe**, -n	weapon
Kernwaffen *Pl*	nuclear weapons
konventionelle Waffen	conventional weapons
Massenvernichtungswaffen *Pl*	weapons of mass destruction
biologische / chemische Waffen *Pl*	biological / chemical weapons
e Rüstungskontrolle, -n	arms control
r Militarismus	militarism
s Maschinengewehr, -e / s MG	machine gun
e **Pist<u>o</u>le**, -n	pistol
e **Mun<u>i</u>tion**, -en	ammunition
schi<u>e</u>ßen (schoss, hat geschossen)	shoot
scharf schießen	shoot with live ammunition
ein Flugzeug abschießen	shoot down a plane
*tr<u>e</u>ffen (trifft, traf, hat getroffen)	hit

r **Dienstgrad**, -e / r militärische Rang, ⸚e	rank / military rank
r / e Oberkommandierende, -n	supreme commander
r **Kommandant**, -en / r **Befehlshaber**, - ↔ r einfache **Soldat**, -en	commander ↔ ordinary soldier

In the Military

r *General*, ⸚e	general
r *Oberst*, -en	colonel
r *Offizier*, -e	officer
r *Major*, -e	major
r *Oberstleutnant*, -s	lieutenant colonel
r *Leutnant*, -s	lieutenant
r *Hauptmann, Hauptleute*	captain
r *Unteroffizier*, -e	non-commissioned officer
r *Feldwebel*, -	sergeant major
r *Gefreite*, -n	private
r *Rekrut*, -en	recrute
e *Kaserne*, -n	barracks
r *Stützpunkt*, -e	base
e *Kompanie*, -n	company
s *Regiment*, -e	regiment
e *Einheit*, -en	unit
e *Brigade*, -n	brigade

r **Befehl**, -e	order
befehlen ↔ einen Befehl ausführen	issue ↔ carry out an order
befördern zu ↔ degradieren zu	promote ↔ demote to
Er wurde zum Hauptmann befördert.	He was promoted to captain.
Er wurde aus der Armee entlassen.	He was discharged from the army.
e **Uniform**, -en	uniform
r **Helm**, -e	helmet
s Abzeichen, -	badge
r **Orden**, - / e **Auszeichnung**, -en	medal / decoration
e **Disziplin**	discipline
e ***Ordnung**	order
Er macht Dienst nach Vorschrift.	He's working to rule.
s **Kommando**, -s	command
einem Kommando folgen	execute a command
verteidigen	defend
r Friedenseinsatz	peace-keeping mission
e Abschreckung	deterrence, deterrent
r ***Krieg**, -e ↔ r ***Frieden**	war ↔ peace
r Bürgerkrieg, -e	civil war
r Erste / Zweite Weltkrieg	First / Second World War
r „Kalte Krieg"	Cold War

einem Land den Krieg erklären	declare war on a country
r *Feind, -e / r Gegner, - ↔	enemy ↔ ally
r Bündnispartner, -	
feindlich	hostile
feindliche Truppen *Pl*	hostile forces
r Überfall, ≃e / e Invasion, -en	attack / invasion
r Angriff, -e	attack
r Nichtangriffspakt, -e	nonaggression pact
angreifen (griff an, hat angegriffen)	to attack
r Vormarsch ↔ r Rückzug	advance ↔ retreat
e Offensive, -n / e Gegenoffensive	offensive / counteroffensive
r Kampf, ≃e / s Gefecht, -e	battle / skirmish
Sie kämpfen seit Jahren gegen die Rebellen.	They have been fighting against the rebels for years.
e Zerstörung, -en	destruction
Das Gebäude war vollkommen ↔ nur teilweise zerstört.	The building was completely ↔ only partially destroyed.
einnehmen / erobern	capture
Die Stadt wurde nach schweren Kämpfen eingenommen.	The town was captured after heavy fighting.
ein *Land besetzen	occupy a country
sich zurückziehen / abziehen (zog ab, ist abgezogen)	retreat / withdraw
r Sieg, -e ↔ e Niederlage, -n	victory ↔ defeat
den Sieg erringen ↔ eine (schwere) Niederlage erleiden	achieve / win a victory ↔ suffer a (heavy) defeat
e Kapitulation	surrender, capitulation
(hohe) Verluste *Pl*	(heavy) casualties
r / e Verwundete, -n	wounded person
r / e Tote, -n	dead person
r / e Gefallene, -n	soldier killed in action
r / e Kriegsgefangene, -n	prisoner of war
gefangen *nehmen (nimmt, nahm, hat genommen)	take prisoner
r Internationale / Europäische Gerichtshof	International / European Court of Justice
s Kriegsgericht, -e / s Militärgericht, -e	court-martial
Er wurde vor ein Kriegsgericht gestellt.	He was court-martialled.
s Kriegsverbrechen, - (gegen die Menschheit)	war crime(s) (against humanity)
r Kriegsverbrecher, - // e Kriegsverbrecherin, -nen	war criminal
r Verräter, - // e Verräterin, -nen	traitor
*verraten (verrät, verriet, hat verraten)	betray, give away
r Spion, -e // e Spionin, -nen	spy
spionieren	to spy
e Spionage ↔ e Gegenspionage	espionage ↔ counter-espionage
r Geheimdienst, -e	secret service

r Militärische Abschirmdienst / r MAD — Military Counter-Intelligence Service

r **Widerstand** — resistance

auf starken ↔ schwachen Widerstand stoßen — meet heavy ↔ weak resistance

r Widerstandkämpfer, - //
e Widerstandskämpferin, -nen /
r Partisan, -en // e Partisanin, -nen — resistance fighter / partisan

r Luftschutzbunker, - /
r Luftschutzkeller, - /
r Luftschutzraum, ⸚e — air-raid shelter

r **Flüchtling**, -e — refugee

Deutschland nimmt ein bestimmtes Kontingent von Flüchtlingen auf. — Germany is admitting a certain quota of refugees.

e *Flucht — flight

flüchten (vor den Unruhen) /
fliehen (floh, ist geflohen) — escape / flee (from the disturbances)

s Flüchtlingslager, - — refugee camp

9

Politische und soziale Fragen
Political and social issues

Politische Probleme
Political problems

e *Krise, -n
crisis

e politische / wirtschaftliche Krise
political / economic crisis

eine krisensichere ↔
krisenanfällige Branche
crisis-proof ↔ crisis-prone line of
business

e Regierungskrise
government crisis

in einer Krise sein (ist, war, ist
gewesen) / *stecken
be in a (state of) crisis

eine Krise überwinden
overcome a crisis

r (schnell einberufene)
Krisenstab, ⸗e
(rapidly established) crisis
management team

s *Problem, -e
problem

aktuelle politische Probleme
current political problems

Welches Thema wird gerade in
Deutschland diskutiert? / Welches
Thema steht gerade im Brennpunkt
des Interesses?
Which question is being discussed
in Germany at the moment? /
Which issue is the focus of
attention?

problemlos / unproblematisch ↔
problematisch
unproblematic ↔ problematic

e Problematik, -en
problems, problematic nature

vor einem Problem stehen
be faced with a problem

das Problem *lösen
resolve a problem

das Problem ansprechen (spricht an,
sprach an, hat angesprochen) ↔
verschweigen (verschwieg, hat
verschwiegen)
touch on ↔ hide / keep quiet
about a problem

*schweigen (schwieg, hat geschwiegen)
be silent, keep quiet, say nothing

Zu diesem Problem darf man nicht
schweigen.
This problem is not something
one can remain silent about.

r *Protest, -e
protest

e Protestaktion, -en
protest (activities)

*protestieren (gegen) ↔ sich einsetzen
für
to protest (against) ↔ be active in
support of

sich auflehnen / revoltieren (gegen)
to rebel / revolt against

r *Streik, -s
strike

r Arbeitskampf, ⸗e
industrial dispute

zum Generalstreik aufrufen (rief auf, hat
aufgerufen)
call a general strike

*streiken (für ↔ gegen)
go out / be on strike (in favour of
↔ against)

e *Demonstration, -en /
e Protestkundgebung, -en (für ↔ gegen)
demonstration / protest rally (in
favour of ↔ against)

Am 1. Mai finden in vielen deutschen Städten regelmäßig Kundgebungen statt.	Rallies take place regularly in many German cities on 1ˢᵗ May.
s Demonstrationsrecht	right to demonstrate
mit *Gewalt ↔ gewaltlos / gewaltfrei	violent ↔ non-violent
gewaltfreie Aktionen	non-violent action
r passive Widerstand	passive resistance
r zivile Ungehorsam	civil disobedience
e NGO, -s (non-governmental organization = nicht staatliche Organisation)	non-governmental organization
s Menschenrecht, -e	human right
e Menschenrechtsverletzung, -en	human rights violation
e Bürgerrechtsbewegung	civil rights movement
r Bürgerrechtler, - // e Bürgerrechtlerin, -nen	civil rights activist
r Terrorismus	terrorism
r Terrorist, -en // e Terroristin, -nen	terrorist
e terroristische Vereinigung, -en	terrorist organization
s Attentat, -e / e Ermordung, -en	assassination
Der Richter fiel einem Attentat zum Opfer.	The judge was assassinated.
r Anschlag, ⁼e (gegen) / r Terroranschlag	attack (against) / terrorist attack
in den Untergrund gehen / sich einer Untergrundbewegung anschließen	go underground / join an underground movement
e Revolution, -en	revolution
r gelungene ↔ gescheiterte Putsch	successful ↔ abortive putsch
r Staatsstreich, -e	coup d'état
r / e anders Denkende, -n / r Dissident, -en // e Dissidentin, -nen	dissident
r Regimekritiker, - // e Regimekritikerin, -nen	critic of the regime

Arbeitsmarkt / Beschäftigung
Labour market / Employment

r Arbeitsmarkt	labour / job market
Die Beschäftigungssituation hat sich gebessert ↔ verschlechtert.	The employment situation has improved ↔ deteriorated.
Die Situation auf dem Arbeitsmarkt ist angespannt ↔ hat sich beruhigt.	The situation on the labour market is tight ↔ has stabilized.
s *Angebot, -e / s Stellenangebot	offer / job offer, offer of employment

e st**ei**gende ↔ f**a**llende *N**a**chfrage nach Arbeitskräften	increasing ↔ decreasing demand for workers
r/e **A**rbeitslose, -n	unemployed person
r/e Langzeitarbeitslose, -n	long-term unemployed person
Jugendliche ohne Lehrstelle	young people without an apprenticeship
arbeitslos / erw**e**rbslos / ohne Arbeit	jobless, unemployed / without employment, unemployed / out of work
Plötzlich stand er ohne Arbeit da.	He suddenly found himself out of a job.
den Arbeitsplatz *verl**ie**ren (verlor, hat verloren)	lose one's job, be made redundant
Sie hat Angst, ihren Arbeitsplatz zu verlieren.	She's afraid she'll lose her job.
Sein Arbeitsplatz wurde wegrationalisiert.	His job was cut as part of a rationalization programme.
e **A**rbeitslosigkeit / e Erwerbslosigkeit	unemployment / joblessness
e konjunkturelle / saisonbedingte / strukturelle Arbeitslosigkeit	cyclical / seasonal / structural unemployment
Wir müssen die Arbeitslosenzahlen senken.	We've got to bring the unemployment rate down.
*z**u**nehmen (nimmt zu, nahm zu, hat zugenommen) ↔ zur**ü**ckgehen (ging zurück, ist zurückgegangen)	increase, rise ↔ decrease, fall
e Arbeitslosenversicherung	unemployment insurance
s **A**rbeitslosengeld	unemployment benefit
e **A**rbeitslosenhilfe	unemployment assistance
e Arbeits- und Berufsunfähigkeitsversicherung	occupational disability insurance
e **Entl**a**ssung**, -en	redundancy (notice), dismissal
*entl**a**ssen (entlässt, entließ, hat entlassen)	lay off, dismiss, make redundant
Massenentlassungen	mass redundancies
e **K**ü**ndigung**, -en (in beiderseitigem Einvernehmen)	notice, dismissal (by mutual agreement)
e fristlose Kündigung	instant dismissal
s Verschlanken / r Stellenabbau / r Personalabbau	downsizing / job cuts / staff reductions

Be given notice

Man hat mich entlassen.	I've been laid off.
Ihm wurde gekündigt.	He was given notice.
Er wurde gefeuert / rausgeschmissen. (ugs.)	He's been fired.
Herr Müller verlässt die Firma auf eigenen Wunsch.	Herr Müller is leaving the company at his own request.

e **Fịrmenpleite**, -n / r **Konkụrs**, -e	bankruptcy
r **Soziạlplan**, ⸚e	redundancy package / scheme
e Abfindung, -en	redundancy / severance pay(ment)
in den vorzeitigen Ruhestand gehen / geschickt werden	go / be forced into early retirement
s **Ạrbeitsamt**, ⸚er	job centre, employment office
e (staatliche / private) **Ạrbeitsvermittlung**	(government / private) employment agency
auf Arbeitssuche sein	be jobhunting
r / e Arbeitssuchende, -n	jobhunter
sich beim Arbeitsamt ***mẹlden**	register at the job centre
Arbeitskräfte (wieder) ***ẹinstellen**	(re)hire workers
jn ***beschạ̈ftigen / ạnstellen** / jm Arbeit geben	employ sb / employ, appoint sb / give sb a job
e **Ụmschulung**	retraining
Sie nimmt an einer dreimonatigen Umschulung teil.	She's taking part in a three-month retraining programme.
Sie lässt sich umschulen.	She's on a retraining programme.
e berufliche **Fọrtbildung**	further vocational training
e ***Ạrbeit**	job, work, employment
e Ganztagsarbeit / e Halbtagsarbeit	full-time / part-time job
e flexible Arbeitszeit	flexible working hours
e **Tẹilzeitarbeit**	part-time work
e Zeitarbeit	temporary work
e Kurzarbeit	short-time working
Das Unternehmen stellt wegen der schlechten Konjunktur auf Kurzarbeit um.	The company is putting its workforce on short-time because of the poor state of the economy.
e Schichtarbeit	shift work
r **Ạrbeitskampf**, ⸚e	industrial action
r ***Ạrbeitnehmer**, - // e **Ạrbeitnehmerin**, -nen	employee
r ***Ạrbeitgeber**, - // e **Ạrbeitgeberin**, -nen	employer
e ***Gewẹrkschaft**, -en	trade union
r Gewerkschafter, - // e Gewerkschafterin, -nen	trade unionist
s Gewerkschaftsmitglied, -er	trade union member
gewerkschaftlich organisiert sein	be organized / unionized
e ***Mịtbestimmung**	(worker) participation
r ***Betrịebsrat**, ⸚e	works council

Federation of trade unions (a selection)

r *Deutsche Gewerkschaftsbund / DGB*	German Federation of Trade Unions
e *Gewerkschaft öffentlicher Tarif und Verkehr / e ÖTV*	Public Services Union

e Dienstleistungsgewerkschaft Verdi	Service Sector Union Verdi
e Industriegewerkschaft Metall / e IG Metall	Metalworkers' Union
e Gewerkschaft Erziehung und Wissenschaft / e GEW	Union of Workers in Education and Science

e **Tarifverhandlung**, -en — pay negotiations

Die Verhandlungen sind gescheitert / verliefen ergebnislos ↔ wurden erfolgreich abgeschlossen. — The negotiations have failed / been broken off without an agreement being reached ↔ have been brought to a successful conclusion.

e **Forderung**, -en (der Gewerkschaften) — demand (by the unions)

Forderungen nach mehr Lohn — demands for more pay

s ***Angebot**, -e (der Arbeitgeber) — offer (by the employers)

zurückweisen ↔ ***annehmen** — reject ↔ accept

Gewerkschafter und Arbeitgeber wurden sich nach mehreren Verhandlungssitzungen ***einig**. ↔ Es wurde keine Einigung erzielt. — Trade unionists and employers reached agreement after several rounds of negotiations. ↔ No agreement was reached.

eine Einigung am Verhandlungstisch **erreichen** — reach an agreement at the negotiating table

Union demands

Lohnerhöhungen / mehr *Lohn und *Gehalt — wage increases / more wages and pay

Mindestlohn — minimum wage

s Weihnachtsgeld / e Weihnachtsgratifikation / e Weihnachtsremuneration (österr.) — Christmas bonus

Verkürzung der Arbeitszeit — reduction in working hours

verbesserte Arbeitsbedingungen — improved working conditions

Sicherung des Arbeitsplatzes — job security

Chancengleichheit am Arbeitsplatz — equality of opportunity in the workplace

verbesserte Aufstiegsmöglichkeiten — improved promotion (opportunities)

r ***Streik**, -s — strike

e Arbeitsniederlegung, -en — walkout

unbefristet ↔ **befristet** — indefinite ↔ temporary

***streiken** — to strike

Die gesamte Belegschaft hat die Arbeit niedergelegt / streikt. — The whole work force has staged a walkout / gone on strike.

r / e **Streikende**, -n — striker

e Urabstimmung, -en — ballot

für ↔ gegen einen Streik stimmen	vote for ↔ against a strike
Das Ergebnis der Urabstimmung liegt mittlerweile vor.	The result of the ballot is out.
r **Streikaufruf**, -e	strike call
r Warnstreik, -s	token strike
Warnstreiks organisieren / durchführen	organize / stage token strikes
r **Generalstreik**, -s	general strike
einen (General-)Streik ausrufen	call a (general) strike
Der Streik der ÖTV hat den öffentlichen Nahverkehr lahm gelegt.	The strike by the ÖTV has paralysed public transport.
Dieser Betrieb wird bestreikt.	There's a strike on at this plant.
e **Aussperrung**, -en	lockout
von der Aussperrung betroffene Arbeitnehmer	workers affected by the lockout
Dienst nach Vorschrift machen	work to rule
r Streikposten, -	picket
r Streikbrecher, -	strike-breaker
s Schlichtungsverfahren, -	arbitration procedure
e **Schlichtung**, -en	arbitration
r **Vermittler**, - // e **Vermittlerin**, -nen	mediator
r Schlichter, - // e Schlichterin, -nen	mediator
r Mediator, -en // e Mediatorin, -nen *schweiz.*	mediator
einen Streik beenden / abblasen *ugs.*	end / call off a strike
einen Tarifvertrag aushandeln	negotiate a pay agreement
r Tarifabschluss, ⸚e	pay / wage settlement
die Arbeit **wieder *aufnehmen**	return to work
den Streik **beenden**	end the strike

Multikulturelles Zusammenleben
Living together in a multicultural community

multikulturell / multikulti *ugs.*	multicultural
s multikulturelle Zusammenleben	living together in a multicultural community
r / e **Fremde**, -n / r ***Ausländer**, - // e **Ausländerin**, -nen	foreigner
r **ausländische Mitbürger**, - // e **Mitbürgerin**, -nen	fellow citizen from abroad
r **Asylant**, -en // e **Asylantin**, -nen	asylum-seeker
r **Flüchtling**, -e	refugee
r Wirtschaftsflüchtling, -e	economic refugee
r / e politisch **Verfolgte**, -n	victim of political persecution
r / e Deutschstämmige, -n	ethnic German

r Z<u>u</u>wanderer, - //	immigrant
e Z<u>u</u>wanderin, -nen /	
r <u>Ei</u>nwanderer, - //	
e <u>Ei</u>nwanderin, -nen	
r Spätaussiedler, - //	[Person of German descent,
e Spätaussiedlerin, -nen	mainly from former communist-block countries, but not a refugee or someone who entered Germany immediately after World War II]
r / e St<u>aa</u>tenlose, -n	stateless person
r <u>Au</u>sländeranteil	proportion of foreigners
Wie hoch ist der Ausländeranteil in Deutschland? – Er liegt bei etwa 9%.	What is the proportion of foreigners in Germany? – It's about 9%.
Der Anteil ist gest<u>ie</u>gen ↔ gef<u>a</u>llen.	The proportion has increased ↔ fallen.
e <u>Au</u>sländerpolitik	policy on foreigners
r / e Ausländerbeauftragte, -n	[official aiding integration of foreigners]
s Einwanderungsland	land of immigration [= country open to large-scale immigration]
e illegale Einwanderung	(illegal) immigration
s Staatsangehörigkeitsrecht	nationality law(s)
e deutsche St<u>aa</u>tsbürgerschaft / *St<u>aa</u>tsangehörigkeit	German nationality
e doppelte Staatsangehörigkeit	dual nationality

Dual nationality

Since January 2000 all children born to foreign nationals in Germany are granted German citizenship (*Staatbürgerschaft*), but only if the parents have been resident for a period of some time. Such children have dual nationality (*doppelte Staatsangehörigkeit*) up to the time they achieve maturity, when they have to opt for one of the two nationalities.

s <u>Au</u>sländeramt	office for foreigners, aliens' registration office
e Aufenthaltserlaubnis / e Aufenthaltsbewilligung, -en	residence permit
e Aufenthaltsberechtigung, -en	right of unlimited residence
e Gr<u>ee</u>ncard, -s ['gri:nkɑ:d]	Green Card
<u>a</u>blaufen (läuft ab, lief ab, ist abgelaufen)	expire
Ihre Aufenthaltserlaubnis läuft Ende des Jahres ab.	Your residence permit expires at the end of this year.
*verl<u>ä</u>ngern / verlängern lassen	extend / have extended
s Bleiberecht	right to stay
s Zuwanderungsgesetz	law governing immigration

e Flüchtlingsfrage	refugee question
s **Asylrecht** / s ***Recht auf *Asyl**	right of asylum
das Asylrecht einschränken	limit the right of asylum
e Menschenrechtsverletzung, -en	human rights violation
e Verfolgung, -en	persecution
r / e politisch Verfolgte, -n	victim of political persecution
In ihrem Land werden sie verfolgt.	They are being persecuted in their country.
r **Asylbewerber**, - //	asylum seeker
e **Asylbewerberin**, -nen	
s Asylantenheim, -e / s Asylbewerberheim	hostel for asylum seekers
r ***Antrag**, ⸗e / r Asylantrag	application / application for asylum
einen **Antrag *stellen** / ***beantragen**	make an application / apply for
bewilligen ↔ ***ablehnen**	approve ↔ refuse
(politisches) Asyl bekommen / jm Asyl gewähren	get / grant sb (political) asylum
s **Ausländerproblem**	immigration issue
e Überfremdung	foreignization
r Fremdenhass	xenophobia
e **Ausländerfeindlichkeit**	hostility to foreigners
ausländerfeindlich / **fremdenfeindlich**	xenophobic, hostile to foreigners
r **Rechtsextremismus**	right-wing extremism
s ***Vorurteil**, -e	prejudice
Er hat Vorurteile gegen Ausländer.	He's prejudiced against foreigners.
e rassistische Äußerung, -en	racist remark
r Übergriff, -e (auf Ausländer)	attack (on foreigners)
rechte Gruppierungen	neofascist groups
r / e **Rechtsradikale**, -n /	right-wing radical / extremist
r **Rechtsextremist**, -en //	
e **Rechtsextremistin**, -nen	
r Skinhead, -s ['skınhɛt]	skinhead
r Rassist, -en // e Rassistin, -nen	racist
rechtsextrem / rechtsradikal / militant	extremist right-wing / radical right-wing / militant
r Antisemitismus /	anti-semitism
e Judenfeindlichkeit	
e **Integration** / e **Eingliederung**	integration
e integrative Maßnahme, -n	integrative measure
e **Volksgruppe**, -n / e ethnische Gruppe, -n	ethnic group
e ethnische Minderheit	ethnic minority

Mann und Frau
Man and woman

s Geschlecht, -er	sex [= gender]
*männlich / *maskulin ↔ *weiblich / feminin	male / masculine ↔ female / feminine
Er wirkt sehr männlich.	He is very masculine.
der *Unterschied zwischen den Geschlechtern	the difference between the sexes
s „starke" ↔ „schwache" Geschlecht	"strong" ↔ "weak" sex
s Stereotyp, -e / s *Vorurteil, -e	stereotype / prejudice
e Benachteiligung, -en / e Diskriminierung, -en	discrimination
Das ist diskriminierend.	That's discriminatory.
frauenfeindliche ↔ männerfeindliche Sprüche	anti-female ↔ anti-male slogans
Typisch *Mann / *Frau!	Typical of a man / woman!
r Chauvinist, -en / r Chauvi ugs.	chauvinist
e Emanze, -n ugs.	women's libber
r Feminismus	feminism
sich emanzipieren	emancipate oneself
e Chancengleichheit ['ʃãːsnˈglaiçhait auch 'ʃaŋsn̩...]	equality of opportunity
e / r Gleichstellungsbeauftragte, -n	equal rights representative
e Frauenquote, -n / r Frauenanteil	proportion of women
Der Frauenanteil im oberen Management ist immer noch niedrig.	The proportion of women in top management is still low.
s *Paar, -e	couple
s gleichgeschlechtliche Paar	same-sex couple
homosexuell / heterosexuell	homosexual / heterosexual
r Schwule, -n / r Homosexuelle, -n ↔ e Lesbe, -n	gay ↔ lesbian
e Rosa Liste	pink list

> Since 2001 same-sex couples have had the right to marry at a registry office and thus have the same rights and obligations as married couples.

Soziale Sicherheit
Social security

r Sozialstaat / r Wohlfahrtsstaat	welfare state
*sozial	social
sozial abgesichert sein	be protected by the social security system

r Sozialabbau	cuts in social services
s soziale Netz	social safety net
e (staatliche) **Sozialleistung**, -en	(state) social welfare benefit
kürzen ↔ **anheben** (hob an, hat angehoben)	cut, reduce ↔ raise
streichen (strich, hat gestrichen)	cancel, withdraw
Anspruch auf Sozialleistungen haben	be entitled to welfare benefits

Welfare benefits

*Im **Wohnungsamt** beantragt man **Wohngeld**.*	At the housing department people apply for housing benefit.
*Vom **Sozialamt** bekommt man **Sozialhilfe**, **Sozialhilfezuschüsse** und von Fall zu Fall eine **Sozialwohnung** zugewiesen.*	At the welfare office people are allocated income support, welfare assistance subsidies, and, depending on their case, council housing.
*Vom **Arbeitsamt** bekommt man **Arbeitslosengeld** und **Arbeitslosenhilfe**.*	People get unemployment benefit and unemployment assistance at the job centre / employment office.
*Von der **Krankenkasse** bekommt man **Krankengeld**, **Pflegegeld** und alle / einen Teil der **Arzt- und Krankenhauskosten** ersetzt.*	From the health insurance scheme you get sickness benefit, care allowance and all / part of your medical costs (for the doctor and hospital).
*Von der **Rentenversicherung**, von einem **Rentenfond**, etc. bekommt man *Geld im *Alter.*	From the pension scheme, from a pension fund, etc. you get money in old age.
*Vom **Staat** bekommt man **Mutterschaftsgeld** / **Erziehungsgeld** / **Kindergeld**.*	From the state people get maternity allowance / child benefit [paid after birth while a parent is not working] / child allowance.

Sozialabgaben Pl	social security contributions
e **Arbeitslosenversicherung**	unemployment insurance
e **Rentenversicherung**	pension scheme, retirement insurance
e Pensionsversicherung *österr.*	pension scheme, retirement insurance
e Pensionskasse *schweiz.*	pension scheme, retirement insurance
e Bundesversicherungsanstalt für Angestellte / e BfA	Federal Insurance Office for Salaried Employees
e ***Rente** / e ***Pension** (vom Staat)	(state) pension
e Pension *österr./schweiz.*	pension [not necessarily from the state]

Die Deutschen gehen normalerweise zwischen 60 und 65 in Rente.	Germans normally go into retirement between 60 and 65.
s **Sozialamt**, ⁼er	social services, welfare office
e **Sozialhilfe**	income support, welfare assistance
Sozialhilfe ***beantragen** / einen ***Antrag** auf Sozialhilfe ***stellen**	apply for / make an application for income support / welfare assistance
r Sozialfall, ⁼e	hardship case
Er bezieht Sozialhilfe.	He's on income support.
r Sozialhilfeempfänger, - // e Sozialhilfeempfängerin, -nen	person on income support / welfare
e **Krankenversicherung** / e ***Krankenkasse**	medical insurance / health insurance
e Beihilfe	benefit
Sie haben Anspruch auf Beihilfe.	You're entitled to benefit.
e **Pflegeversicherung**	nursing-care insurance
r Pflegesatz	daily rate for care
(die) Versicherungtarife	insurance rates
e ***Versicherung**, -en	insurance
eine Versicherung **abschließen** (schloss ab, hat abgeschlossen) ↔ **kündigen**	take out ↔ cancel insurance / an insurance policy
Ich bin privat krankenversichert.	I've got private health insurance.
e Versicherungspflicht	compulsory insurance

Privat insurance

Krankenversicherung	health / medical insurance
Lebensversicherung	life insurance
private Rentenversicherung	private pension scheme
Unfallversicherung	accident insurance
Invaliditätsversicherung	disability insurance
Feuerversicherung	fire insurance
Hausratversicherung	household contents insurance
Autohaftpflichtversicherung mit Vollkasko / Teilkasko	comprehensive / partial motor insurance
Haftpflichtversicherung	third-party insurance
Insassenversicherung	passenger insurance
Rechtsschutzversicherung	legal costs insurance

r **Versicherungsvertreter**, - // e **Versicherungsvertreterin**, -nen	insurance salesman / saleswoman
r Versicherungsnehmer, - // e Versicherungsnehmerin, -nen	policyholder
e **Versicherungssumme**	sum insured
r **monatliche** / **jährliche** **Versicherungsbeitrag**, ⁼e	monthly / annual insurance premium

e Versicherungspolice, -n / r Versicherungsschein, -e	insurance policy
e Versicherungspolizze, -n *österr.*	insurance policy
(sich) **versichern** (gegen)	insure (oneself) (against)

Das Haus ist gegen Sturmschäden
   versichert.
	The house is insured against storm
	   damage.

Sind wir gegen Einbruch versichert?	Are we insured against theft?
Sind wir ausreichend versichert?	Do we have adequate cover?
r Versicherungsschutz	cover
r **Versicherungsfall**, ⸚e	event giving rise to a claim
r **Schaden**, ⸚	damage

Wir müssen den Schaden der
   Versicherung melden.
	We have to report the damage to
	   the insurance.

r / e **Sachverständige**, -n	surveyor, appraiser, adjuster
durch höhere Gewalt **verursachte** Schäden	damage caused by an act of God
Schadenersatz leisten	pay damages

Armut
Poverty

e **Armut** / e **Mittellosigkeit** ↔ r **Reichtum** / r **Wohlstand**	poverty ↔ wealth / affluence
s **Elend** / e **Not**	destitution / need
arm / **mittellos** ↔ **reich** / **wohlhabend**	poor / destitute ↔ rich / wealthy
in **Armut** **leben** / **geraten** (gerät, geriet, ist geraten)	live / fall into poverty
Im Alter ist er langsam verarmt.	In old age he became gradually impoverished.
Er ist **ärmlich** gekleidet.	He is shabbily dressed.
die **sozial Schwachen** / Benachteiligten (*Pl*)	the economically disadvantaged
r / e **Arme**, -n / r / e Bedürftige, -n	poor / destitute person

r / e **Obdachlose**, -n /
   r / e Nichtsesshafte, -n
	homeless person / person with no
	   fixed abode

e Suppenküche, -n	soup kitchen
s Obdachlosenheim, -e	home/hostel for the homeless
r **Bettler**, - // e **Bettlerin**, -nen	beggar
betteln (gehen)	beg (go begging)

In some German cities the homeless publish their own newspaper, for example *"BISS"* in Munich (*Bürger in sozialer Not* = Citizens in social need). They are allowed to keep their takings. The idea behind this is twofold, to give the homeless a chance of reintegration into society, and to make the public aware of the plight of the homeless.

s **Existęnzminimum**	subsistence level
am Rand des Existenzminimums leben	live at subsistence level
Sie leben unterhalb der **Ạrmutsgrenze**.	They live below the poverty line.
e versteckte Armut	hidden poverty
e Armutsfalle	poverty trap
Sie haben einen extrem niedrigen **Lębensstandard**.	They have an extremely low standard of living.
e **Soziạlhilfe**	income support, social welfare
Sie sind auf Sozialhilfe angewiesen.	They are dependent on welfare support / public assistance.
Er ist ein Fall für die Sozialhilfe.	He's someone in need of welfare support.
r ***Soziạlarbeiter**, - // e ***Soziạlarbeiterin**, -nen	social worker

> Among the causes of poverty are: debts (*Schulden*), insufficient provision for old age (*ungenügende Altersvorsorge*), alcoholism (*Alkoholismus*), mental problems (*psychische Probleme*), unemployment (*Arbeitslosigkeit*), occupational disability (*Berufsunfähigkeit*), and extended illness (*langwierige Krankheiten*).

***hęlfen** (hilft, half, hat geholfen) / ein Almosen geben	help / give alms, give a donation
e **Spęnde**, -n	donation
für einen karitativen Zweck **spęnden**	donate to a good cause

Alkohol und Drogen
Alcohol and drugs

e **Sụcht** / e Alkoholsucht / e Nikotinsucht	addiction / alcohol addiction / nicotine addiction
sụchtig sein nach (Alkohol)	be addicted to (alcohol)

> You can also be a chocaholic (*schokoladensüchtig*) / addicted to sweet things (*naschsüchtig*) / a compulsive eater (*fresssüchtig*) / addicted to adventure (*abenteuersüchtig*) / obsessive about cleaning (*putzsüchtig*) / vindictive (*rachsüchtig*) / domineering (*herrschsüchtig*) / quarrelsome (*streitsüchtig*).

r ***Raucher**, - // e **Raucherin**, -nen	smoker
r starke Raucher ↔ r Gelegenheitsraucher	heavy smoker ↔ casual smoker
Er ist **nikotịnsüchtig** / nikotinabhängig.	He is addicted to nicotine.
e **Ạbhängigkeit**	addiction
r **Alkoholịsmus**	alcoholism
r **Alkohọliker**, - // e **Alkohọlikerin**, -nen / r / e Alkoholkranke, -n	alcoholic [person]

r Tr**i**nker, - // e Tr**i**nkerin, -nen / r Säufer, - // e Säuferin, -nen *ugs.*	drinker / boozer
Er ist alkoholabhängig. / Er ist Alkoholiker.	He is addicted to alcohol. / He is an alcoholic.
alkoh**o**lische ↔ **a**ntialkoholische / alkoh**o**lfreie Getränke (*Pl*)	alcoholic ↔ non-alcoholic / alcohol-free drinks
*tr**i**nken (trank, hat getrunken)	to drink
sich betr**i**nken (betrank, hat betrunken)	get drunk
Er hat sich sinnlos betrunken.	He got blind drunk.
saufen *ugs.*	booze
betr**u**nken / besoffen *ugs.* ↔ n**ü**chtern	drunk / pissed ↔ sober
beschw**i**pst ↔ stark alkohol**isie**rt	tipsy ↔ heavily under the influence (of alcohol)
Schon mittags riecht er nach Alkohol.	He smells of alcohol as early as midday.
r Alkoholmissbrauch	alcohol abuse
e Alkoholvergiftung	alcohol poisoning
seinen Rausch ausschlafen *ugs.*	sleep it off
einen Kater haben *ugs.*	have a hangover
r Alkoh**o**ltest, -s	alcohol test, breath test
r hohe ↔ niedrige Alkoholgehalt / r Alkoholspiegel (im Blut)	high ↔ low level of alcohol / blood-alcohol level
Er hat 1,2 Prom**i**lle im Blut. / Der Alkoholspiegel betrug 1,2 Promille.	He had an alcohol level of 120 millilitres (in his blood). / The alcohol level was 120 millilitres.
mit dem Tr**i**nken *a**u**fhören / das Trinken *a**u**fgeben (gibt auf, gab auf, hat aufgegeben)	stop drinking / give up drink
e Selbsthilfegruppe, -n	self-help group
Anonyme Alkoholiker / AA	Alcoholics Anonymous
e *Dr**o**ge, -n / s Suchtmittel, -	drug
h**a**rte ↔ w**ei**che Dr**o**gen	hard ↔ soft drugs
e Designerdroge, -n	designer drug
bewusstseinsverändernde Drogen	mind-bending drugs
e Einstiegsdroge	soft drug [leading to further addiction]
s R**au**schmittel, - / s R**au**schgift, -e	drug
r Stoff *ugs.*	dope

> Drogen include nicotine (*Nikotin*) and alcohol (*Alkohol*), designer drugs (*Designer Drogen*) like ecstacy (*Ecstasy*) and other amphetamines (*Amphetamine*), as well as hashish (*Haschisch*), marihuana (*Marihuana*), heroin (*Heroin*), LSD (*LSD*), cocaine (*Kokain*), and crack (*Crack*). Regular use of tablets can of course also lead to addiction (*Abhängigkeit*).

e Dr**o**genabhängigkeit / e Drogensucht	drug dependency / addiction
r Dr**o**genmissbrauch	drug abuse

r / e **Drogensüchtige**, -n /   drug addict
  r / e Rauschgiftsüchtige, -n

Drugs

Er ist high / im Drogenrausch.	He's high.
Er steht unter dem *Einfluss von Drogen.	He's under the influence of drugs.
auf einem Trip sein	be high / spaced out, be tripping
Haschisch / Crack / Heroin *rauchen	smoke hashish / crack / heroin
Heroin spritzen / injizieren	shoot / inject heroin
Kokain schnupfen oder rauchen	sniff or smoke cocaine
fixen / drücken / spritzen / sich einen Schuss setzen	fix / shoot / shoot / give oneself a shot
e Dosis / e Überdosis	dose / overdose
Der goldene Schuss: Er starb an einer Überdosis.	OD: he died of an overdose.

---

e **Drogenszene**	drugs scene
r **Rauschgifthandel**	drug trafficking
r Drogendealer, - // e Drogendealerin, -nen / r Rauschgifthändler, - // e Rauschgifthändlerin, -nen	(drug) dealer / pusher
r Drogenkurier, -e // e Drogenkurierin, -nen	drug courier
e Beschaffungskriminalität	drugs-related crime
Die Zahl der Drogentoten steigt ↔ fällt.	The number of drugs-related deaths is rising ↔ falling.
r Drogenfahnder, - // e Drogenfahnderin, -nen	narcotics agent
e **Legalisierung** / e **Freigabe** von weichen Drogen	legalization of soft drugs
e Drogenberatungsstelle, -n	drug-advice centre
r **Streetworker**, - ['striːtvøːɐ̯kɐ *auch* …vœrkɐ] // e **Streetworkerin**, -nen	street / community worker
r Suchtberater, - // e Suchtberaterin, -nen	addiction counsellor
s Suchttelefon	hot line for addicts
r Spritzenautomat, -en (in Großstädten)	syringe dispenser (in big cities)
s **Methadon**	methadone
s Methadonprogramm, -e / s Methadonsubstitutionsprogramm, -e	methadone programme / methadone substitution programme
Sie will von der Sucht loskommen.	She wants to quit the habit / overcome her addiction.
in ein Programm aufgenommen werden	be accepted for a programme
Sie sind beide auf Entziehungskur. / auf Entzug. *ugs.*	They are both taking part in a withdrawal programme.

e (körperliche / psychische) Entzugserscheinung, -en
(physical / psychological) withdrawal symptom

Er ist clean / nicht mehr drogenabhängig.
He's clean / no longer addicted to drugs.

Kriminalität
Crime

e **Kriminalität**	crime, criminality
e Wirtschaftskriminalität / e Gewaltkriminalität	white-collar crime / violent crime
e Kriminalitätsrate, -n	crime rate
Die Gewaltkriminalität hat um zwei Prozent zugenommen ↔ abgenommen.	Violent crime has risen ↔ fallen by two per cent.
Er hat sich **strafbar** gemacht.	He has made himself liable to prosecution.
In diesem Milieu wurde er langsam **kriminell**.	In this environment he gradually become a criminal.
e Gesetzesübertretung, -en	misdemeanour
s ***Verbrechen**, - / e **Straftat**, -en / s Delikt, -e	crime / crime, offence / offence
ein Verbrechen begehen	commit a crime
***hindern** (an + D)	prevent (from) / stop
Niemand konnte ihn daran hindern, das Verbrechen zu begehen.	Nobody could stop him committing the crime.
s Vergehen, -	offence
e Ordnungswidrigkeit, -en	infringement (of the law)
verbrecherisch / kriminell	criminal
r ***Verbrecher**, - // e **Verbrecherin**, -nen	criminal [person]
polizeilich gesucht	sought by the police
jn bei der Polizei **anzeigen**	report sb to the police
sich der Polizei stellen	turn oneself in to the police
e Verbrecherkartei, -en	criminal records
r Schwerverbrecher / r Gewaltverbrecher	serious offender / violent criminal
r **Mörder**, - // e **Mörderin**, -nen	murderer
r ***Mord**, -e	murder
r Totschlag	manslaughter
jn **ermorden** / ***töten** / umbringen	murder / kill sb
Gewalt in der Familie	violence at home
s Sexualverbrechen / r sexuelle Missbrauch	sex crime / sexual abuse
e misshandelte Ehefrau	battered wife
r Vergewaltiger, -	rapist
r **Bankräuber**, - // e **Bankräuberin**, -nen	bank robber
r Banküberfall, ⸚e	bank robbery

eine Bank **ausrauben**/ **überfallen** (überfällt, überfiel, hat überfallen)	rob / hold up a bank
e Beute	haul
Sie erbeuteten nur 5.000 Euro.	They got away with only 5000 euros.
r schwere Raub	robbery with aggravation
jn **erpressen**	blackmail sb
r Erpresser, - // e Erpresserin, -nen	blackmailer
e Erpressung, -en	blackmail
jn **entführen**	abduct / kidnap sb
r Entführer, - // e Entführerin, -nen	kidnapper
e Entführung, -en	abduction, kidnapping
e Geisel, -n	hostage
r / e **Vermisste**, -n	missing person
r **Einbrecher**, - // e **Einbrecherin**, -nen	burglar
r **Einbruch**, ⁼e	burglary
einbrechen (bricht ein, brach ein, ist/hat eingebrochen)	break in
Schon mehrmals wurde in das Haus eingebrochen.	The house has been burgled several times.
r *** Dieb**, -e // e **Diebin**, -nen	thief
r Taschendieb / r Autodieb	pickpocket / car thief
r Gelegenheitsdieb	occasional thief
r **Diebstahl**, ⁼e	theft
r Ladendiebstahl	shoplifting
*** stehlen** (stiehlt, stahl, hat gestohlen) / klauen *ugs.*	steal / nick
r **Betrüger**, - // e **Betrügerin**, -nen	swindler
e **Bande**, -n	gang
r Fußballrowdy, -s / r Hooligan, -s	football hooligan
Er wurde von Rowdys zusammengeschlagen.	He was beaten up by thugs.
e Prügelei, -en / e Schlägerei, -en	fight

r Ganove	crook
r Schurke	rogue
r Gauner	scoundrel
r Schwindler	con-man

r *** Fall**, ⁼e	case
r Kriminalfall / r Mordfall	criminal / murder case
einen Fall *** aufklären**	solve a case
r *** Hinweis**, -e	tip / lead
Die Polizei bekam zahlreiche Hinweise aus der Bevölkerung.	The police received lots of leads from the public.
r **Detektiv**, -e // e **Detektivin**, -nen	detective
e **Fahndung**	hunt, search

s Fahndungsfoto, -s	photo of a wanted person
Seit drei Monaten fahnden sie nach dem Bankräuber.	They have been hunting the bank robber for three months.
strafrechtlich verfolgen	prosecute
jn auf frischer Tat ertappen	catch sb red-handed
fangen (fängt, fing, hat gefangen) / ***fassen**	catch
r ***Täter**, - // e **Täterin**, -nen	offender, [person who committed a crime]
r mutmaßliche Täter	suspect
r Ersttäter / r Rückfalltäter	first offender / repeat offender
r jugendliche Straftäter	juvenile/young offender
Er ist schon in jungen Jahren **straffällig** geworden.	He came into conflict with the law / committed his first crime at an early age.
r ***Verdacht**, -e	suspicion
jn ***verdächtigen** / einen Verdacht haben	suspect sb / have a suspicion
in Verdacht geraten (gerät, geriet, ist geraten)	be suspected, become a suspect
r / e **Verdächtige**, -n / r Tatverdächtige	suspect
e ***Anzeige**, -n	charge
r Durchsuchungsbefehl	search warrant
Er wurde eines Verbrechens beschuldigt.	He was accused of a crime.
e ***vorläufige** Festnahme	temporary custody / provisional detention
s **Alibi**, -s	alibi
r Augenzeuge, -n	eyewitness
aussagen / eine Aussage machen (vor +D)	make a statement (to)
*sich weigern	refuse
e Aussage verweigern	refuse to make a statement
leugnen ↔ **gestehen** (gestand, hat gestanden)	deny ↔ confess, admit
s **Geständnis**, -se	confession
e **Haft**	custody
in Haft / Polizeigewahrsam nehmen	take into custody / police custody
r (richterliche) Haftbefehl	arrest warrant (issued by a judge)
Wir haben einen Haftbefehl gegen ihn.	We have a warrant for his arrest.
festnehmen (nimmt fest, nahm fest, hat festgenommen)	take into custody, to arrest
*verhaften / in Haft nehmen (nahm, hat genommen) / einsperren	arrest / take into custody / put behind bars
auf Bewährung freikommen	be released on probation
r Bewährungshelfer, - // e Bewährungshelferin, -nen	probation officer

10

Bildung
Education

Bildungseinrichtungen
Educational establishments

Germany's federal structure means that the individual federal states have responsibility for schools and kindergartens. This results in differences from state to state. However, the *Ständige Konferenz der Kultusminister der Bundesländer* (*KMK* – Permanent Conference of Ministers of Education and Culture of the Federal States) ensures the necessary degree of uniformity and comparability in education.

Attendance at a state school is free of charge. Schoolbooks too are made available without charge.

Children are required by law to attend school from the age of 6 to the age of 16. The minimum schooling requirement covers attendance at *Grundschule* (primary school = years 1 – 4) and *Hauptschule* (secondary modern school = years 5 – 9) plus *Berufsschule* (vocational school). In order to attain the next level of qualification, the *Mittlere Reife,* pupils switch after the 4th year or the 6th year at *Hauptschule* to the *Realschule* (7th – 10th year) or the *Gymnasium* (grammar school = 5th – 12th year). Each type of school offers a different type of school-leaving qualification:

Hauptschule (5th – 9th year)	– *Qualifizierter Hauptschulabschluss* / „Quali"
Realschule (5th/7th – 10th year)	– *Mittlere Reife* (= approx. GCSE)
Gymnasium (5th – 12th year)	– *Abitur* (= approx. A Level)

Pupils in the *Hauptschule* or *Realschule* with sufficiently good grades can do a transition year and then move up to the next type of school. Students with *Mittlere Reife* may attend a *Fachoberschule* (years 11 – 12) for two years and take their *Fachabitur,* which qualifies them to study at a *Fachhochschule* (technical college of higher education). The *Gesamtschule* (comprehensive school = years 5 – 12) is a combination of *Hauptschule, Realschule* and *Gymnasium* in one institution.

As the education system in Germany differs from those in English-speaking countries, school types and qualifications are often only roughly translatable. Sometimes there is no adequate equivalent.

r *Kindergarten, ≃	kindergarten
e Vorschule, -n	preschool (education); nursery school
e *Schule, -n	school
e öffentliche / staatliche Schule	state school
e Privatschule, -n	private school
e Schulpflicht	compulsory school attendance; obligation to attend school
Mit sechs Jahren werden Kinder in Deutschland schulpflichtig.	Children in Germany reach school-age at six.

zur Sch**u**le g**e**hen	go to school
eine **Schu**le bes**u**chen	attend a school
Welche Schule haben Sie besucht?	Which school did you attend?
Ich war neun Jahre am Albert-Einstein-Gymnasium in Frankfurt.	I was at the Albert Einstein grammar school in Frankfurt for nine years.
e **Grundschule**, -n	primary school
formerly: Volksschule, -n	
e Volksschule, -n *österr.*	primary school
e Primarschule, -n *schweiz.*	primary school
e **Förderschule**, -n	school for children with special needs
e Sonderschule, -n *österr.*	school for children with special needs
e Spezialschule, -n *schweiz.*	school for children with special needs
e **Hauptschule**, -n	secondary modern school
e **Realschule**, -n	[secondary school for children aged 10 – 16 with "Mittlere Reife" school-leaving qualification]
s **Gymnasium**, Gymnasien	grammar school
s ****Abitur** *Sg* /	school-leaving exam roughly equivalent to A-level or baccalaureat; general qualification for university entrance]; (verb: to take the Matura)
e ****Matura** *Sg österr./schweiz.* (Verb: maturieren)	
e **Gesamtschule**, -n	comprehensive school
s **Internat**, -e	boarding school
e **Abendschule**, -n	night school
Auch bereits Berufstätige können das Abitur an einer Abendschule nachholen.	People already in employment can study for their Abitur as mature students at a night school.
die höhere / weiterführende Schule	secondary school [Realschule or Gymnasium]
e **Fachoberschule**, -n	[vocational school for students of c. 16 – 18 with "Mittlere Reife" entrance requirement and "Fachabitur" school-leaving qualification]
e **Berufsschule**, -n	vocational school
e **Berufsfachschule**, -n	vocational college
e **Handelsschule**, -n	commercial school
r zw**ei**te B**i**ldungsweg	[second chance to attain school-leaving certificates (for mature students / in evening classes)]

After completing school education at a *Hauptschule* or *Realschule* young people can do a *Lehre* (apprenticeship, traineeship). This normally lasts three years and is a combination of practical work in a workplace (four days a week) and theoretical instruction (day release, one day a week) at a *Berufsschule* (vocational school). At a vocational school *Lehrlinge* (apprentices / trainees) are taught maths, German, English and social studies, and also the special subjects relating to their chosen profession.

After successful completion of their apprenticeship or traineeship, and a number of years practical experience, *Gesellen* (qualified apprentices, journeymen) may attend a *Meisterschule* (school for master craftsmen) and take their master craftsman's diploma (*Meister*).

e *Lehre, -n	apprenticeship, traineeship
r *Lehrling, -e	apprentice, trainee
r Geselle, -n	qualified apprentice, journeyman
r *Meister, -	master craftsman

The *Universitäten* and *Hochschulen* (universities and colleges of higher education) in Germany are predominantly state-funded and state-controlled, and no tuition fees have to be paid (still in 2003). But there are also a few *private Universitäten / Hochschulen* (private universities / colleges of higher education) which charge for tuition.

A course of study at a university takes 4 – 5 years on average, and is completed with a *Diplom-, Magister-* or *Staatsprüfung* (diploma, MA or state final exam). As post-graduates, students can attain a higher degree by taking their *Doktorprüfung / Promotion* (doctoral exam). Some universities also offer shorter courses leading to the MBA qualification.

Fachhochschulen (technical colleges of higher education) offer more practical courses, mainly in the engineering, economics, social studies, design and agriculture. These courses finish with a *Diplomprüfung* (diploma exam). The average period of study is shorter than at universities and colleges of higher education. The same is true for Austria with two exceptions; the first is that students also have to pay tuition fees at state universities and other institutions of further education, the second that students generally complete their studies with a diploma exam.

e *Universität, -en / e *Hochschule, -n	university / college of higher education
e Technische Universität, -en / TU	technical university
e Fachhochschule, -n / FH	technical college of higher education
e Fernuniversität,- en	Open University
die private / staatliche Universität	private / state university
r Studienplatz, ⸗e	place at university
sich an der Universität Heidelberg um einen Studienplatz in Jura *bewerben (bewirbt, bewarb, hat beworben)	apply for a place in law at Heidelberg University

sich an der Universität **einschreiben** (schrieb ein, hat eingeschrieben) / **immatrikulieren**	register / matriculate at university
einen Studienplatz an der Universität bekommen	get a place at university
inskribieren *österr.*	register / enrol (for a field of study)
an der Universität / Fachhochschule ***studieren**	be (a student) / study at university / a college of higher education
Sie ist Professorin an der Universität Jena.	She is professor at the University of Jena.
e **Fakultät**, -en / s Department, -s	faculty of / department
Sie studiert an der medizinischen Fakultät der Universität Köln.	She is a student of medicine at Cologne University.
r **Lehrstuhl**, ⸚e für (Germanistik)	chair (of German [Studies])
r **Fachbereich**, -e	faculty
r Fachbereich (für) Philosophie	faculty of philosophy
e **Kunstakademie**, -n / e **Hochschule der Künste**	academy of arts / arts college
s **Forschungsinstitut**, -e	research institute
e ***Erwachsenenbildung**	adult education
e **Volkshochschule**, -n	adult education centre
r Vormittagskurs, -e / Nachmittagskurs / Abendkurs	morning / afternoon / evening class/course
sich einschreiben / an einem Kurs ***teilnehmen** (nimmt teil, nahm teil, hat teilgenommen)	register / take part in a course

The *Volkshochschulen* (adult education centres) offer courses of both a theoretical and practical nature. They range from astronomy and foreign languages, via art and sport, to Zen meditation.
In the Federal Republic there are about 1500 adult education centres. They are financed by local government, with subsidies from the state. Large numbers of people make use of the inexpensive training and education opportunities that *Volkshochschulen* offer.

Fächer und Fertigkeiten
Subjects and skills

s (Unterrichts-) ***Fach**, ⸚er	subject
r (Unterrichts-) Gegenstand, ⸚e *österr.*	subject
s **Hauptfach**	main subject
s **Nebenfach**	subsidiary (subject)
s Wahlfach	option(al subject)
r Freigegenstand, ⸚e *österr.*	option(al subject)

s Pflichtfach	compulsory subject
Mein **Lieblingsfach** ist Physik.	My favourite subject is physics.

The *Hauptfächer* (main subjects) at German schools (from year 5) are mathematics, German and foreign languages. The *Nebenfächer* (subsidiaries) include: biology, physics, chemistry, geography, social studies, economics and law, religion, art education, music and sport. For each subject there are, often very strict and detailed, curricula, which may vary considerably from state to state. Schoolbooks have to be approved by the state ministry of education before they can be adopted.

r **Lehrplan**, ⸚e /	syllabus / curriculum
s **Curriculum**, Curricula	
s **Hörverstehen** / Hörverständnis	listening comprehension
s **Leseverstehen** / Leseverständnis	reading comprehension
s ***Schreiben**	writing
s **Sprechen**	speaking
s **Diktat**, -e	dictation
Heute schreiben wir ein Diktat.	We're doing a dictation today.
r **Aufsatz**, ⸚e	essay
einen Aufsatz schreiben (über +*A*)	write an essay (about)
e ***Übung**, -en	exercise
üben	practise

Abschlüsse und Qualifikationen
Exams and qualifications

*prüfen	to test / examine
e ***Prüfung**, -en	exam
e **Abschluss-** / **Diplom-** / **Führerscheinprüfung**	leaving qualification / diploma / driving/driver's licence
s **Examen**, Examina	examination
r **Test**, -s	test
s ***Abitur** *Sg*	[school-leaving exam roughly equivalent to A-level or baccalaureat; general qualification for university entrance]
*entschlossen sein (ist, war, ist gewesen)	be determined
Er ist fest entschlossen, nach dem Abitur zur Uni zu gehen.	He's absolutely determined to go to university after passing his exams.

A *Test* can be an *Eignungstest* (aptitude test), an *Einstufungstest* (placement test), a **Multiple Choice Test**, or a *Lückentest* (cloze test). *Examen* is the term used for a final exam at a university or college of higher education. *Prüfungen* (exams) are either *Eignungsprüfungen* (aptitude tests) which people sit before training (e.g. as a pilot), or intermediate and final exams at the end of a period of training or course.

e schriftliche / mündliche Prüfung	written / oral exam
sich auf eine Prüfung / ein Examen / einen Test *vorbereiten	prepare for an exam / a test
für/auf eine Prüfung / ein Examen *lernen	study for an exam
eine Prüfung / ein Examen ablegen / machen	take / sit / do an exam
e Aufnahmeprüfung, -en	entrance exam, qualifying exam
Im Juni mache ich die Abschlussprüfung.	I'm taking my finals / final exam in June.
eine Prüfung / ein Examen *bestehen (bestand, hat bestanden)	pass an exam
Beim zweiten Versuch hat er das Staatsexamen geschafft.	He managed to pass the state exam at the second attempt.
durch die Prüfung fallen / durchfallen (fällt durch, fiel durch, ist durchgefallen)	fail an exam
Sie ist in der Matheprüfung durchgefallen.	She failed the maths exam.
Der Doktor der Medizin ist in den Ländern der EU anerkannt.	The MD is recognized in the countries of the EU.
s *Zertifikat, -e	certificate
r *Schein, -e	certificate [as evidence of achievement at a university]
e Prüfung, -en *österr.*	certificate [as evidence of achievement at a university]
s Testatblatt, ⸚er *schweiz.*	certificate [as evidence of achievement at a university]
Ich habe zwei Scheine in englischer Literatur gemacht.	I took two certificate courses in English literature.
s *Resultat, -e	result(s)
e *Note, -n / e Zensur, -en	mark / grade
Ich habe eine Eins in Englisch bekommen.	I got a grade 1 in English.
r Hochschulabsolvent, -en // e Hochschulabsolventin, -nen	(college / university) graduate
r Akademiker, - // e Akademikerin, -nen	academic
r Abiturient, -en // e Abiturientin, -nen	person who is taking / has taken their Abitur
r Maturant, -en // e Maturantin, -nen *österr.*	person who is taking / has taken their Abitur

r Maturand, -en // e Maturandin, -nen *schweiz.*	person who is taking / has just taken their Abitur
s ***Studium** ***abschließen** (schloss ab, hat abgeschlossen)	complete one's studies, graduate
e Sponsion, -en *österr.*	graduation ceremony at university
Sie hat letztes Jahr ihren Universitätsabschluss gemacht.	She graduated (from university) last year.
Sie hatte letztes Jahr Sponsion. *österr.*	She graduated (from university) last year.
e **Abschlussfeier**, -n (mit Überreichung der Zeugnisse)	degree ceremony

Grades	at school	for a doctorate at a university
eins	= **sehr gut* (very good)	*summa cum laude*
zwei	= **gut* (good)	*magna cum laude*
drei	= **befriedigend* (satisfactory)	*cum laude*
vier	= *ausreichend* (sufficient)	*rite*
fünf	= *mangelhaft* (poor)	
sechs	= *ungenügend* (unsatisfactory)	

s ***Zeugnis**, -se	report
s Zwischenzeugnis / s Jahreszeugnis	interim/end-of-term / end-of-year report
s Abschlusszeugnis	leaving certificate
s **Diplom**, -e	diploma
e Diplomprüfung, -en	finals, final exam
Er ist Diplompsychologe.	He is a qualified psychologist.
r **Magisterabschluss** / r Magister	Master's Degree / MA / MSc
s Lizentiat *schweiz.*	Master's Degree / MA / MSc
e **Magisterprüfung**, -en	MA / MSc exam
e Diplomprüfung, -en *österr. / schweiz.*	MA / MSc exam
e Lizentiatsprüfung, -en *schweiz.*	MA exam
sich zur Prüfung ***anmelden**	register for an exam
Im Juni habe ich meine Magisterprüfungen **abgelegt**.	I took my master's degree exams in June.
s **Aufbaustudium** / s Zw**ei**tstudium	advanced / research studies / second course of study
die **Doktorarbeit** / **Dissertation** ***schreiben** (schrieb, hat geschrieben)	write one's doctorate / dissertation
e **Promotion**	doctorate
s Doktorat *schweiz.*	doctorate
Sie hat letztes Jahr in Medizin **promoviert**.	She did her doctorate in medicine last year.
e **Habilitation**	postdoctoral qualification as lecturer
sich **habilitieren**	obtain one's postdoctoral qualification as lecturer

*Ausbildung
Sie macht eine Ausbildung zur Industriekauffrau. – She is training as an industrial clerk.

*Weiterbildung
Ich bin von Beruf Lehrer und möchte mich zum Programmierer weiterbilden lassen. – I'm a teacher by profession and would like to train (and qualify) as a programmer.

Fortbildung
Man sollte mindestens einmal pro Jahr eine Fortbildung machen, damit man in seinem Beruf immer auf dem neuesten Stand ist. – People should do further training at least once a year to keep abreast of new developments in their profession.

Lehren und Lernen
Teaching and learning

*unterrichten	teach
r ***Unterricht** *Sg*	lesson(s), teaching, instruction
r Fremdsprachenunterricht	foreign language teaching
Unterricht **geben** (gibt, gab, hat gegeben) / **erteilen**	give lessons
r Privatunterricht	private lessons
Sie gibt ↔ nimmt Privatunterricht in Englisch.	She gives ↔ takes private lessons in English.
e ***Sprache**, -n / e ***Fremdsprache**, -n	language / foreign language
*sprechen (spricht, sprach, hat gesprochen)	speak
r ***Kurs**, -e / r Sprachkurs, -e	course / language course
e ***Stufe**, -n / s Niveau, -s	level
e ***Anmeldung**, -en	enrolment
(sich) ***anmelden** ↔ (sich) ***abmelden**	enrol ↔ cancel the enrolment / leave (a class)
einen Kurs ***besuchen** / an einem Kurs ***teilnehmen** (nimmt teil, nahm teil, hat teilgenommen)	attend / take part in a course / seminar
einen Kurs / ein Seminar **halten** (hält, hielt, hat gehalten) / geben	hold / give a course
s ***Semester**, -n	semester, term
r **Lehrgang**, ̈-e	course
Er hat an einem Lehrgang für Erste Hilfe teilgenommen.	He took part in a first-aid course.
lehren (nur an Universität gebräuchlich)	teach [usually only with ref to a university]; lecture
Er lehrt Philosophie an der Universität.	He lectures in philosophy at the university.

r **Dozent**, -en // e **Dozentin**, -nen	lecturer
Sie ist Dozentin für Deutsche Geschichte an der Humboldt-Universität.	She's a lecturer in German history at the Humboldt University.
e **studentische Hilfskraft**, ⸚e	student assistant
r **Assistent**, -en // e **Assistentin**, -nen	assistant
r **Juniorprofessor**, -en	junior professor
r ***Professor**, -en // e **Professorin**, -nen	professor
sich auf einen **Lehrstuhl** bewerben	apply for a chair / professorship
r **Dekan**, -e // e **Dekanin**, -nen	dean
***studieren** (nur an Universität / Hochschule)	study [only at a university / college]
Er studiert Physik an der Fachhochschule.	He is studying physics at a / the college of higher education.
r ***Student**, -en // e **Studentin**, -nen	student
r ***Schüler**, - // e **Schülerin**, -nen	schoolboy // schoolgirl, pupil
r ***Lehrer**, - // e **Lehrerin**, -nen	teacher
Sie ist Lehrerin für Französisch und Deutsch.	She's a teacher of French and German.
Ich möchte Lehrer werden.	I want to be a teacher.
s **Lehrerkollegium**	(teaching) staff
s **Lehrmaterial**, -ien	teaching material
s **Lehrbuch**, ⸚er	textbook
In diesem Kurs haben wir sehr gute Lehrbücher.	We have very good textbooks in / on this course.
jm etwas **beibringen** (brachte bei, hat beigebracht)	teach sb sth
Mein Papa hat mir das Fahrradfahren beigebracht.	My dad taught me how to ride a bicycle.
ausbilden	train
Sie bildet Lehrer an öffentlichen Schulen im Fach Schulpsychologie aus.	She trains teachers at state schools in educational psychology.
motivieren	motivate
die Schüler zum Lernen motivieren	motivate pupils to learn
Die Studenten in meinem Seminar sind sehr motiviert.	The students in my seminar are highly motivated.
e **Motivation** / r **Anreiz**	motivation / incentive
***lernen**	learn
ein Gedicht auswendig lernen	learn a poem by heart
Gestern habe ich noch bis Mitternacht Physik gelernt.	Yesterday I was up till midnight working on my physics.
Sie lernt schnell ↔ langsam.	She learns quickly ↔ slowly.
Für unser Examen müssen wir noch viel lernen.	We have to learn a lot for our exam.
e **Lernstrategie**, -n	learning strategy
e **Lerntechnik**, -en	learning technique
r **Lernprozess**, -e	learning process
s **Lernziel**, -e	learning objective

Wir haben unser Lernziel erreicht.	We've achieved our learning objective.
lernfähig sein (ist, war, ist gewesen)	be able to learn / capable of learning
etw **anwenden**	use / apply sth
e *****Regel**, -n ↔ e *****Ausnahme**, -n	rule ↔ exception
Ich habe die Regeln zwar gelernt, aber ich kann sie noch nicht immer anwenden.	I've learned the rules, but I still can't apply them.
(sich) *****merken**	remember / note sth

Confusable words

sich etw merken	note / remember sth [for the future]
**sich erinnern*	remember sth [from the past]
**überlegen*	think (about), consider [turn over in one's mind]
**denken*	think [be of the opinion]
**nachdenken*	think [meditate]
**bemerken*	realize, notice, remark
merken	realize, notice, remark

*****sich konzentrieren**	to concentrate
*****lesen** (liest, las, hat gelesen)	read
den Text still ↔ laut lesen	read the text silently ↔ aloud
Ich werde euch den Text **vorlesen**. (liest vor, las vor, hat vorgelesen)	I'll read you the text.
r multimediale Unterricht	multimedia teaching
e **Hausaufgabe**, -n	homework
e Hausübung, -en *österr.*	homework
Hausaufgaben *****aufgeben** (gibt auf, gab auf, hat aufgegeben)	give homework
Hausaufgaben *****machen**	do homework
Heute hat uns unsere Lehrerin aber viel aufgegeben.	Our teacher gave us a lot of homework today.
Was hast du auf?	What homework have you got?
e *****Mühe**, -n	trouble / effort
Du solltest dir mehr Mühe bei der Hausaufgabe geben.	You should take more trouble with your homework
Die Mühe hat sich gelohnt.	It was worth the trouble.

Im Unterricht
In class

e Unterrichtsstunde, -n	lesson
Heute haben wir zwei Stunden Deutsch.	We have two lessons / a double period of German today.
r *Schüler, - // e Schülerin, -nen	schoolboy // schoolgirl, pupil
r *Lehrer, - // e Lehrerin, -nen	teacher
r Kursteilnehmer, - // e Kursteilnehmerin, -nen	participant (on a course)
r *Kursleiter, - // e *Kursleiterin, -nen	course tutor, teacher
*anwesend ↔ *abwesend	present ↔ absent
e Anwesenheit ↔ e Abwesenheit kontrollieren	check presence ↔ absence
s Klassenzimmer, - / r Kursraum, ⁻e / r Unterrichtsraum, ⁻e	classroom
e *Tafel, -n	(black)board
etwas an die Tafel schreiben	write sth on the board
e Tafel putzen	clean the board
r Tageslichtprojektor, -en / r Overheadprojektor, -en ['ouvəhɛdprojɛktoːɐ̯]	overhead projector
die Texte / Hefte / Bücher austeilen ↔ einsammeln	hand out ↔ collect the texts / exercise books / books
e Bücher aufschlagen (schlägt auf, schlug auf, hat aufgeschlagen)	open books
Schlagen Sie bitte die Bücher auf Seite 45 auf!	Please open your books at page 45.
Lesen Sie bitte …	Please read …
Wörter im Text *markieren	mark words in a text
Haben Sie das verstanden?	Did you understand?
Schließen Sie bitte die Bücher.	Please shut your books.
e Partnerarbeit / e Gruppenarbeit	pair work / group work
Die nächste Übung machen wir in Partnerarbeit.	We'll do the next exercise in pair work.
einen Dialog spielen	act out a dialogue
die Handlung *zusammenfassen	summarize the action / plot
eine kurze Zusammenfassung des Textes geben	give a brief summary of the text
die Hand *heben (hob, hat gehoben)	lift / raise one's hand
Bitte heben Sie die Hand, wenn Sie etwas sagen wollen.	Please raise your hand if you want to say anything
Wer ist als Nächster dran? – Ich bin dran.	Whose turn is it (next)? – It's my turn.
Würden Sie bitte etwas lauter sprechen?	Would you speak a bit louder, please?

Würden Sie das bitte noch einmal wiederholen?

Would you repeat that, please?

*aufmerksam

attentiv(ly)

Die Kinder hören der Lehrerin aufmerksam zu.

The children listen attentively to their teacher.

e **Hausaufgabe**, -n

homework

e Hausübung, -en *österr.*

homework

Als Hausaufgabe machen Sie bitte …

For homework please do …

die Hausaufgabe ***abgeben** (gibt ab, gab ab, hat abgegeben) / **kontrollieren** / **besprechen** (bespricht, besprach, hat besprochen)

hand in / check / discuss homework

11

Kulturelles Leben
Cultural life

Bildende Kunst
Fine arts

e *Kunst, ⸗e / e bildende Kunst	art / graphic arts
Kunst und *Kultur	art and culture
die schönen Künste *Pl*	the fine arts
künstlerisch	artistic
künstlerisch wertvoll ↔ kitschig	of artistic merit ↔ kitschy, trashy
r *Künstler, - // e Künstlerin, -nen	artist
r frei schaffende Künstler	freelance artist
ein berühmter / bekannter / namhafter ↔ (eher) unbekannter Künstler	a famous / well-known / noted ↔ (rather) unknown artist
ein erfolgreicher ↔ erfolgloser Künstler	a successful ↔ unsuccessful artist
s Kunstwerk, -e	work of art
ein Kunstwerk *schaffen (schuf, hat geschaffen) / anfertigen	create / make a work of art
e Malerei	painting
e moderne Malerei	modern painting
e zeitgenössische ↔ alte Kunst	contemporary ↔ ancient art
figurativ / gegenständlich ↔ abstrakt	figurative / representational ↔ abstract
realistisch ↔ surreal	realistic ↔ surreal
r Stil, Stilarten / Stilrichtungen	style
e Epoche, -n / e Kunstepoche	period / art period

Art periods in painting

e romanische Kunst	Romanesque art
e Gotik	Gothic style / period
e Renaissance	Renaissance
r Barock	baroque
r Realismus	realism
r Impressionismus	impressionism
r Jugendstil	Art Nouveau
e neue Sachlichkeit	neorealism
r Expressonismus	expressionism
r Futurismus	futurism
r Kubismus	cubism
r Dadaismus	Dadaism
r Surrealismus	surrealism
e Moderne	modernity
e Postmoderne	postmodernism

 When you talk about painters from these periods, the ending *-ismus* or *-e* is replaced by *-ist*, e.g. *der Impressionismus / die Impressionisten* (the impressionists). But you can also simply refer to *die Maler des Impressionismus* (the painters of impressionism).

r Maler, - // e Malerin, -nen	painter
r Zeichner, - // e Zeichnerin, -nen	graphic artist
r Graphiker, - // e Graphikerin, -nen	graphic artist
*malen / *zeichnen	to paint / draw
s *Bild, -er / s Gemälde, -	picture / painting
ein kostbares / wertvolles ↔ wertloses Gemälde	a precious / valuable ↔ worthless painting
e *Zeichnung, -en	drawing
r *Druck, -e	print
Wie hoch war die Auflage?	How many prints were made?
*hängen (hing, hat / ist gehangen)	hang
Das Bild hängt im ersten Ausstellungsraum links.	The picture hangs in the first (exhibition) room on the left.
Auf dem Bild sind drei Frauen zu *sehen (sieht, sah, hat gesehen) / *erkennen (erkannte, hat erkannt).	There are three women (to be seen) in the picture.
e Skizze, -n	sketch
r Skizzenblock / s Skizzenheft	sketch pad / book
skizzieren	to sketch

s Ölbild, -er	oil painting
s Aquarell, -e	water colour
s Temperabild, -er	tempera painting
s Gouache, -n [gua(:)ʃ]	gouache
s Fresko, -s	fresco
e Tuschezeichnung, -en	pen-and-ink drawing
s Faksimile, -s [fak'zi:mile]	facsimile
e Collage, -n [kɔ'la:ʒə]	collage
e Illustration, -en	illustration
e Karikatur, -en / r / s Cartoon, -s [kar'tu:n]	cartoon
r Kunstdruck, -e	art print(ing)
e Drucktechnik, -en	printing technique
e Radierung, -en	etching
e Lithographie, -n	lithograph(y)
r Holzschnitt, -e	wood engraving
r Linolschnitt, -e	linocut
s Graffiti, -s [gra'fi:ti]	graffiti

s *Original, -e ↔ e Fälschung, -en	original ↔ fake
Ist das ein Original?	Is that an original?
echt ↔ unecht	genuine ↔ fake
s Echtheitszertifikat, -e	certificate of authenticity
e Reproduktion, -en	reproduction
ein echter Hieronymus Bosch	a genuine Hieronymus Bosch
r (alte) Schinken ugs.	big awful (old) painting
restaurieren (lassen)	restore (have restored)
s Motiv, -e	motif

e Landschaftsmalerei, -en	landscape painting
s Stilleben, -	still life
s **Porträt** / **Portrait**, -s / s **Bildnis**, -se	portrait
s Selbstporträt / s Selbstbildnis	self-portrait
sich porträtieren lassen	have one's portrait done
ein sitzender / stehender / liegender **Akt**	a seated / standing / supine nude
Akt zeichnen / malen	draw / paint a nude
e **Perspektive**, -n	perspective
e Zentralperspektive	central perspective
perspektivisch ***richtig*** ↔ ***falsch***	in ↔ out of perspective
r ***Gegenstand*** eines Bildes	subject (matter) of a painting
e Anordnung, -en	arrangement
e **Komposition**, -en	composition
eine spannende Komposition	an exciting composition
e **Kontur**, -en	outline
klare ↔ verwischte Konturen	clear ↔ smudgy outlines
r Lichteinfall	incidence of light
s Licht- und Schattenspiel	(play of) light and shade
hell ↔ ***dunkel***	light ↔ dark
im **Hintergrund** ↔ im **Vordergrund**	in the background ↔ foreground
in der Bildmitte / im Zentrum ↔ am Bildrand	in the centre of the picture / in the centre ↔ on the edge of the picture
e **Maltechnik**, -en	painting technique
r **Pinsel**, -	brush
r Pinselstrich, -e	brush stroke
e ***Farbe***, -n	paint

Colours

schwarz	black	*rosa*	pink
weiß	white	*lila*	purple
rot	red	*violett* [vio'let]	purple, violet
gelb	yellow	*pink*	pink
blau	blue	*orange*	orange
grün	green	[o'rã:ʒə *auch* o'rã:ʃ]	
grau	grey	***braun***	brown
beige	beige		
[be:ʃ *auch* bɛ:ʃ]			

Mein Hemd ist weiß. – My Shirt is white.
Die Farbe Weiß. – The colour white

Komplementärfarben *Pl*	complementary colours
r **Farbkontrast**, -e	colour contrast
warme ↔ kalte Farben	warm ↔ cold colours
e Farbgebung	colouring
einfarbig / **monochrom** ↔ **zweifarbig** / **mehrfarbig**	monochrome ↔ two-colour / (multi-)coloured

Farbe dick ↔ dünn auftragen	apply paint thinly ↔ thickly
e **Tinte** / e **Tusche**	ink
e Tube, -n	tube
e Palette, -n	palette
e Staffelei, -en	easel
s **Atelier**, -s / s ***Studio**, -s	studio
Sie arbeitet **im Freien**, nicht im Atelier.	She works out-of-doors, not in the studio.
e **Leinwand**, ⁼e / s ***Papier** *Sg*	canvas / paper
r **Rahmen**, - / r **Bilderrahmen**	frame / picture frame
ein Bild rahmen (lassen)	frame a picture (have a picture framed)
e **Installation**, -en / e **Videoinstallation**	installation / video installation
e Aktionskunst	action art
s **Kunsthandwerk** *Sg*	craft
e **Bildhauerei** *Sg*	[art of] sculpture
r **Bildhauer**, - // e **Bildhauerin**, -nen	sculptor
plastisch	sculptural
e **Skulptur**, -en / e ***Plastik**, -en	[work of] sculpture
e **Statue**, -n / e ***Figur**, -en	statue / figure
e Marmorstatue, -n	marble statue
e Gipsfigur	plaster figure
in ***Stein** meißeln / den Stein bearbeiten	to sculpture in stone / work the stone
e Büste, -n / e Bronzebüste	bust / bronze bust
in Bronze ['brõ:sə *auch* 'brɔŋsə] **gießen** (goss, hat gegossen)	cast in bronze
e Holzschnitzerei	wood carving
(Holz) **schnitzen**	to carve
in Ton modellieren	to model in clay
s Relief, -s	relief
s Hochrelief ↔ s Flachrelief	high ↔ low relief
s **Mosaik**, -en	mosaic
mit Marmorintarsien verziert	adorned with marble inlays
s **Kunstgewerbe**	(arts and) crafts
e **Keramik**, -en	ceramic(s), (piece of) pottery
e Glasbläserei	glass blowing
e Goldschmiedekunst	goldsmith's art
r Schmuckdesigner, - // e Schmuckdesignerin, -nen	jewellery designer
e ***Ausstellung**, -en	exhibition
In der Ausstellung werden Bilder von Kandinsky gezeigt.	Pictures by Kandinsky are on show at the exhibition.
eine Ausstellung zeitgenössischer österreichischer Künstler	an exhibition of contemporary Austrian artists
s **Ausstellungsstück**, -e	exhibit
ausgefallene Ausstellungsstücke	unusual exhibits
r **Ausstellungskatalog**, -e	exhibition catalogue

Kann ich den Katalog mal durchblättern / ansehen?	Can I have a look through / look at the catalogue?
s **Plakat**, -e // s **Poster**, - ['poːstɐ]	poster
e Kunstpostkarte, -n	art postcard
e Ausstellungseröffnung, -en	opening of an exhibition
Die Vernissage [vɛrnɪˈsaːʒə] findet heute Abend statt.	The vernissage / private viewing is this evening.
*****ausstellen**	to exhibit
s *****Museum**, Museen	museum
s Museum für moderne Kunst	Museum of Modern Art
Bitte die Bilder nicht berühren. / Bitte nicht zu nahe kommen.	Please do not touch the pictures. / Please don't come too close.

„Lange Nacht der Museen" / „Die Museumsnacht"

In many cities all the museums stay open once or twice a year till late into the night. There is a flat-rate entrance fee, and usually a free bus shuttle service between the museums.

e **Pinakothek**, -en	picture gallery
e private **Sammlung**, -en / e Kunstsammlung	private collection / art collection
e **Galerie**, -n / e **Kunstgalerie**	gallery / art gallery
e Gemäldegalerie, -n	art gallery
r **Kunsthändler**, - // e **Kunsthändlerin**, -nen	art dealer
r Kunstsammler, - // e Kunstsammlerin, -nen	art collector
Kunst fördern	patronize the arts
r Sponsor, -en / r Mäzen, -e	sponsor / patron
e **Stiftung**, -en	foundation
e Kunstakademie / e Universität der Künste / e Hochschule für Bildende Kunst	academy of arts / college of art / academy of fine arts
Kunst / Kunstgeschichte studieren	study art / art history
r **Kunsthistoriker**, - // e **Kunsthistorikerin**, -nen	art historian

Art

In the Nazi period (*Nationalsozialismus*), art was categorized as 'genuine' art (*die wahre Kunst*) or 'false' or 'degenerate art' (*die entartete Kunst*). The Nazis considered, for example, expressionist and surrealist paintings 'degenerate' (*entartet*). Therefore expressionist and surrealist painters had to emigrate (*emigrieren*), go into hiding or were persecuted. Their works were banned from museums, some were destroyed, others were confiscated and sold abroad for a profit. Some paintings survived the Third Reich (*das Dritte Reich*) by being taken to a safe place.

Architektur
Architecture

e **Architektur**	architecture
architektonisch	architectural
r **Baustil**, -e	architectural style
r **Architekt**, -en // e **Architektin**, -nen	architect
*__planen__ / **entwerfen** (entwirft, entwarf, hat entworfen) / **gestalten**	to plan / design
*__bauen__	build
s *__Gebäude__, - / s *__Haus__, ⁼er	building / house/building
s Hochhaus / s Einfamilienhaus / s Reihenhaus	high-rise building / detached house / terraced house
r Keller / s Erdgeschoss / s Obergeschoss / s Dachgeschoss	cellar / ground floor / upper storey / attic
r Flachbau, -ten	low building
s Fertighaus	pre-fabricated house, prefab
schlüsselfertig bauen	build ready for immediate occupation
r **Grundriss**, -e	ground plan
e Skizze, -n / e Zeichnung, -en	sketch / drawing
r **Entwurf**, ⁼e	design
r *__Plan__, ⁼e	plan
Der Plan ist im Verhältnis 1:100 (1 zu 100) zu verstehen.	The plan has a scale of 1 to 100.
den Plan einreichen	submit the design
e *__Genehmigung__, -en	approval, permission
s Genehmigungsverfahren, -	authorization / approval process
Der Plan wurde genehmigt.	The design was approved.
Die Baugenehmigung wurde erteilt.	Planning permission was granted.
s **Modell**, -e	model
Das neue Haus ist / befindet sich noch in Planung.	The new house is still at the design / planning stage.
im Planungsstadium sein	be at the planning stage
e **Statik**	statics, structural calculation
statisch	static
Ein Haus mit CAD (computerunterstütztem Design) am Computer entwerfen.	Design a house on the computer using CAD (computer-aided design).
an einer **Ausschreibung** teilnehmen	submit a tender
r **Wettbewerb**, -e	competition
einen Wettbewerb gewinnen	win a competition
e **Bauindustrie**	construction industry
r **Bauherr**, -en // e **Bauherrin**, -nen	(architect's) client
r **Bauunternehmer**, - // e **Bauunternehmerin**, -nen	(building) contractor
r Bauleiter, - // e Bauleiterin, -nen	site supervisor

e **Bauleitung**, -en	site supervision / office
r **Bauplan**, ⸗e	building plans
e Baumaßnahme, -n	building operations
Vermessungsarbeiten *Pl*	surveying (work)
Der Bau wurde abgenommen.	The building was inspected and approved.
e **Bauzeit**	construction time
Das Gebäude ist noch **in *Bau**.	The building is still under construction.
Der Rohbau steht jetzt.	The shell is complete.
Der Bau geht nur langsam voran.	The building work is making slow progress.
e **Baustelle**, -n	building site
r ***Handwerker**, - //	tradesman
e **Handwerkerin**, -nen	
r **Bauarbeiter**, - //	construction worker
e **Bauarbeiterin**, -nen	
e **Schwarzarbeit**	illicit work
Bauarbeiten *Pl*	construction work
s Baumaterial, -ien / r Baustoff, -e	building materials
Die Bausubstanz ist in Ordnung.	The building is structurally sound.
Es wurden bauliche Mängel festgestellt.	Structural defects were found.
e Grundsteinlegung	laying of the foundation stone
s **Richtfest**, -e	topping out
e (feierliche) Übergabe	(formal) opening, handing over

On a building site

die Grube ausheben	dig the pit
das Fundament legen	lay the foundations
das Gerüst aufbauen	set up the scaffolding
r Kran, ⸗e	crane
e Fassade, -n	facade
den Beton / den Stahlbeton	mix / pour concrete / reinforced
*mischen / gießen	concrete
r Stahl	steel
r Stahlträger, -	steel girder
r Bogen, -	arch
e Säule, -n	column
r Pfeiler, - / e Stütze, -n	pillar
e *Mauer, -n	wall
s Mauerwerk	masonry
r Ziegelstein / r Backstein	brick
r Mörtel	mortar
r Putz	plaster
unter Verputz	buried, concealed

e *Wand, ⁼e	wall
e Innenwand ↔ e Außenwand	interior ↔ exterior wall
e Abdichtung	seal(ing)
e Dämmung / e Wärmedämmung / e Schalldämmung	insulation / heat insulation / sound insulation
r *Boden	floor
e *Decke, -n / e Zwischendecke	ceiling / false ceiling
das *Dach decken	tile the roof
r Dachstuhl	roof truss
r Dachziegel	roofing tile
e *Tür	door
*Fenster einbauen	install windows
r Fensterstock / r Fensterrrahmen	window frame
s *Glas	glass
r Innenausbau	finishing of the interior

Fotografie
Photography

e Fotografie, -n	photography
r Fotograf, -en // e Fotografin, -nen	photographer
r Modefotograf / r Industriefotograf	fashion / industrial photographer
e Fotoausstellung, -en	photographic exhibition
s *Foto, -s / e Fotografie / e Aufnahme, -n	photo(graph)
*fotografieren / Fotos machen	to photograph / take photos
r *Blitz / s Blitzlicht	flash
e Blitzlichtaufnahme / e Aufnahme mit Blitzlicht	flash shot
Schalte bitte den Blitz ein ↔ aus.	Switch the flash on ↔ off, please.
r Schnappschuss, ⁼e	snap(shot)
Bitte *lächeln!	Smile please.
Würden Sie bitte ein Foto von uns machen?	Would you take our photo, please?
s Fotogeschäft, -e	camera shop
e Fotoausrüstung, -en	photographic equipment
e *Kamera, -s / r Fotoapparat, -e	camera
e Digitalkamera	digital camera
e Spiegelreflexkamera	single-lens reflex camera
e vollautomatische Kamera	fully automatic camera
e Sofortbildkamera / e Polaroidkamera ®	instant / Polaroid® camera
e Lomographie	lomograph
s Gehäuse, -	(camera) body
r Auslöser, -	shutter release

r Selbstauslöser / r Drahtauslöser — delayed-action shutter release / cable release

r Sucher, - — (view)finder

e Nahaufnahme, -n ↔ e Weitwinkelaufnahme, -n — close-up ↔ wide-angle shot

r Zoom [zu:m] — zoom

r **Vordergrund** ↔ r **Hintergrund** — foreground ↔ background

e ***Entfernung**, -en — distance

r Entfernungsmesser, - — rangefinder

die Entfernung einstellen — set the camera to the correct distance

r Autofokus — autofocus

scharf stellen — to focus [the camera]

Die Scharfeinstellung funktioniert bei dieser Kamera automatisch. — This camera has automatic focusing.

e Tiefenschärfe — depth of field

e **Blende**, -n — aperture

die Blende einstellen — set the aperture

die Blende auf 8 stellen — set the aperture to 8

überbelichtet ↔ **unterbelichtet** — over-exposed ↔ under-exposed

die **Belichtung** einstellen — set the exposure

e Belichtungszeit — exposure speed

r Belichtungsmesser — exposure meter

r **Kontrast**, -e — contrast

s **Motiv**, -e — subject

gelungen ↔ **misslungen** — [have] turned out well ↔ badly

Das Bild ist ***scharf** (schärfer, schärfst-) ↔ **unscharf**. — The photo is in ↔ out of focus.

ungünstige Lichtverhältnisse *Pl* — poor light conditions

gut getroffen — [be] a good photo [of sb]

Er ist nicht sehr fotogen. — He isn't very photogenic.

r ***Film**, -e — film / roll of film

r **Farbfilm** ↔ r **Schwarz-Weiß-Film** — colour ↔ black-and-white film

r hochempfindliche Film — fast film

e Lichtstärke / e Lichtempfindlichkeit — speed [of lens / of film]

den Film (in die Kamera) **einlegen** ↔ **herausnehmen** (nimmt heraus, nahm heraus, hat herausgenommen) — insert the film (in the camera) ↔ take out

den Film zurückspulen — rewind the film

s Fotolabor, -s — photographic laboratory

e Dunkelkammer, -n — darkroom

r Entwickler / r Fixierer — developer / fixer

s Fotopapier — photographic paper

den Film ***entwickeln** (lassen) — process the film (have the film developed)

den Film abgeben ↔ abholen — hand in ↔ pick up a film

s **Dia**, -s / s Diapositiv, -e — colour slide / colour transparency

r Diaprojektor, -en — slide projector

r Diavortrag, ⸚e	slide show
s **Negativ**, -e	negative
r Abzug, ⸚e / r Kontaktabzug	print / contact print
matt ↔ glänzend	matt ↔ glossy
e **Vergrößerung**, -en ↔	enlargement ↔ reduction (in size)
e **Verkleinerung**, -en	
Könnten Sie das Foto bitte auf	Could you enlarge the photo to
13 x 18 cm vergrößern?	13 x 18 cm, please?
r **Ausschnitt**, -e	detail
e Fotomontage, -n [fotomɔn'ta:ʒə *auch*	photomontage
…mõ't…]	
e Fotomanipulation	manipulation of a photo,
	manipulated photo
retuschieren	touch up
s **Zubehör** *Sg*	accessories
s **Objektiv**, -e	lens
s Normalobjektiv	standard lens
s Teleobjektiv	telephoto lens
s Weitwinkelobjektiv	wide-angle lens
s Zoomobjektiv [' zu:mɔpjɛkti:f]	zoom lens
das Objektiv **auswechseln**	change the lens
das Objektiv einsetzen ↔ abnehmen	mount ↔ remove the lens
r **Filter**, - / r Farbfilter /	filter / colour filter / skylight filter
r Skylightfilter ['skailaitfɪltɐ]	
e Lichtstärke des Objektivs	speed of the lens
eine neue Batterie einsetzen	insert a new battery
s **Stativ**, -e	tripod
s **Fotoalbum**, Fotoalben	photo album
Fotos in ein Album kleben	mount photos in an album
Digitalfotos auf den Computer	transfer / scan digital photos (in)to
übertragen / scannen ['skɛnən]	the computer

Musik und Tanz
Music and dance

e ***Musik**	music
e **ernste** ↔ **leichte Musik**	serious ↔ light music
r zeitgenössische Musikgeschmack	contemporary taste in music
Musik *machen / **musizieren**	make music
Musik *hören	listen to music
Soll ich ein bisschen **Musik auflegen**?	Shall I put on a bit of music?
e ***Kassette**, -n / e ***CD**, -s / e MD, -s	cassette / CD / MD
eine Kassette abspielen / überspielen	play / re-record a cassette
r ***Kassettenrecorder**, - /	cassette recorder / CD player /
r **CD-Player**, - / r MD-Player	MD player

Die Musik ist zu *laut ↔ *leise.	The music is too loud ↔ quiet.
Mach das Radio / die Musik leiser.	Turn the radio / music down.
ein gutes Gehör haben	have a good ear

Listening

*hören / anhören / *zuhören*

*Während der Arbeit **hört** sie gern Musik.*	She likes to listen to music while she works.
*Das Konzert von Britney Spears kommt heute im *Radio. Das muss ich mir **anhören.***	The Britney Spears concert is on the radio today. I must listen to that.
Hör mal kurz **zu.** Kennst du das Lied?	Have a quick listen. Do you know the song?

musikalisch	musical
Sie ist (nicht sehr) musikalisch.	She's (not very) musical.
r **Musiker**, - // e **Musikerin**, -nen	musician
s *Lied, -er / r Song, -s [zɔŋ]	song
s Volkslied / s Weihnachtslied	folksong / Christmas carol
e **Melodie**, -n	melody
*singen (sang, hat gesungen)	sing
Leider kann ich nicht gut singen.	I'm afraid I can't sing very well.
*richtig ↔ *falsch singen	sing in ↔ out of tune
*hoch (höher, höchst-) ↔ *tief singen	sing high ↔ low
jm vorsingen	sing (in public / to sb)
Sing doch einfach mit!	Just join in and sing along.
summen	to hum
e **Strophe**, -n	verse
r Refrain, -s	chorus
s Singen / r Gesang, ⁻e	singing
Er nimmt Gesangsunterricht.	He takes singing lessons.
r Liederabend, -e	song recital
r *Sänger, - // e Sängerin, -nen	singer
e *Stimme, -n	voice
e Stimmlage, -n	pitch
Sopran / Mezzosopran / Tenor / Bariton / Bass	soprano / mezzo-soprano / tenor / baritone / bass
e Arie / s Duett / s Terzett ↔ s Rezitativ	aria / duet / trio ↔ recitative
e **Oper**, -n / e **Operette**, -n	opera / operetta
In der Oper wird heute „Die Zauberflöte" gegeben.	"The Magic Flute" is being performed at the opera house today.
In der Oper spielen sie heute „Die Zauberflöte".	At the opera house, they are putting on "The Magic Flute" today.

Die Vorstellung war großartig.	The performance was magnificent.
s Bühnenbild, -er	(stage) set, scenery
r **Chor**, ⸚e [koːɐ̯]	choir
Sie singt im Kirchenchor (mit).	She sings in the church choir.
s ***Instrument**, -e	instrument
ein Instrument (virtuos) beherrschen	master an instrument (in a virtuoso manner)
Spielst du ein Instrument?	Do you play any instrument?
r **Interpret**, -en // e **Interpretin**, -nen	performer
r **Violonist**, -en // e **Violonistin**, -nen / Geigenspieler, - // e Geigenspielerin, -nen	violinist
r **Pianist**, -en // e **Pianistin**, -nen	pianist
s ***Klavier**, -e	piano
Klavierspielen lernen	learn to play the piano
Klavier bei Professor Bach studieren	study the pianoforte under Professor Bach
vorspielen	play (in public / to sb)
Spiel doch mal das Stück auf dem Klavier vor.	Play us the piece on the piano, will you?
Er **begleitet** sie auf dem Klavier.	He accompanies her on the piano.
Das Klavier ist verstimmt ↔ gestimmt.	The piano is out of tune ↔ properly tuned.
r reine Klang, ⸚e	pure sound

Musical instruments

Tasteninstrumente	**keyboard instruments**
s Klavier, -e / s Piano, -s	piano
r Flügel, -	grand piano
Streichinstrumente	**stringed bowed instruments**
e Geige, -n / e Violine, -n	violin
e Viola, -s	viola
s Violoncello, -s	violoncello
r Bass, ⸚e	bass
s Cello	cello
r Kontrabass, ⸚e	double-bass
Saiteninstrumente	**stringed instruments**
e Harfe, -n	harp
e *Gitarre, -n	guitar
e Laute, -n	lute
Holzblasinstrumente	**woodwind instruments**
e Flöte, -n	flute
e Klarinette, -n	clarinet
s Fagott, -s	bassoon
e Oboe, -n	oboe

Blechblasinstrumente	**brass instruments**
e Trompete, -n	trumpet
s Saxophon, -e	saxophone
e Posaune, -n	trombone
s Horn, ⁼er	horn
Windinstrumente	**wind instruments**
e Orgel, -n	organ
e Mundharmonika, -s	mouth-organ
e Ziehharmonika, -s	accordion
Schlaginstrumente	**percussion instruments**
e Trommel, -n	drum
s Schlagzeug	percussion

s **Orchẹster**, -	orchestra
s Symphonieorchester / Philharmoniker *Pl*	symphony orchestra / philharmonic orchestra
s Kammerorchester / e Kammermusik	chamber orchestra / music
s Streichquartett, -e	string quartet
s Trio, -s	trio
e **Kapẹlle**, -n	band
e Blaskapelle, -n	brass band
r **Dirigẹnt**, -en // e **Dirigẹntin**, -nen / r Kapellmeister, - // e Kapellmeisterin, -nen	conductor
s ***Konzẹrt**, -e	concert
Gehen wir nächste Woche ins Konzert / in Beethovens Violinkonzert?	Shall we go to a concert / to hear Beethoven's violin concerto next week?
e **Philharmonie**	philharmonic hall
r **Konzẹrtsaal**, -säle	concert hall
Die **Akụstik** im Saal ist gut ↔ schlecht.	The acoustics in the hall are good ↔ bad.
s **Mikrofọn**, -e	microphone
r ***Lautsprecher**, -	loudspeaker
r **Komponịst**, -en // e **Komponịstin**, -nen	composer
e Komposition, -en	composition
komponieren	compose
e Partitur, -en / s Notenheft, -e	score / book of music
e **Symphonie**, -n	symphony
e Sonate, -n (mit vier Sätzen)	sonata (in four movements)
e **Ouvertüre**, -n	overture
Es gab zwei Zugaben.	There were two encores.
e ***Nọte**, -n ['noːtə]	note
r Notenwert	value (of a note)
e ganze / halbe Note / e Viertelnote / e Achtelnote	semi-breve / minim / crochet / quaver

Kannst du Noten lesen?	Can you read music?
r Notenschlüssel	clef
r **Takt**, -e / r Dreivierteltakt	time, beat / three-four time
im Takt bleiben ↔ aus dem Takt kommen	keep time ↔ lose the beat
r **Akkord**, -e	chord
r **Ton**, ⸚e / r Halbton	tone, note, pitch / semitone
den Ton angeben	give the pitch
zu **hoch** (höher, höchst-) ↔ **tief**	too high ↔ low
e **Tonleiter**, -n (= c-d-e-f-g-a-h-c)	scale (= C-D-E-F-G-A-B-C)
e **Tonart**, -en	key
eine Tonart vorgeben	set the key
in **Dur** ↔ in **Moll**	in major ↔ in minor
fis-cis-gis-ais-eis-dis ↔ be-es-as-des-ges-ces-fes	F sharp – C sharp – G sharp – A sharp – E sharp – D sharp ↔ B flat – E flat – A flat – D flat – G flat – C flat – F flat
harmonisch ↔ **disharmonisch**	harmonious ↔ dissonant
e **Musikakademie**, -n / s Konservatorium, Konservatorien	academy of music / conservatoire
e **Musikschule**, -n	school of music
e **Popmusik** ['pɔpmu zi:k] / e **Rockmusik** / r **Rap**, -s [rɛp] / r *****Jazz** [dʒɛs auch jats]	pop music / rock music / rap / jazz
e **Band**, -s [bɛnt]	band
r **Popstar**, -s ['pɔpʃta:ɐ̯ auch…st…]	popstar
r DJ, -s ['di:dʒe:]	DJ
r Videoclip, -s	video clip
s **Rockkonzert**, -e / s **Popkonzert**, -e	rock / pop concert
Zugabe, Zugabe …	more! more! / encore! encore!
r **Schlagersänger**, - // e **Schlagersängerin**, -nen	pop singer
r Interpret, -en // e Interpretin, -nen	singer
r Liedermacher, -	singer-songwriter
Das ist nur sein **Künstlername**.	That's just his stage-name.
r **Schlager**, - / r *****Hit**, -s	hit
s **Chanson**, -s [ʃã'sõ:]	chanson
r Ohrwurm, ⸚er	catchy tune
r **Rhythmus**, Rhythmen ['rytmʊs]	rhythm
aus dem Rhythmus kommen	lose the rhythm

Das war taktlos!	That was tactless.
Es ist immer dasselbe Lied, ich muss alles allein machen.	It's always the same old thing, I have to do everything myself.
Er tanzt nach ihrer Pfeife.	He dances to her tune.

r *****Tanz**, ⸚e	dance
s Tanztheater / s klassische Ballett	dance theatre / classical ballet
r Spitzentanz	dancing on point

r Tänzer, - // e Tänzerin, -nen	dancer
r Balletttänzer, - //	ballet dancer
e Balletttänzerin, -nen	
r Tanzpartner, - //	dancing partner
e Tanzpartnerin, -nen	
s Tanzpaar, -e	dancing couple
*tanzen	to dance
Sie geht gern tanzen.	She likes going dancing.
Darf ich bitten? (formell) / Tanzen Sie mit mir? / Wollen wir tanzen?	May I have the pleasure? / Can I ask you for this dance? / Shall we dance?
e Tanzfläche, -n	dance floor
s Tanzstudio, -s / e Tanzschule, -n	dance studio / school
sich zum Tanzkurs anmelden	sign up for dancing classes
an einem Tanzkurs teilnehmen	take part in dancing classes
r *Schritt, -e / r Tanzschritt, -e	step / dance-step
e Schrittkombination, -en	step combination
e Choreografie, -n [koreogra'fi:]	choreography
r Choreograf, -en //	choreographer
e Choreografin, -nen	
einen Tanz einstudieren	rehearse a dance

r Walzer	waltz
Langsamer Walzer	slow waltz
r Tango	tango
r Salsa	salsa
r Samba	samba
e / r Rumba	rumba
r Foxtrott	foxtrot
r Volkstanz	folk dance
s Steppen / r Stepptanz	tap dance
s Ballett	ballet
r klassische Tanz	classical dance
Modern Dance	modern dance
r Jazztanz	jazz dance
r Ausdruckstanz	expressional dance
s Tanztheater	dance theatre

Theater und Film
Theatre and cinema

s *Theater, - [te'a:tɐ] /	theatre / playhouse
s Schauspielhaus, ⁼er	
s staatliche / städtische Theater	state / municipal theatre
e Oper / s Opernhaus, ⁼er	opera / opera house

ins The**a**ter / in die **O**per *g**e**hen (ging, ist gegangen)	go to the theatre / the opera
e große Bühne, -n ↔ e Kleinkunstbühne, -n	mainstream theatre ↔ cabaret, fringe theatre
s Off-Theater	alternative theatre
e **Kom**ö**die**, -n / s Lustspiel, -e	comedy
e **Trag**ö**die**, -n / s Drama, Dramen	tragedy / drama
e **O**per, -n	opera
e **O**per**e**tte, -n	operetta
s **M**u**sical**, -s ['mju:zikl] / e **Show**, -s [ʃo:]	musical / show
s **Kabarett**, -s [kaba'rɛt, …re: *auch* 'kabarɛt, …re]	cabaret

Other types of theatre

s Volkstheater	folk theatre
s Mundarttheater	plays performed in dialect
s Kinder- und Jugendtheater	theatre for children and young people
s Marionettentheater	puppet theatre

---

s *The**a**terstück, -e	(stage) play
ein Theaterstück **a**uf**führen** / **v**o**rführen**	stage / perform a play
s Einpersonenstück	play for one actor
e **A**uf**führung**, -en / e *V**o**rstellung, -en	performance
Die Vorstellung beginnt um 7 und endet gegen 10 Uhr.	The performance begins at 7 and finishes about 10 o'clock.
e Uraufführung / e Erstaufführung	first night / first performance
e **Prem**i**ere**, -n [prə'mi̯e:rə, pre…; *österr.* …'mi̯e:r]	premiere
e Matinee, -n [mati'ne:] / e Nachmittagsvorstellung, -en	matinée
r Theaterbesuch, -e	visit to the theatre
e *K**a**sse, -n / e Theaterkasse	box office / theatre box office
Restkarten gibt es nur noch an der Abendkasse.	The remaining tickets are only available at the evening box office.
Für die Opernkarten musste ich zwei Stunden Schlange stehen.	I had to queue up two hours for the opera tickets.
r *E**i**ntritt / r Eintrittspreis, -e	admission / admission charge, ticket price
Was kostet der Eintritt?	What do the tickets cost?
e *K**a**rte, -n / e *E**i**ntrittskarte, -n / e Theaterkarte / s Billett, -n *schweiz.*	ticket / (entrance) ticket / theatre ticket
Karten (telefonisch / per Internet) *reserv**ie**ren / *best**e**llen	book / reserve tickets (by phone / on the internet)

Wo kann ich die Karten *abholen?	Where can I pick up the tickets?
*berücksichtigen	take into consideration
Leider können wir Ihre Bestellung nicht mehr berücksichtigen.	I'm afraid we can no longer accept your order.
s Theaterabo(nnement), -s / s Abo, -s	theatre subscription
e Ermäßigung, -en	reduction
Gibt's für heute Abend noch ermäßigte Karten?	Are there any reduced-price tickets left for tonight?
*gratis / *umsonst / kostenlos	free (of charge)
r Vorverkauf	advance booking / sale
Der Vorverkauf hat bereits begonnen.	Advance booking has already opened.
e Vorverkaufsgebühr, -en	booking fee
im Parkett / im ersten Rang / in der Loge	in the front stalls / dress circle / box
e *Reihe, -n	row
In welcher Reihe sitzen wir? – In der ersten Reihe.	What row are we in? – In the first row.
r *Platz, ⸚e / r Sitzplatz / r Stehplatz	seat / seat / standing place
ein Platz mit sehr guter ↔ eingeschränkter Sicht	a seat with an excellent ↔ restricted view of the stage
Entschuldigung, könnte ich bitte vorbei? – Gerne.	Excuse me, could I get past, please? – Yes, of course.
Entschuldigung, ich glaube, Sie sitzen auf meinem Platz.	Excuse me, I think you're sitting *in* my seat.
s *Programm, -e	programme [booklet]
r Zuschauerraum	auditorium
e Bühne, -n	stage
r *Vorhang, ⸚e	curtain
den Vorhang aufziehen ↔ schließen	open ↔ close the curtain
r Spielplan, ⸚e / s Repertoire, -s	programme [of productions] / repertoire
r Intendant, -en // e Intendantin, -nen	artistic director, theatre manager
e Inszenierung, -en	production
ein Theaterstück inszenieren	produce a play
gut ↔ schlecht / nicht überzeugend inszeniert	well-produced ↔ badly produced / not a convincing production
r Regisseur, -e [reʒi'søːɐ̯] // e Regisseurin, -nen	director
r Filmregisseur / r Theaterregisseur / r Opernregisseur	film / theatre / opera director
e Dramaturgie	dramatization
r Dramaturg, -en // e Dramaturgin, -nen	dramatic advisor
r Souffleur, -e [zuf'løːɐ̯] // e Souffleuse, -n [zuf'løːzə]	prompt

e Schauspielerei	acting
e **Besetzung**, -en	cast
e Besetzungsliste, -n	cast list
Wer spielt mit?	Who's in the cast? / Who's in it?
r ***Schauspieler**, - //	actor // actress
e **Schauspielerin**, -nen	
r Theaterschauspieler /	theatre / film actor
r Filmschauspieler	
r Darsteller, - // e Darstellerin, -nen	actor // actress
e ***Darstellung**, -en	portrayal
darstellen	to show / portray / play
Theater *spielen	to act
Sie geht zum Theater.	She is going into the theatre.
s **Talent**, -e	talent, talented person
s Nachwuchstalent	up-and-coming young actor / actress
s **Bühnenbild**, -er	(stage) set, scenery
r Bühnenbildner, - //	set designer
e Bühnenbildnerin, -nen	
e Bühnendekoration, -nen /	(stage) setting / (piece of) scenery
e Kulisse, -n	
e Requisite, -n	prop
s ***Kostüm**, -e	costume
r Kostümbildner, - //	costume designer
e Kostümbildnerin, -nen	
r ***Autor**, -en // e **Autorin**, -nen	author
r **Verfasser**, - // e **Verfasserin**, -nen	writer
r Stückeschreiber, - //	playwright
e Stückeschreiberin, -nen	
r Dramatiker, - // e Dramatikerin, -nen	dramatist
Sie spielen ein Stück von Goethe.	They're doing a play by Goethe.
ein Theaterstück ***schreiben** (schrieb, hat geschrieben) / **verfassen**	write a play
r **Akt**, -e	act
r Einakter, -	one-act play
e **Szene**, -n ['stse:nə]	scene
r Auftritt, -e	entrance; scene
erster Akt dritte Szene	Act 1, Scene 3
r **Monolog**, -e ↔ r **Dialog**, -e	monologue, soliloquy ↔ dialogue
e Bühnenanweisung, -en	stage direction
e **Handlung**, -en	plot
e Haupthandlung / e Nebenhandlung	main plot / minor plot
***handeln von**	be about
Wovon handelt das Stück? – Es spielt im 19. Jahrhundert und handelt von …	What is the play about? – It is set in the 19th century and is about …
s ***Thema**, Themen	theme
Liebe und Eifersucht	love and jealousy
Hass und Neid	hatred and envy

r Höhepunkt, -e	climax
e handelnde Person, -en	character
e Hauptfigur, -en / e Nebenfigur	main character / minor character
r Held, -en ↔ r Schurke, -n	hero ↔ villain
e Probe, -n	rehearsal
e Generalprobe / e Hauptprobe	dress / general rehearsal
e *Rolle, -n	part, role
e Hauptrolle, -n / e Nebenrolle, -n	leading role / supporting role
e Doppelrolle, -n	double part
(eine Rolle) *spielen	to act (a part)
Er spielt die Rolle des Faust sehr überzeugend.	He is very convincing as Faust.
eine hervorragende schauspielerische Leistung	an excellent [acting] performance
s *Publikum	audience
r Zuschauer, - // e Zuschauerin, -nen	member of the audience
*anschauen / *ansehen (sieht an, sah an, hat angesehen)	to watch
Die Vorstellung musst du dir *unbedingt ansehen.	You really must see the show.
Das Publikum war begeistert.	The audience was enthusiastic.
r Applaus [a'plaus] / r Beifall	applause
applaudieren / Beifall klatschen	applaud
Die Vorstellung war gut ↔ schlecht besucht.	The performance was well ↔ badly attended.
r *Erfolg, -e ↔ r *Misserfolg, -e / r Reinfall, ⸚e	success ↔ flop
ein Riesenerfolg ↔ ein totaler Reinfall	a huge success ↔ a total flop
r Kritiker, - // e Kritikerin, -nen	critic
e *Kritik / e Besprechung	review
s *Kino, -s / s Filmtheater, -	cinema, movie theater
s Programmkino, -s	arts cinema
r Kinobesucher, - // e Kinobesucherin, -nen / r Kinogänger, - // e Kinogängerin, -nen	filmgoer, moviegoer
r Cineast, -en // e Cineastin, -nen	cinéaste
ins Kino gehen (ging, ist gegangen)	go to the cinema / a movie
Gehen wir doch heute Abend ins Kino.	Let's go to the cinema this evening.
Welche Filme *laufen denn gerade? (läuft, lief, ist gelaufen)	Which films are on at the moment?
In welchem Kino läuft der Film mit Franka Potente?	Which cinema / movie theater is the film with Franka Potente on at?
r *Film, -e	film
r Experimentalfilm / r Dokumentarfilm	experimental film / documentary film
r Kurzfilm / r Trickfilm / r Werbefilm	short (film) / cartoon (film) / promotional film

r Autorenfilm	film made / produced / directed by the author
r **Kinofilm**	cinema film, movie
r Hauptfilm / r Vorfilm	main film / supporting film
einen **Film** *****zeigen** / vorführen	screen a film / movie
r Vorspann ↔ r Abspann	opening credits / final credits
s Happyend ['hɛpi'lɛnt] / s offene Ende	happy ending / open ending
r **Untertitel**, -	subtitle
Original mit Untertiteln (OmU) ↔ Original ohne Untertitel (OoU)	original with ↔ without subtitles
synchronisieren	dub a film / movie
e Synchronfassung, -en	dubbed version
in gekürzter ↔ ungekürzter Fassung / in voller Länge	in a cut / shortened version ↔ uncut / in full length
e **Filmindustrie**	film / motion-picture industry
e Produktionsfirma, -firmen	production company
r **Produzent**, -en // e **Produzentin**, -nen	producer
*****produzieren**	produce
e Filmförderung, -en	film / movie promotion
bezuschussen / unterstützen	subsidize / support
s **Drehbuch**, ⸚er	screenplay, script
r Plot, -s	plot, action
e Adaption, -en	adaptation
r Drehbuchschreiber, - // e Drehbuchschreiberin, -nen / r Drehbuchautor, -en // e Drehbuchautorin, -nen	scriptwriter
einen Film drehen	shoot a film / movie
r **Kameramann**, ⸚er // e **Kamerafrau**, -en	cameraman / camerawoman
e **Regie**	direction
Regie führt Doris Dörrie.	Directed by Doris Dörrie.
r **Filmschauspieler**, - // e **Filmschauspielerin**, -nen	film / movie actor / actress
r *****Star**, -s [ʃtaːɐ̯ auch st...] / r Filmstar	star / film/movie star
r **Filmpreis**, -e	film award
e Filmpreisverleihung	presentation of film awards
Er erhielt für seine Rolle als Bismarck einen Bambi.	He received a Bambi [German Oscar] award for his role as Bismarck.
e **Filmhochschule**, -n	academy of film
e **Schauspielschule**, -n	drama school

Literatur
Literature

e **Literatur**, -en [lɪtəraˈtuːɐ̯]	literature
e **deutschsprachige** ↔ **fremdsprachige** Literatur	German ↔ foreign-language literature
e **triviale** ↔ **anspruchsvolle** Literatur	light ↔ serious / highbrow fiction
s ***Buch**, ⸚er	book
s **literarische *Werk**	literary work
***lesen** (liest, las, hat gelesen)	read
r **Leser**, - // e **Leserin**, -en	reader
e **Literaturkritik**	literary criticism
r Literaturkritiker, - // e Literaturkritikerin, -nen	literary critic
e **Literaturwissenschaft**	literary studies
r Literaturwissenschaftler, - // e Literaturwissenschaftlerin, -nen	literary (studies) specialist
e **Literaturgeschichte**	literary history, history of literature
e **Literaturepoche**, -n	period of literature

Periods of literature

e mittelalterliche Literatur	medieval literature
s Barock	baroque
r Sturm und Drang	Storm and Stress
e Klassik	classical period
e Aufklärung	Enlightenment
e Romantik	romanticism
r Realismus	realism
r Naturalismus	naturalism
r Dadaismus	dadaism
r Surrealismus	surrealism
r Expressionismus	expressionism

r ***Autor**, -en // e **Autorin**, -nen / r **Verfasser**, - // e **Verfasserin**, -nen / r **Schriftsteller**, - // e **Schriftstellerin**, -nen	author / writer
***schreiben** (schrieb, hat geschrieben) / **verfassen**	write
r **Preisträger**, - // e **Preisträgerin**, -nen	prize winner
r Nobelpreisträger	winner of the Nobel Prize
einen Preis verleihen ↔ bekommen	award ↔ receive a prize
Der Nobelpreis für Literatur geht 1999 an Günther Grass.	The Nobel Prize for Literature 1999 goes to Günther Grass.
r **Erzähler**, - // e **Erzählerin**, -nen	narrative writer

e **Literaturgattung**, -en	literary genre
s **Drama**, Dramen	drama
s **Theaterstück**, -e	stage play
e **Komödie**, -n / e **Tragödie**, -n	comedy / tragedy
*komisch ↔ tragisch	comic ↔ tragic
e Satire	satire
e Parodie	parody
e **Epik**	epic
e **Prosa**	prose
e **Erzählliteratur** / e **Belletristik**	narrative literature / belles lettres
r **Roman**, -e	novel
e *Erzählung, -en	story
eine *Geschichte *erzählen	tell a story
s *Märchen, -	fairy tale
Grimms Märchen	Grimm's fairy tales
e **Biografie**, -n (über +A)	biography (of)
Sein Roman hat stark **autobiografische** Züge.	His novel is heavily autobiographical.

r Roman, -e	novel
r historische Roman, -e	historical novel
r Liebesroman, -e	romantic novel
r Frauenroman, -e	women's novel (for women)
e Erzählung, -en	story
e Novelle, -n	novella
e Kurzgeschichte, -n	short story
r *Krimi, -s / r Kriminalroman, -e	detective novel
r Thriller, - ['θrɪlə]	thriller
r Gedichtband, ⁻e / e Anthologie	poetry collection / anthology
e Anekdote, -n	anecdote
e Biografie, -n	biography
e Autobiografie	autobiography
r Essay, -s ['ɛse auch ɛ'se:]	essay
s Tagebuch	diary
s Märchen	fairy tale
e Legende / e Sage	legend
e Trivialliteratur	light fiction
e Sciencefiction ['saɪəns'fɪkʃn]	science fiction
r Schundroman, -e	pulp novel
s Groschenheft, -e / r Groschenroman, -e	penny dreadful

e **Lyrik** / e **Dichtung**	poetry
lyrisch	lyrical
r **Lyriker**, - // e **Lyrikerin**, -nen	lyric poet
r *Dichter, -en // Dichterin, -nen	poet
r **Poet**, -en // e **Poetin**, -nen	
s **Gedicht**, -e	poem

ein Gedicht **auswendig** lernen / aufsagen	learn a poem by heart / recite a poem from memory
s fünfzeilige Gedicht / r Fünfzeiler	poem with five lines
s Sonett, -e	sonnet
s **Reimschema**, -schemata	rhyme scheme
s Reimschema beachten	note the rhyme scheme
r **Reim**, -e	rhyme
Haus reimt sich auf Maus.	House rhymes *with* mouse.
s Metrum / s Versmaß	metre
r **Vers**, -e / e **Strophe**, -n	verse
in Versform	in verse
e **Poesie**	poetry
poetisch	poetic
e **Textanalyse**, -n	text(ual) analysis
e **Interpretation**, -en / e Auslegung, -en	interpretation
einen Text interpretieren	interpret a text
e Primärliteratur / e Sekundärliteratur	primary / secondary literature
(aus der Literatur) **zitieren**	quote (from the literature)
s **Zitat**, -e	quotation
s ***Sprichwort**, ⸚er	proverb
s Plagiat, -e	plagiarism
Man beschuldigt ihn des Plagiats.	He's been accused of plagiarism.
r ***Text**, -e	text
s **Kapitel**, -	chapter
r ***Abschnitt**, -e / e **Passage**, -n [pa'sa:ʒə]	section / passage
r **Absatz**, ⸚e	paragraph
r ***Inhalt**	content
e **spannende** ↔ **langweilige** Geschichte, -n	exciting ↔ boring story
die Geschichte **handelt von** (+D)	the story is about
e **Handlung** / e Nebenhandlung, -en	plot / subplot
r **Schauplatz** / Zeit und Ort der Handlung	setting / time and place of the action
e **Einleitung** ↔ r ***Schluss**	introduction ↔ ending
Der Roman hat einen überraschenden Schluss.	The novel has a surprise ending.
e ***Form**, -en / e **Struktur**, -en	form / structure
e **Erzählperspektive**, -n	point of view
r Ich-Erzähler	first-person narrator
r auktoriale / allwissende Erzähler	omniscient narrator
r personale Erzähler	personal narrator
e **Funktion**, -en / e **Bedeutung**, -en	function / meaning
r **Erzählstil**, -e	narrative style
e **Beschreibung**, -en / e Personenbeschreibung	description / personal description
e **Zusammenfassung**, -en	summary
e **Rückblende**, -n	flashback

s spannungssteigernde Element, -e	element adding to the suspense
r **Höhepunkt**, -e	climax
s **rhetorische *Mittel**, -	rhetorical device
e **Bildersprache** / e **Metaphorik**	imagery
e **Metapher**, -n	metaphor
ein Wort **metaphorisch** gebrauchen	use a word metaphorically
e **Ironie**	irony
s Wortspiel, -e	pun
e **Übersetzung**, -en	translation
Sein Roman liegt nun auch in deutscher Übersetzung vor.	His novel has now also been published in German translation.
r **Übersetzer**, - // e **Übersetzerin**, -nen	translator
vom Deutschen ins Portugiesische ***übersetzen**	translate from German into Portuguese
e **Zensur**	censorship
zensieren	censor
konfiszieren / beschlagnahmen	confiscate

Philosophie
Philosophy

e **Philosophie**	philosophy
e antike Philosophie	ancient philosophy
e Sprachphilosophie	linguistic philosophy
philosophisch	philosophical
r **Philosoph**, -en // e **Philosophin**, -nen	philosopher
philosophieren (über +A)	philosophize (about)
r **Denker**, - // e **Denkerin**, -nen	thinker
s (natur)wissenschaftliche / abendländische Denken	scientific / western thinking
*nachdenken (dachte nach, hat nachgedacht) (über +A)	think (about)
*verstehen (verstand, hat verstanden)	understand
s ***Verständnis**	understanding
e **Analyse**, -n	analysis
*analysieren	analyse
e **Definition**, -en	definition
definieren	define
e ***Idee**, -n	idea
Die ***Erfahrung** lehrt (uns), dass …	Experience teaches us that …
empirisch / erfahrungsmäßig	empirical
s **Argument**, -e (für ↔ gegen)	argument (for ↔ against)
argumentieren	argue
e **Vernunft** / e Ratio	reason

rati**onal** / vernunftmäßig	rational
etw auf rationale Weise *erkl**ären**	explain something in rational terms
e **Aufklärung**	enlightenment
zweifeln (an +D)	to doubt, have doubts (about)
r *Zw**eifel**, -	doubt
Er bezweifelt die Existenz Gottes.	He doubts the existence of God.
an die Existenz eines transzendenten Wesens glauben	believe in the existence of a transcendent being
e **Theorie**, -n	theory
eine in sich stimmige Theorie	a consistent theory
konsist**ent** / widerspruchsfrei	consistent / free of contradiction
eine Theorie *entw**ickeln**	develop a theory
verifizieren ↔ falsifizieren	verify ↔ falsify
e Verifikation ↔ e Falsifikation	verification ↔ falsification
e Kausalität	causality
s Kausalgesetz	law of causality
e **Logik**	logic
s Gesetz der Logik	law of logic
logisch	logical
logisches Denken	logical reasoning
e **Ethik**	ethics
Das ist eine Frage der Ethik.	It's a question of ethics.
r dialektische Materialismus	dialectical materialism

Areas of philosophy

e Ästhetik / ästhetisch / r Ästhet, -en // e Ästhetin, -nen	aesthetics / aesthetic / aesthete
r Agnostizismus / r Agnostiker, - // e Agnostikerin, -nen	agnosticism / agnostic
r Existenzialismus / existenzialistisch / r Existenzialist, -en // e Existenzialistin, -nen	existentialism / existentialist / existentialist
r Eklektizismus / eklektisch / r Eklektiker, - // e Eklektikerin, -nen	eclecticism / eclectic / eclectic
e Epistemologie / e Erkenntnislehre	epistemology
e Hermeneutik	hermeneutics
r Idealismus / idealistisch / r Idealist, -en // e Idealistin, -nen	idealism / idealist(ic) / idealist
r Materialismus / materialistisch / r Materialist, -en // e Materialistin, -nen	materialism / materialist(ic) / materialist
e Metaphysik / metaphysisch / r Metaphysiker, - // e Metaphysikerin, -nen	metaphysics / metaphysical / metaphysician
r Moralismus / moralisch / r Moralist, -en // e Moralistin, -nen	moralism / moral / moralist
r Nihilismus / nihilistisch / r Nihilist, -en // e Nihilistin, -nen	nihilism / nihilistic / nihilist
e Ontologie / ontologisch	ontology / ontological

r Positivismus / positivistisch / r Positivist, -en // e Positivistin, -nen	positivism / positivist / positivist
r Pragmatismus / pragmatisch / r Pragmatiker, - // e Pragmatikerin, -nen	pragmatism / pragmatic / pragmatist
r Rationalismus / rationalistisch / r Rationalist, -en // e Rationalistin, -nen	rationalism / rationalist(ic) / rationalist
r Realismus / *realistisch / r Realist, -en // e Realistin, -nen	realism / realistic / realist
e Scholastik / scholastisch / r Scholastiker, - // e Scholastikerin, -nen	scholasticism / scholastic / scholastic
r Skeptizismus / skeptisch / r Skeptiker, - // e Skeptikerin, -nen	scepticism / sceptical / sceptic

e **Moral**	moral
r **moralische *Wert**, -e / r **Grundsatz**, ⸚e	moral value / principle
s **Ich**	self
Sokrates Suche nach dem Ich	Socrates' search for the self
das ***Ding** an sich	the thing-in-itself
Erscheinung und ***Wirklichkeit**	appearance and reality
*Ursache und ***Wirkung**	cause and effect
Geist und **Materie**	mind and matter
*Körper und **Geist**	body and mind
*Zeit und ***Raum**	time and space
das **Schöne** und das **Hässliche**	the beautiful and the ugly
*gut und ***böse**	good and evil

Frage: Gibt es *Gott? – Der Gläubige sagt: Ja. – Der Atheist sagt: Nein. – Der Agnostiker
sagt: Ich weiß es nicht.
Question: Does God exist? – The believer says: Yes. – The atheist says: No. – The
agnostic says: I don't know.

Religion
Religion

r **Glaube**	religious belief
*glauben an (+A)	believe in
gläubig / fromm ↔ ungläubig sein	be devout / religious ↔ unbelieving / irreligious
r / e **Gläubige**, -n ↔ r / e **Ungläubige**, -n	believer ↔ unbeliever
r **Atheist**, -en [ateˈɪst] // e **Atheistin**, -nen	atheist

*beten	pray
Lasst uns beten!	Let us pray.
s Gebet, -e	prayer
*heilig	holy, sacred
s Heiligtum, ⸚er	shrine
Gott verehren	worship God
e Gottheit, -en	godhead
r *Gott, ⸚er // e Göttin, -nen	god / goddess
göttlich	divine
e göttliche Offenbarung	divine revelation
allmächtig	almighty
allgegenwärtig	omnipresent
allwissend	omniscient
e Theologie	theology
s Dogma	dogma
e *Religion, -en [reli'gio:n]	religion
e Religionsfreiheit	freedom of religion
religiös	religious
e religiöse Überzeugung	religious beliefs
e Religionsgemeinschaft, -en	religious community
s Oberhaupt, ⸚er (der katholischen Kirche)	leader (of the catholic church)
r Anhänger, - // e Anhängerin, -nen	follower
e Konfession / e Glaubensgemeinschaft	denomination
Welche Konfession haben Sie?	What denomination are you?
konfessionslos	non-denominational
Was ist die vorherrschende Religion in Ihrem Land?	What is the predominant religion in your country?
s *Christentum	Christianity
christlich	Christian
r Christ, -en // e Christin, -nen ↔ r Heide, -n / e Heidin, -nen	Christian ↔ heathen, pagan
r Ketzer, -	heretic
r Gottesstaat ↔ e Säkularisation	theocracy ↔ secularisation
r Katholizismus	(Roman) Catholicism
(römisch-)*katholisch	Roman Catholic
r Katholik, -en // e Katholikin, -nen	Catholic
r Baptist, -en // e Baptistin, -nen	Baptist
r Methodist, -en // e Methodistin, -nen	Methodist
r Protestantismus	Protestantism
*protestantisch / *evangelisch	Protestant
r Evangele, -n // e Evangelin, -nen	Protestant
Er / Sie ist Protestant(in) / evangelisch.	He's / She's (a) Protestant.
e reformierte Kirche	Reformed church
e lutherische Kirche	Lutheran church
(r liebe) Gott	(dear) God

r **Schöpfer** des Weltalls	creator of the universe
s Jesuskind / s Christuskind	child Jesus
r Messias	Messiah
e Heilige Dreifaltigkeit / Dreieinigkeit (Vater, Sohn und Heiliger Geist)	Holy Trinity (Father, Son and Holy Spirit)
e *B**i**bel ['biːbl̩]	Bible
s Alte / Neue Testament	Old / New Testament
s Evangelium	gospel
r Katechismus	catechism
r Psalm	psalm
s Vaterunser	Lord's Prayer
s Glaubensbekenntnis	Creed
Amen	amen
e *K**i**rche, -n	church
in die Kirche gehen	go to church
e M**e**sse, -n	mass
zur Messe gehen	attend mass
zum **Gottesdienst** gehen / den Gottesdienst besuchen	go to / attend church
an einem ökumenischen Gottestdienst teilnehmen	take part in an ecumenical service
r D**o**m, -e / e **Kathedr**a**le**, -n	cathedral
e Wallfahrtskirche	pilgrimage church
e **Kap**e**lle**, -n	chapel
s *S**ymb**o**l**, -e	symbol
s **Kr**eu**z**, -e	cross
r **Alt**a**r**, ⸚e	altar
s Sakrament, -e	sacrament
pr**e**digen	preach
r Prediger, - // e Predigerin, -nen	preacher
e **Pr**e**digt**, -en	sermon
e Bergpredigt	Sermon on the Mount
e Prozession, -en	procession
s (heilige) Abendmahl	Lord's Supper
e Auferstehung (Christi)	Resurrection (of Christ)
e Wiedergeburt	reincarnation
s ewige Leben	eternal life
e **T**au**fe**	christening, baptism
t**au**fen	christen, baptize
Patrick ist getauft.	Patrick is baptized.
e **Konfirmati**o**n**	confirmation
e (heilige) **Kommuni**o**n**	(holy) communion
e Firmung	confirmation
e Zehn Gebote	Ten Commandments
e **S**ü**nde**, -n	sin
e Erbsünde	original sin
e Todsünde	deadly sin
r *H**i**mmel ↔ e H**ö**lle	heaven ↔ hell

in den Himmel kommen	go to heaven
r **Engel**, -	angel
r / e Heilige, -n	saint
r Teufel	devil
e Beichte	confession
beichten gehen	go to confession
e Absolution / e Lossprechung (von den Sünden)	absolution (from one's sins)
e Heilsarmee	Salvation Army
e **Gemeinde**	congregation
r Gemeinderat	parish council
r Kirchenvorstand	parochial church council
r / e **Geistliche**, -n	clergyman

Clergymen

r Papst	pope
r Kardinal	cardinal
r (Erz-)Bischof	(arch)bishop
r Diakon, -e // e Diakonin, -nen	deacon / deaconess
r Priester, - // e Priesterin, -nen	priest
r Pfarrer, - // e Pfarrerin, -nen	parish priest, pastor, vicar
r Pater, Patres	father
r Mönch, -e	monk
e Nonne, -n	nun
mein *Bruder, ⸚	my brother
meine *Schwester, -n	my sister

s **Kloster**, ⸚	monastery
konvertieren	convert [to a religion]
Er konvertierte zum Judentum. / Er trat zum jüdischen Glauben über.	He converted to Judaism.
jn **bekehren**	convert [a person]
Er wurde in die katholische Kirche aufgenommen.	He was received into the Roman Catholic church.
aus der Kirche **austreten** (tritt aus, trat aus, ist ausgetreten)	leave the church
e **russisch-orthodoxe** Kirche	Russian-Orthodox church
e **griechisch-orthodoxe** Kirche	Greek-Orthodox church
r Patriarch	patriarch
r *****Islam**	Islam
islamisch	Islamic
r Prophet Mohammed	Prophet Muhammad
r **Muslim**, -e // e **Muslimin**, -nen / r Moslem, -s // e Moslemin, -nen	Moslem
r Koran	Koran
muslimisch / moslemisch	Moslem
e **Moschee**, -n	mosque

r Fundamentalismus	fundamentalism
r Fundamentalist, -en	fundamentalist
r *Hinduismus	Hinduism
hinduistisch	Hindu
Im Hinduismus wird die Kuh verehrt.	The cow is revered in Hinduism.
r Hindu	Hindu
r *Buddhismus	Buddhism
buddhistisch	Buddhist
r Tempel	temple
e Buddha-Figur	figure of Buddha
Buddha heißt „der Erleuchtete".	Buddha means "the enlightened one".
s *Judentum / r Judaismus	Judaism
r Jude, -n // e Jüdin, -nen	Jew
r orthodoxe Jude	orthodox Jew
jüdisch	Jewish
r Gott Israels	God of Israel
e Thora	Torah
r Talmud	Talmud
e Synagoge, -n	synagogue
r Rabbi, -s / r Rabbiner, -	rabbi
koscher	kosher
Sabbat	Sabbath
e Naturreligion, -en	natural religion

Wissen und Wissenschaft
Knowledge and science

12

Wissen
Knowledge

s Wissen	knowledge
großes ↔ geringes Wissen haben	have extensive ↔ little knowledge
unbegrenztes ↔ begrenztes Wissen	unlimited ↔ limited knowledge
umfassendes ↔ eingeschränktes Wissen	thorough ↔ restricted knowledge
s Wissensgebiet, -e	area of knowledge
*wissen (weiß, wusste, hat gewusst)	know
etw (nicht so) *genau wissen	have (not very) precise knowledge of sth
Das ist wissenswert.	This is worth knowing.
sein Wissen erweitern / *vergrößern	extend / enlarge one's knowledge
seine Kenntnisse ausbauen	expand one's knowledge
Kenntnisse / Wissen erwerben (erwirbt, erwarb, hat erworben)	gain knowledge
wissensdurstig / wissbegierig	be thirsty / eager for knowledge
Interesse ↔ Desinteresse zeigen	be interested ↔ uninterested
sich Wissen aneignen	acquire knowledge
Durch umfangreiche Studien hat sie sich ein enormes Wissen angeeignet.	Through extensive studies she has accumulated immense knowledge.
(über alles) *Bescheid wissen	know (about everything)
Darüber weiß ich zu wenig, da kann ich nicht mitreden.	I don't know much about that, so I can't contribute.
e Intelligenz [ɪntɛli'gɛnts]	intelligence
r Intelligenztest, -s	intelligence test
*intelligent	intelligent
*klug (klüger, klügst-) ↔ *dumm (dümmer, dümmst-)	clever ↔ stupid
wissend ↔ unwissend / ignorant sein	be knowledgeable ↔ unknowledgeable / ignorant

Ich weiß, dass ich nichts weiß.	I know that I don't know anything.
Was ich nicht weiß, macht mich nicht heiß.	What you don't know doesn't bother you.
*Wissen ist *Macht, nichts wissen macht nichts.*	Knowledge is power, not knowing achieves nothing.
Nicht für die Schule, sondern für das Leben lernen wir.	You don't learn for school, but for life.

sich für etw *interessieren	be interested in sth
Er interessiert sich für die neuesten Entwicklungen auf dem Sektor der Gentherapie.	He's interested in the latest developments in the field of genetic therapy.

*Interẹ**sse *h**ạ**ben** an (+D)
Sie hat großes Interesse an diesem Projekt.

have an interest in
She is very interested in this
  project.

interessiẹ**rt sein** an (+D)
An Politik ist sie nicht interessiert. / Politik
  interessiert sie nicht.

be interested in
She is not interested in politics. /
  Politics doesn't interest her.

*kẹ**nnen** (kannte, hat gekannt)
jn (erst) ***seit k**ụ**rzem** ↔ (schon) ***l**ạ**nge** /
  seit lạ**ngem** kennen

know
have known sb (only) for a short
  time ↔ have known sb a long
  time

jn (nur) **fl**ü**chtig** / ***k**a**um** ↔ (sehr) ***g**ụ**t**
  kennen
Helfen Sie mir bitte. Woher kennen wir
  uns? – Von früher. / Aus der Schule.

know sb (only) fleetingly / hardly
  know sb ↔ know sb (very) well
Help me out, please. How do we
  know each other? – From the old
  days. / From school.

*kö**nnen** (kann, konnte, hat gekonnt)

know how to

Know – *kennen* / *können* / *wissen*

kennen: knowledge from personal experience
Ich kenne den Autor dieses Buches,

... *weil ich ihn schon einmal kennen
  gelernt / getroffen / (auf einem Foto)
  gesehen / von ihm gehört habe.*

I know the author of this book,

... because I've met him / seen him
  (in a photo) / heard of him before.

können: competence / ability
Das kann sie noch nicht.

... *weil sie noch zu jung ist und es
  noch nicht gelernt hat.*

She can't do that yet,

... because she's still too young and
  hasn't learnt how to yet.

wissen: acquired factual knowledge
*Ich weiß, wann J.W. von Goethe
  geboren ist.*
I know when J.W. von Goethe was born,

... *weil ich es einmal gelernt und es
  mir gemerkt habe.*

... because I learned it once and
  have remembered it.

---

e **K**ẹ**nntnis**, -se (in)
Seine Kenntnisse in Biologie /
  Biologiekenntnisse sind erstaunlich.
Meines Wissens (nach) / So viel ich weiß,
  arbeitet er jetzt in New York.

knowledge *(of)*
His knowledge of biology *is
  amazing.*
To my knowledge / As far as I know,
  he works in New York now.

Expressions with *kennen* – *können* – *wissen*

In these sentences it's important to use the correct sentence **stress**:

Das kenne ich schon!
Da kenne ich mich aus.

I know that (already).
That's something I know
  something about.

*Da kenne ich **nichts**. (= Davon lasse ich mich nicht abhalten.)*	To hell with that. (= I won't let that stop me.)
***Ich** kann nichts dafür.*	It's nothing to do with me.
*Wie **konntest** du nur?*	How could you?
*Was weiß **ich**?*	Don't ask me.
*Ja, ja, ich **weiß**. / Ich **weiß** schon …*	I know, I know. / I know …
*Ich will **nichts** mehr von ihm wissen!*	I don't want anything more to do with him!

s **Gedächtnis**
memory [= power of memory]

ein **gutes** (besser, best-) ↔ **schlechtes** Gedächtnis haben
have a good ↔ bad memory

s Namensgedächtnis /
memory for names /

s Personengedächtnis /
  memory for people /

s Zahlengedächtnis
  memory for numbers

s Kurzzeitgedächtnis /
short-term / long-term memory

s Langzeitgedächtnis

e **Eselsbrücke**, -n /
aide-memoire / memory aid

e Gedächtnisstütze, -n

e Lerntechnik, -en / e Lernhilfe, -n
learning technique / learning aid

e Mind-Map, -s ['maɪndmæp]
mind map

e Merkhilfe, -n / e Mnemotechnik, -en
memory aid / mnemonic aid

s Assoziogramm, -e [asotsio'gram]
associogram

e Gedächtnislücke, -n /
gap in one's memory / lapse of

r / s Black-out, -s ['blɛklaʊt *auch* '-'-,-'-]
  memory, mental block

s Gedächtnistraining
memory training

s **Gedächtnis** **verlieren** (verlor, hat verloren)
lose one's memory

Bei einem Unfall hat er sein Gedächtnis verloren.
He lost his memory in an accident.

sich **erinnern** an (+*A*) ↔ **vergessen** (vergisst, vergaß, hat vergessen)
remember ↔ forget

e **Erinnerung**, -en (an +*A*)
memory [= mental image] (of)

Diesen Tag behalte ich immer in guter Erinnerung.
I will always look back fondly on / have pleasant memories of this day.

sich **merken** / **behalten** (behält, behielt, hat behalten)
note, remember

Zahlen kann ich mir nicht so merken.
I haven't got a good memory for numbers.

e Merkfähigkeit
ability to remember

einfallen (fällt ein, fiel ein, ist eingefallen)
occur (to sb), come to one's mind

Kennst du ihn? – Ja, aber sein Name fällt mir nicht mehr ein.
Do you know him? – Yes, but I can't think of his name.

Dazu / Zu diesem Thema fällt mir einfach nichts ein.
I just can't think of anything.

r *Gedanke, -n — thought
ein kluger / vernünftiger / guter ↔ — a clever / sensible / good ↔ stupid
  dummer Gedanke — idea
sich Gedanken machen über (+A) — think about, ponder, worry about
Das ist logisch. ↔ Das ist doch — That's logical. ↔ But that's
  absurd. / So ein Quatsch! — absurd. / What a load of rubbish!

Don't forget!

Bitte *denken Sie daran, dass ...	Please remember that ...
Sie wissen doch, dass ...	You know that ...
Vergessen Sie bitte nicht, dass ...	Please don't forget that ...
Wenn ich mich recht entsinne, hatten wir ausgemacht, dass ...	If I remember rightly, we had agreed that ...
Erinnern Sie mich bitte daran, dass ...	Please remind me that ...
Ach ja richtig!	Oh yes, that's right.
Ja, jetzt erinnere ich mich wieder (daran).	Yes, now I remember.
Na klar, jetzt wo Sie es sagen, fällt es mir wieder ein.	Of course, now you mention it, I remember.
Entschuldigung, das habe ich total vergessen.	Sorry, I completely forgot.

Forschung
Scientific research

e *Wissenschaft, -en — science
e Naturwissenschaft / — natural science /
  e Geisteswissenschaft / — humanities / social science
  e Sozialwissenschaft
Die Genetik zählt zu den relativ jungen — Genetics is a relatively young
  Wissenschaften. — science.
r Wissenschaftler, - // — scientist
  e Wissenschaftlerin, -nen
r *Forscher, - // e Forscherin, -nen — researcher
Sie ist eine weltweit anerkannte — She is an internationally
  Wissenschaftlerin. — recognized scientist.
r Nachwuchswissenschaftler // — (up-and-coming) young scientist
  e Nachwuchswissenschaftlerin, -nen
r Postdoc, -s ['pɔstdɔk] — postdoctoral researcher
r Experte, -n // e Expertin, -nen / — expert
  r Fachmann, ⸚er // e Fachfrau, -en
Er ist ein Experte für Molekularbiologie. — He is an expert in molecular
  — biology.
r Laie, -n ['laiə] — layman

r Fachidiot, -en	nerd, blinkered specialist
wissenschaftlich arbeiten	work as a scholar / scientist
e **Studie**, -n	study
Klinische Studien haben gezeigt, dass …	Clinical studies have shown that …
e **Theorie** ↔ e ***Praxis**	theory ↔ practice
r **Theoretiker**, - // e **Theoretikerin**, -nen ↔ r Praktiker, - // e Praktikerin, -nen	theorist ↔ practioner
Er arbeitet eher **theoretisch** ↔ **praxisorientiert**.	His work is more theoretical ↔ practical.
Er verdeutlicht das anhand eines **praktischen** Beispiels.	He explains this with a practical example.
abstrakt ↔ **konkret**	abstract ↔ concrete
e ***Forschung**, -en	research
in der Forschung arbeiten	be in scientific research
e Grundlagenforschung	basic research
r **Bereich** Forschung und Entwicklung	area of research and development
s **Fachgebiet**, -e	specialist field
forschen	conduct research
Wir forschen auf dem Gebiet der Gentherapie.	We are carrying out research in genetic therapy.
sich spezialisieren auf (+A)	specialize in
erforschen / ***untersuchen**	to research / examine
Das Institut erforscht die Ursachen der Umweltverschmutzung.	The institute does research into the causes of pollution.
s **Mikroskop**, -e	microscope
Das Substrat wird auf Veränderungen hin untersucht.	The substratum is being examined for changes.
Am Computer werden die Prozesse nachgebildet / modelliert.	The processes are reproduced in computer models.
sich auseinander setzen mit	deal with, tackle

prove / proof

*beweisen / r ***Beweis**, -e

Schauen Sie mal her. Das ist der Beweis, dass meine Theorie stimmt.

Have a look at this. This is the proof that my theory is correct.

nachweisen / r **Nachweis**, -e

Können Sie für die Ergebnisse irgendeinen Nachweis erbringen? Nur dann glaube ich Ihnen das Ganze.

Can you prove these results in any way? I'll only then be willing to believe it.

e **Hypothese**, -n [hypo'te:zə]	hypothesis
e **These**, -n ↔ e **Antithese**, -n	thesis ↔ antithesis
*diskutieren	discuss, debate
experimentieren	to experiment
s **Experiment**, -e / r ***Versuch**, -e	experiment
einen Versuch **durchführen** / ***machen**	conduct / do an experiment

*gelingen (gelang, ist gelungen) ↔ | succeed ↔ fail
 scheitern / misslingen (misslang, ist
 misslungen)
Dem Forscher ist das Experiment erst | The researcher succeeded with the
 nach vielen Fehlversuchen gelungen. | experiment only after many
 | unsuccessful attempts.

s ***Projekt**, -e | project
ein Projekt ***planen** | plan a project
s (Forschungs-) **Vorhaben**, - / | (research) project
 s Forschungsprojekt, -e
r (Forschungs-) ***Antrag**, ⸚e | (research) application
Projektmittel Pl / | project funding /
 Forschungsgelder Pl / | research grant /
 Drittmittel Pl | funding
einen Antrag ***stellen** (auf +A) / | make an application (for) / apply
 etw ***beantragen** | for
*genehmigen ↔ ***ablehnen** | approve ↔ reject
r Sonderforschungsbereich, -e / r SFB | special research area
s **Stipendium**, Stipendien / | scholarship / research grant
 s Forschungsstipendium
ein Projekt durchführen / | carry out a project
 *realisieren
s **Forschungsgebiet**, -e / | area of research
 r Forschungsbereich, -e
Wer forscht noch auf diesem Gebiet? | Who is still doing research in this
 | field?

r Forschungsgegenstand, ⸚e | subject of research
r Forschungszweck, -e | purpose of the research
e **Forschungsarbeit**, -en | research work
e Problemstellung, -en | problem
e ***Recherche**, -n [re'ʃerʃə] | investigation
recherchieren [reʃɛr'ʃiːrən] / Recherchen | investigate
 anstellen
e **Studie**, -n | study
e **Analyse**, -n [ana'lyːzə] | analysis
r (Forschungs-) ***Bericht**, -e | (research) report
s (Forschungs-) ***Ergebnis**, -se | result (of research)
Unter Fachleuten ist das Ergebnis dieser | Among experts the result of this
 Forschungsarbeit strittig. | research is in dispute.
r **Gedankengang**, ⸚e | train of thought
Es fällt mir schwer, den Gedankengang | I find it hard to follow the train of
 nachzuvollziehen. | thought.
r Kerngedanke, -n | central idea
Vergleiche / Parallelen *ziehen (zog, | draw comparisons / parallels
 hat gezogen)
e **Schlussfolgerung**, -en | conclusion
Seine Schlussfolgerung ist nicht schlüssig. | His conclusion is not convincing /
 | logical.

Ich folgere daraus, dass er nicht gründlich genug recherchiert hat.

s *Institut, -e
r Leiter, - // e Leiterin, -nen
s Forschungsgebäude, -
s Labor, -e
r Laborleiter, - // e Laborleiterin, -nen
r Laborant, -en // e Laborantin, -nen
r Techniker, - // e Technikerin, -nen
r Assistent, -en // e Assistentin, -nen
r / e MTA, -s / die medizinisch-
  technischen Assistenten
e Forschungsgesellschaft, -en

I conclude from this that he didn't investigate thoroughly enough.

institute
head
research building
laboratory
head of a laboratory
laboratory assistant, technician
technician
assistant
medical laboratory assistant

research council

Organizations supporting research in Germany, Austria and Switzerland

s *Max-Planck-Intistut / s MPI*	Max Planck Institute
e *Deutsche Forschungsgemeinschaft / e DFG*	German Research Council
e *Gesellschaft für technische Zusammenarbeit / e GTZ*	Society for Technical Cooperation
e *Robert-Bosch-Stiftung*	Robert Bosch Foundation
e *Humboldt Stiftung*	Humboldt Foundation
e *Österreichische Akademie der Wissenschaften*	Austrian Academy of Science
e *Österreichische Forschungsgemeinschaft*	Austrian Research Council
e *Eidgenössische Technische Hochschule / e ETH Zürich*	Swiss Technical University

Mathematik
Mathematics

e *Mathematik / Mathematik *österr.*
r Mathematiker, - //
  e Mathematikerin, -nen
mathematisch
s (mathematische) *Zeichen, -
e (mathematische) *Größe, -n
e Arithmetik
s arithmetische Mittel

mathematics
mathematician

mathematical
(mathematical) symbol
(mathematical) quantity
arithmetic
arithmetic mean/average

e Addition	addition
addieren / zusammenzählen	add
plus	plus
e Subtraktion	subtraction
subtrahieren / abziehen	subtract
minus	minus
e Multiplikation	multiplication
multiplizieren / malnehmen	multiply
mal	times
e Division	division
dividieren / *teilen	divide
geteilt	divided by
die Wurzel ziehen	extract the square root
e Wurzelgleichung	root equation
e Summe, -n	sum
(ist) *gleich	equals
größer / kleiner gleich	greater / less or the same as
größer / kleiner als	greater / less than
zwei hoch drei	two to the power of three
unendlich	infinite
s Prozent, -e	per cent
s Promille, -n	per thousand

e Algebra	algebra
e Gleichung, -en	equation
eine Gleichung mit einer / zwei / mehreren Unbekannten	an equation with one / two / several unknowns
e *Rechnung, -en / e Berechnung, -en	calculation
e Vektorrechnung / e Infinitesimalrechnung	vector analysis / infinitesimal calculus
e Konstante, -n ↔ e Variable, -n	constant ↔ variable
eine leichte / einfache ↔ schwierige / komplizierte Rechnung, -en	an easy / simple ↔ complicated calculation
Berechnungen durchführen	perform calculations
*rechnen	work out, calculate
im Kopf / schriftlich rechnen	work out in your head / on paper
den *Computer [kɔmˈpjuːtɐ] rechnen lassen	do computer calculations
r Taschenrechner, -	pocket calculator
mit dem Taschenrechner rechnen	calculate with a pocket calculator
*richtig ↔ *falsch gerechnet	calculated correctly ↔ incorrectly
Kannst du nicht rechnen?	Can't you count?
eine Fläche berechnen / errechnen	calculate an area
Können Sie bitte den Endpreis *ausrechnen?	Can you calculate the final price?
s *Ergebnis, -se	result(s)

Was haben Sie ausgerechnet? / Was kommt raus?	What have you worked out? / What's the result?
Rechnen Sie doch mal nach, da stimmt was nicht.	Check that again, there's something wrong.
schätzen	to estimate
aufrunden ↔ abrunden	round up ↔ down
e (ganze) *Zahl, -en	integer, whole number
*endlich ↔ unendlich	finite ↔ infinite
eine reelle ↔ imaginäre Zahl	a real ↔ imaginary number
e Primzahl, -en	prime number
e Bruchzahl, -en	fraction
e Dezimalzahl, -en	decimal (number)
Rechnen Sie es bis auf fünf Stellen hinter dem Komma genau aus.	Work it out precisely to five decimal places.
e Zahlenfolge, -n	numerical sequence
r Grenzwert, -e	limit, limiting value
s Quadrat, -e	square
144 ist das Quadrat von 12	144 is the square of 12
zwölf im Quadrat / 12 hoch 2 ist 144	12 squared / to the power of two is 144
e Potenz, -en	power
e Wurzel, -n	root
e Quadratwurzel / e Kubikwurzel (von 164)	square / cubic root (of 164)
Das Problem ist rechnerisch nicht lösbar.	The problem cannot be solved by mathematical means.
r Bruch, ⁼e	fraction
r Dezimalbruch / r gemeine Bruch	decimal / vulgar fraction
r Zähler ↔ r Nenner	numerator ↔ denominator
den gemeinsamen Nenner suchen	seek a common denominator
e Statistik	statistics
r Statistiker, - // e Statistikerin, -nen	statistician
Die Statistik besagt einwandfrei, dass …	The statistics prove beyond doubt that …
r Logarithmus	logarithm
e Stochastik / e Wahrscheinlichkeitsrechnung, -en	stochastics / probability calculus
e Analysis	analysis
e Differenzialrechnung / e Integralrechnung	differential / integral calculus
e (mathematische) Funktion, -en	(mathematical) function
e Ableitung, -en	derivation
e Geometrie	geometry
s Koordinatensystem, -e	coordinate system
e Achse, -n	axis
e Koordinate, -n	coordinate
e geometrische *Figur, -en	geometric figure
e *Linie, -n	line

mit dem Lineal eine (gerade) Linie ziehen	draw a (straight) line with a ruler
zwei Punkte mit einer Linie *verbinden (verband, hat verbunden)	join two points with a line
e *Länge, -n	length

Geometric figures

Linien	Lines
e *Kurve, -n	curve
e Gerade, -n	straight line
e Parallele, -n	parallel line
e Tangente, -n	tangent
e Parabel, -n	parabola

Flächen	Areas
r Kreis, -e	circle
s Dreieck, -e	triangle
s Viereck, -e	quadrilateral
s Quadrat, -e	square
s Rechteck, -e	rectangle
s Trapez, -e	trapeze
s Parallelogramm, -e	parallelogram

Körper	Solids
r Quader, -	cuboid
r Würfel, -	cube
r Zylinder, -	cylinder
r Kegel, -	cone
e Pyramide, -n	pyramid
s Prisma, Prismen	prism

e *Fläche, -n	area
die Grundfläche einer Pyramide	the base of a pyramid
r Durchmesser	diameter
r (Kreis-) Umfang	circumference
Wie ist das Verhältnis des Umfangs zum Durchmesser?	What is the ratio of the circumference to the diameter?
s Volumen, -	volume
der Satz des Pythagoras	Pythagoras' theorem
r *Kreis, -e	circle
der *Mittelpunkt eines Kreises	the centre of a circle
r Kreisausschnitt, -e	sector
kreisförmig	circular
dreieckig / viereckig	triangular / quadrangular
rechteckig	rectangular
r Winkel, -	angle
ein Winkel von 90 Grad	an angle of 90 degrees
rechtwinklig / spitzwinklig	right-angled / acute-angled
r *Körper, -	solid

r Zirkel, -
Ziehen Sie mit dem Zirkel einen Kreis von
8 cm Durchmesser.

pair of compasses
Use a pair of compasses to draw a
circle with a diameter of 8 cm.

s *Maß, -e
*messen (misst, maß, hat gemessen)
Diese Fläche misst 10 Quadratzentimeter /
cm².
Das stimmt, glaube ich, nicht. Messen Sie
mal bitte nach.

dimension, measurement
to measure
This area measures 10 square
centimetres.
I don't think that's right. Check it
again, please.

Units

r Kilometer, - / km	kilometre
e Meile, -n (=1,61 km)	mile
r Meter, - / m	metre
r Zentimeter, - / cm	centimetre
r Millimeter, - / mm	millimetre
r Quadratmeter / m²	square metre
r Kubikmeter / m³	cubic metre
r Grad, -e Celsius / °C	degree Celsius

Physik
Physics

e theoretische / experimentelle *Physik
r Physiker, - // e Physikerin, -nen
physikalisch
s physikalische Gesetz, -e
e physikalische Größe, -n
e Materie, -n
e Masse eines Körpers
s Elementarteilchen, -
s Proton, -en ↔ s Neutron, -en
s Elektron, -en
*positiv ↔ *negativ
e Elektronenstruktur eines Atoms
s Molekül, -e
r *Zustand, ⸚e / r Aggregatzustand
*fest ↔ flüssig / fließend
r Festkörper ↔ e Flüssigkeit, -en
gasförmig
e gasförmige Substanz, -en
etw in Dampf umwandeln

theoretical / experimental physics
physicist
physical
law of physics
physical quantity
matter
mass of a body
elementary particle
proton ↔ neutron
electron
positive ↔ negative
electron structure of an atom
molecule
state
solid ↔ liquid / fluid
solid ↔ liquid
gaseous
gaseous substance
convert something into vapour /
steam

s Plasma, Plasmen
e Mechanik

plasma
mechanics

r *Körper, - / r Festkörper	solid
r *Stoff, -e	substance
s Volumen / r Rauminhalt, -e	volume
e Dichte	density
e Kinematik / e Bewegungslehre	kinematics / theory of motion
geradlinig / kreisförmig	linear / circular
gleichförmig / beschleunigt	constant / accelerated
r freie Fall	free fall
e *Geschwindigkeit, -en	velocity
10 Kilometer pro Stunde / 10 km / h	10 kilometres per hour
e Beschleunigung ↔	acceleration ↔ deceleration
e Verlangsamung	
e Zentrifugalkraft / e Fliehkraft	centrifugal force
e Dynamik	dynamics
s Wechselwirkungsgesetz (actio ↔ reactio)	law of reciprocity (action ↔ reaction)
e *Kraft, ⁓e	force
e Gewichtskraft	weight (force)
r *Druck	pressure
s Trägheitsgesetz	law of inertia
s Trägheitsmoment, -e	moment of inertia
e Reibung	friction
e Anziehungskraft / e Gravitation	(force of) attraction / gravity
Newtonsche / Keplersche Gesetze	Newton's / Kepler's laws
e Wärmelehre / e Thermodynamik	thermodynamics
e *Wärme	heat
r Wärmeaustausch	heat exchange
Wärme entwickelt sich	heat develops
e *Temperatur, -en	temperature
*steigen (stieg, ist gestiegen) ↔	rise ↔ fall
*fallen (fällt, fiel, ist gefallen)	
*gleich *bleiben (blieb, ist geblieben)	remain constant
s Grad Celsius	degree Celsius
r Dampf, ⁓e	steam
e *Energie, -n	energy
Energie wird freigesetzt.	Energy is released.
e Elektrizitätslehre	electrotechnology
e (elektrische) Ladung, -en /	(electrical) charge
e Elementarladung	
sich aufladen ↔ entladen	charge ↔ discharge
*elektrisch geladen	electrically charged
s elektrische Feld, -er	electrical field
s Magnetfeld, -er	magnetic field
r Magnet, -en / r Elektromagnet	magnet / electromagnet
r Leiter, - ↔ r Isolator, -en	conductor ↔ insulator
r (elektrische) *Strom	(electric) current
den Strom *messen (misst, maß, hat gemessen)	measure the current

r Wechselstrom / r Drehstrom / r Gleichstrom	alternating / three-phase / direct current
r Starkstrom	high-voltage current
r Generator, -en / r Transformator, -en	generator / transformer
e *Wirkung, -en	effect
e Stromstärke / s Ampere, -	current (strength) / ampere
e (elektrische) Spannung, -en / s Volt, -	(electric) voltage / volt
r (spezifische) Widerstand, ⸚e / s Ohm, -	(specific) resistance / ohm
s Ohmsche Gesetz	Ohm's law
e elektrische *Arbeit	electric output
e *Leistung / s Kilowatt, -	power / kilowatt
r Kondensator, -en	condenser, capacitor
e Elektronik	electronics
r Halbleiter / r Supraleiter	semiconductor / superconductor
e Schaltung, -en	circuit
r Chip, -s [tʃɪp]	chip
r Mikroprozessor, -en	microprocessor
e Optik	optics
e Lichtquelle, -n / r Lichtstrahl, -en	source / beam of light
r Laser, - ['le:zɐ auch 'la:…]	laser
s Photon, -en	photon

Optische Geräte — Optical instruments

e Lupe, -n	magnifying glass
e Linse, -n	lens
e *Kamera, -s	camera
s Fernrohr, -e / r Feldstecher, -	telescope
s Mikroskop, -e	microscope

e Schwingungslehre	oscillation theory
e mechanische / elektromagnetische Schwingung, -en	mechanical / electromagnetic oscillation
gedämpfte ↔ ungedämpfte Schwingungen	damped ↔ undamped oscillations
e Amplitude, -n [ampli'tu:də]	amplitude
e Periode, -n	period, cycle
e Frequenz, -en / s Hertz	frequency / hertz
e Feder, -n	spring
s Pendel, -	pendulum
e Wellenlehre	wave theory
e mechanische / elektromagnetische Welle, -n	mechanical / electromagnetic wave
s *Licht, -er	light
Das Licht wird gebündelt / gebeugt / gebrochen / reflektiert.	The light is beamed / diffracted / broken / reflected.
e Lichtgeschwindigkeit	velocity of light
s Lichtjahr, -e	light year

e **Quantenphysik**	quantum physics
e Relativitätstheorie	theory of relativity
e **Atomphysik**	nuclear physics
s **Atom**, -e	atom
s Atomgewicht, -e	atomic weight
s Periodensystem	periodic table
e Atomhülle / r Atomkern, -e	atomic shell / nucleus
s Quark, -s	quark
e *****Kernphysik**	nuclear physics
e Kernfusion ↔ e Kernspaltung	nuclear fusion ↔ fission
e Kernenergie	atomic energy
r Kernreaktor	atomic reactor
e **Strahlung**, -en / e **Radioaktivität**	radiation / radioactivity
elektromagnetische Strahlungen	electromagnetic radiation
Die Halbwertszeit von Strontium beträgt …	The half-life of strontium is …
r Super-GAU (größter anzunehmender Unfall)	super MCA (maximum credible accident)
Durch einen Störfall wurde eine Kettenreaktion ausgelöst.	A fault has initiated a chain reaction.

Chemie und Biochemie
Chemistry and biochemistry

e *****Chemie**	chemistry
e analytische / physikalische Chemie	analytical / physical chemistry
r **Chemiker**, - // e **Chemikerin**, -nen	chemist
anorganisch ↔ **organisch**	inorganic ↔ organic
chemisch / biochemisch	chemical / biochemical
e **Biochemie** [*auch* 'bioçemi:]	biochemistry
e **pharmazeutische *Industrie** / e **Pharmafirma**, -firmen	pharmaceutical industry / pharmaceutical company
r Pharmazeut, -en // e Pharmazeutin, -nen	pharmaceutical chemist
e **Chemikalie**, -n	chemical
r Einsatz **giftiger** ↔ **ungiftiger** Chemikalien	use of toxic ↔ non-toxic chemicals
s **Element**, -e	element
s Metall, -e ↔ s Nichtmetall, -e	metal ↔ non-metal
r (chemische) *****Prozess**, -e / r **Vorgang**, ⸚e	(chemical) process
e (chemische) *****Reaktion**, -en	(chemical) reaction
e (chemische) **Eigenschaft**, -en (des Kohlenstoffs)	chemical property (of carbon)
r (chemische) *****Stoff**, -e	(chemical) substance
e **Zusammensetzung**, -en (eines Stoffes)	composition (of a substance)

e (chemische) *Verbindung, -en	(chemical) compound
e Verbindung eingehen	form a compound
e *Lösung, -en	solution
e verdünnte ↔ konzentrierte / hochkonzentrierte Lösung	dilute ↔ concentrated / highly concentrated solution
(sich) auflösen / (sich) zersetzen	dissolve
löslich / wasserlöslich	soluble / water-soluble
in Wasser aufgelöst	dissolved in water
Aceton wird als Lösungsmittel verwendet.	Acetone is used as a solvent.
e Säure, -n ↔ e Base, -n	acid ↔ base
r Bestandteil, -e	component
e Formel, -n	formula
s Periodensystem	periodic table
e Anordnung der Elemente	structure of elements
s Atomgewicht / e Massenzahl	atomic weight / mass number
s Molekül, -e	molecule
e Molekularstruktur, -en	molecular structure
e Kernladungszahl / e Ordnungszahl	atomic number
*bestehen aus (+D) (bestand, hat bestanden)	consist of
r Wasserstoff	hydrogen
r Sauerstoff	oxygen
„O" ist das Symbol für Sauerstoff.	O is the symbol for oxygen.
r Kohlenwasserstoff, -e	hydrocarbon
s Kohlehydrat, -e	carbohydrate
s Fett, -e	fat
r *Zucker Sg	sugar
r *Alkohol [auch alko'ho:l]	alcohol
e Verbrennung	combustion
brennbar ↔ unbrennbar	combustible ↔ non-combustible
e Oxidation, -en / e Reduktion, -en	oxidation / reduction
r Siedepunkt ↔ r Schmelzpunkt	boiling ↔ melting point
r Katalysator, Katalysatoren [kataly'za:to:ɐ̯]	catalyst
Aktivkohle wirkt als Katalysator.	Activated carbon acts as a catalyst.
e Synthese, -n	synthesis
einen Stoff synthetisch herstellen	produce a substance synthetically
e Chemiefaser, -n	synthetic fibre
e Elektrolyse, -n	electrolysis
s Elektrolyt, -e	electrolyte
e Elektrode, -n	electrode
e Elektronenröhre, -n	electron tube
e Anode, -n ↔ e Kathode, -n	anode ↔ cathode
s Anion ↔ s Kation	anion ↔ cation
s Elektron, -en [auch elɛk'tro:n]	electron
s Ion, -en	ion
s Protein, -e / s Eiweiß, -e	protein
e DNA-Struktur	DNA structure

e Aminosäure, -n	amino acid
s Enzym, -e	enzyme
e Mikrobe, -n	microbe
r Virus, Viren	virus
s *Instrument, -e	instrument

In the laboratory

s (Elektronen-) Mikroskop, -e	(electron) microscope
e Zentrifuge, -n	centrifuge
s Reagenzglas, ⸚er	test tube
e Pipette, -n	pipette
e Bürette, -n	burette
r Bunsenbrenner, -	Bunsen burner
e Petrischale, -n	Petri dish
r Trichter, -	funnel
r Objektträger, -	microscope slide
s Deckglas, ⸚er	(slide) cover glass
r Erlenmeyer-Kolben, -	Erlenmeyer piston
s Becherglas, ⸚er	beaker
r Dreifuß, ⸚e	tripod
s Drahtnetz, -e	wire gauze
r Indikator, -en	indicator

Biologie
Biology

e *Biologie	biology
e Humanbiologie	human biology
e Genesis	genesis
r Biologe, -n // e Biologin, -nen	biologist
die Flora und Fauna	flora and fauna
s Biotop, -e	biotope
e Zoologie [tsoolo'gi:] / e Tierkunde	zoology
r Zoologe, -n // e Zoologin, -nen	zoologist
r Ornithologe, -n //	ornithologist
e Ornithologin, -nen	
s Lebewesen, -	creature
r *Mensch, -en	human (being)
s *Tier, -e	animal
r Organismus, Organismen	organism
r lebende Organismus	living organism
r Mikroorganismus / s Kleinstlebewesen, -	microorganism
r Einzeller, - ↔ r Mehrzeller / Vielzeller	single-celled ↔ multicelled organism

Wirbeltiere ↔ wirbellose Tiere	vertebrate ↔ invertebrate
e **Tierart**, -en	species

Species

Säugetiere	mammals
Vögel	birds
Krebse	crayfish
Spinnen	spiders
Insekten	insects
Schmetterlinge	butterflies
Fliegen	flies
Käfer	beetles
Hautflügler	hymenopterons
Weichtiere	molluscs
Fische	fish
Lurche / Amphibien	amphibians
Kriechtiere / Reptilien	reptiles

s Tierreich	animal kingdom
aussterben (stirbt aus, starb aus, ist ausgestorben) ↔ **überleben**	become extinct ↔ survive
e Population, -en	population
e **Fortpflanzung** / e **Vermehrung**	reproduction
zeugen / **befruchten**	procreate / fertilize
Eier legen / ausbrüten	lay / hatch eggs
e **Vererbungslehre** / e **Genetik**	genetics
e **Mikrobiologie**	microbiology
e **Genforschung**	genetic research
s **Gen**, -e / r Erbfaktor, -en / e Erbanlage, -n	gene / hereditary factor
genetisch	genetic
r genetische Code, -s	genetic code
e **Zelle**, -n	cell
e Zellteilung, -en	cell division
einzellig ↔ mehrzellig	unicellular ↔ multicellular
s Chromosom, -e	chromosome
e (embrionale / adulte) **Stammzelle**, -n	(embryonic / adult) parent cell
s **Klonen** ['klo:nən]	cloning
geklonte Tiere	cloned animals
Bakterien *Pl*	bacteria
e **Abstammung**	descent, origin, parentage
abstammen (von)	be descended from
e **Evolution**	evolution
Darwins Evolutionstheorie	Darwin's theory of evolution
e **Anpassung** an (+*A*) / e Assimilation	adaptation (to) / assimilation
Nur die Besten / Anpassungsfähigsten überleben.	It's survival of the fittest.

e Mutation, -en	mutation
e natürliche Auslese / e Selektion	natural selection
fressen und gefressen werden	eat and be eaten
e **Botanik** / e **Pflanzenkunde**	botany
r **Botaniker**, - // e **Botanikerin**, -nen	botanist
e Forstwissenschaft	forestry
e **Pflanzenwelt** / s **Pflanzenreich** / e **Vegetation**	plant kingdom / vegetation
e Photosynthese	photosynthesis
e ***Pflanze**, -n	plant
e **Pflanzenart**, -en	species of plant

Plant species

Kulturpflanzen	cultivated plant
Nutzpflanzen	useful plant
Unkraut	weed
Feld- und Wiesenblumen	wild flowers
Moos	moss
Pilze	fungi
Farne	ferns
Sträucher	shrubs
Nadelhölzer	coniferous trees
Laubbäume	deciduous trees
Algen	algae
Kakteen	cacti
tropische Pflanzen	tropical plants
Palmen	palms

r ***Wald**, ⁼er	wood(s), forest
r Nadelwald / Laubwald	coniferous / deciduous forest
e ***Wiese**, -n	meadow
s ***Feld**, -er	field
s **Gewächs**, -e	plant
e ***Blume**, -n	flower
e Knospe, -n	bud
e **Blüte**, -n	blossom
r Blütenstaub / r Pollen, -	pollen
befruchten / **bestäuben**	fertilize / pollinate
r Blütennektar	nectar
s **Blatt**, ⁼er	leaf
s Blütenblatt / s Kelchblatt	petal / sepal
r Stempel, -	pistil
r **Stiel**, -e / r Stängel, -	stem
e Blumenzwiebel, -n	bulb
*wachsen (wächst, wuchs, ist gewachsen)	grow
r Wuchs	growth [amount grown]

s **Wachstum**	growth [process of growing]
r ***Baum**, ⸚e	tree
e **Frucht**, ⸚e	fruit
Früchte tragen	bear fruit
reifen	ripen

Laubbäume	*Deciduous trees*
e Eiche, -n	oak
e Linde, -n	lime
e Birke, -n	birch
e Weide, -n	willow
e Buche, -n	beech
etc.	
Nadelbäume	*Conifers*
e Tanne, -n	fir
e Fichte, -n	spruce
e Kiefer, -n / e Föhre, -n	pine
etc.	
Obstbäume	*Fruit trees*
e Kirsche / r Kirschbaum	cherry tree
r Apfelbaum	apple tree
r Pflaumenbaum	plum tree
r Walnussbaum	walnut tree
etc.	
... und ihre Früchte	*... and their fruit*
e Kirsche, -n	cherry
r Apfel, ⸚	apple
e Nuss, ⸚e	nut
e Eichel, -n	acorn
r (Tannen-)Zapfen, -	(fir) cone
e Kastanie, -n	chestnut

r **Stamm**, ⸚e / r Baumstamm	trunk / tree trunk
e Borke, -n / e Rinde, -n	bark
e **Wurzel**, -n	root
r **Ast**, ⸚e	branch
r dicke ↔ dünne **Zweig**, -e	branch ↔ twig
s ***Blatt**, ⸚er	leaf
r **Same**, -n / s Samenkorn, ⸚er	seed
r Sämling, -e	seedling
sprießen (spross, ist gesprossen)	shoot

Medizin
Medicine

e (innere) *Medizin	(internal) medicine
r Mediziner, - // e Medizinerin, -nen	physician
r *Professor, -en //	professor
e *Professorin, -nen	
r *Arzt, ⁼e // e Ärztin, -nen	doctor
r Spezialist, -en // e Spezialistin, -nen / r Facharzt	specialist (doctor)
r Internist, -en // e Internistin, -nen	internist

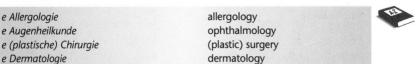

e Allergologie	allergology
e Augenheilkunde	ophthalmology
e (plastische) Chirurgie	(plastic) surgery
e Dermatologie	dermatology
e Gynäkologie / e Frauenheilkunde	gynaecology
e Homöopathie / e Naturheilkunde	homeopathy / natural healing
e Kardiologie	cardiology
e Kinderchirurgie	paediatric surgery
e Neurologie	neurology
e Orthopädie	orthopaedics
e Pädiatrie / Kinderheilkunde	paediatrics
e Pharmakologie	pharmacology
e Radiologie	radiology
e Rheumatologie	rheumatology
e Urologie	urology
e Zahnheilkunde	dentistry

Note: Stress always on the ending -logie or -loge / -login:
e.g. Kardiologie or r Kardiologe, -n // e Kardiologin, -nen.

e Alternativmedizin	alternative medicine
r Homöopath, -en // e Homöopathin, -nen	homeopath
r Heilpraktiker, - // e Heilpraktikerin, -nen	nonmedical practitioner
e Pathologie	pathology
e Anatomie / r Körperbau	anatomy

Organe	*Organs*
e *Haut	skin
s *Herz, -en	heart
e Lunge, -n	lung
r *Magen, ⁼ / -	stomach
r (Dick- / Dünn-) Darm	(large / small) intestine

e Niere	kidney
e Leber	liver
e Galle	gall bladder
s Gehirn	brain
r Lymphknoten, -	lymph node
e Schilddrüse	thyroid gland
e Bauchspeicheldrüse	pancreas
e Milz	spleen
etc.	

Gefäße — *Vessels*

s Blutgefäß	blood vessel
e Aorta	aorta
e Vene, -n	vein
e Ader, -n / e Schlagader	vein / artery
s Blut	blood
etc.	

Knochenbau — *Bone structure*

s Skelett, -e	skeleton
r Schädel, -	skull
r Halswirbel, -	cervical vertebra
e Wirbelsäule, -n	spinal column
s Gelenk, -e	joint
r Knochen, -	bone
s Schlüsselbein	collar bone
s Schulterblatt, ⸚er	shoulder blade
e Rippe, -n	rib
s Becken	pelvis
s Steißbein	coccyx
e Hüfte	hip
s *Kni_e_	knee
s Schienbein	shin(bone)
r Ellbogen	elbow
r Knorpel, -	cartilage
s Band, ⸚er	ligament
e Sehne, -n	tendon
r Muskel, -	muscle
r Meniskus	meniscus
etc.	

Zentralnervensystem — *Central nervous system*

r Nerv, -en	nerve
s vegetative Nervensystem	autonomous nervous system
s Großhirn / Kleinhirn	cerebrum / cerebellum

r Thorax / r Brustkorb	thorax / chest
r **Blinddarm**	appendix
s **Gewebe** / e Gewebeprobe, -n	tissue / tissue sample
s ***Blut**	blood
s rote ↔ weiße Blutkörperchen, -	red ↔ white blood corpuscle
Blut **spenden / entnehmen**	donate / take blood
e Blutgruppe, -n	blood group
e Blutprobe, -n /	blood sample / test
e Blutuntersuchung, -en	
e Bluttransfusion, -en	blood transfusion
e Blutbank, -en	blood bank
e Blutgerinnung	clotting of the blood
s Blutgerinnsel, - / e Thrombose, -n	blood clot / thrombosis
e ***Krankheit**, -en	illness
eine **leichte** ↔ **schwere** Krankheit	a slight ↔ serious illness
eine **akute** ↔ **chronische** Krankheit	an acute ↔ chronic illness
r Krankheitsüberträger, -	carrier
r Krankheitserreger, -	germ
r **Krankheitsverlauf**	course of an illness
s **Symptom**, -e / s Krankheitsbild, -er	symptom / symptoms
r **Befund**, -e	result(s)
e Ursache, -n	cause
e **Diagnose**, -n	diagnosis
eine Krankheit **diagnostizieren**	diagnose an illness
Bei ihr wurde Diabetes festgestellt.	She was diagnosed with diabetes.
e **Therapie**, -n / e Therapieform, -en	therapy / form of therapy
e schnelle ↔ langsame **Heilung**	fast ↔ slow recovery
s ***Medikament**, -e	medicine
ein Medikament *verschreiben	prescribe a medicine
(verschrieb, hat verschrieben)	
vorbeugend / prophylaktisch	preventive / prophylactic
schmerzstillende Mittel **einnehmen**	take painkillers
(nimmt ein, nahm ein, hat	
eingenommen)	
eine neue Therapie / ein Medikament	test a new therapy / medicine
erproben	
Das Medikament ist in der klinischen	The medicine is in the process of
Erprobung / Prüfung.	clinical trials / tests.
e ***Wunde**, -n	wound
e **Infektion**, -en	infection
steril	sterile
s Desinfektionsmittel, -	disinfectant
desinfizieren	disinfect
Du blutest ja! Lass dich schnell verarzten.	You're bleeding. Come on, let's patch you up.
Die Wunde muss genäht / geklebt / geklammert werden.	The wound has to be stitched / glued / closed with clips.

e Narbe, -n	scar
Die Narbe verheilt gut ↔ schlecht.	The scar is healing well ↔ badly.
r Faden, ⸚	suture
r Verband, ⸚e	dressing
r Verbandswechsel, -	change of dressing
e *Operation, -en / e OP, -s	operation
r operative Eingriff, -e	surgery
e Narkose	narcosis
e Injektion, -en / e Infusion, -en	injection / infusion
e Beatmung	artificial respiration
wiederbeleben	resuscitate
e Dialyse, -n / e Blutwäsche, -n	dialysis
e Transplantation, -en /	transplant / kidney transplant
e Nierentransplantation	
s Knochenmark	bone marrow
r Organspender, - //	organ donor
e Organspenderin, -nen	
r Organempfänger, - //	organ recipient
e Organempfängerin, -nen	
röntgen	to X-ray
r Ultraschall	ultrasound
e Strahlentherapie, -n	radiotherapy
e Chemotherapie, -n	chemotherapy
e Computertomographie / s CT	computerized tomography / CT scan
e Kernspintomographie	MRI scan
e Endoskopie	endoscopy
e Gentherapie	genetic therapy
e Immunschwäche	immune deficiency
AIDS [eːts]	AIDS
e ansteckende Krankheit	infectious / contagious illness
e Autoimmunkrankheit, -en	auto-immune disease
ein schwaches ↔ starkes Immunsystem	weak ↔ strong immune system
e Hygiene	hygiene
Hygienevorschriften einhalten	observe hygiene regulations
hygienisch	hygienic
e Berufskrankheit	occupational illness
r Amtsarzt, ⸚e // e Amtsärztin, -nen	public-health officer
s Gesundheitsamt	public-health department
e Tuberkulose (= Tb / Tbc)	tuberculosis
s Tropeninstitut, -e	tropical disease unit
e Seuche, -n / e Epidemie, -n	epidemic
e Arbeitsmedizin	occupational medicine
e Rechtsmedizin	forensic medicine
e Obduktion	post-mortem (examination)

Psychologie
Psychology

e *Psychologie	psychology

e angewandte Psychologie	applied psychology
e klinische / medizinische Psychologie	clinical / medical psychology
e vergleichende Psychologie	comparative psychology
e Entwicklungspsychologie	developmental psychology
e pädagogische Psychologie	educational psychology
e Lernpsychologie	learning psychology

r Psychologe, -n // e Psychologin, -nen	psychologist
psychologisch	psychological
e Psychiatrie	psychiatry
r Psychiater, - // e Psychiaterin, -nen	psychiatrist
e Therapie, -n / e Psychotherapie	therapy / psychotherapy
e Beschäftigungstherapie / e Verhaltenstherapie	occupational / behavioural therapy
e Gruppentherapie	group therapy
r Psychotherapeut, -en // e Psychotherapeutin, -nen	psychotherapist
Er macht seit einem Jahr eine Therapie. / Er geht zum Therapeuten.	He's been undergoing therapy for a year. / He is seeing a therapist.
e Psychoanalyse	psychoanalysis
r Psychoanalytiker, - // e Psychoanalytikerin, -nen	psychoanalyst
e Beratung, -en	counselling
e Partnerberatung / e Familienberatung / e Eheberatung	partner / family / marriage guidance / counselling
r psychologische Test, -s	psychological test
e Fallstudie, -n	case study
s Ich / s Über-Ich	ego / superego
s Bewusstsein ↔ s Unterbewusstsein	consciousness ↔ subconscious
bewusst ↔ unterbewusst	conscious ↔ subconscious
s Bewusste ↔ s Unbewusste	the conscious ↔ unconscious mind
s *Gefühl, -e	feeling, emotion
Gefühle unterdrücken ↔ ausleben	repress emotions ↔ allow emotions to find expression
r *Traum, ⸚e	dream
e Traumdeutung	interpretation of dreams
r Alptraum, ⸚e	nightmare
e Persönlichkeit	personality
r (menschliche) Verstand / r Geist	(human) mind
e Seele	soul

Er hat seelische **Probleme**. / Er ist in einer schlechten seelischen Verfassung.	He has pychological / mental problems. / He is in a bad psychological / mental state.
e Gemütsverfassung	emotional state
r Geisteszustand	mental condition
Er ist **psychisch** krank.	He is mentally ill.
gestört / geistesgestört / geisteskrank	disturbed / mentally disturbed / mentally ill
(geistig) zurückgeblieben	(mentally) retarded
e Lernbehinderung, -en	learning disability
e **Psychose**	psychosis
e **Neurose**, -n	neurosis
neurotisches / krankhaftes Verhalten	neurotic / pathological behaviour
Er ist ein Neurotiker.	He's (a) neurotic.
e Schizophrenie	schizophrenia
schizophren	schizophrenic
e **Angst	anxiety, angst
von Angstgefühlen geplagt sein / Angstgefühle haben	be troubled by / have feelings of anxiety
e **Depression**	depression
unter einer Depression leiden	suffer from depression
depressiv	depressed
e Veranlagung	disposition, tendency
abnormes / anormales Verhalten	abnormal behaviour
r Psychopath, -en // e Psychopathin, -nen	psychopath
psychopathisch	psychopathic
e **Verhaltensforschung**	behavioural research
r Behaviorismus / e Verhaltenspsychologie	behaviourism / behavioural psychology
s Reiz-Reaktion-Schema	pattern of stimulus and response
e positive ↔ negative Verstärkung, -en	positive ↔ negative reinforcement
e Konditionierung	conditioning
e **Wahrnehmung**	perception
e **Intelligenz**	intelligence
r Intelligenzquotient / r IQ	intelligence quotient / IQ
r Intelligenztest, -s	intelligence test
r Eignungstest / e Eignungsprüfung	aptitude test
r Leistungstest	achievement test
e Kreativität	creativity
e **Motivation**	motivation
motivationsfördernde ↔ motivationshemmende Faktoren	factors enhancing ↔ impeding motivation
e Selbstverwirklichung	self-realization

Soziologie
Sociology

e **Soziologie**	sociology
r **Soziologe**, -n // e **Soziologin**, -nen	sociologist
soziologisch	sociological
*****sozial** / **gesellschaftlich**	social
gesellschaftliche **Grundwerte**	basic social values
r *****Wert**, -e	value
ethische / gesellschaftliche / moralische Werte	ethical / social / moral values
e Wertvorstellung, -en	value
r Wertewandel	change of values
r soziale / gesellschaftliche **Wandel**	social change
r **Konflikt**, -e	conflict
e **Ethik**	ethic(s)
ethisch	ethical
r **Grundsatz**, ⸚e	principle
e *****Gemeinschaft**, -en	community
e Sprachgemeinschaft	linguistic community
e Dorfgemeinschaft	village community
e Interessengemeinschaft	group of people pursuing common interest
s *****Interesse**, -n (an + *D*)	interest
sich *****interessieren für**	be interested in
wenig ↔ großes Interesse zeigen	show little ↔ great interest
r Interessengegensatz, ⸚e	conflict of interests
r Interessenkonflikt, -e	clash of interests
r *****Mensch**, -en	human (being)
*****menschlich**	human
s **Individuum**, Indidviduen	individual
individuell	individual

*****Leute** (Pl) – a group of people

Hunderte von Leuten gingen ins Konzert. — Hundreds of people went to the concert.

Für meine Firma arbeiten mehr als 100 Leute. — My firm employs over 100 people.

Menschen – as opposed to being an animal or thing

In unserer Stadt leben ungefähr 1 Millionen Menschen. — About a million people live in our city.

Personen – neutral term for a certain number of individuals

Bitte einen Tisch für 3 Personen. — A table for three (people), please.

Im Bus haben 50 Personen Platz. — The bus has a capacity of 50. / There is room on the bus for 50 people.

e *Gesellschaft, -en	society
e bürgerliche Gesellschaft	bourgeois society
e feine / vornehme Gesellschaft	polite / fashionable society
e Gesellschaftsform, -en	social system
e Gesellschaftsordnung, -en	social order
e *Schicht, - en	class
e Oberschicht / e Mittelschicht / e Unterschicht	upper / middle / lower class
r Zivilisationsprozess	process of civilization
s Entwicklungsstadium, -stadien	stage of development
e Sozialisation / e Sozialisierung	socialization
e Sozialstruktur, -en	social structure
e Norm, -en	norm
s *Verhalten	behaviour
s Verhaltensmuster, -	behaviour pattern
e Verhaltensnorm, -en	behavioural norm
sich an Normen halten (hält, hielt, hat gehalten) ↔ von der Norm abweichen (wich ab, ist abgewichen)	keep / adhere to norms ↔ deviate from the norm
nicht der Norm entsprechen (entspricht, entsprach, hat entsprochen)	not correspond to the norm
s abweichende Verhalten	deviant behaviour
e *Beziehung, -en	relation(ship)
Die Beziehungen zwischen den beiden Bevölkerungsgruppen *verbessern sich ↔ *verschlechtern sich.	Relationhsips between the two sections of the population are improving ↔ deteriorating.
r Generationskonflikt, -e	generation gap
e Gruppendynamik	group dynamics
s soziale / politische Umfeld	social / political environment
e empirische Forschung, -en / e Empirie	empirical research
nach den neuesten Erkenntnissen	according to the latest findings
e Meinungsforschung	opinion polling
s Meinungsforschungsinstitut, -e	opinion research institute
e (öffentliche) *Meinung, -en	(public) opinion
r Entscheidungsprozess	decision-making process
e *Untersuchung, -en	examination, study
Wir wollen eine Untersuchung zum Thema „Wahlen" durchführen.	We want to carry out a study on the subject of "elections".
e Umfrage, -n	survey
Eine repräsentative Umfrage unter Jugendlichen hat gezeigt / ergeben, dass …	A representative poll among young people has shown / revealed that …
*dafür ↔ *dagegen sein	be in favour of ↔ be against
45 Prozent der Befragten sind für ↔ gegen Steuererhöhungen.	45% of those surveyed are for ↔ against tax increases.
e Auswahl	sample
e Volkszählung	census

e **Statistik**, -en | statistics
Diese Statistik zeigt, dass … / | These statistics show that … /
  Laut Statistik … | According to statistics …
s Bevölkerungswachstum | population growth
e Geburtenrate / e Sterberate | birth / death rate
e Alterspyramide | age pyramid

Geschichte
History

e ***Geschichte** / e Geschichtswissenschaft | history / study of history
alte ↔ neuere Geschichte | ancient ↔ modern history
historisch gesehen / **geschichtlich** | considered from a historical
  betrachtet | viewpoint
e historische **Persönlichkeit**, -en | historical personality
eine Sache von historischem Interesse | a matter of historical interest
Historische Fakten belegen, dass … | Historical fact reveals that …
r **Historiker**, - // e **Historikerin**, -nen | historian
r **Geschichtsforscher**, - // | historical researcher
  e **Geschichtsforscherin**, -nen |
r / e **Gelehrte**, -n | scholar
s **Zeitalter**, - / e **Epoche**, -n | age, era / epoch

s alte Rom / s Rom der Antike	ancient Rome
e Antike	antiquity
die Kreuzzüge	the Crusades
s Mittelalter	Middle Ages
e Reformation	Reformation
s Zeitalter des Absolutismus	age of absolutism
e Aufklärung	Enlightenment
e Französische Revolution	French Revolution
e industrielle Revolution	Industrial Revolution
e Oktoberrevolution	October Revolution
e Weimarer Republik	Weimar Republic
r Nationalsozialismus	National Socialism
e Nachkriegszeit	post-war period
s Computerzeitalter	computer age

e **Zeitgeschichte** | contemporary history
e Vorgeschichte | prehistory
im Altertum / in der **Antike** ↔ in der | in ancient times / in antiquity ↔
  Neuzeit | in modern times
während der Renaissance | during the Renaissance
s **Jahrtausend**, -e / s **Jahrhundert**, -e / | millennium / century / decade
  s **Jahrzehnt**, -e |

1801-1900 = im 19. Jahrhundert	in the 19th century
1901-2000 = im 20. Jahrhundert	in the 20th century
1989 = neunzehnhundertneunundachtzig	nineteen hundred and eighty-nine
2003 = zweitausend(und)drei	two thousand and three

ze͟itgenössisch	contemporary
e Geschichtsforschung	historical research
e Kulturgeschichte Indiens	cultural history of India
e Kirchengeschichte	ecclesiastical history
e Geistesgeschichte	history of ideas
s **Arch͟iv**, -e	archive
e **Chr͟onik**, -en	chronicle
r Chronist, -en // e Chronistin, -nen	chronicler

Geologie
Geology

e **Geolog͟ie** / e **Ge͟owissenschaft**, -en	geology
r **Geol͟oge**, -n / e **Geol͟ogin**, -nen	geologist
e **Geograph͟ie** / e geographische Beschaffenheit	geography / geographic structure
geol͟ogisch	geological
e geologische Karte	geological map
r geologische Vorgang	geological process
e (geologische) **Formati͟on**	geological formation

e historische Geologie	historical geology
e Geotektonik	structural geology, tectonics
e Paläontologie	palaeontology
e Polarforschung	polar research
e Meeresgeologie	marine geology
e Vulkanologie	volcanology
e Seismologie	seismology
e Ozeanologie	oceanology
e Glaziologie	glaciology
e Klimatologie	climatology
e Mineralogie	mineralogy
e Rohstoff- und Umwelttechnik	raw materials and environmental technology
e Geophysik	geophysics
e Ingenieurgeologie	engineering geology
e Topografie	topography

e ***E͟rde**	earth
e **E͟rdgeschichte**	history of the earth

im Laufe von Jahrmillionen	during the course of millions of years
e Ära / s (Erd-) Zeitalter	era
e Periode, -n	period
e Epoche, -n	epoch
prähistorisch / vorgeschichtlich	prehistoric
e Entwicklung, -en	evolution
e Urzeit	dawn of history
e Eiszeit / e Steinzeit	Ice Age / Stone Age
e Bronzezeit / e Eisenzeit	Bronze Age / Iron Age
r Jura	Jurassic Period
r Erdkern	earth's core
s Erdinnere	earth's interior
e Erdkruste / e Erdrinde	earth's crust
r Festlandsockel	continental shelf
r *Kontinent, -e [auch 'kɔntinɛnt]	continent
e Kontinentalverschiebung	continental drift
auseinander driften	drift apart
e Plattentektonik	plate tectonics
e *Schicht, -en	stratum
e Verwerfung, -en	fault
s Sediment, -e	sediment
e Ablagerung, -en	deposit
e Erosion, -en / e Abtragung, -en	erosion
erodieren	erode
e Verwitterung, -en	weathering
r Gletscher, -	glacier
e Gletscherspalte, -n	crevasse
s Schmelzwasser	meltwater
e Moräne, -n / e Endmoräne	moraine / terminal moraine
s Erdbeben, -	earthquake
e Richter-Skala	Richter scale
r Vulkan, -e	volcano
r aktive ↔ erloschene Vulkan	active ↔ extinct volcano
r Vulkanausbruch, ⁼e	(volcanic) eruption
r Krater, -	crater
e Lava / r Lavastrom, ⁼e	lava / stream of molten lava
Bodenschätze Pl	mineral resources
Das Land ist reich an Bodenschätzen.	The country is rich in mineral resources.
Bodenschätze abbauen	exploit mineral resources
s Vorkommen, -	deposit
fossile Brennstoffe	fossil fuel
s Öl- und Erdgasvorkommen	deposits of oil and natural gas
s *Öl / s Erdöl	oil / crude oil
e Suche nach neuen Erdölquellen	search for new oil wells
Erdöl fördern	drill for / produce oil
s Erdgas	natural gas

s (vulkanische) Gestein	(volcanic) rock
r Gesteinsbrocken, -	lump of rock
e Gesteinsprobe, -n	rock sample
*bestimmen / *analysieren	classify, determine / analyse
e Altersbestimmung	(age-)dating
stammen aus	to date from
s Fossil, -ien	fossil
e Versteinerung, -en	fossilized remains
versteinern	fossilize
s *Mineral, -e / Mineralien	mineral
s Erz, -e	ore
r Quarz, -e	quartz
r Kristall, -e / r Bergkristall	crystal / rock crystal
e Bildung von Kristallen	formation of crystals
kristallisieren	crystallise
s *Metall, -e	metal
selten ↔ häufig vorkommendes Metall	rare ↔ common metal
s Edelmetall, -e	precious metal
s Schwermetall ↔ s Leichtmetall	heavy ↔ light metal
r Stahl	steel
e Legierung, -en	alloy
s Messing	brass
e Bronze	bronze

Metals

s Gold	gold
s Silber	silver
s Platin	platinum
s Quecksilber	mercury
s *Eisen	iron
s Kupfer	copper
s Zink	zinc
s Blei	lead
s Aluminium	alumin(i)um

Adjectives ending in –haltig:

goldhaltig	auriferous
eisenhaltig	ferrous
etc.	
But also: Die *Kette ist aus echtem Gold.	The necklace is made of pure gold.

r Steinbruch, ⸚e	quarry
s Bergwerk, -e / e Mine, -n	mine
abbauen / abtragen	to mine
r Goldklumpen	gold ingot
r Edelstein, -e	gem(stone)
r Halbedelstein	semiprecious stone
r synthetische Stein, -e	synthetic stone

Precious stones

r Diamant	diamond
r Smaragd	emerald
r Aquamarin	aquamarine
r Rubin	ruby
r Saphir	sapphire
r Opal	opal

r **Diamant**, -en / Rohdiamant	diamond / rough diamond
r **Brillant**, -en	cut diamond
r / s Juwel, -en	jewel
schleifen (schliff, hat geschliffen)	cut
Je ausgefallener der Schliff, desto teurer der Edelstein.	The more unusual the cut, the more expensive is the precious stone.
e **Perle**, -n	pearl
r Bernstein	amber

Sie ist Gold wert.	She's worth her weight in gold.
Sie halten zusammen wie Pech und Schwefel.	They're inseparable / as thick as thieves.
Es ist nicht alles Gold, was glänzt.	All that glitters is not gold.
Das ist nicht mit Gold zu bezahlen.	That's priceless.

13

Welt der Technik
World of technology

Technik
Technology

e *Technik	technology
r Techniker, - // e Technikerin, -nen	technician
*technisch	technical
r (technische) *Fortschritt, -e	(technical) progress
e (technische) Neuerung, -en	(technical) innovation
r neueste Stand der Technik	state of the art (technology), cutting edge of technology
s Wunder der Technik	miracle of technology
Die Werkstatt ist mit modernster Technik ausgestattet.	The workshop is equipped with the latest technology.
e Entwicklung, -en / e *Verbesserung, -en	development / improvement
Entwicklungskosten *Pl*	development costs
e Umstellung auf +A	conversion to
Die Produktion wurde auf Computer umgestellt.	Production has been switched to computer technology.
e Technologie [tɛçnolo'giː]	technology
e Spitzentechnologie / e Hightechindustrie ['haɪtɛk...]	high technology / high-tech industry
r Technologe, -n // e Technologin, -nen	technologist
technologisch	technological
r *Ingenieur, -e [ɪnʒe'njøːɐ̯] // e Ingenieurin, -nen	engineer
r Maschinenbauingenieur // e Maschinenbauingenieurin	mechanical engineer
e Werkstoffkunde	materials technology
e Elektrotechnik	electrical engineering
e Elektronik	electronics
r Elektroingenieur, -e // e Elektroingenieurin, -nen	electrical engineer
elektronisch	electronic
s Bauteil, -e	component
e Erfindung, -en	invention
*erfinden (erfand, hat erfunden) / eine Erfindung machen	invent / make an invention
s Patent, -e [pa'tɛnt]	patent
Die Firma hat das Patent für diese Maschine.	The company owns the patent on this machine.
zum Patent anmelden	apply for a patent
s Patentamt	patent office
r Erfinder, - // e Erfinderin, -nen	inventor
erfinderisch sein	be inventive
r Tüftler, - // e Tüftlerin, -nen *ugs.*	someone who likes fiddling about

Produktion
Manufacturing

e Herstellung / e *Produktion	production / manufacturing
Sie arbeitet in der Herstellung.	She works in production.
r Hersteller, - // e Herstellerin, -nen	producer, manufacturer
e Herstellerfirma, -firmen	producer, manufacturing company
r führende Automobilhersteller	leading car manufacturer
*herstellen / fertigen / *produzieren	manufacture, produce
in Produktion sein	be in production
einzeln / von Hand ↔ am Fließband hergestellt	manufactured individually / by hand ↔ on the production line
in Deutschland hergestellt	made in Germany
e Fabrikation	manufacture, production
*aufnehmen (nimmt auf, nahm auf, hat aufgenommen) ↔ einstellen	start ↔ cease
Morgen wird die Fabrikation wieder aufgenommen.	Production will start up again tomorrow.
e Fabrikationsmethode, -n	manufacturing method
r Herstellungsprozess, -e	manufacturing process
r Ablauf, ̈-e	process
*planen	to plan
überwachen	supervise
*automatisch	automatic
Der richtige Druck stellt sich automatisch / von *selbst ein ↔ muss von Hand eingestellt werden.	The right pressure is set automatically ↔ has to be set by hand.
r automatisierte Produktionsablauf, ̈-e	automated production process
s *Produkt, -e / s Erzeugnis, -se	product
e Produktpalette, -n	product range
e Massenproduktion	mass production
r Massenartikel, -	mass-produced article
s Fertigerzeugnis, -se	finished product
gefertigt nach DIN-Norm / entsprechend der DIN-Norm	produced in accordance with (the) DIN norm
in der handelsüblichen Größe	in the standard size
Damit liegen wir über ↔ unter der Norm.	We are above ↔ below the norm with this.
e Verarbeitung	processing
r Papierverarbeitungsbetrieb	paper-processing plant
verarbeiten zu	to process into
Holz wird zu Papier verarbeitet.	Wood is processed into paper.
e *Industrie, -n [ɪndʊs'tri:]	industry
industriell	industrial
e Automobilindustrie	car industry

e Schwerindustrie	heavy industry
e verarbeitende / weiterverarbeitende Industrie	processing industry
s Industriegebiet, -e	industrial area
s *Werk, -e	(manufacturing) plant
s Montagewerk, -e	assembly plant
s Opel-Werk	Opel works
r Leiter, - // e Leiterin, -nen	manager
r Betriebsleiter / r Werksleiter	plant / works manager
ein Werk leiten	manage a plant
r Arbeiter, - // e Arbeiterin, -nen	worker
r Handwerker, - // e Handwerkerin, -nen	craftsman
e *Fabrik, -en	factory
r *Betrieb, -e	firm, company
r Maschinenbaubetrieb	engineering shop
e *Werkstatt, ̈-en	(work)shop
e Reparaturwerkstatt	repair (work)shop
e *Reparatur, -en	repair
in Betrieb ↔ außer Betrieb sein	be in / out of operation, switched on / off
e Anlage, -n	plant
e Produktionsanlage / e Fertigungsanlage	manufacturing / production facility
veraltet ↔ erneuert	outdated ↔ modernized
e Investition, -en	investment
e *Maschine, -n / s *Gerät, -e	machine / tool
Es werden Millionen in neue Maschinen investiert.	Millions are being invested in new machinery.
s neueste Modell	latest model
e computergesteuerte Montage	computer-controlled assembly
s Fließband, ̈-er	production line
s Montageband, ̈-er	assembly line
s Förderband, ̈-er	conveyor belt
r Roboter, - / r Industrieroboter	robot / industrial robot
e *Leistung	performance
e Produktionsleistung	output
Die Maschinen sind bis zu 90 Prozent ausgelastet.	The machinery is running at 90% capacity.
Wir müssen die Produktionsleistung um 5 Prozent steigern.	We have to increase output by 5 percent.
Die Leistung steigt (stieg, ist gestiegen) ↔ fällt (fiel, ist gefallen) um 5 Prozent.	Output is rising ↔ falling by 5%.
e erhöhte Produktivität	increased productivity
e Wartung / e Instandhaltung	maintenance
s *Ersatzteil, -e	spare part
auswechselbar	interchangeable, replaceable

ausfallen (fällt aus, fiel aus, ist ausgefallen)	break down
Jeden zweiten Tag fällt die Maschine wegen technischer Probleme aus.	The machine breaks down every other day due to technical faults.
Kosten *Pl*	cost(s)
die Stückkosten **senken** (sinkt, sank, ist gesunken) ↔ ***erhöhen**	lower ↔ raise the unit cost
r ***Mechaniker**, - [me'çaːnikɐ] // e **Mechanikerin**, -nen	mechanic
r **Monteur**, -e [mɔn'tøːɐ̯] // e **Monteurin**, -nen	fitter
r **Maschinenschlosser**, - // e **Maschinenschlosserin**, -nen	(machine) fitter
s **Franchising** ['frɛntʃaizɪŋ]	franchising
r **Zulieferer**, - / e Zuliefererfirma, -firmen	supplier
s **Outsourcing** ['aʊtsɔːsɪŋ]	outsourcing
outsourcen (wurde geoutsourct)	outsource

JIT (= just-in-time) production practices are becoming increasingly widespread: suppliers *(Zulieferer)* in the car industry for example deliver *(liefern)* components *(Teile)* at exactly the time they are needed in the assembly *(Montage)* process.

Elektrizität
Electricity

e **Elektrizität**	electricity
*elektrisch	electric(al)
r Elektromotor, -en / s Elektrogerät, -e	electric motor / appliance
r (elektrische) ***Strom** / e ***Energie**, -n	(electric) current / energy
Der Strom ist weg / ausgefallen. – Warte, gleich ist er wieder da.	The electricity is off. – Wait, it'll be back on in a minute.
r **Elektriker**, - // e **Elektrikerin**, -nen	electrician
r **Stromkreis**	circuit
Der Stromkreis ist **geschlossen** ↔ **unterbrochen**.	The circuit is closed ↔ interrupted.
e **Spannung** / s **Volt**	voltage / volt
e **Stromstärke** / s **Ampere**	amperage / ampere
e **Glühbirne**, -n	(light) bulb
e 100-Watt-Birne, -n	100-watt bulb
e **Neonröhre**, -n / e Leuchtstofflampe, -n	neon tube / fluorescent lamp
e **Sparlampe**, -n	economy lamp
r ***Schalter**, - / r **Lichtschalter**	switch / light switch
*an / ***ein** ↔ ***aus**	on ↔ off

*an sein (ist, war, ist gewesen) ↔ *aus sein	be on ↔ off
Ist der Computer noch an?	Is the computer still (switched) on?
anschalten / *einschalten / anmachen ↔ *ausschalten / *ausmachen / *abdrehen österr.	switch on ↔ off
das Licht anknipsen ↔ ausknipsen	switch / turn on ↔ off the light
*angehen (ging an, ist angegangen) ↔ *ausgehen	come / go on ↔ go off / out
Wie geht das Licht an?	How do you turn the light on?
s Kabel, - / e *Leitung, -en	cable
e Verlängerungsschnur, ⁻e	extension lead
e *Steckdose, -n	socket, power point
r *Stecker, -	plug
Stecken Sie bitte den Stecker rein. ↔ Ziehen Sie bitte den Stecker raus.	Plug it in the socket, please. ↔ Pull the plug out, please.
Sie müssen zuerst das Gerät anschließen.	You have to connect the appliance to the mains first.
r Adapter, - / r Zwischenstecker, -	adaptor
e Erdung / e Masse	earth
Das Gerät war nicht richtig geerdet.	The appliance wasn't properly earthed.
e Phase, -n	live wire
e Sicherung, -en	fuse
r Sicherungskasten, ⁻	fuse (box)
r Kurzschluss	short circuit
Schon wieder ein Kurzer. / Schon wieder ist die Sicherung rausgeflogen.	A short circuit yet again. / The fuse has blown yet again.
Die Sicherung muss ausgewechselt werden.	The fuse has got to be changed.
den Strom abschalten ↔ einschalten	turn off ↔ on the power
isolieren	insulate
s Isolierband	insulating tape
r elektrische Schlag / r Stromschlag	electrical shock
r Stromzähler, -	electricity meter
e Elektrizitätsgesellschaft	electricity company
s *Kraftwerk, -e	generating station
s Elektrizitätswerk / s E-Werk	(electric) power station
r Atomreaktor / s Kernkraftwerk	atomic reactor / nuclear power station
Elektrizität / Strom erzeugen	generate electricity
r Transformator	transformer
r Gleichstrom / r Wechselstrom	direct current / alternating current
r Drehstrom	three-phase power
e Spitzenbelastung	peak load
e Hochspannung	high voltage
e Hochspannungsleitung	high-voltage line
r Elektrosmog	electrosmog

s **Stromnetz**	electricity supply, mains
e **Stromquelle**, -n	source of electricity
r Generator, -en	generator
r Wechselstromgenerator	alternator
r Dynamo	dynamo
e **Batterie**, -n	battery
r **Akku**, -s / r Akkumulator, -en	accumulator / storage cell
Der Akku ist *leer ↔ *voll.	The battery is empty ↔ full.
(wieder) **aufladen** (lädt auf, lud auf, hat aufgeladen) ↔ **entladen**	(re)charge ↔ drain

In der Werkstatt
In the workshop

e *Werkstatt, ⁓en	workshop
e *Reparatur, -en	repair
reparieren / in Ordnung bringen	to repair / sort sth out
funktionstüchtig ↔ funktionsuntüchtig	in ↔ not in working order
in *Ordnung ↔ *kaputt / defekt	in working order ↔ broken / defective
s *Material, -ien / r Werkstoff, -e	material

Materialien	materials	
s Metall, -e	metal	
e Legierung	alloy	
r Stahl	steel	
s Stahlblech	sheet steel	
s Holz	wood	
s Bauholz	timber	
s Hartholz / s Weichholz	hardwood / softwood	
s Sperrholz	plywood	
e Spanplatte, -n	chipboard	
aus Spanplatten gefertigte Türen	doors made of chipboard	
s Glas	glass	
e Keramik	ceramic	
s Plastik / r Kunststoff, -e	plastic	
r Gummi / r Kautschuk	rubber	

e **Materialeigenschaft**, -en	property of a material
hochwertig ↔ **minderwertig**	high ↔ low quality
Nur hochwertiges Material wurde verarbeitet.	Only high-quality material was used.
elastisch / flexibel / dehnbar	elastic / flexible / flexible
bruchfest	unbreakable

belastbar ↔ nicht belastbar	resilient, able ↔ unable to withstand stress
hitzebeständig / korrosionsbeständig	heat / corrosion resistent
leitfähig	conductive
(äußerst) brüchig / spröde	(extremely) brittle
*bestehen (bestand, hat bestanden) / *sein (ist, war, ist gewesen) (aus +D)	consist / be made (of)
Ist das Eisen oder Plastik?	Is that iron or plastic?
Das Werkteil besteht / ist aus Kunststoff und Gummi.	The workpiece is made of plastic and rubber.
Das Werkteil wurde aus Kunststoff und Gummi hergestellt / gemacht.	The workpiece was produced / made from plastic and rubber.
maschinell ↔ von Hand bearbeiten	machine processed ↔ worked by hand
r Materialfehler, - / e Materialermüdung	material defect / fatigue
Der Wasserschaden ist auf Materialermüdung zurückzuführen.	The water damage is the result of material fatigue.
r Materialbedarf / r Materialverbrauch	material requirements / materials consumed
s *Werkzeug, -e	tool
r Werkzeugkasten, ⸚	toolbox
e Werkzeugbank, ⸚e	workbench
e Drehbank	lathe
r Schraubstock	vice / vise
*verwenden / *benutzen	to use
*gebrauchen	to use
Den Bohrer könnte ich gut gebrauchen.	The drill would be a good thing to have.

Tools

e Bohrmaschine, -n	electric drill
r Bohrer, -	drill
r Hammer	hammer
r Meißel	chisel
r Schraubenzieher, -	screwdriver
r Schraubenschlüssel, -	spanner / wrench
e Feile, -n	file
e Schere	pair of scissors
e Zange	pair of pliers
e Beißzange, -n	pincers
e Säge, -n	saw
r Fuchsschwanz	handsaw
e Kreissäge, -n	circular saw
r Hobel, -	plane
r Nagel, ⸚	nail
e Schraube, -n	screw
s Gewinde, -	thread

r Bolzen, -	bolt
e Schraubenmutter, -n	nut
r Dübel, -	plug, dowel
e Unterlegscheibe	washer
e Dichtung	washer

Activities

hämmern – (to) hammer / bohren – drill / schrauben – screw / schneiden – cut / hobeln – plane / feilen – file / schlagen – hit

e **Ausrüstung** / s ***Gerät**, -e	equipment / appliance, device
r Bau von Maschinen und Anlagen	construction of machinery and equipment
e ***Anlage**, -n / e **Produktionsanlage**	plant / production facility
e ***Maschine**, -n	machine
e Metallbearbeitungsmaschine	metalworking machine
s Maschinenteil, -e	machine component
r Mechanismus	mechanism
Wie funktioniert das? Zeigen Sie es mir bitte.	How does that work? Show me, please.
r ***Schalter**, -	switch
*einschalten ↔ ***ausschalten**	to switch on ↔ off
r ***Knopf**, ⸚e	button
*drücken	to press
Das Gerät richtig ***einstellen**.	to set / adjust the machine properly
richtig ↔ falsch ***bedienen**	operate correctly ↔ incorrectly
e ***Gebrauchsanweisung**, -en (Gebrauchs-)Anleitung *schweiz.*	operating instructions, directions for use
Das ist zu ***beachten**.	Note:
r Hebel, -	lever
e Kurbel, -n	crank, handle

Parts of a car

r Motor, -en	engine
r Verbrennungsmotor	internal-combustion engine
r Elektromotor	electric motor
e Zündkerze	spark plug
r Vergaser	carburet(t)or
r Zylinder	cylinder
r Kolben	piston
s Zahnrad	gear wheel, cog
s Getriebe	gearbox, gears
s Gehäuse	casing
e Antriebswelle	(drive) shaft
e Kurbelwelle	crankshaft
e Nockenwelle	camshaft

s Drehmoment	torque
s Kugellager	(ball) bearing(s)
e Feder	spring
s Sicherheitsventil	safety valve
e Bremse	brake
e Kupplung	clutch
s Pedal	pedal

14

Verkehr
Transport

14
1

Straßenverkehr und Kraftfahrzeuge
Road traffic and vehicles

*fahren (fährt, fuhr, ist / hat gefahren)	drive
defensiv ↔ aggressiv fahren	drive defensively ↔aggressively
Sie fährt sehr vorsichtig / gut ↔ schlecht Auto.	She drives very carefully / well ↔ badly.
r *Fahrer, - // e Fahrerin, -nen	driver
r Chauffeur, -e // e Chauffeurin, -nen schweiz.	driver
Er ist ein rücksichtsvoller ↔ rücksichtsloser Fahrer.	He is a considerate ↔ an inconsiderate driver.
r *Fußgänger, -	pedestrian
r Fußgängerüberweg, -e / r Zebrastreifen, -	pedestrian / zebra crossing
r *Bürgersteig, -e / s *Trottoir, -s [trɔ'tɔaːʁ] schweiz. / r *Gehsteig, -e	pavement, sidewalk
die Straße überqueren / über die Straße gehen (ging, ist gegangen)	cross / go across the road
r Fahrradweg, -e	cycle track
r Veloweg, -e schweiz.	cycle track

Road users

r Autofahrer, - // e Autofahrerin, -nen	car driver
r LKW-Fahrer	truck / lorry driver
r Lieferwagenfahrer	van driver
r Busfahrer	bus driver
r Taxifahrer	taxi driver
r Fahrradfahrer	cyclist
r Mofa- / Mopedfahrer	moped rider
r Motorradfahrer	motorcyclist
r Kickbordfahrer	kickboarder
r Skateboardfahrer	skateboarder
r Rollerbladefahrer	rollerblader
r Fußgänger	pedestrian

e *Ampel, -n / e Verkehrsampel, -n	traffic light(s)
s Lichtsignal, -e schweiz.	traffic light(s)
e Fußgängerampel, -n	pedestrian traffic lights [lights controlling pedestrian crossing]
Ampeln *regeln den Verkehr.	The traffic is controlled by traffic lights.
e *Straße, -n	street
e Gasse, -n österr.	street / narrow street
eine einspurige / zweispurige Straße	single-track road / two-lane road
e Hauptverkehrsstraße, -n	main road

e Nebenstraße	minor road, side street
e Durchgangsstraße	through road, thoroughfare
e Landstraße	country road, ordinary road
e Bundesstraße	federal highway, A-road
e Bergstraße / e Passstraße /	mountain road / (road over a)
e Serpentinenstraße	pass / zigzag mountain road
e Steigung ↔ s Gefälle	gradient [uphill ↔ downhill],
	climb ↔ drop
e Umgehungsstraße	bypass
e Umfahrung, -en /	bypass
e Umfahrungsstraße, -n *österr.*	
e Einbahnstraße	one-way street
e Sackgasse, -n	cul-de-sac, no-through-road
r *Weg, -e	path, track
r Forstweg	forest(ry) track
r *Platz, ⁼e	square
e *Autobahn, -en	autobahn, motorway, freeway,
	turnpike
*überholen	overtake
Das war aber ein riskantes	That was a dangerous overtaking
Überholmanöver!	manoeuvre.
e Überholspur, -en	overtaking lane
e Standspur	hard shoulder
r Pannenstreifen, - *österr.*	hard shoulder
e Raststätte, -n	service area
e Autobahnraststätte, -n	motorway / freeway service area
Rast machen / eine Pause machen	stop for a break / take a break
e *Ausfahrt, -en	exit
e *Kurve, -n	bend
(nach) *links ↔ *rechts (fahren)	(turn) left ↔ right
*geradeaus (fahren)	(drive) straight on
e *Kreuzung, -en	junction, intersection
Fahren Sie an der zweiten Kreuzung	Turn left at the second junction
(nach) links und dann immer geradeaus	and then go straight on as far as
bis zur Kirche.	the church.
r *Verkehr *Sg*	traffic
Auf der A 9 kurz vor Nürnberg herrscht	Traffic on the A 9 just before
starker / zäh fließender / stockender	Nuremberg is heavy /
Verkehr.	slow-moving / stop-and-go.
r Berufsverkehr	rush hour
r Kreisverkehr	roundabout
*behindern	hinder / obstruct
Durch Ihre langsame Fahrweise behindern	You're obstructing the traffic by
Sie den Verkehr.	driving so slowly.
r *Stau, -s	traffic jam, tailback
Auf dieser Straße kommt es jeden Morgen	This road gets congested every
zu Staus.	morning.

Wir sind im Stau stecken geblieben, *deswegen / *deshalb / *daher konnten wir nicht pünktlich kommen.	We got stuck in a traffic jam, that's why we couldn't be here on time.
Wir stehen im Stau.	We are stuck in a traffic jam.
r *Stadtplan, ⸚e	(town / city) street plan / map
*beschreiben (beschrieb, hat beschrieben)	describe
Beschreib mir bitte kurz den Weg zu euch.	Can you tell me briefly how to find you?
e Wegbeschreibung, -en	directions
Wie komme ich am schnellsten zum Bahnhof ?	Which is the quickest way to the station?
*abbiegen (bog ab, ist abgebogen)	turn off
An der nächsten Ampel müssen wir (nach) rechts abbiegen.	We have to turn off right at the next traffic lights.
wenden / *umdrehen	turn round
Da vorn können wir wenden / umdrehen.	We can turn round up there.
*stoppen / anhalten (hält an, hielt an, hat angehalten) / stehen bleiben	stop
Kannst du da vorn bitte mal anhalten?	Could you stop up there?
e *Vorfahrt	priority
r Vorrang österr. / r Vortritt schweiz.	priority
Wer hat hier Vorfahrt?	Who has priority here?
die Vorfahrt (be)achten ↔ nehmen	give way ↔ fail to give way
e Vorfahrtsstraße, -n	main road, road with right of way
Hier gilt rechts vor links.	It's priority from the right here.
s *Verkehrszeichen, -	road / traffic sign
s Signal, -e schweiz.	road / traffic sign
e *Geschwindigkeitsbeschränkung, -en / e Geschwindigkeitsbegrenzung, -en	speed limit
s *Schild, -er	sign
s Stoppschild, -er	stop sign
Er hat ein Stoppschild überfahren.	He went straight past / didn't stop at the stop sign.
s Halteverbotsschild	no waiting / stopping sign
das (absolute / eingeschränkte) Halteverbot	(strictly) no waiting / stopping
e *Umleitung, -en	diversion
Da vorn ist eine Umleitung.	There's a diversion ahead.
r Umweg, -e	detour, roundabout route, long way round
Das ist doch ein Umweg!	This is a long way round.
Wir haben einen Umweg gemacht.	We took a detour.
sich verfahren	lose one's way
Wir haben uns total verfahren!	We got completely lost.
e *Garage, -n [gaˈraːʒə]	garage
e Tiefgarage, -n	underground garage
in die Garage fahren	drive into the garage

e *Einfahrt, -en ↔ e *Ausfahrt, -en	entrance / entry ↔ exit
Einfahrt verboten!	No entry!
s *Parkhaus, -̈er	multi-storey car park
ins Parkhaus fahren	drive into the multi-storey car park
Alle Parkhäuser in der Innenstadt sind besetzt.	All multi-storey car parks in the town / city centre are full.
r *Parkplatz, -e	car park
ein bewachter ↔ unbewachter Parkplatz	car park with an attendant ↔ unsupervised car park
e Parkuhr, -en	parking meter
e Parkscheibe, -n	parking disc
*parken / parkieren *schweiz.*	to park
Hier können Sie nicht parken.	You can't park here.
eine Parklücke finden	find a parking space
vorwärts ↔ rückwärts einparken	pull ↔ reverse into a parking space
e *Polizei *Sg*	police
r *Polizist, -en // e Polizistin, -nen	policeman // policewoman
r Verkehrspolizist // e Verkehrspolizistin	traffic policeman / policewoman
e Straßenverkehrsordnung	highway code, road/highway traffic regulations
r Strafzettel, -	(parking / speeding) ticket
Wir haben schon wieder einen Strafzettel wegen Falschparken bekommen!	We've got yet another parking ticket.
s Verkehrsdelikt, -e	traffic offence
r Bußgeldbescheid, -e	notice of a fine, penalty notice
Wegen zu schnellem Fahren habe ich einen Bußgeldbescheid bekommen.	I've been fined for speeding.
s Radar(gerät), -e / e Radarfalle, -n	radar (device) / speed trap
jn blitzen	photograph sb
Ich bin heute auf der Autobahn geblitzt worden.	I was photographed in a speed trap on the autobahn today.
Trunkenheit / Alkohol am Steuer	drunk driving
r *Führerschein, -e / Führerausweis *schweiz.*	driving licence, driver's license
r Führerscheinentzug	driving ban, disqualification from driving
r Führerausweisentzug *schweiz.*	driving ban, disqualification from driving
Der Führerschein wurde ihm für drei Monate abgenommen / entzogen.	He was disqualified from driving for three months.

For more serious traffic offences, such as speeding or drunk driving, drivers get penalty points in the central index of traffic offenders based in Flensburg. If a certain number of points is exceeded, fines are replaced with driving bans.

r *Unfall, ⸚e / r Verkehrsunfall	accident / road accident
Die Zahl der Verkehrsunfälle hat im letzten Jahr zugenommen ↔ abgenommen.	The number of road accidents increased ↔ decreased last year.
s Unfallprotokoll, -e	accident report
*beschädigen	to damage
Sein Auto wurde bei dem Unfall leicht ↔ stark beschädigt.	His car was slightly ↔ badly damaged in the accident.
r Zusammenstoß, ⸚e	collision
frontal / seitlich zusammen stoßen (stößt, stieß, ist gestoßen)	crash head on / sideways
Sie sind frontal zusammen gestoßen.	They crashed head on.
r Auffahrunfall / r Frontalzusammenstoß	rear-end / head-on collision
gegen einen Baum / eine Mauer fahren	drive into a tree / wall
e *Gefahr, -en	danger
*gefährlich	dangerous
Das ist eine gefährliche Kreuzung.	This is a dangerous junction.
jn *überfahren	run over sb
Die Katze wurde von einem Auto überfahren.	The cat was run over by a car.
s *Unglück	accident / misfortune
accident / misfortune	
eine *Anzeige (wegen etw. + *Genitiv*) bekommen (bekam, hat bekommen)	be charged with sth
leicht ↔ schwer verletzt sein	be slightly ↔ seriously injured
Sie wurde bei dem Unfall schwer verletzt.	She was seriously injured in the accident.
r / e Verletzte, -n	injured person
r / e Verkehrstote, -n	person killed on the roads, road fatality
e *Panne, -n	breakdown
Wir hatten leider eine Panne.	I'm afraid we had a breakdown.
r *Reifen, - / r Pneu, -s *schweiz.*	tyre / tire
e Reifenpanne	flat tyre, puncture
*schieben (schob, hat geschoben)	push
Das Auto musste an den Straßenrand geschoben werden.	The car had to be pushed to the side of the road.
abschleppen	tow away
Wir mussten abgeschleppt werden.	We had to be towed away.
r Pannendienst, -e	breakdown service
r Abschleppdienst, -e	recovery service
r *Schaden, ⸚	damage
s Schadengutachten, -	damage report
r Blechschaden, ⸚	damage to the bodywork
e *Versicherung, -en	insurance
den Schaden bei der Versicherung melden	report the damage to the insurance
Wo sind Sie versichert?	Who are you insured with?

den Schaden erstattet bekommen	have one's damage reimbursed
s (Kraft-)**F<u>a</u>hrzeug**, -e	(motor) vehicle
r ***LKW**, -s / ***L<u>a</u>st(kraft)wagen** /	lorry / truck
r Camion *schweiz.*	
Waren mit dem LKW ***transport<u>ie</u>ren**	to transport goods by lorry / truck
s ***<u>Au</u>to**, -s / r ***W<u>a</u>gen**, - / ⸚	car, auto(mobile)
Fahren wir mit dem Auto oder mit dem Bus?	Are we going by car or by bus?
Meistens fahre ich mit dem Wagen zur Arbeit.	I usually go to work by car.
Ich kann Sie gerne in meinem Auto mitnehmen.	I'm happy to give you a lift.
Steig ein, ich fahre dich nach Hause.	Get in, I'll drive you home.
r **N<u>eu</u>wagen**, - / ⸚ ↔	new car ↔
r **Gebr<u>au</u>chtwagen**	second-hand / used car

Car expressions

den Zündschlüssel ins *Schl<u>o</u>ss stecken	put the key in the lock
den Sicherheitsgurt anlegen / sich *anschn<u>a</u>llen	put on your seatbelt
s Zündschloss	ignition lock
den Motor anlassen / *st<u>a</u>rten / zünden ↔ *<u>au</u>smachen / abstellen	start ↔ stop the engine
s Steuer / s Lenkrad / lenken	steering wheel / steering wheel / steer
r Blinker / blinken	indicator / indicate
e Hupe / *h<u>u</u>pen	horn / toot the horn
s Gas- / Bremspedal drücken	(de)press the accelerator / brake
*G<u>a</u>s geben ↔ *br<u>e</u>msen	accelerate ↔ brake
e Handbremse	handbrake
e Kupplung	clutch
r *G<u>a</u>ng / r Rückwärtsgang	gear / reverse (gear)
in einen höheren Gang *sch<u>a</u>lten ↔ runterschalten	change [gear] up ↔ down
e Warnblinkanlage anschalten ↔ ausmachen / abstellen	switch on ↔ off the hazard warning lights
r Rückspiegel / r Seitenspiegel, -	rear-view / side mirror
den Scheibenwischer anmachen ↔ ausmachen / abstellen	switch on ↔ off the windscreen / windshield wipers
s Warndreieck aufstellen	put up the warning triangle
s Pannendreieck aufstellen (österr.)	put up the warning triangle
r Vordersitz, -e / r Rücksitz, -e / r Kindersitz, -e	front seat / back seat / child safety seat
e Kopfstütze, -n	head rest/restraint
r Airbag, -s	airbag
r *K<u>o</u>fferraum	boot / trunk
r *M<u>o</u>tor, -en [auch mo'to:ɐ̯]	engine
e Motorhaube, -n	bonnet / hood

e *Tankstelle, -n	filling / petrol / gas(oline) station
*tanken	fill up with petrol / gas
s *Benzin / s Super-Benzin /	petrol / gas(oline) / 4-star,
r Diesel(kraftstoff)	Premium / diesel
bleifrei ↔ bleihaltig	unleaded ↔ leaded
r Benzinpreis, -e	price of petrol / gasoline
Benzin *verbrauchen	use petrol / gas
Mein Auto verbraucht 6,5 Liter auf	My car does 44 miles to the
100 km.	gallon.
s *Abgas, -e	exhaust / exhaust fumes
abgasreduziert	with reduced exhaust emission
r Katalysator, -en	catalytic converter
s Elektroauto, -s / Solarauto, -s	electric car / solar-powered car

Mit der Bahn unterwegs
Rail travel

e *Eisenbahn, -en / e *Bahn, -en	railway / rail(road)
r *Zug, ⸚e	train
mit dem Zug / mit der Bahn fahren	go by train
den Zug erreichen / erwischen *ugs.* ↔	catch ↔ miss the train
*verpassen / *versäumen	
Wir haben unseren Zug verpasst!	We've missed our train!
Wann geht der nächste Zug nach Zürich?	When is the next train to Zurich?
*sich beeilen / pressieren *schweiz.*	to hurry (up)
Wir müssen uns beeilen, sonst erwischen	We must hurry or we'll miss the
wir den Zug nicht mehr.	train.
Ich bin sehr in *Eile.	I'm in a big hurry.
r / e Reisende, -n	passenger, traveller
r Pendler, -	commuter
e Zugverbindung, -en	train connection
r Anschlusszug	connecting train
Wann habe ich in Zürich Anschluss nach	When do I have a connection to
Bern?	Berne from Zurich?
r Intercity-Express / r ICE	intercity express (train)
r Eurocity / r EC	eurocity (train)
r Intercity / r IC	intercity (train)
r InterRegioExpress	inter-regional express (train)
r InterRegio	inter-regional (train)
r Schnellzug / r D-Zug	express (train)
r Nahverkehrszug / e Regionalbahn	local train
r Autozug	motorail train
r Güterzug	goods train
r *Waggon, -s [va'gõ: *auch* va'goːn]	(goods) waggon, (passenger) carriage/coach
s Bordrestaurant, -s	dining car

r Speisewagen, - österr.	dining car
r Liegewagen, -	couchette
r Schlafwagen, -	sleeper
r Gepäckwagen, -	luggage van / baggage car
s **Abteil**, -e	compartment
s Großraumabteil / r Großraumwagen	open carriage
s Raucherabteil ↔	smoking ↔ non-smoking
s Nichtraucherabteil	compartment
s Eltern-und-Kind-Abteil	compartment for parents and children
Entschuldigen Sie bitte, ist dieser Platz noch frei? – Nein, der ist leider besetzt.	Excuse me, is this seat free? – No, it's taken I'm afraid.
r **Zugbegleiter**, - // e **Zugbegleiterin**, -nen / r Schaffner, - // e Schaffnerin, -nen	guard, conductor
r Kondukteur, -e schweiz.	guard, conductor
s Triebfahrzeug, -e / e Lokomotive, -n	locomotive, engine
r Triebfahrzeugführer, - // e Triebfahrzeugführerin, -nen / r Lokomotivführer, - // e Lokomotivführerin, -nen	engine driver
r ***Bahnhof**, ⁻e	station
r Kopfbahnhof	terminal
Hält dieser Zug in Schondorf?	Does this train stop in Schondorf?
e **Schiene**, -n	rail
s ***Gleis**, -e	platform / track
Ihr Zug fährt auf Gleis 7.	Your train departs from platform 7.
Auf Gleis 7 fährt in Kürze ein der Intercity von Hamburg nach Basel zur Weiterfahrt nach Köln.	The intercity from Hamburg to Basle, calling at Cologne, will be arriving shortly at platform 7.
e ***Durchsage**, -n / e Ansage	announcement
r ***Bahnsteig**, -e	platform
r / s Perron, -s schweiz.	platform
e ***Station**, -en	stop, station
e Endstation, -en	terminus
r Halt	stop
Nächster Halt ist Weimar Hauptbahnhof.	The next stop is Weimar main station.
r **Wartesaal**, ⁻e	waiting room
e Bahnhofsmission	Travellers' Aid [charitable organization offering help and accommodation]
s ***Fundbüro**, -s	lost property office / lost and found
r **Kofferkuli**, -s	luggage / baggage trolley
r Gepäckrolli, - schweiz.	luggage / baggage trolley
s ***Gepäck** Sg	luggage / baggage

Wo kann ich mein Gepäck aufgeben?	Where can I check in my luggage / check my baggage?
e **Gepäckaufbewahrung**	left luggage
s **Schließfach**, ⸚er	(luggage / baggage) locker
r ***Schalter**, - / r Fahrkartenschalter, -	(ticket) counter / window
r ***Tarif**, -e	fare scale, list of fares
r **Fahrpreis**, -e	fare
e Bahncard	railcard
e ***Fahrkarte**, -n / s Billett, -e *schweiz.*	ticket
r Fahrkartenautomat, -en	ticket machine
erste / zweite Klasse	first / second class
r **Zuschlag**, ⸚e	supplement, additional charge
e **Platzreservierung**	seat reservation
e Platzreservation *schweiz.*	seat reservation
Soll ich auch gleich den Schlafwagen reservieren?	Shall I make reservations on the sleeper at the same time?

At the ticket counter

Wieviel kostet eine Fahrkarte von München nach Wien?	How much does a ticket from Munich to Vienna cost?
Hin und zurück oder einfach?	Return or single?
Einfach bitte.	Single, please.
Haben Sie eine Bahncard?	Do you have a railcard?
Nein.	No.
Erste oder zweite Klasse?	First or second class?
Zweite bitte.	Second, please.
Das macht 75,30 EURO bitte.	That's 75.30 euros, please.
Wann habe ich bitte in Wien Anschluss nach Eisenstadt?	When is there a connection from Vienna to Eisenstadt?
Um 17.23 Uhr vom Südbahnhof.	At 17.23 from the Südbahnhof.

r ***Fahrplan**, ⸚e	timetable / schedule
e ***Ankunft** ↔ e ***Abfahrt**	arrival ↔ departure
ankommen (kam an, ist angekommen) ↔ **abfahren** (fährt ab, fuhr ab, ist abgefahren)	arrive ↔ depart
e ***Information**	information (desk)
r Service-Point	service point
e ***Verspätung**, -en	delay
der Zug war ***pünktlich** ↔ hatte Verspätung	the train was on time ↔ late
*einsteigen ↔ ***aussteigen** (stieg aus, ist ausgestiegen)	get on ↔ off
Kommt, wir müssen einsteigen! Der Zug fährt gleich.	Come on, we have to get on. The train will be leaving in a minute.
An der nächsten Station müssen wir aussteigen.	We have to get off at the next stop.

*umsteigen (stieg um, ist umgestiegen)	change
Ist das eine direkte Verbindung oder muss ich umsteigen?	Is it a through train or do I have to change?
r *Aufenthalt	stop
Wie lange habe ich in Dresden Aufenthalt?	How long do I have to wait in Dresden [for my connection]?
e Hinreise ↔ e Rückreise	outward ↔ return journey
auf der Hinfahrt ↔ auf der Rückfahrt	on the outward ↔ return journey
Hatten Sie eine gute Reise?	Did you have a good journey?
Gute Reise!	Have a good journey!

Öffentliche Verkehrsmittel
Public transport

r Nahverkehr Sg	local public transport
r Fahrgast, ⸚e	passenger
e *Fahrt, -en	journey
e S-Bahn, -en ['ɛsbaːn]	suburban railway / train
e U-Bahn, -en ['uːbaːn]	underground / subway
mit der U-Bahn / S-Bahn fahren	go by underground / subway / suburban train
Fahren wir eine Station mit der U-Bahn oder gehen wir zu Fuß?	Shall we go one stop on the underground, or walk?
e *Straßenbahn, -en / e Trambahn südd.	tram
s Tram, -s schweiz.	tram
r *Bus, -se	bus
die Linie 42	route 42
Ich fahre immer mit dem 42er.	I always go on the 42.
r Doppeldeckerbus	double-decker bus
Die Busse verkehren alle fünf Minuten.	The buses go every five minutes.
e *Station, -en	stop
e Endstation	terminus
Endstation! Bitte alle aussteigen!	This is our final stop. Everybody please get off.
e *Haltestelle, -n / r Halt	stop, station
Nächster Halt: Hauptbahnhof.	Next stop: the main station.
e Endhaltestelle	final stop
Fahren Sie bis zur Endhaltestelle.	Stay on till the final stop.
Der Bus endet hier.	The bus finishes here.
e U-Bahnstation, -en	underground / subway station
Wo ist der nächste U-Bahnhof?	Where's the nearest underground station?
e *Linie, -n	line, route

Mit welcher Linie komme ich zum Hauptbahnhof? – Mit der Linie 5. / Da können Sie die Linie 5 nehmen.	Which line will get me to the main station? – Number 5. / You can take the number 5.
Ist das eine direkte Linie oder muss ich umsteigen?	Is that a direct line or do I have to change?
*umsteigen (stieg um, ist umgestiegen)	change
Wo muss ich umsteigen?	Where do I have to change?
e *Richtung, -en	direction
Fährt dieser Bus Richtung Bahnhof?	Does this bus go in the direction of the station?
s Tarifsystem, -e	fare system
e *Zone, -n ['tso:nə]	zone
r Fahrpreis, -e	fare
e Fahrpreiserhöhung, -en	fare increase
e *Fahrkarte, -n	ticket
s Billett, -e schweiz.	ticket
e Kurzstreckenkarte	ticket for a short trip [one or two stops]
e Einzelfahrkarte	single ticket
e Streifenkarte, -n	strip ticket
e Tageskarte	day ticket
e Familienkarte	family ticket
e Wochenkarte	weekly season ticket
e Monatskarte / s Abonnement, -s schweiz.	monthly season ticket
r Fahrkartenautomat, -en	ticket machine
r Billettautomat, -en schweiz.	ticket machine
entwerten / stempeln	cancel / stamp
Wo kann man die Fahrkarten entwerten?	Where can you cancel your ticket?
s Schwarzfahren	fare dodging
r Schwarzfahrer, - // e Schwarzfahrerin, -nen	fare dodger
Sie wurde beim Schwarzfahren erwischt.	She was caught travelling without a ticket.
s *Taxi, -s ['taksi]	taxi
Nehmen wir doch ein Taxi!	Let's take a taxi.
Eine Fahrt mit dem Taxi ist nicht billig in Deutschland.	A taxi journey is not cheap in Germany.
r Taxistand, ⸚e	taxi stand
ein Taxi *rufen (rief, hat gerufen)	call a taxi
r / s Taxameter einschalten ↔ ausschalten	switch on ↔ off the taximeter
r Zuschlag, ⸚e / r Aufpreis, -e	supplement, extra charge
r Nachtzuschlag / r Feiertagszuschlag / r Gepäckzuschlag	extra charge for night journeys / journeys on a public holiday / luggage/baggage
s *Trinkgeld, -er	tip
ein Trinkgeld geben	give a tip

Useful sentences

Wie komme ich bitte zum Dom?	How do I get to the cathedral, please?
Fahren Sie mit der Linie 8 / mit dem Bus 15 / bis zum Bahnhofsplatz. Dort steigen Sie um in die Linie 12 Richtung Ostpark. Die vierte Haltestelle ist der Domplatz.	Take the number 8 / bus number 15 as far as Station Square. Change there to a number 12, destination Ostpark. The fourth stop is Cathedral Square.
Fährt diese U-Bahn / dieser Bus / diese Straßenbahn nach … / zu …	Does this underground train / bus / tram go to …?
Nein, aber da kommen Sie mit der Linie 12 hin.	No, but a number 12 will get you there.
Welcher Bus fährt zu … / nach …?	Which bus goes to …?
Wieviel Stationen sind es bis …?	How many stops is it to …?
Wann fährt am Abend der letzte Zug?	When does the last train in the evening go?

Mit dem Flugzeug unterwegs
Air transport

**fliegen (flog, ist / hat geflogen)	fly
Er hat Angst vor dem Fliegen.	He's afraid of flying.
r *Flug, ⁻e	flight
Alle Flüge nach London am Sonntagabend sind bereits ausgebucht.	All flights to London on Sunday evening are already fully booked.
Hatten Sie einen guten Flug?	Did you have a good flight?
r Direktflug	direct flight
r Anschlussflug	connecting flight
r Langstreckenflug	long-haul flight
r Inlandflug	domestic flight
r Linienflug	scheduled flight
r Charterflug	charter flight
das Flugzeug erreichen ↔ *verpassen	catch ↔ miss the plane
r Fluggast, ⁻e / r Passagier, -e	passenger
r Vielflieger, - // e Vielfliegerin, -nen	frequent flyer
r Flugsteig, -e / s Gate, -s	gate
e Flugzeit / e Flugdauer	flight time
Die Flugzeit beträgt zwei Stunden.	The flight time is two hours.
s *Flugzeug, -e	plane
e erste Klasse	first class
e Businessclass ['bɪsnɛs'klaːs *auch* 'bɪznɪs…]	business class
e Economyclass [i'kɔnəmiklaːs]	economy class

Auf Langstreckenflügen fliegt sie immer erster Klasse.	She always flies first class on long-haul flights.
r **Hubschrauber**, - / r Helikopter, -	helicopter
r **Flugplan**, ⸚e	flight timetable/schedule
einchecken ['aintʃɛkn]	check in
e Bordkarte, -n	boarding card
e **Abfertigung**	check-in
r **Abfertigungsschalter**, -	check-in counter
Um wieviel Uhr müssen wir am Abfertigungsschalter sein?	What time do we have to be at the check-in counter?
s ***Gepäck** *Sg*	luggage / baggage
s **Handgepäck**	hand-luggage/baggage
das Gepäck **aufgeben**	check in luggage/baggage
*ankommen (kam an, ist angekommen) ↔***abfliegen** (flog ab, ist abgeflogen)	arrive ↔ depart
Wann fliegst du (ab)? / Wann geht dein Flug?	When is your departure? / When is your flight?
e ***Ankunft** ↔ r **Abflug**	arrival ↔ departure
e Ankunftshalle / Abflughalle	arrivals / departure lounge
e ***Verspätung**	delay
Wir sind mit Verspätung gestartet.	We were late taking off.
Das Flugzeug hat Verspätung.	The plane is delayed.
einen Flug **streichen** (strich, hat gestrichen) / **stornieren**	cancel a flight
Mein Flug wurde gestrichen / storniert.	My flight was cancelled.
e Besatzung, -en	crew
r **Pilot**, -en [pi'lo:t] // e **Pilotin**, -nen	pilot
Copilot, -en // e Copilotin, -nen	co-pilot
s Cockpit, -s ['kɔkpɪt]	cockpit
r **Flugbegleiter**, - // e **Flugbegleiterin**, -nen / r **Steward**, -s ['stju:ɐt] // e **Stewardess**, -en	flight attendant, steward // stewardess
s **Bodenpersonal** *Sg*	ground staff
e **Fluggesellschaft**, -en	airline
r ***Flughafen**, ⸚	airport
Ich hole Sie selbstverständlich am Flughafen ab.	Of course I'll meet you at the airport.
Ich bringe / fahre Sie zum Flughafen.	I'll take / drive you to the airport.
s Flughafenrestaurant, -s	airport restaurant
s ***Ticket**, -s / r Flugschein, -e	ticket
ein Ticket ***reservieren**	book a ticket
e **Reservierung**, -en	reservation
e Reservation, -en *schweiz.*	reservation
die Reservierung ***bestätigen**	confirm the reservation
einen Flug ***buchen**	book a flight
e **Buchung**, -en	booking
überbuchen	overbook

Meine Maschine war überbucht, deshalb musste ich später fliegen. | My plane was overbooked, so I had to take a later flight.
umbuchen | alter one's booking, change one's flight reservation
Die Umbuchungsgebühr beträgt 150 Euro. | The alteration charge is 150 euros.
r **Zoll** Sg | customs
e Zollkontrolle, -n | customs check
e Passkontrolle | passport control
e Sicherheitskontrolle | security check
e Gepäckkontrolle | luggage/baggage check
e Sauerstoffmaske, -n | oxygen mask
e Schwimmweste, -n | life-jacket
***starten** ↔ *****landen** | take-off ↔ land
r *****Start**, -s ↔ e **Landung**, -en | take-off ↔ landing
e Zwischenlandung | stopover
e Notlandung | emergency landing
e **Startbahn**, -en ↔ | runway
  e **Landebahn**, -en |
e **Flughöhe**, -n | flying altitude
e **Ansage** im Flugzeug | announcement on the plane
r **Jetlag** ['dʒetlɛk] | jet lag
Der Jetlag macht mir zu schaffen! | I have trouble with jet lag.
r **Fluglotse**, -n // e **Fluglotsin**, -nen | air-traffic controller
die Fluglotsen *****streiken** | the air-traffic controllers are on strike

e Luftfracht | air freight
e Flugzeugentführung, -en | hijacking
Ein Flugzeug wurde entführt. | A plane was hijacked.
r Entführer, - | hijacker
r Flugzeugabsturz, ⸚e | plane crash

Mit dem Schiff unterwegs
Travel by ship

s *****Meer**, -e / e *****See** Sg / r **Ozean**, -e | sea / sea / ocean
zur See fahren | be a seaman
auf hoher See | at sea, on the high seas
Das Meer ist ruhig ↔ aufgewühlt. | The sea is calm ↔ rough.
r *****See**, -n | lake
r *****Fluss**, ⸚e | river
r *****Strom**, ⸚e | river
r **Kanal**, ⸚e | canal
r *****Hafen**, ⸚ | harbour, port
anlegen ↔ **ablegen** | dock ↔ cast off, set sail
Wo legen wir als Nächstes an? | Where are we going to call next?

14

5

r Anker, -	anchor
ankern / vor Anker gehen	cast anchor
im Hafen vor Anker liegen	be at anchor in the harbour / port
s *Schiff, -e	ship
an Bord des Schiffes	on board the ship
s *Boot, -e	boat

Types of ships and boats

s Frachtschiff / r Frachter, -	freighter
s Passagierschiff	passenger ship
r Dampfer, -	steamer
s Kreuzschiff	cruise ship
r (Öl)Tanker, -	(oil) tanker
e Fähre, -n / e Autofähre, -n	ferry / car ferry
s Motorboot	motorboat
s Rettungsboot	lifeboat
s Ruderboot / s Paddelboot	rowing boat / canoe
s Kanu, -s	canoe
s Kajak, -s	kayak
s Schlauchboot	rubber / inflatable dinghy
s Tretboot	pedal-boat
s Segelboot	sailing boat
r Katamaran, -e	catamaran
e Jacht, -en	yacht
s Floß, ⸚e	raft

rudern / paddeln	row / paddle
s Ruder, - / s Paddel, -	oar / rudder / paddle
segeln	to sail
Gehen wir am Samstag segeln?	Shall we go sailing on Saturday?
e Regatta, Regatten	regatta, [sailing boat] race
e Schifffahrt	shipping
Der Rhein wurde wegen Hochwasser zwei Tage für die Schifffahrt gesperrt.	The Rhine was closed to shipping for two days because of the high water level.
e Seefahrt	sea travel, seafaring
e Reederei, -en	shipping line
r Reeder, -	shipowner
e Besatzung, -en / e Mannschaft, -en	crew
r Kapitän, -e [kapiˈtɛːn]	captain
r Matrose, -n / r Seemann, ⸚er	sailor
r *Passagier, -e [pasaˈʒiːɐ̯]	passenger
der blinde Passagier	stowaway
e Kajüte, -n	cabin
e Kreuzfahrt, -en	cruise
eine Kreuzfahrt machen	go on a cruise
e Jungfernfahrt	maiden voyage

eine Schiffsreise buchen	book a voyage
seekrank sein	be sea-sick
e Seekrankheit	sea-sickness
an Bord ↔ von Bord / an Land gehen (ging, ist gegangen)	go on board ↔ ashore
s **Backbord** ↔ s **Steuerbord**	port ↔ starboard
r **Bug**	bow
s **Heck**	stern
s **Deck** / s Vorderdeck / s Achterdeck / s Zwischendeck	deck / forward deck / afterdeck / quarterdeck
r ***Kurs**, -e	course, tack
den Kurs berechnen	calculate the course
den Kurs ändern	change course / tack
vom Kurs abkommen	go off course
r **Leuchtturm**, ⸚e	lighthouse
r Funker, -	radio operator
r Lotse, -n	pilot
e **Schleuse**, -n	lock
r **Pirat**, -en [pi'ra:t]	pirate
***sinken** (sank, ist gesunken)	sink
Die Titanic ist innerhalb von drei Stunden gesunken.	The Titanic sank in under three hours.
untergehen (ging unter, ist untergegangen)	go down, sink
kentern	capsize

Idiomatic expressions

*Mit dieser *Methode habe ich Schiffbruch erlitten.*	This method got me nowhere.
Wir sitzen doch alle im selben Boot.	We're all in the same boat.

15

Zeit, Raum, Menge
Time, space & quantity

Zeit
Time

e *Zeit, -en	time
viel ↔ wenig Zeit haben (für)	have a lot of ↔ little time (for)
Wir hatten eine schöne Zeit zusammen.	We had a nice time together.
zurzeit	at the moment
Es wird Zeit, dass wir uns mal wieder treffen!	It's time we met up again.
eine Zeit lang	for a time
*immer / *meistens / *manchmal / *selten / *nie	always / usually / sometimes / seldom / never
*ewig	for ever
*dauern	last, take [time]
Das dauert mir zu lang! ↔ Das war viel zu kurz!	This is taking too long. ↔ That was much too short.
Das dauert *bloß ein paar Minuten.	It takes only a few minutes.
e Dauer Sg	duration, length
e *Gegenwart / e *Vergangenheit / e *Zukunft	present / past / future
heute / *damals / in Zukunft	today / at that time, then / in (the) future
r *Augenblick, -e / r *Moment, -e	moment
Einen Augenblick bitte! / Einen Moment bitte!	Just a moment, please.
augenblicklich / momentan	at the moment
e Stunde, -n	hour
Die Züge von Bern nach Zürich verkehren stündlich.	The trains from Berne to Zurich go every hour. / There are hourly trains …
e halbe Stunde / e *Viertelstunde / e Dreiviertelstunde	half / quarter / three quarters of an hour
Treffen wir uns in einer halben Stunde bei mir?	Shall we meet in half an hour at my place?
e Minute, -n	minute
Warte bitte hier, ich bin in ein paar Minuten zurück.	Wait here, please, I'll be back in a couple of minutes.
e Sekunde, -n	second
Er gewann das Rennen mit drei hundertstel Sekunden Vorsprung.	He won the race by three hundredths of a second.
Meine Uhr geht auf die Sekunde genau.	My watch keeps perfect time / is accurate to the second.
e *Uhr, -en	clock, watch

Clocks

e Armbanduhr	watch
e Taschenuhr	pocket watch
e Bahnhofsuhr	station clock
e Digitaluhr	digital clock / watch
e Funkuhr	radio-controlled clock
e Eieruhr	egg-timer
e Sonnenuhr	sundial
e Sanduhr	hour glass

*spät — late
Es ist schon spät. Wir müssen gehen. — It's late. We must go.
zu spät ↔ *pünktlich sein — be (too) late ↔ be punctual / on time

Immer kommt er zu spät! ↔ Heute ist er mal pünktlich. — He's always late. ↔ He's on time for once today.
r *Tag, -e — day
Ich bin ***tagsüber** unter folgender Telefonnummer zu erreichen: … — During the day I can be reached at the following phone number …
*täglich — daily
e **Tageszeit, -en** — time of day
r ***Morgen** / r ***Vormittag** / r ***Mittag** / r ***Nachmittag** / r ***Abend** / e ***Nacht** — morning / morning / midday, middle of the day, lunchtime / afternoon / evening / night

*am Morgen / in der Früh *österr.* — in the morning
Am Dienstagmorgen haben wir eine Besprechung. — We have a meeting on Tuesday morning.
*Morgens trinke ich Kaffee und ***nachmittags** immer Tee. — In the morning(s) I drink coffee, and in the afternoon(s) I always drink tea.

Immer muss er seine Musik so laut stellen, sogar ***in der Nacht**! — He always has to have his music on loud, even at night.
*um Mitternacht — at midnight
r ***Werktag, -e** — work day, working day
*Werktags ist das Parken hier verboten! — Parking is prohibited here on workdays.

r ***Wochentag, -e** — weekday
*wochentags — on weekdays
r ***Montag** / ***Dienstag** / ***Mittwoch** / ***Donnerstag** / ***Freitag** / ***Samstag**, ***Sonnabend** / ***Sonntag** — Monday / Tuesday / Wednesday / Thursday / Friday / Saturday / Sunday
Am Freitag ist bei uns schon um 13 Uhr Feierabend. — On Friday(s) work finishes at 1pm.
Freitags arbeite ich sowieso nie. — I never work on Fridays anyway.
e ***Woche, -n** — week
Unser wöchentliches Meeting wurde auf Donnerstag verschoben. — Our weekly meeting was postponed till Thursday.

s *W**o**chenende, -n	weekend
r *M**o**nat, -e	month
mo**natlich**	monthly

Months

r *J**a**nuar	January
r *F**e**bruar	February
r *März	March
r *Apr**i**l	April
r *M**ai**	May
r *J**u**ni	June
r *J**u**li	July
r *August	August
r *Sept**e**mber	September
r *Okt**o**ber	October
r *Nov**e**mber	November
r *Dez**e**mber	December

I̱m J̱anuar waren wir eine Woche in den Alpen zum Schi fahren. — In January we were in the Alps for a week's skiing.

s *J**a**hr, -e — year

jährlich — yearly, annual

e *J**a**hreszeit, -en — season

r *Fr**ü**hling, -e / r *S**o**mmer, - / r *H**e**rbst, -e / r *W**i**nter, - — spring / summer / autumn/fall / winter

I̱m Fṟühling fahren wir nach Italien. — We're going to Italy in (the) spring.

s *N**eu**jahr — New Year

an *Silv**e**ster / am **31.12.** — on New Year's Eve / on 31.12.

s *D**a**tum, (Daten) — date

Ạm 9.11.1989 ist die Mauer gefallen. — The Wall came down on 9.11.1989.

s Geburtsdatum — date of birth

r *Kal**e**nder, - — calendar

Wạnn sind Sie geboren? — When were you born?

Wi̱e *ḻang(e) wartest du schon? — How long have you been waiting?

*t**a**gelang / *w**o**chenlang / *st**u**ndenlang — (lasting) for days / weeks / hours

Wi̱e *ọft treiben Sie Sport pro Woche? — How often / How many times a week do you do sport?

*ạnfangen (fängt an, fing an, hat angefangen) / *beg**i**nnen (begann, hat begonnen) ↔ *a̱ufhören / be**e**nden — start / begin ↔ stop / finish

Die Sitzung ist damit beendet.   That closes the meeting.
r *Anfang, =e / r Beginn ↔ s *Ende /   start / beginning ↔ end
   r *Schluss
am Anfang / zu Beginn ↔   at the beginning ↔ at the end
   am Ende / zum Schluss

Temporal order

Adverbs

*anfangs	at the beginning
*zuerst	at first
*bisher	so far
*dann	then
danach	after that
daraufhin	whereupon
*sofort	at once
später	later
*schließlich	finally
*vorhin	a little while ago
*vorher	beforehand
*nachhher	afterwards
*gleichzeitig	at the same time
*inzwischen / unterdessen schweiz.	in the meantime
nacheinander	consecutively
währenddessen	meanwhile
*allmählich	gradually
*plötzlich	sudden(ly)
*zuletzt	last (of all)
*hinterher	afterwards

Conjunctions

*während	while
*bevor	before
*nachdem	after
*sobald	as soon as
*solange	as long as
*seit	since
*seitdem	since
*bis	until

Prepositions

während	during
*vor	before
*nach	after
seit	since, for
bis	until

Ich habe das **anfangs** nicht verstanden, aber jetzt ist mir alles klar.

At the beginning I didn't understand, but now everything is clear to me.

Zuerst muss ich einkaufen gehen, **dann/danach** können wir kochen.

First I have to go shopping, then / after that we can cook.

Bevor wir kochen, muss ich noch einkaufen gehen.

Before we cook, I have to go shopping.

Wir essen gleich, aber **vorher** muss ich noch kurz telefonieren.

We'll be eating in a minute, but before that I have to make a short phone call.

Wasch dir bitte **vor** dem Essen die Hände.

Please wash your hands before the meal.

Frequency adverbs

*immer	always
*jedes Mal	every time
*gewöhnlich	usually
*dauernd	constantly, continuously
*oft	often
*häufig	frequently, often
*meistens	usually
*manchmal	sometimes
ab und zu	now and then
*selten	rarely, seldom
*nie(mals)	never

Ich habe **dauernd** versucht, ihn zu erreichen, aber er ist **nie** zu Hause.

I've been constantly trying to get hold of him, but he's never at home.

Gewöhnlich arbeitet er bis ca. 19 Uhr, aber **häufig / oft** auch länger.

He usually works till 7pm, but often it's later.

Ich habe ihn erst ***kürzlich** getroffen.

I met him only recently.

Kommst du heute Abend mit? – Nein, **dieses *Mal** hab ich leider keine Zeit.

Are you coming with us this evening? – No, I'm afraid I have no time this time.

Haben Sie Frau Schmid erreicht? – Nein, **bisher** nicht, aber ich probiere es in einer Stunde ***wieder**.

Have you got hold of Frau Schmid? – No, not yet, but I'll try again in an hour.

*heute	today
*gestern ↔ *morgen	yesterday ↔ tomorrow
*vorgestern ↔ *übermorgen	the day before yesterday ↔ the day after tomorrow
vor einer Woche ↔ in einer Woche	a week ago ↔ in a week's time
vorige / letzte Woche ↔ nächste / kommende Woche	last week ↔ next week
in zwei Wochen / in vierzehn Tagen	in two weeks' time / a fortnight

heute in einer Woche	a week today
in dieser Woche	this week
diesen Monat	this month
dieses Jahr / heuer österr.	this year
im nächsten Quartal	in the next quarter
vierteljährlich / halbjährlich	quarterly / half-yearly

Raum
Space

r *Raum, ⸚e	space
räumlich	spatial
e räumliche Vorstellung	three-dimensional image [in one's head]
e Dimension, -en	dimension
e Länge / e Breite / e Höhe / e Tiefe	length / breadth / height / depth
horizontal ↔ vertikal	horizontal ↔ vertical
*senkrecht ↔ *waag(e)recht	horizontal ↔ vertical
e *Fläche, -n	area, surface
s Dreieck, -e	triangle
s Quadrat, -e / s Rechteck, -e / s Viereck, -e	square / rectangle / square
r Winkel, -	angle
ein spitzer / stumpfer Winkel	an acute / obtuse angle
r *Kreis, -e	circle
e *Linie, -n	line
*gerade ↔ krumm / *schief	straight ↔ bent, crooked
eine gerade Linie ziehen	draw a straight line
Das Bild hängt schief. Häng es bitte gerade.	The picture's crooked. Hang it up straight, please.
*groß (größer, größt-) ↔ *klein	big, large, tall ↔ small, little
*hoch (höher, höchst-) ↔ *niedrig	high ↔ low
ein hohes ↔ niedriges Zimmer	a room with a high ↔ low ceiling
*hoch ↔ *tief	high, tall ↔ low, deep
r höchste ↔ tiefste Punkt	highest ↔ lowest point
*lang (länger, längst-) ↔ *kurz (kürzer, kürzest-)	long ↔ short
eine lange ↔ kurze Strecke	a long ↔ short distance
*breit ↔ *eng / *schmal	broad, wide ↔ narrow
eine breite ↔ enge / schmale Straße	a wide ↔ narrow road
*dünn ↔ *dick	thin ↔ thick
eine dünne ↔ dicke Wand	a thin ↔ thick wall
sich befinden (befand, hat befunden)	be (located, situated)
Wir befinden uns jetzt im 28. Stock.	We are now on / at the 28th floor.

*gegenüber / vis-à-vis *schweiz.*
opposite

Die Post befindet sich gegenüber vom Bahnhof.
The post office is (situated) opposite the station.

*liegen (lag, ist / hat gelegen)
be (situated, located)

Meine Wohnung liegt im 4. Stock.
My flat is on the 4th floor.

e *Lage, -n
position, location

ein Haus in guter Lage
a house in a good location

---

stehen – be, stand
(stand, ist / hat gestanden)
Die Vase steht dort auf dem Tisch.
The vase is (standing) on that table.

stellen – put

Hast du sie dorthin gestellt?
Did you put it there?

liegen – be, lie
(lag, ist/hat gelegen)
Als ich nach Hause kam, hat sie schon im Bett gelegen.
When I came home, she was already (lying) in bed.

legen – lay

Er hat seine Brille auf den Nachttisch gelegt.
He has laid his glasses on the bedside table.

hängen – hang, be hanging
(hing, ist / hat gehangen)
Das Plakat hat doch gestern noch hier gehangen!
The poster was still hanging here yesterday.

hängen – hang

Wohin habt ihr es gehängt?

Where have you hung it?

---

*wo? / *wohin? / *woher?
where? / where to? / where from?

Peter ist *hier bei uns.
Peter is here with us.

Deine Brille liegt *da / *dort.
Your glasses are there.

Stellen Sie die Flaschen bitte *dorthin.
Please put the bottles over there.

Wo warst du? Ich habe dich *überall gesucht und *nirgends gesehen.
Where were you? I looked for you everywhere, but you were nowhere to be seen.

*vorn ↔ *hinten
at the front ↔ at the back

Hast du meine Schlüssel gesehen? – Ja, sie liegen da **vorn** auf der Kommode / dort **hinten** am Fensterbrett.
Have you seen my keys? – Yes, they're over there [relatively close] on the chest of drawers / over there [further away] on the window sill.

Stell bitte die Vase **in die** *Mitte vom Tisch.
Please put the vase in the middle of the table.

Wir wohnen *mitten in der Stadt.
We live right in the middle of town.

Daniel ist *drüben bei den Nachbarn.
Daniel is over at the neighbours'.

Ich geh nur schnell in die Bäckerei *nebenan.
I'm just nipping next door to the baker's.

Diese Fahrkarte gilt nur *innerhalb der
  Stadt nicht *außerhalb.
This ticket is valid only inside the
  city, not outside.

Ihr könnt heute nicht *draußen spielen,
  es regnet. Bleibt bitte *drinnen.
You can't play outdoors today, it's
  raining. Please stay indoors.

e *Entfernung, -en / e Distanz, -en — distance

*von Bern *nach Zürich — from Berne to Zurich

eine lange ↔ kurze Strecke — a long ↔ short distance

Wie weit ist Linz von Salzburg
  *entfernt?
How far away from Salzburg is
  Linz?

Das ist sehr *weit. ↔ Das ist ganz *nah
  (näher, nächst).
It's very far. ↔ It's quite close / nearby.

in der *Nähe ↔ in der Ferne — nearby ↔ far away

*sich nähern — approach / get closer

Wann fahrt ihr *weg / *fort? — When are you going away?

Darüber können wir *unterwegs noch
  sprechen.
We can talk about that on the
  way.

e *Richtung, -en — direction

*abbiegen (bog ab, ist abgebogen) — turn off

(nach) *rechts ↔ (nach) *links fahren — turn right ↔ left

*geradeaus fahren — go straight on

*vorwärts ↔ *rückwärts fahren — go forwards ↔ backwards

nach *Norden / *Süden / *Osten /
  *Westen
north / south / east / west

*umdrehen — turn round

die Straße *überqueren — cross the road

Wir sind lange am Fluss *entlang
  spazieren gegangen.
We went for a long walk along the
  river.

*direkt / auf direktem *Weg nach
  Hause fahren
go straight home

aufsteigen ↔ absteigen (stieg ab, ist
  abgestiegen)
climb up ↔ down

Wie lange dauert der Aufstieg ↔
  Abstieg?
How long does the climb up ↔
  down take?

Fährt der Lift nach *oben / *aufwärts ↔
  nach *unten / *abwärts?
Is the lift going up / upwards ↔
  down / downwards?

*steil ↔ *flach — steep ↔ flat

eine steile Skiabfahrt — a steep skiing slope

Menge
Quantity

e *Menge, -n — amount, quantity

r *Teil, -e ↔ s Ganze — part ↔ whole

e Teilmenge — subset

*teilen — divide

Ich habe das *ganz ↔ nur *teilweise /
*überhaupt *nicht verstanden.

I've completely ↔ partly
understood / I haven't
understood at all.

s *Stück, -e

piece, bit

e *Portion, -en [pɔr'tsjo:n]

portion

portionieren

divide into portions

Wie viele Stück Kuchen hast du
gegessen? – Nicht so viele wie du
denkst.

How many pieces of cake have
you eaten? – Not as many as you
think.

*wenig, wenige ↔ *viel, viele

little, few ↔ much, many

ein *bisschen / ein wenig ↔ viel
(mehr, meist-)

a little ↔ a lot

Viele ↔ Nur wenige Leute sind
gekommen.

Many / A lot of people ↔ Only a
few people came.

*am meisten

most

Sie könnten *wenigstens ein bisschen
mehr zahlen.

They could at least pay a bit more.

Ich habe *mindestens eine halbe Stunde
auf dich gewartet. – Nein, das waren
*höchstens zwanzig Minuten.

I've been waiting for you for at
least half an hour. – No, it was
20 minutes at the most.

*hoch (höher, höchst-) ↔ *niedrig /
*gering

high ↔ low

eine hohe ↔ niedrige Miete

a high ↔ low rent

Die Firma hatte dadurch hohe ↔ nur
geringe Mehrkosten.

The company incurred high ↔
only minor additional costs.

*abnehmen ↔ *zunehmen (nahm zu,
hat zugenommen)

increase ↔ decrease

Die Zahl der Unfälle hat im letzten Jahr
abgenommen ↔ zugenommen.

The number of accidents
decreased ↔ increased last year.

eine Zunahme von *durchschnittlich
fünf Prozent

an average increase of / an increase
of on average five per cent

die Steuern *erhöhen ↔ senken

raise ↔ lower taxes

Das ist *genug.

It's enough / sufficient.

*Insgesamt haben wir ein Plus von 12%
zu verzeichnen.

Altogether / Overall we have made
a surplus of 12%.

Unsere Partei hat die absolute Mehrheit
nur *knapp verfehlt.

Our party only narrowly missed
the absolute majority.

r *Rest, -e

rest, remainder

e restliche / *übrige Zeit

remaining time

Das dauert *einige Zeit.

That will take some time.

Ich habe mir schon *ein paar Notizen
gemacht.

I've made a few notes.

*einzeln

single, individual

jeder *Einzelne von uns

every single one of us

Wir *beide schaffen das schon.

We'll make it, the two / both of us
together.

e *Zahl, -en

number

*zählen

count

Am Wochenende kam es zu **zahlreichen** Unfällen auf den Straßen.

At the weekend there was a large number of accidents on the road.

e ***Nummer**, -n
number

*halb / ***doppelt** / ***dreifach** / ***vierfach** …
half / double / three times / four times …

e ***Hälfte**, -n / ein Drittel, - / ein Viertel, -
half / a third / a quarter

e ***Reihenfolge**, -n
order, sequence

Das ***nächste** Mal mache ich das nicht mehr so.
I won't do it this way again next time.

Letztes Mal konnte ich leider nicht kommen, aber diesmal klappt es bestimmt.
I'm sorry I couldn't come last time, but I'm sure it'll work out all right this time.

Der **Letzte** soll bitte abschließen.
The last one should lock up.

Numbers

Kardinalzahlen – Cardinal numbers

null – nought, zero, nil

eins – one	*einundzwanzig* – twenty-one
zwei – two	*zweiundzwanzig* – twenty-two
drei – three	*dreißig* – thirty
vier – four	*vierzig* – forty
fünf – five	*fünfzig* – fifty
sechs – six	*sechzig* – sixty
sieben – seven	*siebzig* – seventy
acht – eight	*achtzig* – eighty
neun – nine	*neunzig* – ninety
zehn – ten	*(ein)hundert* – (a / one) hundred
elf – eleven	*(ein)hundert(und)eins* – (a / one) hundred and one
zwölf – twelve	
dreizehn – thirteen	*(ein)hundertzehn* – (a / one) hundred and ten
vierzehn – fourteen	
fünfzehn – fifteen	*zweihundert* – two hundred
sechzehn – sixteen	*(ein)tausend* – (a / one) thousand
siebzehn – seventeen	*zweitausend* – two thousand
achtzehn – eighteen	*eine Million* – a million
neunzehn – nineteen	*zwei Millionen* – two million
zwanzig – twenty	*eine Milliarde* – a billion
	zwei Milliarden – two billion

Ordinalzahlen – Ordinal numbers

-te	*-ste*
der / die / das erste – the first	*zwanzigste* – twentieth
zweite – second	*einundzwanzigste* – twenty-first
dritte – third	*hundertste* – hundredth
vierte – fourth	*hunderterste* – hundred and first
fünfte – fifth	*tausendste* – thousandth
sechste – sixth	*tausenderste* – thousand and first
siebte – seventh	
achte – eighth	
neunte – ninth	
zehnte – tenth	
elfte – eleventh	

***messen** (misst, maß, hat gemessen)	to measure
*exakt ↔ *ungefähr	exact, precise ↔ approximate, rough / inexact, imprecise
*genau ↔ *ungenau	exact, precise ↔ inexact, imprecise
s *Maß, -e	measure(ment)
r Millimeter, - (mm) / r *Zentimeter (cm) / r *Meter (m) / r *Kilometer (km)	millimeter / centimetre / metre / kilometre
r *Quadratmeter (m²)	square metre
s *Gewicht, -e	weight
s *Gramm / s Pfund / s *Kilo / s *Kilogramm (kg)	gramme / pound / kilo
r Zentner / r Doppelzentner	metric hundredweight / 100 kilograms
s Dekagramm, -e / s Deka, - *österr.* (dag)	10 Gramm
r *Liter (l) / r *Deziliter (dl)	litre / decilitre

16

Stadt und Land
Town and country

e *Stadt, ⸚e	town, city
München ist die **drittgrößte** Stadt Deutschlands.	Munich is the third-largest city in Germany.
*dicht ↔ *dünn besiedelt	densely ↔ sparsely populated
e *Hauptstadt / e Landeshauptstadt	capital / state capital
e Metropole, -n	metropolis
e *Großstadt ↔ e Kleinstadt / e Provinz *Sg*	city ↔ small town / provinces
s *Dorf, ⸚er	village
e Industriestadt	industrial town/city
e Trabantenstadt / e Vorstadt	satellite town / suburb(s)
*wohnen / *leben	live
r *Bewohner, - // e Bewohnerin, -nen	resident
r *Einwohner, - // e Einwohnerin, -nen	inhabitant
Wie viele Einwohner hat Salzburg?	What's the population of Salzburg?
e Stadtbevölkerung ↔ e Landbevölkerung	city ↔ rural / country population
r / e Ortsansässige, -n ↔ r / e Zugereiste, -n / r / e Zugezogene, -n	local ↔ newcomer
e *Innenstadt, ⸚e / s *Zentrum, Zentren / s Stadtzentrum	town/city centre / centre / town/city centre
*zentral gelegen	(in a) central (location)
s Stadtviertel, - / r Stadtteil, -e	district, part of the town/city
s Bankenviertel	banking district
e Siedlung, -en	estate
e Arbeitersiedlung	worker's housing estate
r Wohnblock, ⸚e	block of flats
r Stadtrand / e Peripherie	outskirts / periphery
Wir wohnen in der Innenstadt ↔ am Stadtrand.	We live in the centre (of town / of the city) ↔ on the outskirts.
e *Umgebung, -en	surroundings, neighbourhood, surrounding area
im Großraum Frankfurt	in the Greater Frankfurt area
r Landkreis, -e	administrative district
r Bezirk, -e *schweiz.*	administrative district
r *Vorort, -e	suburbs
e Stadtgrenze, -n	town/city boundary / limits
Er wohnt *innerhalb ↔ *außerhalb / jenseits der Stadtgrenze.	He lives within ↔ outside / beyond the city limits.
e Stadtverwaltung, -en	town/city council
s *Rathaus, ⸚er	town/city hall

r *Bürgermeister, - //	mayor
e *Bürgermeisterin, -nen	
r Stadtrat, ⸚e	town/city council(lor)
e Stadtplanung	town/city planning
e Behörde, -n / s *Amt, ⸚er	authority, department, council offices / office, department
s Kreisverwaltungsamt / -referat	offices of the district administration
e Bezirkshauptmannschaft, -en *österr.*	offices of the district administration
e Gemeinde, -n	community, local authority
e *Abteilung, -en	department
r *Antrag, ⸚e / s *Formular, -e	application / form
Bitte den Antrag *ausfüllen.	Please fill in the application.
e Bescheinigung, -en beilegen	enclose certification
e Urkunde, -n	document, certificate
e Geburtsurkunde / e Heiratsurkunde	birth / marriage certificate
einen Antrag *stellen	make an application
einen Antrag *genehmigen ↔ *ablehnen	approve ↔ reject an application
eine Aufenthaltserlaubnis *beantragen / *verlängern	apply for / extend a residence permit
e *Vorschrift, -en	regulation
sich nach den Vorschriften richten	follow the rules
r (endgültige) *Bescheid / s amtliche Schreiben	(final) answer, reply, decision / official letter
r Städteplaner, - //	town/city planner
e Städteplanerin, -nen	
e Infrastruktur ['ɪnfraʃtrʊktuːɐ]	infrastructure
*entstehen (entstand, ist entstanden)	emerge / be built / be created
An der Stadtgrenze ist ein neuer Stadtteil entstanden.	A new suburb has been built on the edge of town.
*städtisch	urban, municipal
örtlich / lokal	local
kulturelle / soziale Einrichtungen	cultural facilities / public amenities
e Sanierung der Altstadt	redevelopment of the old town/city

Auf dem Land
In the country

in der *Stadt ↔ auf dem *Land	in the city ↔ in the country
e *Landschaft, -en	countryside
eine landschaftlich schöne Gegend	a scenic area
r Hügel, -	hill

r *Berg, -e	mountain
eine hügelige / gebirgige Gegend	a hilly / mountainous region
s *Gebirge, -	mountains, mountain range
Im Urlaub fahren wir wieder ins Gebirge / in die Berge.	We're going to the mountains again for our holiday.
am Gipfel des Berges	at the summit of the mountain
Vom Gipfel aus hat man eine tolle *Aussicht.	There's a fantastic view from the summit.
r Felsen, -	rock
Auf dieser Seite der Insel ist es sehr felsig.	It's very rocky on this side of the island.
e Schlucht, -en	gorge, ravine
e Höhle, -n	cave
s *Tal, ⸚er	valley
e Ebene, -n / s Flachland	plain
e Hochebene	plateau
s Moor, -e / r Sumpf, ⸚e	bog, marsh / marsh, swamp
s Hochmoor	moor
e Heide	heath, moor
r *Wald, ⸚er	wood, forest
ein dichter Wald	a dense forest
r Regenwald, ⸚er	rainforest
r Urwald, ⸚er / r Dschungel	primeval forest, jungle / jungle
im Wald *spazieren gehen (ging, ist gegangen)	go for a walk in the woods
r *Baum, ⸚e	tree
r Strauch, ⸚er	shrub, bush
s Gebüsch Sg	bushes, undergrowth

Er sieht den Wald vor lauter Bäumen nicht.	He cannot see the wood for the trees.

e Lichtung	clearing
e *Wiese, -n	field, meadow
r *Garten, ⸚	garden
r Gemüsegarten / r Obstgarten	vegetable / fruit garden
der Garten vor / hinter dem Haus	the front / back garden
Sie arbeitet gern im Garten.	She likes working in the garden.
r Weinberg, -e	vineyard
An der Mosel gibt es viele Weinberge.	There are lots of vineyards on the Moselle.
r *Park, -s / e Grünanlage, -n	park / green space
r Nationalpark	national park
s Naturschutzgebiet, -e	nature reserve

Landwirtschaft
Agriculture

e *Landwirtschaft	agriculture
ein landwirtschaftlicher Betrieb	a farm
landwirtschaftliche Erzeugnisse / Produkte	farm products / agricultural produce
r *Bauer, -n // e Bäuerin, -nen / r Landwirt, -e // e Landwirtin, -nen	farmer
s Bauernhaus, ⸚er	farmhouse
r Stall, ⸚e	stable, cowshed, [chicken-]coop, [pig]sty
r Landarbeiter, - // e Landarbeiterin, -nen	farm hand/labourer, farmworker
s *Feld, -er / r Acker, ⸚	field
auf dem Feld arbeiten	work in the field(s)
e Weide, -n	pasture
Im Sommer sind die Kühe den ganzen Tag auf der Weide.	In the summer the cows are outside all day.
e *Erde / r *Boden, ⸚ / s Ackerland	earth / soil / arable land
Der Boden ist zu trocken.	The soil is too dry.
fruchtbares Ackerland	fertile arable land
e Saat	seed
säen	sow
bewässern	to water
anbauen	grow
Weizen anbauen	grow wheat
In dieser Gegend wird viel Spargel angebaut.	This is an asparagus-growing area.
s Stroh	straw
s *Korn, ⸚er	seed, grain, corn
s *Getreide	grain, corn

Varieties of grain

r Weizen	wheat
r Roggen	rye
r Hafer	oats
e Gerste	barley

e *Ernte, -n	harvest, crop
Dieses Jahr hatten wir eine gute Ernte.	This year we had a good harvest / crop.
r Erntehelfer, -	person helping with the harvest
s Erntedankfest	harvest festival
ernten	to harvest
das *Gras mähen	mow the grass
das Heu wenden / einfahren	turn / bring in the hay
r Heuschober, -	haystack

s Silo, -s	silo
e *Pflanze, -n	plant
anpflanzen	to plant
r Dünger / s Düngemittel, - / r Mist	fertilizer, manure / fertilizer /manure
r Kunstdünger	artificial fertilizer
düngen	fertilize
s Pestizid, -e [pɛsti'tsi:t]	pesticide
s Insektizid, -e [ɪnzɛkti'tsi:t]	insecticide
s Herbizid, -e [hɛrbi'tsi:t] /	herbicide / weedkiller
s Unkrautvernichtungsmittel, -	
s Unkraut	weed
r Traktor, -en ['trakto:ɐ̯]	tractor
r Mähdrescher, -	combine harvester
r Pflug, ‑̈e	plough
pflügen	to plough
r Schuppen, -	shed
e Tierzucht / e Viehzucht	livestock breeding / cattle breeding
Rinder / Schweine züchten	breed cattle / pigs
e Geflügelzucht	poultry farming
e Massentierhaltung	intensive livestock farming
e Freilandhaltung	(cattle / pig / …) farming outdoors
e artgerechte Tierhaltung	keeping animals in a near-natural environment
r Kuhstall / Schweinestall / Hühnerstall	cowshed / pigsty / chicken-coop
eine Kuh melken	milk a cow

Animals on a farm

e Kuh, ‑̈e	cow
s Rind, -er	cow, bull, bullock
r Ochse, -n	ox
s Schwein, -e	pig
s Kalb, ‑̈er	calf
s *Huhn, ‑̈er	chicken
s Schaf, -e	sheep
s Pferd, -e	horse

frei laufende Hühner	free-range hens
Eier von frei laufenden Hühnern	free-range eggs
s Futter / s Viehfutter	fodder / cattle feed
die Tiere füttern	feed the animals

Das ist wie eine Stecknadel im Heuhaufen suchen.	It's like looking for a needle in a haystack.
Er isst wie ein Scheunendrescher.	He eats like a horse.
Zäum nicht immer das Pferd von hinten auf!	Don't put the cart before the horse.
Er ist das schwarze Schaf der Familie.	He's the black sheep of the family.

s *Tier, -e	animal
s Tierheim, -e	animal home
e Tierhandlung, -en	pet shop
r Tierhalter, - // e Tierhalterin, -nen	owner of an animal
zahm ↔ wild [vɪlt]	tame ↔ wild
e Bestie, -n	beast
heimische Tiere	indigenous animals
s Haustier, -e	pet
sich ein Haustier anschaffen	buy a pet
ein Haustier halten	keep a pet
Das Halten von Tieren ist in diesem Haus verboten.	The keeping of pets in this building is forbidden.

Pets

r Hund, -e (r Schäferhund, r Dackel, r Terrier, r Pudel, r Bernhadiner, r Boxer)	dog (German shepherd, dachshund, terrier, poodle, St. Bernard, boxer)
e Katze, -n (e Siamkatze)	cat (Siamese cat)
r *Vogel, ⸚ (r Kanarienvogel, r Papagei, r Wellensittich)	bird (canary, parrot, budgerigar)
s Kaninchen, -	rabbit
r Hase, -n	rabbit
r Hamster, -	hamster
s Meerschweinchen, -	guinea pig
e *Maus, ⸚e	mouse
r *Fisch, -e	fish

e *Katze, -n // r Kater, -	cat / tomcat
r *Hund, -e // e Hündin, -nen	dog / bitch
r Rüde, -n // s Weibchen, -	dog / bitch
r Welpe, -n	puppy
kraulen / streicheln	tickle, scratch / stroke
r Hundebesitzer, - // e Hundebesitzerin, -nen	dog owner
Welche Rasse ist das denn?	What breed is that?
ein reinrassiger Hund ↔ r Mischling	a pure-bred dog ↔ mongrel
r Schoßhund, -e	lapdog
r Blindenhund / r Wachhund	guide dog / guard dog
r Hundekorb, ⸚e / e Hundehütte, -n	dog basket / kennel
bellen	to bark
beißen (biss, hat gebissen)	to bite
mit dem Schwanz wedeln	wag its tail

e Schnauze, -n	snout, nose
s Maul, ⸚er	mouth
r Schnabel, ⸚	beak
s Fell	fur
e Feder, -n / s Federkleid	feather / plumage
s Hundehaar, -e	dog hair
r Schwanz	tail
e Zitze, -n	teat
e Pfote, -n	paw
r Flügel, -	wing
e Kralle, -n	claw
r Huf, -e	hoof
s Geweih, -e	antlers

r **Geruch** / r **Gestank** — smell / stench
***riechen** (roch, hat gerochen) — to smell
***stinken** (stank, hat gestunken) — to stink
Hunde müssen leider draußen bleiben. — Dogs must be left outside.
e **Leine** / e Hundeleine — lead / dog lead
Hunde bitte an die Leine! / Nehmen Sie bitte Ihren Hund an die Leine. — Please keep / put your dog on the lead.
Legen Sie Ihren Hund bitte an die Kette. — Please chain your dog up.
***Achtung bissiger Hund!** — Beware of the dog.
r bissige / scharfe Hund — vicious / ferocious dog
r **Kampfhund**, -e — fighting dog
Für Kampfhunde herrscht Maulkorbpflicht und Leinenzwang. — Fighting dogs must be kept muzzled and on the leash.
s **Halsband**, ⸚er — collar
e Hundemarke, -n — dog tag
e Hundesteuer — dog tax
Gassi gehen / den Hund ausführen — go walkies / take the dog out
s Herrchen, - // s Frauchen, - — master / mistress
s Herrl / s Frauerl österr. — master / mistress
r Hundesalon — dog parlour

Er ist ein armer Hund! — He's a poor devil / sod.
Das ist aber ein dicker Hund! — That's a bit thick.
Sie sind wie Hund und Katz'. — They're always at each other's throats.

Er ist bekannt wie ein bunter Hund. — He's known far and wide.
Da liegt der Hund begraben. — That's what's behind it / the crux.

Ich bin hundemüde! — I'm dog-tired!
Katzenwäsche machen — give a lick and a promise
die Katze im Sack kaufen — buy a pig in a poke

s **Futter** / s Hundefutter / s Katzenfutter	food / dog food / cat food
s Trockenfutter	dry fodder
füttern	to feed
r **Käfig**, -e / r Vogelkäfig	cage / birdcage
s Katzenklo / s Katzenstreu	cat's (litter) tray
s **Ungeziefer** / r Schädling, -e	vermin / pest

Vermin and pests affecting buildings and people

e Ratte, -n	rat
e Maus, ⁼e	mouse
e Kakerlake, -n / e Schabe, -n	cockroach / roach
s Silberfischchen, -	silverfish
e Motte, -n	moth
e Laus, ⁼e	louse
r Floh, ⁼e	flea
e Wanze, -n	bug
e Zecke, -n	tick
r Bandwurm, ⁼er	tapeworm

r **Tierschützer**, - // e **Tierschützerin**, -nen	animal conservationist
r Tierschutzverein, -e	society for the prevention of cruelty to animals
s Versuchstier, -e	laboratory animals
r Tierfreund, -e	animal lover
e **Tierquälerei**, -en	cruelty to animals
e **Tiermedizin**	veterinary medicine
e Tierklinik, -en	veterinary clinic
r **Tierarzt**, ⁼e // e **Tierärztin**, -nen / r Veterinär, -e // e Veterinärin, -nen	vet
Wir müssen den Hund leider einschläfern lassen.	I'm afraid we have to have the dog put to sleep.
r Tierfriedhof	animal cemetry
e **Zoologie** [tsoolo'gi:] / e **Tierkunde**	zoology
e Fauna	fauna
s Tierreich	animal kingdom
e **Tierart**, -en	species of animal
s **Säugetier**, -e	mammal
r Schmarotzer, - / r Parasit, -en	parasite

Indigenous small animals

r Wurm, ⁼er	worm
s Insekt, -en	insect
e Fliege, -n	fly
e Mücke, -n / e Gelse, -n österr.	midge

e Wespe, -n	wasp
e Biene, -n / e Honigbiene	bee / honey bee
r Schmetterling, -e	butterfly
r Käfer, - / r Marienkäfer / r Maikäfer	beetle / ladybird / May/June bug
e Ameise, -n	ant
e Schnecke, -n	snail
r Maulwurf, ⁔e	mole
e Schlange, -n	snake
e Spinne, -n	spider
s Spinnennetz, -e	spider's web
s Eichhörnchen, -	squirrel
r Vogel, ⁔	bird
r Frosch, ⁔e	frog
e Kröte, -n	toad
r Fisch, -e	fish
r Hering, -e	herring
e Forelle, -n	trout
r Flusskrebs, -e	crayfish
r Karpfen, -	carp

stechen (sticht, stach, hat gestochen)	to sting, bite
r **Stich**, -e / r Wespenstich	bite, sting / wasp sting
Beweg dich nicht, auf deinem Kopf sitzt ein Wespe.	Don't move, there's a wasp on your head.
Hast du ein Mückenspray für mich?	Have you got any midge repellent for me?
Schau mal, ein Schmetterling!	Look, a butterfly!
Gibt es hier giftige Schlangen?	Are there poisonous snakes here?
Achtung Krötenwanderung.	Watch out for toads.
r Angler, - // e Anglerin, -nen	angler
r Fischer, - // e Fischerin, -nen	fisherman // fisherwoman

Indigenous birds

r Singvogel	songbird
r Zugvogel	migratory bird
e Amsel, -n	blackbird
e Meise, -n	tit
r Star, -en	starling
r Spatz, -en	sparrow
e Schwalbe, -n	swallow
e Taube, -n	dove, pigeon
e Möwe, -n	seagull
e Krähe, -n	crow
r Rabe, -n	raven
e Elster, -n	magpie
r Specht, -e	woodpecker

e Eule, -n	owl
r Uhu, -s	owl
r Schwan, ⁼e	swan
e Ente, -n	duck
e Gans, ⁼e	goose
r Storch, ⁼e	stork

r Ornithologe, -n [ɔrnito'lo:gə] //
  e Ornithologin, -nen   ornithologist
Hör mal, wie schön die Vögel   Listen, aren't the birds twittering /
  zwitschern / singen.   singing beautifully?
s Nest, -er / s Vogelnest   nest / bird's nest
picken   to peck
Eier legen und (aus)brüten   lay and hatch eggs
Taubenfüttern verboten.   Feeding the pigeons forbidden.
r Taubendreck   pigeon mess

Indigenous forest animals and beasts of prey

s (Groß- / Nieder-) Wild	(big / small) game
r Hirsch, -e	deer
s Reh, -e	deer
e Gämse, -n	chamois
r Hase, -n	hare
s Kaninchen, -	rabbit
s Wildschwein, -e	wild boar
r Wolf, ⁼e	wolf
r Fuchs, ⁼e	fox
r Marder, -	marten
r Falke, -n	falcon, hawk
r Adler, -	eagle

r Jäger, - // e Jägerin, -nen   huntsman / huntswoman
schießen (auf +A) (schoss, hat
  geschossen)   shoot (at)
das Wild jagen   to hunt game
Der Nerz wird wegen seines Fells gejagt.   Mink is hunted for its fur.
r *Zoo, -s [tso:] /
  r zoologische Garten, ⁼ /
  r Tiergarten, ⁼ / r Tierpark, -s   zoo / zoological garden
r Streichelzoo / s Streichelgehege   zoo/enclosure where animals can
  be touched and stroked
Gehen wir heute in den Zoo?   Shall we go to the zoo today?
s Gehege, -   enclosure
r Käfig, -e   cage
s Aquarium, Aquarien [ak'va:rjʊm]   aquarium
s Terrarium, Terrarien [tɛ'ra:rjʊm]   terrarium

Animals in a zoo

s Raubtier, -e	beast of prey
r Löwe, -n	lion
r Tiger, - ['ti:gɐ]	tiger
r Panther, - ['pantɐ]	panther
r Elefant, -en [ele'fant]	elephant
e Giraffe, -n [gi'rafə österr. auch ʒi…]	giraffe
s Nashorn, ⁓er	rhinoceros
r Bär, -en [bɛ:ɐ̯] / r Braunbär / r Eisbär	bear / brown bear / polar bear
r Affe, -n	monkey
r Orang-Utan, -s ['o:raŋ'lu:tan] /	orang-utan
r Menschenaffe, -n	
r Gorilla, -s [go'rɪla]	gorilla
r Schimpanse, -n [ʃɪm'panzə]	chimpanzee
r Pinguin, -e ['pɪŋgui:n]	penguin
r Hai, -e	shark
r Wal, -e ['va:l]	whale
r Delphin, -e [dɛl'fi:n]	dolphin
r Seehund, -e	seal
s Reptil, [rɛp'ti:l] -ien […l̯ən]	reptile
e Schildkröte, -n	tortoise
s Krokodil, -e [kroko'di:l]	crocodile
r Alligator, [ali'ga:to:ɐ̯] -en […ga'to:rən]	alligator
s Nilpferd, -e	hippopotamus

sich vermehren ↔ **aussterben**	multiply ↔ become extinct
r Kreislauf des Lebens	life cycle
fressen und gefressen werden	eat and be eaten

Pflanzen
Plants

e **Botanik** / e Pflanzenkunde	botany
r **Botaniker**, - // e **Botanikerin**, -nen	botanist
e ***Pflanze**, -n	plant
***wachsen** (wächst, wuchs, ist gewachsen)	grow
e Pflanzenwelt / s Pflanzenreich	plant kingdom
e Flora	flora
r **botanische Garten**	botanical garden(s)
s **Gewächshaus**, ⁓er	greenhouse
anpflanzen ↔ wild wachsen	plant, cultivate ↔ grow wild
e Kulturpflanze	cultivated plant
e Gartenpflanze / e Topfpflanze	garden / pot plant

e winterharte Pflanze	hardy plant
einjährige / zweijährige Pflanzen	annual / biennial
e immergrüne Pflanze	evergreen
e *Bl<u>u</u>me, -n	flower
d<u>u</u>ften ↔ *st<u>i</u>nken (stank, hat gestunken)	smell nice ↔ stink
Bl<u>u</u>men pfl<u>ü</u>cken	pick flowers
Wildblumen / Feld- und Wiesenblumen	wild flowers
r K<u>a</u>ktus, Kakteen ['kaktʊs]	cactus

Flowers

s Schneeglöckchen, -	snowdrop
r Märzenbecher, -	snowflake
r Krokus, -se	crocus
e Tulpe, -n	tulip
e Osterglocke / e Narzisse	daffodil / narcissus
s Maiglöckchen	lily of the valley
r Flieder, -	lilac
e Pfingstrose, -n	peony
e Rose, -n	rose
e Nelke, -n	carnation
e Sonnenblume, -n	sunflower
e Erika	heather
e Lilie, -n	lily
e Orchidee, -n	orchid
e Mohnblume, -n	poppy
s Gänseblümchen, -	daisy
e Margerite, -n	marguerite
r Löwenzahn / e Pusteblume, -n	dandelion
s Edelweiß	edelweiss
r Enzian	enzian

e Bl<u>ü</u>te, -n	bloom, blossom
*bl<u>ü</u>hen	to bloom, blossom
Die Magnolien blühen gerade / sind gearde in (voller) Blüte.	The magnolias are in (full) bloom.
befr<u>u</u>chten	pollinate

Parts of a flower

r Spross / r Sprössling, -e	shoot
s Blatt, ⸚er	leaf
r Stiel, -e / r Stängel, -	stem
e Knospe, -n	bud
e Blüte, -n	bloom
s Blütenblatt, ⸚er	petal
r Blütenstaub	pollen

5

r (Blüten-) Nektar	nectar
e (Blumen-) Zwiebel, -n	bulb
e Wurzel, -n	root

r *Garten, ̈	garden
Sie arbeitet gerade im Garten.	She's working in the garden.
r Wintergarten	conservatory
r Kräutergarten / r Gemüsegarten	herb / vegetable garden
Er hat in seinem Garten Gemüse angebaut.	He's grown some vegetables in his garden.
e Gießkanne, -n	watering can
r Rasensprenger, -	sprinkler
r Rasenmäher, -	lawn-mower
Der Rasen muss mal wieder gemäht werden.	The lawn needs cutting again.
gießen (goss, hat gegossen)	to water
Gießt du heute die Blumen bitte.	Will you water the flowers today, please?
s Beet, -e / s Blumenbeet	bed / flower bed
s *Gras, ̈er	grass
r Klee / s Kleeblatt	clover / cloverleaf
s Kraut, ̈er	herb
s Unkraut	weed(s)
Ich müsste mal wieder Unkraut jäten.	I ought to do some weeding again.
r Spaten, - / e Schaufel, -n	spade / shovel
den Garten umgraben	dig the garden
e Gärtnerei, -en	nursery, market garden
r Gärtner, - // e Gärtnerin, -nen	gardener
r Blumenladen, ̈	flower shop
r Blumenbinder, - // e Blumenbinderin, -nen	florist
r Florist, -en // e Floristin, -nen *schweiz.*	florist
r Strauß, ̈e / r Blumenstrauß / r Strauß Blumen	bouquet / bouquet of flowers
*frisch ↔ verwelkt / welk / verblüht	fresh ↔ wilted
einen Strauß binden (lassen)	tie a bouquet (have a bouquet made)
*bunt ↔ einfarbig	colourful, multi-coloured ↔ all one colour
farbig ↔ uni *schweiz.*	colourful, multi-coloured ↔ all one colour
Bitte schneiden Sie die Blumen frisch an, bevor Sie sie ins Wasser geben.	Please cut the stems again before you put them into water.
e Vase, -n ['va:zə]	vase
Moment, ich muss erst die Blumen in die Vase stellen.	Just a minute, I must put the flowers in a vase.

e **Schnittblume** / e **Topfblume**	cut flower / potted flower
r **Blumentopf**, ⸚e	flower pot
umtopfen	repot
r **Kranz**, ⸚e	wreath

Danke für die Blumen!	Thanks for nothing.
Durch die Blume gesagt: ...	Put in a roundabout way: ...
Das Geschäft blüht.	Business is blooming.
Ihm blüht noch was wegen dieser Sache.	He's got something coming to him because of this.

r Strauch, ⸚er	shrub
r Beerenstrauch	fruit-bearing bush
r Busch, ⸚e	bush
r *****Wald**, ⸚er	forest
r Nadelwald / r Mischwald / r Laubwald	coniferous / mixed / deciduous forest
r **Forst**, -e	forest
e Forstwirtschaft	forestry
r *****Baum**, ⸚e	tree

Trees

Nadelbäume	*Conifers*
e Tanne, -n	fir
e Fichte, -n	spruce, pine
e Kiefer, -n	pine, fir
e Lärche, -n	larch

Laubbäume	*Deciduous trees*
e Buche, -n	beech
r Ahorn	sycamore
e Linde, -n	lime
e Eiche, -n	oak
e Birke, -n	birch
e Kastanie, -n	chestnut
e Esche, -n	ash
e Pappel, -n	poplar
e Weide, -n	willow

r **Stamm**, ⸚e / r Baumstamm	trunk / tree trunk
e **Wurzel**, -n	root
r **Ast**, ⸚e	branch
r **dicke** ↔ **dünne Zweig**, -e	branch ↔ twig
e Borke, -n / e Rinde, -n	bark
s *****Blatt**, ⸚er / e *****Nadel**, -n	leaf / needle
Schau mal, wie die Blätter sprießen.	Look at the leaves shooting.
Die Bäume schlagen aus.	The trees are in coming into leaf.
Die Bäume stehen in voller Blüte.	The trees are in full bloom.

s **Laub**	foliage
e Baumfrucht, ⸚e	fruit of the tree
e Eichel, -n	acorn
r Tannenzapfen, -	(fir) cone
s *Holz	wood
Der Baum muss gefällt werden.	The tree must be felled.
r **Förster**, - // e **Försterin**, -nen	forester
s Moos	moss
r Farn, -e	fern
r *Pilz, -e	fungus
Pilze suchen / sammeln	pick mushrooms
r essbare ↔ giftige / ungenießbare Pilz	edible mushroom ↔ poisonous / inedible fungus

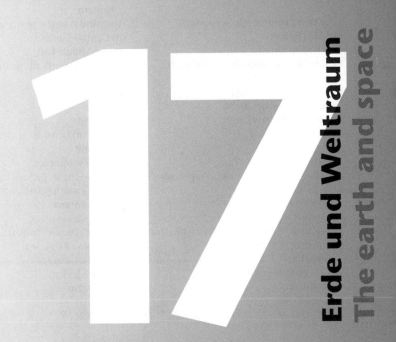

17

Erde und Weltraum
The earth and space

17

1

Kontinente, Meere, Seen und Flüsse
Continents, oceans, lakes and rivers

r *Kontinent, -e / r Erdteil, -e		continent
kontinental		continental

Continents

Afrika	afrikanisch	r Afrikaner, - // e Afrikanerin, -nen
Africa	African	African
Amerika	amerikanisch	r Amerikaner, - // e Amerikanerin, -nen
America	American	American
Asien	asiatisch	r Asiate, -n // e Asiatin, -nen
Asia	Asian	Asian
Australien	australisch	r Australier, - // e Australierin, -nen
Australia	Australian	Australian
Europa	europäisch	r Europäer, - // e Europäerin, -nen
Europe	European	European

Nordeuropa / Südeuropa / Osteuropa / Westeuropa	Northern / Southern / Eastern / Western Europe
r *Norden / r *Süden / r *Osten / r *Westen	north / south / east / west
nördlich / südlich / östlich / westlich	northern / southern / eastern / western
der Wind kommt aus Nordosten	the wind is in the northeast
in Mitteleuropa	in Central Europe
im Nahen Osten	in the Middle East
e nördliche ↔ südliche Halbkugel / e Hemisphäre	northern / southern hemisphere
r Äquator [ɛˈkvaːtoːɐ̯]	equator
e (geographische) Breite	latitude
e (geographische) Länge	longtitude
r Breitengrad, -e	(degree of) latitude
e Zeitzone, -n	time zone
Tropen / Subtropen *Pl*	tropics / subtropics
Ich habe fünf Jahre in den Tropen gelebt.	I lived in the tropics for five years.
r Nordpol ↔ r Südpol	north ↔ south pole
e Arktis / e Antarktis	Arctic / Antarctic
r Ozean, -e / s *Meer, -e / e *See	ocean / sea / sea
r Atlantische / Pazifische / Indische Ozean	Atlantic / Pacific / Indian Ocean
e Nordsee / e Ostsee	North Sea / Baltic Sea
s Mittelmeer	Mediterranean Sea
r Golf (von Mexiko)	gulf (of Mexico)
r Golfstrom	Gulf Stream
e Bucht, -en	bay
e *Küste, -n	coast(line)

an der Südküste von Rügen	on the south coast of Rügen
vor der Küste von Helgoland	off the coast of Heligoland
r *Strand, ‑e	beach
e *Insel, -n	island
Ich würde gern auf einer kleinen Insel leben.	I'd like to live on a small island.
e Halbinsel	peninsula
r *See, -n	lake
Wir waren heute lange am See spazieren.	We went for a long walk along the lakeside today.
Fahren wir am Wochenende an den Neusiedler See?	Shall we go to the Neusiedler See at the weekend?
r Stausee, -n	reservoir
r Teich, -e	pond
r Fischteich	fishpond
s *Ufer, -	bank, shore
e Uferpromenade, -n	promenade
r *Fluss, ‑e	river
r Nebenfluss	tributary
Die Mosel ist ein Nebenfluss des Rheins.	The Moselle is a tributary of the Rhine.
s Flussufer, -	riverbank
am Westufer / am westlichen Ufer	on the west bank
r *Strom, ‑e	river
e Mündung, -en	mouth, estuary
r Kanal, ‑e	canal
r Rhein-Main-Donau-Kanal	Rhine-Main-Danube Canal
r Damm, ‑e / r Staudamm	dam
r Wasserfall, ‑e	waterfall
r Bach, ‑e	stream, brook
e Quelle, -n	spring, source
e Strömung	current
gegen den Strom schwimmen	swim against the current
e Gezeiten	tides
e Ebbe ↔ e Flut	low tide ↔ high tide

Wetter und Klima
Weather and climate

s *Wetter	weather
Wie ist denn das Wetter bei euch?	What's the weather like with you?
Wir haben schönes ↔ schlechtes / scheußliches Wetter.	The weather's nice ↔ bad / awful here.
r *Wetterbericht, -e	weather report
e Wettervorhersage, -n	weather forecast

Die Wettervorhersage war richtig ↔ falsch.	The weather forecast was right ↔ wrong.
e *Sonne	sun
r *Schatten	shade / shadow
Die Sonne *scheint (schien, hat geschienen).	The sun is shining.
Wir hatten viel Sonne / Sonnenschein.	We had a lot of sun / sunshine.
Hoffentlich kommt bald die Sonne heraus.	Let's hope the sun comes out soon.
sonnig	sunny
Es ist sehr *warm (wärmer, wärmst-) / *heiß.	It's very warm / hot.
Es ist ziemlich warm für die Jahreszeit.	It's fairly warm for the time of year.
e *Wärme / e *Hitze	warmth / heat
e Hitzewelle, -n	heat wave
Eine Warmluftfront ↔ Kaltluftfront zieht über den Norden von Deutschland.	A warm ↔ cold front is moving across Northern Germany.
An der Küste ist es sehr *feucht.	It's very damp on the coast.
e Feuchtigkeit / e Luftfeuchtigkeit	moisture, dampness / humidity
Es ist schwül / schwülwarm.	It's sultry / close.
Heute ist es ziemlich drückend.	It's pretty oppressive today.
e *Kälte	cold
schneidende / eisige / klirrende Kälte	biting / icy / piercing cold
*kühl / *kalt (kälter, kältest-) / eiskalt	cool / cold / freezing cold
Es ist wieder kälter geworden.	It's got colder again.
Die Nächte sind angenehm kühl.	The nights are nice and cool.
Es ist heute recht kühl / frisch.	It's pretty cool / fresh today.
*frieren (fror, hat gefroren)	freeze
r Frost	frost
- 3° Celsius / *minus drei Grad (Celsius) ↔ 3° Celsius / *plus drei Grad	- 3° Celsius / minus three degrees (Celsius) ↔ 3° Celsius / plus three degrees
3 Grad *unter Null ↔ *über Null	3 degrees below zero ↔ above zero
e *Temperatur, -en [tɛmpəraˈtuːɐ̯]	temperature
e Durchschnittstemperatur	average temperature
extreme Temperaturschwankungen	extreme variations in temperature
e *Jahreszeit, -en	season
r *Frühling / r *Sommer / r *Herbst / r *Winter	spring / summer / autumn / winter
ein milder ↔ strenger Winter	a mild ↔ severe winter
r *Schnee	snow
Bei uns liegt hoher Schnee.	We've got a lot of snow.
Im Winter gab es dieses Jahr kaum Schnee.	There was hardly any snow this winter.
*schneien	to snow
Letzte Nacht hat es ununterbrochen geschneit.	It snowed non-stop last night.

s *Eis	ice
r Hagel	hail
Pass auf, auf den Straßen ist es eisig / *glatt / eisglatt!	Careful, the roads are icy / slippery.
e überfrierende Nässe	black ice
Der See ist zugefroren. Wir können Schlittschuh laufen.	The lake is frozen. We can go skating.
r Raureif	hoar frost, rime
Es taut.	It's thawing.
e *Wolke, -n	cloud
r wolkenlose Himmel	cloudless sky
Am Nachmittag soll es sich bewölken / sollen Wolken aufziehen.	They say it'll cloud over / clouds will build up in the afternoon.
Es ist bewölkt / bedeckt / wolkig.	It's cloudy / overcast / cloudy.
Es bleibt überwiegend bewölkt.	It'll stay mostly cloudy.
Morgen bleibt das Wetter zunächst trübe und regnerisch, im Tagesverlauf heitert es jedoch auf.	Tomorrow the weather will be dull and rainy at first, but it will clear up during the course of the day.
Es ist überwiegend *trocken ↔ *nass.	It's mainly dry ↔ wet.
r Niederschlag, ⸚e	precipitation
r Tau	dew
r *Regen	rain
Es wird wohl Regen geben.	It looks as though we're in for rain.
ein leichter ↔ starker / wolkenbruchartiger Regen	light ↔ heavy / torrential rain
r Nieselregen / r Sprühregen	drizzle
r Wolkenbruch / r Platzregen	cloudburst, downpour
vereinzelte Schauer *Pl*	scattered showers
*regnen	to rain
Es regnet leicht ↔ stark.	It's raining slightly ↔ heavily.
Es gießt in Strömen.	It's pouring with rain.
ein verregneter Tag / ein Regentag	a rainy day
r *Schirm, -e / r Regenschirm, -e	umbrella
r Sonnenschirm, -e	sunshade / parasol
r Dunst	haze
Es ist diesig.	It's hazy.
r *Nebel	mist, fog
Es war sehr neblig.	It was very misty / foggy.
r *Wind, -e	wind
r Westwind / r Wind aus westlicher Richtung	west wind / wind from a westerly direction
eine leichte / schwache / frische Brise	a light / gentle / fresh breeze
Es ist windig.	It's windy.
r *Sturm, ⸚e	storm, gale
ein starker Sturm	a heavy storm
Es gab Sturmwarnung am See.	There was a gale warning on the coast.

orkanartige Stürme — gales of almost hurricane force
Es stürmt. — It's blowing a gale.
s Unwetter, - — storm
s *Gewitter, - — thunderstorm
r Donner / r Blitz — thunder / lightning
Es hat gedonnert. / Es hat geblitzt. — There was (a clap of) thunder. / There was (a flash of) lightning.
Sie findet Gewitter *unheimlich. — Thunderstorms give her the creeps.

s *Klima — climate
s Seeklima / s Meeresklima — maritime climate
s Kontinentalklima / s Binnenklima — continental climate
ein mildes / trockenes / feuchtes / tropisches Klima — a mild / dry / humid / tropical climate
Ein Klimawechsel würde Ihnen gut tun. — You could do with a change of climate.

Naturkatastrophen
Natural disasters

e Naturkatastrophe, -n — natural disaster
s Katastrophengebiet, -e — disaster area
s Erdbeben, - — earthquake
ein kleineres ↔ größeres Erdbeben — a minor ↔ major earthquake
s Nachbeben, - — aftershock
s Epizentrum [epi'tsɛntrʊm], Epizentren — epicentre
ein Erdbeben der Stärke 3,5 auf der Richterskala — an earthquake measuring 3.5 on the Richter scale
r Vulkan, -e — volcano
ein gewaltiger Vulkanausbruch — a violent volcanic eruption
e Lava — lava
Lavamassen Pl — masses of lava
e Lawine, -n — avalanche
Es gibt Lawinenwarnung. — There's an avalanche warning.
r Wirbelsturm, ⁼e — cyclone
Ein heftiger Wirbelsturm fegte übers Land. — A violent cyclone swept across the country.
r Orkan, -e / r Hurrikan, -s ['hʊrikan] — *hurricane*
Der Orkan richtete große Verwüstungen an. — The hurricane caused severe devastation.
s Opfer, - — victim
Der Hurrikan forderte 500 Todesopfer. — The hurricane claimed 500 lives.
r Taifun, -e [tai̯'fuːn] — typhoon
Dem Taifun fielen 300 Menschen zum Opfer. — The typhoon killed 300 people.
e Flut, -en — flood

e Sturmflut / e Springflut	storm tide / spring tide
sintflutartiger Regen	torrential rain
s **Hochwasser**	flood(s), flooding
e Hochwasserwarnung, -en	flood warning
e **Überschwemmung**, -en	flood(s), flooding
hochwassergefährdete Gebiete	flood-prone areas
Ein großes Gebiet wurde überflutet / überschwemmt.	A large area was flooded.
Hunderte von Menschen sind ertrunken.	Hundreds of people were drowned.
e **Dürre** / e Dürreperiode	drought / period of drought
eine verheerende Dürreperiode	a period of devastating drought
e **Ölpest** / ausgelaufenes Öl	oil pollution / oil leak
s *****Feuer** / r Brand / r Flächenbrand	fire / fire / extensive blaze
e Brandkatastrophe, -n	fire disaster
Die **Rettungsmannschaften** arbeiteten unermüdlich um Verletzte zu bergen.	The emergency rescue teams worked tirelessly to rescue the injured.
Die Zahl der Todesopfer wird auf 100 geschätzt.	The number of dead is estimated at 100.
Die Zahl der Todesopfer hat sich auf 128 erhöht.	The death toll has risen to 128.
Die **Bergungsarbeiten** dauern noch an.	The rescue work is still going on.
Zwei Menschen überlebten die Katastrophe unversehrt.	Two people survived the disaster unharmed.
Der Sachschaden wird auf eine halbe Million Dollar geschätzt.	The damage is estimated at half a million dollars.
s Rote Kreuz	Red Cross
r **Katastrophenschutz**	emergency services
s Technische Hilfswerk / s THW	emergency relief service, association for technical aid and civil protection

Umweltschutz
Protecting the environment

e *****Umwelt**	environment
r **Umweltschutz**	conservation, environmental protection
Auch Sie können etwas zum Umweltschutz beitragen.	You, too, can help protect the environment.
e Umwelt schützen	protect the environment
e **Verschmutzung**	pollution
e Umweltverschmutzung / e Luftverschmutzung / e Wasserverschmutzung	environmental / air / water pollution

Manche Menschen haben einfach kein **Umweltbewusstsein**.	A lot of people have no environmental consciousness.
e **Umweltkatastrophe**, -n	environmental disaster
Greenpeace ist eine bekannte Umweltorganisation.	Greenpeace is a well-known environmental organization.
r **Umweltschützer**, - // e **Umweltschützerin**, -nen	environmentalist
trotz der Proteste von Umweltschützern	despite protests by environmentalists
r **Artenschutz**	protection of species
umweltfreundlich	environmentally friendly, ecofriendly
ökologisch	ecological
Ökologischer Landbau schützt die Natur.	Organic farming protects the countryside.
e Überdüngung	over-fertilization
Tropenwälder werden vernichtet.	Tropical forests are being destroyed.
e **Ozonschicht** / s **Ozonloch**	ozone layer / ozone hole
FCKW zerstören die Ozonschicht.	CFCs are destroying the ozone layer.
Der Kohlendioxidausstoß muss verringert werden.	Carbon dioxide emissions must be reduced.
r **Treibhauseffekt**	greenhouse effect
s Treibhausgas, -e	greenhouse gas
e Klimaveränderung, -en	climate change
e globale Erwärmung	global warming
alternative / erneuerbare Energien / Energiequellen	alternative / renewable energy / sources of energy
e Solarenergie / e Windenergie / e Wasserkraft	solar energy/power / wind power / water power
r **Schadstoff**, -e	pollutant
r **saure *Regen**	acid rain
r ***Smog**	smog
bleifreies Benzin	unleaded petrol/gas
r Katalysator, -en	catalytic converter, catalyst
e Lärmbelastung, -en	noise pollution
e radioaktive **Verseuchung**	radiation pollution
s ***Gift**, -e	poison
r ***Müll** / r ***Abfall**	waste

e *Abfallbeseitigung*	refuse disposal
e *Abfallentsorgung / e Müllentsorgung*	waste disposal
„Müll abladen verboten"	No tipping / dumping.
r *Hausmüll*	household waste
r *Industriemüll*	industrial waste
e *Müllkippe, -n / e Mülldeponie, -n*	rubbish dump / waste disposal site
e *Müllverbrennung*	waste incineration

e Müllverbrennungsanlage, -n	waste incineration plant
r Sondermüll / r Giftmüll / r Atommüll	hazardous waste / toxic waste / nuclear waste
e Mülltrennung	separation of waste
s Altpapier / s Altmetall / s Altglas	waste paper / scrap metal / glass for recycling

s **Recycling** [ri'saiklıŋ]

s Recyclingpapier

Recycling reduziert die Verschwendung von Rohstoffen.

e Einwegflasche, -n ↔ e Mehrwegflasche / e Pfandflasche

wieder verwerten / recyceln [ri'saikln]

Viele Abfallstoffe lassen sich wieder verwerten / recyceln.

wieder verwertbare Verpackung

Die Firmen sind zur Rücknahme der Verpackungen verpflichtet.

recycling

recycled paper

Recycling reduces the waste of raw materials.

non-returnable ↔ reusable bottle / returnable bottle [on which a deposit has been paid]

reuse / recycle

A lot of waste can be recycled.

packaging that can be recycled

Companies are required to take back the packaging.

Astronomie und Raumfahrt
Astronomy and space travel

e **Astronomie** / e Stern- und Himmelskunde

e **Kosmologie** / e Lehre von der Entstehung und Entwicklung des Weltalls

s **All** / s Weltall / r Weltraum / s Universum / r Kosmos

e radioaktive **Verseuchung**

e ***Erde**

Die Erdoberfläche ist zu 71 Prozent mit Wasser bedeckt.

s **Stern(en)system**, -e

r **Planet**, -en [pla'ne:t]

r ***Stern**, -e

r Abendstern ↔ r Morgenstern

r Polarstern

r ***Himmel**

r Sternenhimmel

Wir haben heute einen sternenklaren Himmel.

astronomy

cosmology / science of the origin and development of the universe

space / universe / space / universe / cosmos

radiation pollution

earth

71 percent of the earth's surface is covered with water.

star system, galaxy

planet

star

evening ↔ morning star

polar star

sky

starry sky

It's a starlit sky tonight.

s **Observatorium** / e Sternwarte	observatory
r Himmelskörper, -	celestial body
e ***Sonne**	sun
aufgehen (ging auf, ist aufgegangen) ↔ **untergehen**	rise ↔ set
Die Sonne geht heute um 7.12 Uhr auf und um 16.35 Uhr unter.	Sunrise is at 7.12 today, and sunset at 16.35.
r Sonnenaufgang ↔ r Sonnenuntergang	sunrise ↔ sunset
*scheinen (schien, hat geschienen)	shine
Die Sonne steht hoch ↔ niedrig / tief.	The sun is high ↔ low in the sky.
e Sonnenfinsternis, -se	solar eclipse
r ***Mond**	moon
r Neumond ↔ r Vollmond	new moon ↔ full moon
r Halbmond	half moon
zunehmender ↔ abnehmender Mond	waxing ↔ waning moon
r Mondkrater, -	lunar crater
e Mondfinsternis, -se	lunar eclipse
Der Mond ist ein Trabant der Erde.	The moon is a satellite of the earth.
e ***Atmosphäre**, -n [atmo'sfɛ:rə]	atmosphere
e **Ozonschicht**	ozone layer
r **Pol**, -e [po:l]	pole
s Magnetfeld, -er	magnetic field
e **Gravitation** / e Schwerkraft	gravitation / gravity
e Erdanziehungskraft	earth's gravitational pull

Planets in the solar system

r Merkur	Mercury
r Pluto	Pluto
r Mars	Mars
e Venus	Venus
e Erde	Earth
r Neptun	Neptune
r Uranus	Uranus
r Saturn	Saturn
r Jupiter	Jupiter

s Sonnensystem, -e	solar system
e **Galaxis** / e Galaxie / e Milchstraße	galaxy / galaxy / Milky Way
(inter)galaktisch	(inter)galactic
s schwarze Loch	black hole
r **Meteor**, -en [mete'o:ɐ̯]	meteor
r **Meteorit**, -en [meteo'ri:t]	meteorite
Gestern fiel ein Meteorit vom Himmel.	A meteorite fell to earth yesterday.
r Meteoritenkrater, -	meteorite crater
r **Komet**, -en [ko'me:t]	comet

e **Sternschnuppe**, -n	shooting star
s **Lichtjahr**, -e	light year
Der Planet ist 5 Lichtjahre entfernt.	The planet is 5 light years away.
r **Satellit**, -en [zatɛ'li:t]	satellite
e **Umlaufbahn**, -en	orbit
e kreisförmige / elliptische Umlaufbahn	circular / elliptical orbit
sich um die eigene Achse drehen	rotate on an axis
sich um die Sonne drehen	revolve round the sun
Die Planeten **umkreisen** die Sonne.	The planets orbit the sun.
Der Mond umkreist die Erde.	The moon orbits the earth.

Sun, moon and stars

Wir leben schließlich nicht auf dem Mond.	We do have some idea of what's going on.
Du lebst wirklich hinter dem Mond.	You're a bit out of touch / behind the times.
Ich könnte sie manchmal auf den / zum Mond schießen.	Sometimes I wish she'd get lost.
Die Sonne bringt es an den Tag.	Truth will out.
Lassen wir uns die Sonne auf den Pelz brennen.	Let's soak up the sun a bit.
Geh mir aus der Sonne!	Get out of my light.
nach den Sternen greifen	reach for the sky
Dieses Projekt steht unter keinem guten Stern.	This project is ill-starred.
Ob es klappt, das steht noch in den Sternen.	Whether it'll work out is in the lap of the gods.
Romeo holt seiner Julia die Sterne vom Himmel.	Romeo goes to the ends of the earth and back again for Julia.
Er war sternhagelvoll.	He was paralytic.

e **Raumfahrt**	space travel
im Zeitalter der Raumfahrt	in the space age
r Weltraumflug, ⸚e	space mission, spaceflight
bemannt ↔ unbemannt	manned ↔ unmanned
r **Astronaut**, -en [astro'naut] // e **Astronautin**, -nen	astronaut
e **Schwerelosigkeit**	weightlessness
e Weltraumstation, -en	space station
s Raumschiff, -e / s Raumfahrzeug, -e	spaceship / spacecraft
e **Raumfähre**, -n	space shuttle
e **Rakete**, -n	rocket
r Nachrichtensatellit	communications satellite
r Wettersatellit	weather satellite
*starten / abheben ↔ *landen	take off ↔ land

Der Countdown läuft: 10, 9, 8 … 0	The countdown has begun: 10, 9, 8 … 0
e Flugbahn	trajectory
e Bodenstation, -en	ground station
s Kontrollzentrum, -zentren	control centre
r Weltraummüll	space junk, cosmic debris
e **Astrologie**	astrology
s **Sternbild**, -er	constellation
Der Große Wagen ist ein bekanntes Sternbild.	The Big Dipper is a well-known constellation.
s **Sternzeichen**, -	sign of the zodiac
Ich bin im Sternzeichen des Stiers geboren.	I was born under Taurus.
Welches Sternzeichen hast du? – Ich bin Waage.	What star sign are you? – I'm Libra.

The twelve signs of the zodiac

Wassermann	Aquarius
Fische	Pisces
Widder	Aries
Stier	Taurus
Zwillinge	Gemini
Krebs	Cancer
Löwe	Leo
Jungfrau	Virgo
Waage	Libra
Skorpion	Scorpio
Schütze	Sagittarius
Steinbock	Capricorn

Information und Kommunikation
Information and communication

18

e Informationsquelle, -n [ɪnfɔrma'tsi̯oːnskvɛlə]	source of information
s *Wörterbuch, ⸚er	dictionary
s Fremdwörterbuch	dictionary of foreign words
s Stilwörterbuch / s Bildwörterbuch	dictionary of style / picture dictionary
ein einsprachiges / zweisprachiges / mehrsprachiges Wörterbuch	a monolingual / bilingual / multilingual dictionary
ein deutsch-englisches Wörterbuch	a German-English dictionary
s Wörterbuch der Medizin / ein medizinisches Wörterbuch	dictionary of medicine / a medical dictionary
s Wörterbuch der Wirtschaftswissenschaften	dictionary of economics
etw in einem Wörterbuch nachschauen / *nachschlagen (schlägt nach, schlug nach, hat nachgeschlagen)	look sth up in a dictionary
Was bedeutet „bzw."? – Sehen Sie doch mal im Wörterbuch nach. / Was steht denn im Wörterbuch?	What does „bzw." mean? – Look it up in the dictionary. / What does it say in the dictionary?
r Eintrag, ⸚e (im Wörterbuch)	entry (in the dictionary)
s (Konversations-) Lexikon, Lexika / e Enzyklopädie, -n [ɛntsyklope'diː]	encyclopedia
s Nachschlagewerk, -e	reference work
s (Wörter-) Verzeichnis, -se	word list / index
s Glossar, -e	glossary
r (Ausstellungs-) Katalog, -e	(exhibition) catalogue
e (Mitglieder-) Kartei, -en	card index, (membership) list
r Karteikasten, ⸚	card-index box
e Bibliografie, -en [bibliogra'fiː]	bibliography
s Handbuch, ⸚er	manual, handbook
s Jahrbuch, ⸚er	yearbook
r Aufsatz, ⸚e	essay
r *Artikel, - [ar'tiːkl auch …'tɪkl]	article
einen Artikel überfliegen	skim through an article
einen Artikel exzerpieren	extract an article
e *Recherche, -en [re'ʃɛrʃə]	research
Einer meiner Studenten recherchiert zum Thema „Die EU".	One of my students is researching the topic "The European Union".
r Atlas, Atlanten	atlas
s Archiv, -e [ar'çiːf]	archive(s)
e *Bibliothek, -en [biblio'teːk]	library
e Staats- / Uni(versitäts)- / Stadtbibliothek	state / university / city library

e Fach- / Lehrer- / Privatbibliothek	specialist / teachers' / personal library
e Präsenzbibliothek ↔ e Leihbibliothek	reference library ↔ lending library
e **Mediothek**, -en	audiovisual library
r **Bibliothekar**, -e // e **Bibliothekarin**, -nen	librarian
r **Benutzer**, - // e **Benutzerin**, -nen	user
e ***Bücherei***, -en	(public) library
e Jugend- und Kinderbücherei	children and young people's library
r **Katalog**, -e / s Ver**zeichnis**, -se	catalogue / index, catalogue
ein Buch ***bestellen**	reserve a book
ein Buch **ausleihen** (lieh aus, hat ausgeliehen) ↔ ***zurückgeben** (gibt zurück, gab zurück, hat zurückgegeben)	borrow ↔ give back a book
ein Buch ***verlängern**	renew a book
die Ausleihfrist ***versäumen**	exceed the borrowing date
Bitte bringen Sie das Buch fristgerecht zurück, sonst wird eine Versäumnis-gebühr fällig.	Please bring the book back on time or there will be a charge.
r **Lesesaal**, ⁼e	reading room
r Zeitschriftenlesesaal / r Handschriftenlesesaal	magazine reading room / manuscript reading room
Der Lesesaal befindet sich im ersten Stock.	The reading room is on the first floor.
s ***Regal**, -e / s Bücherregal / r Bücherschrank, ⁼e	(book)shelf, shelves / bookcase
Wo steht das Buch bitte? – Im ersten Regal links.	Where is the book, please? – In the first shelf on the left.
Medien Pl	media
e ***Presse**	press
r Videotext	teletext

Anglicisms / English words in German

The pronunciation, word stress and spelling is often not the same as in English.

Information [ɪnfɔrma'tsi̯oːn]	Internet ['ɪntɐnet]
Multimedia [mʊlti'meːdi̯a]	CD-ROM [tseːdeː'rɔm]
Intranet ['ɪntranet]	Mikrofiche ['miːkrofiːʃ]
*E-Mail ['iːmeːl]	Mikrofilm ['miːkrofɪlm]
Fotokopie [fotoko'piː]	interaktiv [ɪntɐlak'tiːf]
Floppydisk ['flɔpi'dɪsk] (more common: Diskette)	Datenbank ['daːtnbaŋk]

German Information is countable: Die Informationen waren schwer zu finden. (= The information was hard to find).

German Daten ['daːtn̩] is plural and takes a plural verb: Die neuesten Daten zeigen das Gegenteil. (= The latest data shows / show the opposite).

s *Internet
Via Internet sind wir alle miteinander
  vernetzt.

r **Datenbestand**, ⁼e
e **Datenbank**, -en
r Datenträger, -
e *Diskette, -n
(sich) Daten (he-)**runterladen** (lädt
  herunter, lud herunter, hat
  heruntergeladen)
e *CD-ROM
Die 12-bändige Enzyklopädie passt auf
  eine einzige CD-ROM.

e *Information, -en (über)
*sich informieren über (+A)
(sich) Informationen **beschaffen** /
  einholen
Wie viele deutsche Wörter gibt es? – Keine
  Ahnung. Wo kann man das **nachlesen**?
  (liest nach, las nach, hat nachgelesen)
Informationen **erbitten** (erbat, hat
  erbeten)
Informationen *erhalten (erhält, erhielt,
  hat erhalten) / *bekommen (bekam,
  hat bekommen)
Informationen **austauschen**
Als Arzt unterliege ich der
  Schweigepflicht, ich gebe keine
  Informationen weiter.
vertrauliche / **zuverlässige**
  Informationen
Wie wir aus verlässlicher Quelle erfahren
  haben, werden ab nächstem Jahr die
  Steuern gesenkt.
s **Informationsangebot**, -e
Bei diesem riesigen Informationsangebot
  fällt einem die Wahl schwer.

r Informationsfluss
e Informationspolitik
s **Informationsbedürfnis**, -se
s **Informationsdefizit**, -e

Fakten Pl / e *Tatsache, -n
Liefern Sie uns Fakten, dann glauben wir
  Ihnen.
Daten Pl

internet
We are all linked up with each
  other via *the* internet.
database
databank
data medium
disk
download data

CD-ROM
The 12-volume encyclopedia fits
  on a single CD-ROM.
information
inform oneself about
obtain / get information

How many German words are
  there? – No idea. Where can you
  look that up?
request information

receive / get information

exchange information
As a doctor I am bound to
  maintain confidentiality, I don't
  pass on any information.
confidential / reliable information

We have heard from reliable
  sources that taxes will be
  reduced next year.
amount / range of information
With this huge amount of
  information, it's difficult to
  make up one's mind.
flow of information
information policy
desire for information
lack of information, information
  deficit
facts / fact
Provide us with facts, then we'll
  believe you.
data

Die neuesten Daten deuten darauf hin / besagen, dass die Arbeitslosenzahlen fallen.

The latest data indicate(s) / say(s) that unemployment fig··res are falling.

Daten **abrufen** (rief ab, hat abgerufen) — retrieve data
r Datenabruf — information retrieval
Daten **weitergeben** (gibt weiter, gab weiter, hat weitergegeben) — transfer / pass on data

r **Datenschutz** — data protection
r **Datenmissbrauch** — data abuse, misuse of data

Buchhandel und Verlagswesen
Book trade and publishing

s *Buch, ⁼er	book
ein dickes ↔ dünnes Buch	a thick ↔ thin book
r Leser, - // e Leserin, -nen	reader
s Lesepublikum / e Leserschaft, -en	readership
*lesen (liest, las, hat gelesen)	read
in einem Buch blättern / ein Buch durchblättern	leaf *through* a book
überfliegen (überflog, hat überflogen) ↔ verschlingen (verschlang, hat verschlungen)	skim through ↔ devour
ein Buch nach dem anderen durcharbeiten / durchlesen (liest durch, las durch, hat durchgelesen)	work / read through one book after another
*langweilig ↔ *spannend / *interessant	boring ↔ exciting, thrilling / interesting
Bücher für anspruchsvolle Leser	books for sophisticated readers
Bücher für das breite Lesepublikum	books for the general reading public
r Rezensent, -en [retsen' zɛnt] // e Rezensentin, -nen	reviewer
r Kritiker, - // e Kritikerin, -nen	critic
e Rezension, -en / e Kritik, -en / e Buchbesprechung, -en	review / review / book review
rezensieren / kritisieren / besprechen (bespricht, besprach, hat besprochen)	review
In diesem Buch geht es um das Schicksal deutscher Exilschriftsteller. / Das Buch handelt vom Schicksal …	This book is about the fate of German writers in exile.
r *Autor, -en // e Autorin, -nen / r Verfasser, - // e Verfasserin, -nen / r Schriftsteller, - // e Schriftstellerin, -nen	author / writer

s **Pseudonym**, -e [psɔydo'ny:m]	*pseudonym*
r Ghostwriter, - ['goʊstraɪtə]	ghostwriter
*schreiben (schrieb, hat geschrieben) / verfassen	write / write, compose
Thomas Brussig schreibt gerade an einem weiteren Roman über die ehemalige DDR.	Thomas Brussig is writing / working on another novel about the former GDR.
e **Lesung**, -en / e Autorenlesung	reading / author reading
Können Sie das Buch bitte signieren?	Could you autograph the book, please?
e (persönliche) Widmung, -en	(personal) dedication
r *Text, -e	text
s *Thema, Themen	topic
e **Belletristik** ↔ s **Sachbuch**, ⸚er / Fachbuch, ⸚er	belles lettres ↔ non-fiction
e *Erzählung,-en	story
r **Roman**, -e	*novel*
e **Novelle**, -n	*novella*, short novel
s Hörbuch, ⸚er	audiobook
r Cyber-Roman ['saɪbɐroma:n]	cybernovel
s **Jugendbuch**, ⸚er / s **Kinderbuch**	book for young people / children's book
s **Bilderbuch**, ⸚er	picture book
s **Fotobuch**, ⸚er / r Fotoband, ⸚e	photographic book / volume
s **Lehrbuch**, ⸚er / s **Schulbuch**, ⸚er	textbook / schoolbook
r **Reiseführer**, -	travel guide
r **Buchhandel** *Sg*	book trade
e **Buchhandlung**, -en / r Buchladen, ⸚	bookshop
r Bücherstand	book stall
r Buchklub, -s / e Buchgemeinschaft, -en	book club
e **Buchmesse**, -n	book fair
r Verlagsstand, ⸚e	publisher's stall

There are two world-famous book fairs (*Buchmessen*) held in Germany. The *Leipziger Buchmesse* in spring, and the *Frankfurter Buchmesse* in autumn.

r **Buchhändler**, - // e **Buchhändlerin**, -nen	bookseller
r **Bestseller**, - ['bɛstzɛlɐ] ↔ r **Ladenhüter**, -	bestseller ↔ non-seller, slow seller
s *Taschenbuch, ⸚er	paperback
e gebundene Ausgabe ↔ e Taschenbuchausgabe	hardback / hardcover ↔ paperback edition
Bücher in Großdruck	books in large print
s **Antiquariat**, -e	antiquarian bookshop

| modernes Antiquariat | remainder bookshop, second-hand bookshop |
| ein Buch **antiquarisch** kaufen | buy a remaindered book, buy a book second-hand |

In an **Antiquariat** (antiquarian bookshop) you can find old books that are out of print and / or have antiquarian value: e.g. *(Jubiläums-)Ausgaben* (jubilee editions), *signierte Bücher* (autographed copies), *Ersterscheinungen* (first editions), *Fotobände* (photographic volumes), *Kunstbände* (art books), *gebundene Bücher* (bound, hardback books).

A *modernes Antiquariat* (second-hand bookshop) sells so-called *Ramschware* (= cheap stuff / remaindered stock), second-hand books from private individuals, books with printing errors (*Fehldruck*) and books being remaindered (*verramscht*) by the publisher before pulping (*Einstampfen*).

r **Verlag**, -e / s **Verlagshaus**, ⸚er	publishing house / firm / company
Der Max Hueber Verlag ist ein bekannter deutscher Lehrbuchverlag.	The Max Hueber Verlag is a well-known German textbook publisher.
r **Herausgeber**, - // e **Herausgeberin**, -nen	publisher, editor [of book with several authors]
r **Verleger**, - // e **Verlegerin**, -nen	publisher
*****veröffentlichen** / **publizieren** / **verlegen** / **herausgeben** (gibt heraus, gab heraus, hat herausgegeben)	publish
e **Neuerscheinung**, -en	new publication
*****erscheinen** (erschien, ist erschienen)	appear, come out
Im vergangenen Mai ist „der neue Grass" erschienen.	The new (book by [Günter]) Grass came out last May.
ein Buch **auf den Markt bringen** (brachte, hat gebracht)	launch a book
lieferbare ↔ **vergriffene** Bücher	books in print ↔ out-of-print books
s Verlagsprogramm, -e	(publisher's) list
r Verlagsprospekt, -e	publisher's brochure
Das Buch steht auf dem Index.	The book is on the blacklist.
r **Lektor**, -en // e **Lektorin**, -nen	(publisher's) editor
r **Redakteur**, -e // e **Redakteurin**, -nen	editor
r Redaktor, -en // e Redaktorin, -nen *schweiz.*	editor
ein Buch lektorieren / redigieren / Korrektur lesen	edit / edit / proofread a book
s **Manuskript**, -e / s Typoskript, -e	manuscript / typescript
s Belegexemplar, -e	specimen copy, author's copy
s Vorausexemplar, -e	advance copy
s **Autorenhonorar**, -e / **Tantiemen** *Pl*	royalty / royalties

s **Copyright**, -s ['kɔpiraɪt] /	copyright
s Urheberrecht, -e	
Das Copyright liegt beim Autor.	The copyright is with the author.
r **Übersetzer**, - //	translator
e **Übersetzerin**, -nen	
e **Übersetzung**, -en	translation
****übersetzen** / **übertragen** (überträgt,	translate
übertrug, hat übertragen)	
ins Deutsche übersetzt / aus dem	translated into German / from
Englischen übersetzt	English
e **Kürzung**, -en	abridgment, cut
kürzen / **verkürzen**	shorten, abridge, cut
Der Roman liegt in (un)gekürzter Fassung	The novel is available in an
vor.	(un)abridged version.
r **Tippfehler**, -	typing error
r **Druckfehler**, -	misprint
r (Buch-)****Titel**, -	title (of a book)
Wie heißt das Buch? / Wie ist der Titel?	What is the name of the
	book? / What's the title?
r Klappentext, -e	blurb
e Titelseite, -n	title page
s Impressum, Impressen	title verso, imprint
Was steht denn drin / in dem Buch?	What is it / the book about?
r ****Inhalt** / s **Inhaltsverzeichnis**, -se	contents / table of contents
s **Kapitel**, -	chapter
r Abschnitt, -e	section
e ****Seite**, -n	page
Gehen / Blättern Sie bitte auf Seite 123. –	Please go / turn to page 123. – To
Auf welche Seite?	which page?
e Zeile, -n	line
s **Vorwort**, -e	foreword, preface
e **Einleitung**, -en	introduction
e Fußnote, -n / e Anmerkung, -en	footnote / note
s **Nachwort**, -e	epilogue
r **Anhang**, ⸚e	appendix
r Index, Indices / s **Register**, - /	index / index / list of names/place
s Personen- / Orts- / Werkregister	names/works
alphabetisch / nach dem Alphabet	arranged alphabetically
geordnet	
chronologisch / systematisch geordnet	arranged chronologically /
	systematically

ISBN (= *I*nternationale *S*tandard *B*uch *N*ummer): System of identification for books. In the ISBN number 3-19-007472-0, for example, the number 3 stands for Germany, 19 for the Max Hueber Verlag, 007472-0 for the catalogue number of *Großer Lernwortschatz Deutsch.*

e **Herstellung**	production, design
r Einband, ⸚e / r (Schutz-)Umschlag, ⸚e	cover / dust jacket, cover
r Buchdeckel, -	cover of a book
r (Seiten-)Umbruch, ⸚e	(page) proofs
e Blaupause, -n	blueprint
e (Druck-)Fahne, -n	(galley) proof, galley
e **Druckerei**, -en	printer's, printing works
Das Buch geht in den nächsten Wochen in Druck.	The book goes to the printers in the next few weeks.
e **Auflage**, -n	edition, print run
Das Buch erscheint in einer Auflage von 5.000 Exemplaren.	The book will appear in a edition of 5,000 copies.
e zweite überarbeitete / neu bearbeitete ↔ unveränderte Auflage	second revised / completely revised ↔ unrevised edition
r **Erscheinungstermin**, -e	publication date
Der Erscheinungstermin steht noch nicht fest / ist auf Mai 2004 festgelegt.	The publication date has not yet been fixed / has been fixed for May 2004.
ein Buch setzen / ***drucken** / ***liefern** / ausliefern	typeset / print / distribute a book
r (Schrift-)Setzer, - // e Schriftsetzerin, -nen	typesetter, compositor

r *Büchernarr*	book friend
e *Leseratte* / r *Bücherwurm*	bookworm
r *Wälzer*, -	hefty tome
r *Schmöker*	light-weight escapist book
r *Schinken*	great (lowbrow) tome

Presse
Press

e ***Presse**	press
Medien *Pl* / Massenmedien	media / mass media
Medien wirken **meinungsbildend**.	Media have an opinion-forming effect.
e ***Zeitung**, -en	newspaper
eine überregionale Zeitung ↔ eine regionale Zeitung / eine Lokalzeitung	a national paper ↔ a regional / local paper
e (internationale) Ausgabe	(international) edition
e Abend- / Tages- / Wochenzeitung	evening / daily / weekly paper
e Boulevardpresse	tabloid / yellow / gutter press
*lesen (liest, las, hat gelesen)	read

überfliegen	scan / skim (through)
e *Zeitschrift, -en / e Illustrierte, -n /	periodical / magazine
s (Nachrichten-)Magazin, -e	(news) magazine
e Jugend- / Frauenillustrierte, -n	young people's / women's magazine
e Fachzeitschrift, -en	specialist / technical journal
e Stadtzeitung, -en	city paper
s Anzeigenblatt, ⸚er	advertiser, freebie newspaper
e Gratiszeitung, -en *schweiz.*	advertiser, freebie newspaper

The German press

In the serious newspapers and periodicals there are well-researched articles with a high level of information. The *Süddeutsche Zeitung (SZ), Frankfurter Allgemeine Zeitung (FAZ), die tageszeitung (taz), Die Zeit, Der Spiegel* fall into this category. In Switzerland it is papers such as the *Neue Züricher Zeitung (NZZ), Facts* and *Blick* and in Austria *Der Standard, Die Presse* and *News*.

The yellow press (*Boulevard- / Sensationspresse*), incl. e.g. *Bild, Kronen Zeitung* (Austria), and the gossip magazines (*Regenbogenpresse*, incl. e.g. *Die Bunte*) focus on sensationalist stories to satisfy people's appetite for sensationalism. Large sums of money are usually paid for lurid, sensational stories and compromising photos, a practice known, in English, as cheque-book journalism (*Scheckbuch-Journalismus*). The yellow press publications have wide circulation (*hohe Auflagenzahlen*), for example *Die Bild-Zeitung* with 4.5 million.

r Journalismus [ʒʊrnaˈlɪsmʊs]	*journalism*
r *Journalist, -en //	*journalist*
e Journalistin, -nen	
r Reporter, - // e Reporterin, -nen	*reporter*
r (Presse-) Fotograf, -en //	(press) *photographer*
e Fotografin, -nen	
r Redakteur, -e //	editor
e Redakteurin, -nen	
r Redaktor, -en // e Redaktorin, -nen *schweiz.*	editor
r Chef- / Lokal- / Sportredakteur	chief / local-news / sports editor
r Kolumnist, -en //	columnist
e Kolumnistin, - nen	
r Korrespondent, -en //	correspondent
e Korrespondentin, -nen	
Ich bin von der Presse. / Ich arbeite bei der Zeitung.	I'm from the press. / I work for a newspaper.
Für welche Zeitung schreiben / arbeiten Sie?	Which newspaper do you write / work for?
Die langjährige *Spiegel*-Mitarbeiterin schrieb ...	The long-standing *Spiegel* reporter wrote ...
e Deadline, -s [ˈdɛdlaɪn] / e Abgabefrist, -en	deadline

e Nachrichtenagentur, -en   news agency
e **Pressefreiheit** ↔ e **Zensur**   freedom of the press ↔ censorship

---

Sections in a newspaper

e Innen- / Außenpolitik	home news / foreign news
s Feuilleton	arts section
r Kulturteil	culture
r Sportteil	sports section
r Wirtschaftsteil	business section
Vermischtes / e Klatschspalte	miscellany / gossip column
e Wettervorhersage	weather forecast
r Leserbrief	readers' letter
e Werbeanzeige / e *Werbung	advert / advertising
e Kleinanzeige / e *Annonce [a'nõ:sə *auch* a'nɔŋsə] */ s Inserat*	classified ad / advertisement
e Beilage	supplement
s Magazin	magazine
s Horoskop	horoscope
s Kreuzworträtsel	crossword

---

e **Rubrik**, -en   section
r ***Artikel**, - [ar'ti:kl *auch* …'tɪkl]   article
einen Artikel ***schreiben** (schrieb, hat   write an article
   geschrieben) / **verfassen**
einen Artikel **überarbeiten**   revise an article
ein Artikel mit hohem ↔ niedrigem   an article with a high ↔ low level
   Informationsgehalt   of information
e ***Nachricht**, -en   news (item)
Folgende Nachricht wurde lanciert /   The following story /
   herausgegeben: …   news item was leaked /
      published / put out: …

German Nachricht and Information are both countable nouns:

eine Nachricht, mehrere Nachrichten	one piece / item of news, several pieces / items of news
eine Information, viele Informationen	(one piece of) information, lots of information

---

r ***Bericht**, -e / e **Meldung**, -en   report
r Zeitungsbericht / r Pressebericht   newspaper / press report
in einer Zeitung stehen (stand, hat   be in a paper
   gestanden)
Das steht so in der Presse.   It says so in the papers.
In der FAZ steht ein Bericht über die   In the FAZ there's a report on
   Deutschen und ihre Vereine.   Germans and their clubs.

Das Thema geht schon seit langem durch die Presse.	That topic has been doing the rounds in the press for a long time.
laut Pressebericht / Presseberichten zufolge	according to press reports
eine gute ↔ schlechte Presse haben	have a good / bad press
*informieren / *berichten (über) / *melden	inform / report (on) / report, publish
Aus Japan ['ja:pan] werden neue Erdbeben gemeldet.	Further earthquakes are reported from *Japan*.
*bekannt geben (gibt, gab, hat gegeben) / bekannt machen	announce / make known
*veröffentlichen	publish
(weiter)verbreiten / in Umlauf bringen	spread / put into circulation

Types of newspaper texts

e Meldung, -en	report
e Nachricht, -en	(news) item / (news) story
e Reportage, -n [repɔr'ta:ʒə]	report, feature
e Glosse, -n	commentary, column
r Leitartikel, -	leader, editorial
r Kommentar, -e	editorial, opinion piece
r Bericht, -e	report
s (Exklusiv-)*Interview, -s ['ɪntɐvju: auch ...'vju]	(exclusive) interview
e Dokumentation, -en	documentation
s Feature, -s ['fi:tʃɐ]	feature
r Fortsetzungsroman, -e	serial

e *Recherche, -n [re'ʃɛrʃə]	research
gut (besser, best-) ↔ schlecht recherchiert	well ↔ badly researched
genau ↔ schlampig recherchiert	carefully ↔ sloppily researched
e *Einzelheit, -en / s Detail, -s [de'tai]	detail
Nähere Einzelheiten sind nicht bekannt.	There are no further details.
e Presseerklärung, -en	press statement
r Pressesprecher, - // e Pressesprecherin, -nen	spokesman // spokeswoman
eine Pressekonferenz geben	hold a press conference
an einer Pressekonferenz teilnehmen	attend a press conference
*sich ereignen	occure, happen
In den letzten Tagen hat sich nichts Großartiges ereignet.	Nothing much has happened in the last few days.
s *Ereignis, -se	event, occurence
s Medienereignis, -se	media event
r Skandal, -e	*scandal*
r Widerruf, -e	retraction

e Falschmeldung, -en / Zeitungsente, -n	false (newspaper) report, canard
eine Story groß herausstellen	lead with a story
Das Thema „Liebe" verkauft sich immer gut.	The topic of love always sells well / makes good copy.
e **Titelseite**, -n	cover / front page
e Titelgeschichte, -n	cover story, lead story
e ***Schlagzeile**, -n	headline
Wie lautet die heutige Schlagzeile?	What's today's headline?
Lies mir mal die Schlagzeilen vor.	Read me the headlines, will you?
Die hohen Benzinpreise machen schon wieder Schlagzeilen.	The high price of petrol is making front-page news again.
e ***Überschrift**, -en	heading
e (Zeitungs)Spalte, -n / e Kolumne, -n	column
r **Zeitungshändler**, - // e **Zeitungshändlerin**, -nen	newsagent
r Zeitungsverkäufer, - // e Zeitungsverkäuferin, -nen	newspaper-seller, news-vendor
r (Zeitungs)***Kiosk**, -e / r Zeitungsstand, ⸚e	(newspaper) kiosk / news stand
e Trafik, -en *österr.*	(newspaper) kiosk / news stand
r **Zeitungskasten**, ⸚	newspaper box
r **Zeitungsausträger**, - // e **Zeitungsausträgerin**, -nen	paper boy // girl, person who delivers the newspaper
eine Zeitung austragen / zustellen	deliver a paper
r **Abonnent**, -en // e **Abonnentin**, -nen	subscriber
s **Abonnement**, -s [abɔnə'mãː]	subscription
eine Zeitung **abonnieren** / eine Zeitung im Abo(nnement) beziehen	subscribe to a newspaper / take out a subscription to a paper

In Germany people buy their newspapers at a *Kiosk* or in a shop; in Austria in a *Trafik*. In southern Germany in particular and in Switzerland, there are self-service newspaper boxes (*Zeitungskästen*) on street corners where you put your money in the slot and help yourself. The most convenient solution is to have your paper delivered each morning before 6 o'clock by your delivery person (*Zeitungsausträger*). Deliveries are organized not by newsagents, but by the newspaper publisher with whom you take out your subscription, and your delivery person will deliver only one publisher's products.

r *Rundfunk / s Radio / r Hörfunk / e Rundfunkanstalt, -en — radio / radio / radio / radio (station)

s *Fernsehen / e Fernsehanstalt, -en — television / television station, broadcasting organization

s Rundfunkgerät, -e / s *Radio(gerät) — radio (set)

r Fernseher, - / s Fernsehgerät, -e — television (set)

e Antenne, -n / e Hausantenne / e Satellitenantenne — aerial / house aerial / satellite dish

s Kabelfernsehen — cable television

r Kanal, ⸚e / r Fernsehkanal / r Rundfunkkanal — channel / TV/radio station

r (einigermaßen) gute ↔ schlechte Empfang — (reasonably) good ↔ poor reception

Deutschlandradio einstellen — tune in to "Deutschlandradio"

r (Rundfunk- / Fernseh-) Sender, - — (radio / TV) station

e öffentlich-rechtlichen Rundfunk- und Fernsehanstalten — public broadcasting corporations

r Privatsender, - / s Privatfernsehen — commercial (radio) station / television

s Pay-TV ['pe:ti:vi:] — pay TV

e Sendezeit, -en — airtime

r Sponsor, -en // e Sponsorin, -nen — sponsor

e *Haupteinschaltzeit, -en — prime time

hohe / gute ↔ niedrige / schlechte Einschaltquoten — high / good ↔ poor / low ratings

r Videotext — teletext

r Untertitel, - — subtitle

r Zweikanalton — twin-channel sound

Television in Germany, Austria and Switzerland

The public broadcasting corporations (*öffentlich-rechtlichen Rundfunkanstalten*: ARD, ZDF, BR, WDR, HR, NDR, SWR, SR, MDR, ARTE, 3Sat, ORF (in Austria), SF (in Switzerland)) are obliged, as part of their educational mission (*Bildungsauftrag*), to cover all areas (*Bereiche*) in their programmes: news, politics, culture, society, sport, business and education. They are financed through a licence fee (*Rundfunkgebühren*) which each householder with a TV or radio is obliged to pay.

The commercial stations (***Privatsender***) are financed mainly through advertising revenue (*Werbeeinnahmen*) and so are dependent on viewing figures (*Zuschauerzahlen*) or ratings (*Einschaltquoten*).

With pay TV (***Pay-TV***) a decoder you lease enables you to receive coded pictures. Most stations and corporations offer teletext (***Videotext***) facilities: up-to-the-minute on-screen information on current affairs, politics, the weather, sport, TV listings, traffic.

s *Progr**a**mm, -e / e *S**e**ndung, -en	programmes / broadcast
*s**e**nden / **ü**bertr**a**gen (überträgt, übertrug, hat übertragen) / **au**sstrahlen / *br**i**ngen (brachte, hat gebracht)	to broadcast / transmit

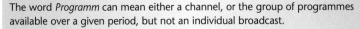

False friend

The word *Programm* can mean either a channel, or the group of programmes available over a given period, but not an individual broadcast.

e *Übertr**a**gung, -en / e Fernsehübertragung	televising / television broadcast
e Direktübertragung, -en / e Livesendung, -en ['l**ai**f…]	live broadcast
Das Fußballspiel wird heute Abend im Fernsehen *dir**e**kt / live [l**ai**f] übertragen.	The football match this evening will be broadcast live.
Die Sendungen *beg**i**nnen (begann, hat begonnen) ↔ **e**nden um 12 Uhr.	Programmes go on ↔ off the air at 12 o'clock.
R**a**dio h**ö**ren	listen to the radio
*f**e**rnsehen (sieht fern, sah fern, hat ferngesehen) / f**e**rnsch**au**en *ugs.*	watch television
F**e**rnseh *g**u**cken *ugs.*	watch television
glotzen *ugs.* / vor der Glotze sitzen (saß, hat gesessen) *ugs.*	sit in front of the box
r H**ö**rer, - // e H**ö**rerin, -nen / r Rundfunkhörer	listener
r Z**u**schauer, - // e Z**u**schauerin, -nen / r Fernsehzuschauer	viewer
e F**e**rnbedienung, -en	remote control
zappen ['zɛpn] / zwischen den Programmen hin und her schalten	zap / channel hop/surf
Was gibt es heute Abend im Fernsehen?	What is on television tonight?
N**a**chrichten *Pl* / e Nachrichtensendung, -en	news / news bulletin

Programmes

r Fernsehfilm, -e	television film
r *Kr**i**mi, -s	thriller
s Fernsehspiel, -e	television play
e Sondersendung, -en	special programme
e Fernsehserie, -n	TV serial / series
e beliebte Fernsehserie	popular TV series
r Pilotfilm (einer Fernsehserie)	trial episode (of a TV serial)
e Seifenoper, -n	soap opera
e Sitcom	sit com

e Familienserie, -n	family series
e Kindersendung, -en /	children's programme
s Kinderprogramm, -e	
s Schulfernsehen	television for schools
e Sportsendung, -en	sports programme
e Unterhaltungssendung, -en	entertainment programme
e Talkshow, -s ['tɔ:kʃo:]	chat show, talk show
e Rate- / Quizsendung, -en	quiz show
e Sondermeldung, -en	newsflash
r Dokumentarfilm, -e	documentary film
r Werbespot, -s	commercial

s *Studio, -s	studio
e Ansage, -n	announcement
e Wiederholung, -en	repeat, rerun
e Einblendung, -en	insert
r Ansager, - // e Ansagerin, -nen	announcer
r *Sprecher, - // e Sprecherin, -nen /	announcer / newsreader
r Nachrichtensprecher	
r Moderator, -en //	presenter
e Moderatorin, -nen	
r Kommentator, -en //	commentator
e Kommentatorin, -nen	
r Talkmaster, - ['tɔ:kma:stɐ] //	chat show host
e Talkmasterin, -nen	
r (Film-) Produzent, -en //	(film) producer
e Produzentin, -nen	

Telefon / Fax
Telephone / fax

s *Telefon, -e [auch 'te:ləfo:n] /	telephone
r *Apparat, -e / r Telefonapparat	
ein schnurloses Telefon	a cordless phone
Es klingelt.	The phone's ringing.
Es läutet. schweiz.	The phone's ringing.
Kannst du bitte ans Telefon / an den	Can you answer the phone /
Apparat gehen? / Gehst du mal hin,	answer the phone / answer it,
bitte.	please?
r Mobilfunk	mobile communications, radio
	pager
s *Handy, -s ['hɛndi] /	mobile (phone)
s Mobiltelefon, -e	

Hallo. Hören Sie mich (noch)? / Hallo, sind Sie noch dran?	Hello. Can you (still) hear me? / Hello, are you still there?
Hallo? Die Verbindung ist so schlecht. Ich rufe nochmal an.	Hello? The line is so bad. I'll call again.
s Funktelefon, -e	cordless phone
e **SMS** / e **SMS**-N**a**chricht, -en	text message / sms text message
Schick mir einfach eine SMS!	Just send me a text message.
r **Telef**o**nanschluss**, ÷e	telephone, line
r ISDN-Anschluss, ÷e / r Internetanschluss, ÷e	ISDN line / internet connection
r (Telefon-)***K**u**nde**, -n // e **K**u**ndin**, -nen	subscriber
r ***A**nruf**, -e / s Telefon**a**t, -e / s **Telef**o**ngespräch**, -e	(phone) call / telephone call
Herr Ludwig, ein Anruf für Sie.	Mr Ludwig, a call for you.
Ich warte auf einen **dr**i**ngenden** Anruf.	I'm expecting an urgent call.
r **A**nrufer, - // e **A**nruferin, -nen	caller

On the phone

Hier (bei) Kollar.	Hello? This is the Kollars' phone.
Guten Tag, Herr Kollar. Hier ist Peter Frank.	Hello, Mr Kollar. This is Peter Frank.
(Hier) Kellermann. Kann ich Ihnen helfen?	Kellerman (speaking). Can I help you?
Rolf Junker, guten Morgen.	Rolf Junker speaking, good morning.
Hallo, hier spricht Chris. Ist Carola da?	Hello, this is Chris. Is Carola there?
Ja, einen Moment bitte. Ich hole sie.	Yes, just a moment please. I'll get her.
Nein, kann sie dich zurückrufen?	No. Can she call you back?
Schlecht, aber kann ich ihr eine Nachricht hinterlassen?	That's difficult, but can I leave her a message?
Guten Tag, könnte ich bitte mit Frau Weiß sprechen?	Hello, could I speak to Ms Weiss, please?
Gerne, ich verbinde Sie.	Of course, I'll connect you.
Am Apparat. Was kann ich für Sie tun?	Speaking. What can I do for you?
Einen Augenblick, ich verbinde.	Just a moment, connecting.
Bleiben Sie bitte am Apparat.	Hold the line, please.
Einen Moment bitte … Frau Weiß, Sie werden am Telefon verlangt.	Just a moment, please … Ms Weiss, there is someone on the phone for you.
Tut mir Leid, sie ist nicht da.	Sorry, she's not here.
Ist da die Firma Siemens?	Is that Siemens?
Nein, hier ist Schwarz. Sie sind falsch verbunden. / Sie haben sich wohl verwählt.	No, this is Schwarz. You've got the wrong number. / You must have dialled the wrong number.

Guten Tag. Ich rufe an wegen ... / Ich habe folgendes Problem: ... / Und zwar geht es darum, ...	Hello. I'm calling about ... / I have the following problem: ... / This is what it's about, ...
Mit wem spreche ich bitte? Wie war (doch gleich) Ihr Name?	Who am I speaking to, please? What was your name (again)?
Habe ich Ihren Namen richtig verstanden: Sabine Schäfer?	Did I get your name correctly: Sabine Schäfer?

ein Telefongespräch führen	make a phone call
jn ***anrufen** (rief an, hat angerufen) / ***telefonieren** (mit)	call / phone sb
Ruf mich doch mal an.	Give me a call sometime.
Hat jemand für mich angerufen?	Have there been any calls for me?
Kann ich mal kurz telefonieren? – Gern.	Can I use the phone? – Sure.
Mit wem hast du denn so lange telefoniert?	Who were you on the phone to for such a long time?
Gib mir mal das Telefon bitte.	Give me the phone please, will you?
Bitte lass mich mal kurz mit ihm sprechen.	Let me have a quick word with him, please.
*zurückrufen (rief zurück, hat zurückgerufen)	to call back
Bitte rufen Sie mich unter (der Telefonnummer) 333 444 zurück.	Please call me back on (number) 333 444.
Rufen Sie mich bitte in einer Stunde wieder an.	Call me back in an hour, please.
den Hörer ***abnehmen** (nimmt ab, nahm ab, hat abgenommen) ↔ **auflegen** / **einhängen**	lift the receiver ↔ hang up
abheben ↔ auflegen *österr.*	lift the receiver ↔ hang up
*sich melden (mit + [Name])	to answer [the phone] (with [name])
Es hat sich niemand gemeldet.	There was no reply.
Entschuldigung, ich muss das Gespräch kurz **unterbrechen**. (unterbricht, unterbrach, hat unterbrochen)	Sorry, I have to interrupt our call for a moment.
Entschuldigung, ich muss den Hörer kurz **weglegen**.	Sorry, I have to put the phone down for a moment.

Finish a telephone call

Wir müssen jetzt langsam Schluss machen.	We're going to have to finish in a moment
Ich muss jetzt leider Schluss machen!	Sorry, I've got to finish now.

Können wir bitte Schluss machen, ich erwarte nämlich einen Anruf.	Can we finish, please, I'm expecting a call.
Entschuldigen Sie, ich habe gleich einen wichtigen Termin.	Sorry, I have an important appointment in a minute.
Wir hören dann wieder voneinander.	We'll be in touch then.
Vielen Dank für Ihren Anruf.	Thanks for your call.
(Auf) Wiederhören!	Goodbye.

e **Telefonnummer**, -n / e Faxnummer	(tele)phone / fax number
Die Rufnummer des Teilnehmers hat sich geändert.	The subscriber's number has changed.
Kein Anschluss unter dieser Nummer.	Number unobtainable.
eine Nummer ***wählen**	dial a number
Die Nummer steht im Telefonbuch.	The number is in the phone book.
e ***Vorwahl**(nummer)	(dialling / area) code
Wie ist Ihre Vorwahl?	What's your code?
e **Durchwahl** / e Durchwahlnummer, -n	extension / extension number
Können Sie mich bitte mit Direktor Schulze verbinden? – Da ist gerade besetzt. Ich gebe Ihnen seine Durchwahl: 365.	Can you put me through to Director Schulze, please? – The line is engaged. I'll give you his extension: 365.
Es ist gerade ***besetzt** ↔ ***frei**.	It's engaged / busy ↔ free / ringing.
Es ist ständig besetzt. Ich probiere es später nochmal.	It's engaged all the time. I'll try again later.
s **Freizeichen** ↔ s Besetztzeichen	dial(ling) ↔ engaged/busy tone
r Wählton / r Rufton	dial(ling) tone
Kann ich Sie zurückrufen? – Ja, und zwar unter folgender Nummer: 734…	Can I call you back? – Yes, at the following number: 734…
s ***Fax**(gerät), -e	fax machine
ein Fax ***bekommen** (bekam, hat bekommen) ↔ **faxen** / ein Fax ***schicken**	receive a fax ↔ fax / send a fax
Haben Sie unser Fax nicht erhalten?	Didn't you get our fax?
Könnten Sie es per Fax schicken?	Could you send it by fax?
Ich gebe Ihnen meine Faxnummer.	I'll give you my fax number.
Kann ich Ihnen gleich unser Angebot (durch-) faxen?	Can I fax you our offer now / in a short while?
r ***Anrufbeantworter**, -	answering machine
den Anrufbeantworter ***einschalten** ↔ ***ausschalten**	switch on ↔ off the answering machine
auf den Anrufbeantworter ***sprechen** (spricht, sprach, hat gesprochen)	leave a message on the answering machine
eine ***Nachricht hinterlassen**	leave a message
den Anrufbeantworter / die Nachrichten **abhören**	listen to the answering machine / messages

Hier ist der Anschluss von Petra Keller. Sprechen Sie bitte nach dem Signalton.	This is Petra Keller's phone. Please leave a message after the tone.
e Basisstation, -en	base (unit)
s Ladegerät, -e	(battery) charger
r Stecker, -	plug
s **Telefonkabel**, -	telephone cable
s **Telefonnetz**, -e	telephone network
e **Telefonleitung**, -en	telephone line
Ich kann Sie kaum verstehen. Die Verbindung ist so schlecht.	I can hardly understand you. The connection/line is so bad.
Das Festnetz ist mal wieder **überlastet**. Ich bekomme einfach keine freie Leitung.	The (ground) network is overloaded again. I just can't get a line (out).
Das Festnetz ist **zusammengebrochen**.	The (ground) network has crashed / completely broken down.
Die Leitung ist *tot.	The line is dead.
Unser Telefon ist **gestört**.	Our phone is out of order.
s *Telefonbuch, ⁼er	phone book / directory
die **Gelben Seiten** Pl / s Branchenverzeichnis, -se	Yellow Pages / trade directory /
e (Telefon-) *Auskunft	directory enquiries / assistance
e Inlands- / Auslandsauskunft	national / international directory/ enquiries / assistance
e **Telefongebühr**, -en	telephone charge
r *Tarif, -e / r Ortstarif	rate / local rate
e (monatliche) Grundgebühr, -en	the (monthly) basic charge
e **Einheit**, -en	unit
s Ortsgespräch, -e / s Ferngespräch, -e	local call / long-distance call
e gebührenfreie ↔ gebührenpflichtige Nummer	toll-free ↔ toll number
einen Telefonanschluss *beantragen / einrichten lassen	apply to have a phone line installed / have a new line installed
s Servicetelefon, -e / e Hotline, -s	hot line
e Servicenummer, -n	hotline number
e (Telefon-)**Zentrale** / e Vermittlung	switchboard / operator
e Nebenstelle, -n	extension
e *Telefonzelle, -n / e **Telefonsäule**, -n	(tele)phone box / booth
e Telefonkabine, -n schweiz.	(tele)phone box
s Münztelefon, -e / s Kartentelefon, -e	pay phone / card phone
e *Telefonkarte, -n	phonecard
e Telefonwertkarte, -n österr. / e Taxcard schweiz.	phonecard
Bitte eine Telefonkarte zu 10 Euro.	A 10-euro phonecard, please.

| Bitte die Telefonkarte mit 10 Euro aufladen. | Please charge the phonecard with 10 euros. |

Interjections on the phone

Was?	What?
Ja?	Yes?
So?	Oh?
Wirklich?	Really?
*Sicher.	Certainly.
Aha.	Aha.
*Ach so.	Oh (, I see).
Naja.	Well (, I don't know).
*Bitte? / Wie bitte?	Sorry?
Na *klar.	Sure.

Computer / Internet / E-Mail
Computer / internet / e-mail

r **Computer, - [kɔmpjuːtɐ] / r PC, -s [peːˈtseː] / r Rechner, -	computer / PC / computer
am Computer arbeiten	work at the computer
Tag und Nacht sitzt er vor dem Computer.	He sits at the computer day and night.
r Laptop, -s [ˈlɛptɔp] / s Notebook, -s [ˈnoːtbʊk]	laptop / notebook
ein guter / schneller / leistungsstarker Rechner	a good / fast / powerful computer
den Computer (neu) starten / hochfahren ↔ herunterfahren	(re-)start / boot ↔ shut down the computer
Programme installieren ↔ löschen	install ↔ delete programs
s Rechenzentrum, - zentren	computer centre
r Benutzer, - // e Benutzerin, -nen / r Anwender, - // e Anwenderin, -nen	user
Daten *Pl*	data
e elektronische Datenverarbeitung / EDV	electronic data processing / EDP
Daten eingeben (gibt ein, gab ein, hat eingegeben) / *speichern / (wieder) abrufen (rief ab, hat abgerufen)	enter / save / retrieve data
herunterladen / downloaden	download

Conjugation of foreign words

A lot of foreign verbs are adopted into German with the ending *-ieren*, e.g. *fotokopieren* and are conjugated as regular verbs:
ich fotokopier-e, er fotokopier-t, sie fotokopier-en

But since the end of the 1990s, with the growing popularity of the new media, the English terms are adopted direct and have the ending *-en*. They are conjugated as verbs with regular endings:

downloaden ['daʊnloːdn̩] (*er loadet down / downloadet, hat downgeloadet*)
faxen ['faksn̩] (*er faxt, hat gefaxt*)
mailen ['meːlən] (*er mailt, hat gemailt*)
surfen [' zøːɐ̯fn̩, 'zœrfn̩] (*er surft, hat gesurft*)

If you are not sure how to conjugate a loanword, just look it up in your dictionary or contact the Duden Verlag's grammar hotline.

r Datenbestand, ⸚e	data base
e **Datenbank**, ⸚e	databank
Daten sichern / (ab)speichern	save data
r **Datenschutz**	data protection
r / e Datenschutzbeauftragte, -n der Bundesregierung	Federal Commissioner for Data Protection
s Datenschutzgesetz	Data Protection Act
r Gläserne Mensch	transparent human being

Computer-Hardware

e Zentraleinheit, -en	CPU
r *Bildschirm, -e / r Flachbildschirm, -e / r *Monitor, -e	screen / flat screen / *monitor*
e *Festplatte, -n	hard disk
r Speicher, -	memory
r Zusatzspeicher, -	backing store
r Prozessor, -en	processor
s *Laufwerk, -e	disc drive
r Zip-Drive	zip drive
e *Diskette, -n	floppy
e *CD-ROM, -s	CD-ROM
e DVD, -s	DVD
r CD- / DVD-Brenner, -	CD / DVD burner
e Videokamera, -s	video camera
e *Tastatur, -en	keyboard
e *Taste, -n / e Funktionstaste	key / function key
e *Maus, ⸚e	mouse
s Mauspad, -s ['maʊspɛd]	mouse pad
s Verbindungskabel, -	connecting cable
s Netzteil, -e	power supply / pack
r Akku, -s	battery
r *Stecker, -	plug
e Schnittstelle, -n	interface
r *Drucker, - / r Tintenstrahldrucker / r Laserdrucker	printer / ink-jet printer / laser printer
r Scanner, - ['skɛnɐ]	scanner
s (interne ↔ externe) Modem, -s	(internal ↔ external) modem

e **Hardware** ['haːɐ̯tvɛːɐ̯]	hardware
e ***Software** ['zɔftvɛːɐ̯]	software
e Freeware ['friːvɛːɐ̯] ↔ e ***kommerzielle** Software	freeware ↔ commercial software
s Handbuch, ⸚er	handbook
die Hotline ['hɔtlaɪn] anrufen	call the hotline
s **Betriebssystem**, -e	operating system
s **Verzeichnis**, -se	directory
r **Ordner**, -	file
(neu) **hinzufügen** ↔ **löschen**	add ↔ delete
s ***Fenster**, -	window
s ***Menü**	menu
das Menü ***öffnen** ↔ ***schließen** (schloss, hat geschlossen)	open ↔ close the menu
verkleinern ↔ ***vergrößern**	reduce ↔ enlarge
programmieren	to program
r Programmierer, - // e Programmiererin, -nen	programmer
s ***Programm**, -e	program
benutzerfreundlich	user-friendly
laden / **herunterladen** (lädt herunter, lud herunter, hat heruntergeladen)	load / download
installieren ↔ deinstallieren [deɪnstaˈliːrən]	install ↔ deinstall
ein Programm laufen lassen	run a program
e **Anwendung**, -en	application
s Textverarbeitungsprogramm, -e	text-processing program
einen *Text eingeben (gibt ein, gab ein, hat eingegeben)	enter a text
e Tabellenkalkulation	spreadsheet
ein Bild einscannen ['aɪnskɛnən]	scan a picture
e ***Datei**, -en	file

You can do this to files:

erstellen	create
überarbeiten	update
*öffnen ↔ **schließen*	open ↔ close
abspeichern	save
auf Diskette *speichern	save onto disc
löschen	delete
*kopieren	copy
komprimieren ↔ *dekomprimieren*	compress ↔ decompress
zippen ↔ *entzippen*	zip ↔ unzip
übermitteln / *versenden*	transmit / send
herunterladen	download
*drucken / *ausdrucken*	print / print out

s **Comp<u>u</u>ternetz**, -e	computer network
r Netzbetreiber, - / r **S<u>e</u>rver**, - ['sœ:və]	server
vernetzt sein	be networked
s ***<u>I</u>nternet** / s **World-Wide-Web** ['vø:ɐ̯lt'vai̯t'vɛp *auch* 'vœrlt--] / s **N<u>e</u>tz**	internet / World Wide Web / net
e **<u>Ei</u>nwahl** / e **<u>A</u>nwahl** ↔ e **<u>A</u>bwahl**	log on ↔ off
sich ins Internet **<u>ei</u>nwählen** / ins Internet gehen	log onto the internet
sich im Internet **<u>ei</u>nloggen** ↔ aus dem Internet **<u>au</u>sloggen**	log/go onto ↔ off the internet
Bist du online (↔ offline)? ['ɔnlai̯n] – Ja, ich bin drin! *ugs.*	Are you online (↔ offline)? – Yes, I'm on.
Das Netz ist **überl<u>a</u>stet**. Ich komme nicht rein.	The net is overloaded. I can't get access.
Ich bin aus dem Netz geflogen / rausgeflogen.	It's disconnected me.
im Internet sein	be *on* the internet
im Internet **s<u>u</u>rfen** ['zø:ɐ̯fn *auch* 'zœrfn]	surf the internet
im Internet einzelne Seiten **<u>au</u>frufen** / ***<u>a</u>nschauen**	call up / look at individual pages on the internet
Daten aus dem Internet ***her<u>u</u>nterladen** / **d<u>o</u>wnloaden** ['dau̯nlo:dn̩] / ***kop<u>ie</u>ren**	download / copy data from the internet
r / e (Internet-)Anwender, - / r User, - ['ju:zɐ]	(internet) user
s **<u>I</u>ntranet**	intranet
s **P<u>a</u>sswort**, ⸚er	password
e PIN, -s / r PIN-Code ['pɪnko:t]	PIN / PIN code
das Passwort **<u>ei</u>ngeben** (gibt ein, gab ein, hat eingegeben) / ***<u>ä</u>ndern**	enter / change the password

On the internet

surfen	surf
e *Suchmaschine, -n*	search engine
r *Link, -s*	link
*klicken / *anklicken*	to click / click on
e *Web-Seite, -n*	website
e *Homepage, -s*	homepage
r *Chat-Room, -s*	chat room
chatten	chat

Words from the computer language are mostly pronounced in the English way, e.g., *surfen* ['zø:ɐ̯fn̩, 'zœrfn] oder *chatten* ['tʃɛtn], but always conjugated as a German verb: *er surft / chattet; er hat gesurft / gechattet.*

e *E-Mail, -s ['i:me:l]	e-mail
e E-Mail-Adresse, -n	e-mail address
@ / at [ɛt] / r Klammeraffe *ugs.*	at
Wie ist Ihre E-Mail-Adresse?	What is your e-mail address?
eine E-Mail **beantworten** / **weiterleiten** / **löschen**	reply to / forward / delete an e-mail
eine E-Mail **empfangen** / erhalten	receive an e-mail
mailen	to mail
eine E-Mail *****senden** / *****schicken** / **verschicken**	send an e-mail
e *****Anlage**, -n	attachment
Ich schicke Ihnen die Datei gleich als Anlage in einer E-Mail.	I'll send you the file as an e-mail attachment.

What you do at a computer

*eine *Taste *drücken / gedrückt lassen / loslassen*	press / hold down / release a key
*einschalten ↔ *ausschalten*	switch on ↔ off
die Diskette einlegen ↔ herausnehmen	insert ↔ remove a disc
*den *Stecker hineinstecken ↔ herausziehen*	put in ↔ pull out the plug
*etw *einstellen / verstellen*	adjust sth.
anschließen ↔ unterbrechen	connect ↔ disconnect

r Kopierschutz	copy protection
r **Hacker**, - ['hɛkɐ] // e Hackerin, -nen	hacker
r **Virus** ['vi:rʊs], Viren	virus
Mein Computer ist abgestürzt.	My computer has crashed.

Briefe und Post
Letters and mail

e *****Post** / s **Postamt**, ⸚er	post, post office
bei der Post arbeiten	work for the Post Office
r **Postmitarbeiter**, - // e **Postmitarbeiterin**, -nen	postal worker
r / e **Postangestellte**, -n	postal worker
s **Postfach**, ⸚er	post-office box, PO box
e Schalterhalle, -n	(main) hall, concourse
r *****Schalter**, -	counter
Gehen Sie zum Abholschalter da drüben bitte.	Go to the collection counter over there, please.
s **Porto** / Postgebühren *Pl*	postage / postal rates / charges
*****wiegen** (wog, hat gewogen)	weigh

Können Sie bitte den Brief wiegen. Stimmt das Porto?
Can you weigh the letter, please? Is the amount of postage right?

e (Brief-)Waage, -n
(letter-)scales

e *Briefmarke, -n / e Sondermarke, -n
(postage) stamp / special issue stamp

eine Briefmarke auf den Brief *kleben / einen Brief frankieren
stick a stamp on a letter / frank a letter

Briefmarken sammeln
collect stamps

r *Briefkasten, -̈en
postbox / letterbox / mailbox

einen Brief einwerfen
post a letter, put a letter in / through the letterbox

Wirfst du bitte den Brief für mich in den Briefkasten?
Can you post this letter for me, please?

Schau mal in den Briefkasten, ob was da ist.
Have a look in the letterbox to see if there is anything in it.

Ich gehe mal kurz runter den Briefkasten leeren.
I'll just go down and empty the letterbox.

In Germany, Austria and Switzerland everything to do with the post is yellow: postal vans, postboxes (Briefkästen), etc.
There are also private post and parcel services.

r *Brief, -e
letter

per Post / mit der Post *schicken
send by post

zur Post gehen (ging, ist gegangen)
go to the post office

den Brief auf die / zur Post *bringen (brachte, hat gebracht) ↔ von der Post *abholen / *holen
take a letter to ↔ collect a letter from the post office

einen Brief *aufgeben (gibt auf, gab auf, hat aufgegeben) / abschicken / verschicken
post / send a letter

einen Brief stempeln
postmark a letter

Der Brief wurde in Berlin abgestempelt / aufgegeben.
The letter was postmarked / posted in Berlin.

r *Empfänger, - // e Empfängerin, -nen ↔ r *Absender, - // e Absenderin, -nen
addressee, recipient ↔ sender

e *Adresse, -n
address

r Adressaufkleber, -
address label

e *Postleitzahl, -en
postcode / zip code

Wie ist die Postleitzahl?
What is the postcode?

r *Briefumschlag, -̈e / s Kuvert, -s *österr.* / s Couvert, -s *schweiz.*
envelope

r Freiumschlag, -̈e
pre-paid envelope

Hilfst du mir die Briefe fertig machen? Sie müssen noch in den Umschlag gesteckt und beschriftet / adressiert werden.
Can you help me finish these letters? They have to be put in the envelope and addressed.

den Brief zukleben
seal the letter

Addressing an envelope

Addresses in the German-speaking countries are written like this:
1st line: name
2nd line: street
3rd line: A (for Austria) postcode / zip code, town / city
(4th line: country)
It is a postal requirement that the sender's address be written on the outside of the
envelope – either top left on the front, or along the top of the back.

e *Postkarte, -n	postcard
s Telegramm, -e	telegram
e Waren- / Büchersendung, -en	postal item with sample [at reduced rate] / [postal item at] printed paper rate
e Infopost	printed matter
e Postwurfsendung, -en / e Werbesendung, -en	direct mail item / junk mail
s *Paket, -e	parcel
s *Päckchen, - / s Packerl, - österr.	small packet
Was ist billiger? Brief oder Päckchen?	What's cheaper? Letter or small packet?
per Express	express / special delivery
mit / per *Luftpost schicken	send by / via airmail
auf dem Luftweg / Landweg / Seeweg	by air / surface mail / sea
s *Einschreiben, -	registered post (item)
e Nachnahme, -n	cash on delivery
r Wertbrief, -e	[insured] registered letter
internationaler Antwortschein	international reply coupon
e Postanweisung, -en	postal order
postlagernd	poste restante / general delivery

At the post office

Was kostet dieser Brief in die Schweiz per Luftpost bitte?	What does this letter to Switzerland by airmail cost, please?
Ich möchte das Einschreiben abholen.	I want to collect the registered letter.
Gehen Sie zu Schalter 4.	Go to counter 4.
Haben Sie Ihren Ausweis dabei?	Have you got your identity card / passport?
Füllen Sie bitte die Paketkarte aus und unterschreiben Sie da.	Please fill in the parcel card and sign there.
Da fehlt noch der Absender.	The sender is missing.

r *Briefträger, - //
  e Briefträgerin, -nen /
  r Postbote, -n // e Postbotin, -nen /
  r (Post-)Zusteller, - //
  e Zustellerin, -nen / r Pöstler, - schweiz.

postman, mailman / postwoman

Ist Post für mich da?

Is there any post for me?

Schau mal nach, ob die Post schon da war.

Have a look and see if the mail / post has come yet, will you?

Ist das *Schreiben vom Finanzamt endlich da?

Has the letter from the tax office finally come?

Das Paket ist verloren gegangen. Könnten Sie bitte nachforschen, was passiert ist?

The parcel has got lost. Can you please have it traced?

Dieser Brief war zehn Tage *unterwegs.

My letter was ten days in the post.

Der Brief konnte nicht zugestellt werden.

The letter could not be delivered.

r Nachsendeantrag, ⸚e

application to have one's mail forwarded

e Nachsendeanschrift

forwarding address

Bitte nachsenden!

please forward

Falls unzustellbar, bitte zurück an Absender.

If undelivered, please return to sender.

Gebühr bezahlt Empfänger

Freepost

Korrespondenz
Correspondence

e Korrespondenz / r Schriftverkehr

correspondence

*schriftlich

written, in writing

Wir verkehren nur noch schriftlich miteinander.

We only have written correspondence with each other.

etw schriftlich festhalten

to record sth. in writing

*schreiben (schrieb, hat geschrieben)

write

schreiben an (+A)

write to

schreiben mit

write with

*falsch ↔ *richtig schreiben

write correctly ↔ incorrectly

Schreiben Sie den Brief bitte auf Englisch.

Please write the letter in English.

s *Schreiben, - / s Schriftstück, -e

letter / document

ein amtliches / vertrauliches Schreiben

an official / confidential letter

Das Schreiben muss noch heute raus / rausgeschickt werden.

The letter must go / be sent out today.

aufsetzen / einen Entwurf machen

draft, draw up / make a draft

e schöne / leserliche ↔ unleserliche / krakelige *Schrift

nice / legible ↔ illegible / scrawly handwriting

*korrigieren / gegenlesen (lassen)	to correct / read and check (have sb read and check)
Bitte legen Sie mir das Schreiben gleich zur Unterschrift vor.	Please present the letter for my signature straightaway.
*unterschreiben (unterschrieb, hat unterschrieben) / unterzeichnen	to sign
Bitte unterschreiben Sie hier mit Ihrem vollem Namen.	Please sign here with your full name.
abzeichnen	to initial
e Kopie, -n	copy
r *Brief, -e	letter
s Briefformat, -e	letter size

Example of a business letter

Martin Müller
Einsteinstr. 55
D-75201 Stuttgart
Tel. 0711 – 33 44 55

Firma
Selters
Winterburger Landstraße 124
CH-4530 St. Gallen

	Stuttgart, den 20. November 2002 / 20. 11. 2002
Ihr Schreiben vom 11. November 2002 ·	(ref) Your letter of November 11th, 2002

[salutations]
Sehr geehrte Damen und Herren,	Dear Sirs, Ladies & Gentlemen
Sehr geehrter Herr Rappo / Sehr geehrte Frau Rappo,	Dear Mr / Ms / Mrs Rappo

[possible introductory sentences]
vielen Dank für Ihr Schreiben vom 11. 11. 2002.	Thank you for your letter of 11.11.2002.
wir teilen Ihnen hiermit mit ...	We would like to inform you that ...
ich wende mich an Sie mit der Bitte, ...	I would like to make a request
ich beziehe mich auf unser Telefongespräch vom 11.11.02.	I refer to our telephone conversation of 11.11.02.

wir freuen uns, Ihnen mitteilen zu können, dass ...	We are pleased to be able to inform you that ...
wir bedauern sehr, Ihnen heute mitteilen zu müssen, dass ...	We very much regret having to tell you today that ...
hiermit / mit diesem Schreiben bitten wir Sie um ...	We hereby ask you for ...

[closing sentences]

Für Ihre Bemühungen vielen Dank im Voraus.	Thank you in advance for your trouble.
Wir hoffen, bald von Ihnen zu hören.	We hope to hear from you soon.
Wir bitten um Ihr Verständnis.	We hope you will understand.
Mit bestem Dank für Ihre Bemühungen.	Thank you very much for all you have done / for your trouble.
Frau Raez wird sich in den nächsten Tagen mit Ihnen in Verbindung setzen.	Ms Raez will contact you in the next few days.
Ich freue mich auf unser nächstes Treffen und verbleibe bis dahin (new line) mit freundlichen Grüßen	I am looking forward to our next meeting and remain, Yours sincerely

[complimentary close]

Mit freundlichen Grüßen	Yours faithfully / sincerely
Beste Grüße	Best wishes

(signature)

PS (Postskript(um)):	PS (postscript)
*Anlage(n)	Enclosure

s *Angebot, -e	offer
Wir machen ihnen ein besonders günstiges Angebot.	We can make you a very favourable offer.
e Bestellung, -en	order
e Bestätigung, -en	confirmation
e Reklamation, -en / e Beschwerde, -n	complaint
e Rechnung, -en	bill, invoice
e Kurznotiz, -en / s Memo, -s	memo
r Kurzbrief, -e	short letter, memo
e Einladung, -en	invitation
e Zusage, -n ↔ e Absage, -n	acceptance ↔ refusal
e Anfrage, -n	inquiry
e *Antwort, -en	answer / reply
Bitte antworten Sie mir *möglichst bald.	Please reply as soon as possible.
e *Bewerbung, -en / s Bewerbungsschreiben, -	application / letter of application
e Kündigung, -en	notice [termination of contract]

| e E-Mail, -s | e-mail |
| s Fax, -e | fax |

Abbreviations

Fa. / *Firma	co. / company
i.A. / im Auftrag	p.p.
z.Zt. / zur Zeit	at the moment
bzw. / beziehungsweise	or / respectively
z.Hd. / zu Händen / zu Handen (österr.)	att. / for the attention of
ggf. / gegebenenfalls	if necessary
etw. / *etwas	sth. / something
dt. / deutsch	German
evtl. / *eventuell	possibly
o.Ä. / oder Ähnliches	or similar
u.a. / unter anderem	among other things
etc. / et cetera	etc. / et cetera
usw. / und so weiter	etc. / et cetera
z.B. / zum Beispiel	e.g. / for example
b.w. / bitte wenden	p.t.o. / please turn over
u.A.w.g. / um Antwort wird gebeten	RSVP / répondez s'il vous plaît
ca. / circa	c. / about
vgl. / vergleiche	cf. / compare
s.u. / siehe unten	see below
s.o. / siehe oben	see above
am 10. d.M. / dieses Monats	on 10th of this month

19

Wirtschaft und Geschäftsleben
Economy and business life

Unternehmen und ihre Organisation
Companies and their organization

s **Unternehmen**, -	company, enterprise
Er arbeitet für ein führendes Unternehmen in der Computerbranche.	He works for a leading company in the computer business.
e Unternehmensführung, -en	management
r **Unternehmer**, - // e **Unternehmerin**, -nen	entrepreneur
r / e **Industrielle**, -n	industrialist
r **Firmensitz**, -e	company headquarters
e **Hauptverwaltung**, -en	head office
e **Niederlassung**, -en	branch
e **Filiale**, -n / e Zweigstelle, -n	branch

s *Unternehmen*, -	enterprise, company
e *Firma, Firmen*	firm, company
r *Konzern, -e*	concern
s *Firmenkonsortium, -konsortien*	consortium
s *Werk, -e*	works
r *Betrieb, -e*	business, firm, operation
e *Fabrik, -en*	factory

e **Organisationsstruktur** / s Organigramm	company organization / organization chart, organigram
e **flache** ↔ **steile Hierarchie**, -n [hjerar'çi: *auch* hir…]	flat ↔ steep hierarchical structure
Hierarchien werden langsam abgebaut.	Slowly hierarchical structures are being dismantled.
s Lean-Management ['li:nmɛnedʒmənt] / e Leanproduction ['li:nprɔ'dʌkʃn]	lean management / lean production
s **Outsourcing** ['autsɔ:sɪŋ]	outsourcing
Bestimmte Unternehmensaktivitäten werden ausgelagert / an Fremdfirmen weitergegeben.	Certain company activities are being transferred / handed over to outside companies.
e **Teamarbeit** / e **Projektarbeit**	teamwork / project work
in einem Team arbeiten	work in a team
r **Ausschuss**, ⸚e	committee
r Arbeitskreis, -e	working group
e ***Sitzung**, -en / s **Meeting**, -s ['mi:tɪŋ]	meeting
e **Besprechung**, -en	meeting, conference
Wir müssen für 10 Uhr ein Meeting **ansetzen**.	We must schedule a meeting for 10 o'clock.

die Sitzung ***eröffnen / unterbrechen** (unterbricht, unterbrach, hat unterbrochen) / ***schließen** (geschlossen)
: open / interrupt / close the meeting

in einer Sitzung / in einem Meeting sein
: be in a meeting

r **Mitarbeiter**, - // e **Mitarbeiterin**, -nen
: member of staff, employee

Wir beschäftigen zur Zeit 134 Mitarbeiter.
: At present we have 134 employees.

r **Sachbearbeiter**, - // e **Sachbearbeiterin**, -nen
: person responsible [for a specific work area], clerk

r **Referent**, -en // e **Referentin**, -nen
: expert

r / e **leitende *Angestellte**, -n
: manager, executive

A company is divided up into:

e *Unternehmensleitung, -en*	management
r *Vorstand, ⸚e*	board
r / e *Vorstandsvorsitzende, -n*	chairman of the board
r *Aufsichtsrat*	supervisory board
r / e *Aufsichtsratsvorsitzende, -n*	chairman of the supervisory board
r *Direktor, -en* // e *Direktorin, -nen*	director
r *Firmenleiter, -* // e *Firmenleiterin, -nen*	manager
r **Chef, -s* // e *Chefin, -nen*	boss
e *Geschäftsführung, -en*	management
r *Geschäftsführer, -* // e *Geschäftsführerin, -nen*	manager, managing director
r *Gesellschafter, -*	partner
r *Arbeitnehmervertreter, -* // e *Arbeitnehmervertreterin, -nen*	employees' representative

Commercial side of a business

e **Verwaltung*	administration
r *Verkauf / r Vertrieb*	sales (department)
e *Planung*	planning (department)
s *Controlling* [kɔn'troːlɪŋ]	controlling (department)
r *Einkauf*	purchasing (department)
e *Personalabteilung*	personnel department
e *Buchhaltung*	accounts / bookkeeping (department)

Technical side of a business

e *Fertigung / e *Produktion*	manufacturing / production department
e *Entwicklung*	development
e **Forschung*	research

e *Abteilung, -en — department
In welcher Abteilung sind Sie tätig? — Which department do you work in?

r Geschäftsbereich, -e — division
r Leiter, - // e Leiterin, -nen — head, manager
r Leiter der EDV-Abteilung — head of data processing, data-processing manager

r Werksleiter — works manager
r Abteilungsleiter, - / r Bereichsleiter — head of a department / division
Im *Allgemeinen sind wir mit dem neuen Abteilungsleiter zufrieden. — Overall / In general we're happy / satisfied with the new head of department.

r Verkaufsleiter / r Vertriebsleiter — sales manager
r Verwaltungsleiter / r Personalleiter — chief administrative officer / head of personnel

r Prokurist, -en — authorized signatory
r Meister, - — master (craftsman), foreman
e oberste / mittlere / untere Führungsebene, -n — top / middle / bottom level of management
aufsteigen (zu) (stieg auf, ist aufgestiegen) — be promoted
s Management ['mɛnɪtʃmənt] — management
r Manager, - ['mɛnɪdʒɐ] // e Managerin, -nen — manager
r Topmanager, - ['tɔpmɛnɪdʒɐ] — top manager
im Management arbeiten — be part of the / be in management
e Managementaufgabe, -n — management task

Management tasks

*Mitarbeiter *führen* — supervise / manage staff
anleiten / anweisen / jn beauftragen (mit) — instruct / instruct / give sb the task (of doing …)
motivieren — motivate
*Aufgaben *verteilen* — allocate tasks / responsibilities
kontrollieren — control, check
überwachen — supervise
Gespräche führen (mit) — have talks (with)
*ein Projekt *leiten / durchführen* — run / carry out a project
(Jahres-)Ziele definieren — define (annual) goals
verhandeln / Verhandlungen führen — negotiate
*diskutieren / besprechen — discuss
*entscheiden / Entscheidungen treffen — decide / make decisions

e Verwaltungsarbeit, -en — administration work
s operative Geschäft, -e — operational / strategic business
Das operative Geschäft läuft gut ↔ schlecht. — The operational business is going well ↔ badly.

r gute ↔ schlechte **Führungsstil**   good ↔ bad leadership style
e **Unternehmenskultur**   corporate culture
e **Corporate Identity**   corporate identity
  ['koːɐpərət|ai'dɛntiti] /
  e Firmenzugehörigkeit
e **soziale Kompetenz**   social skills
e **Umstrukturierung**, -en   restructuring
e **Unternehmensberatung**, -en   management / business
       consultancy (firm)

Marketing
Marketing

s **Marketing**   marketing
e **Produktidee**, -n   idea for a product
r ***Markt**, ⁻e   market
Angebot und Nachfrage   supply and demand
etwas **auf den Markt *bringen**   launch / throw sth. onto the
  (brachte, hat gebracht) / werfen   market
ein neues Produkt an den Mann   find takers for a new product
  (/ die Frau) bringen
e **Marktforschung**, -en /   market research / analysis
  e Marktanalyse, -n
r **Marktführer**, -   market leader
Der Markt für Sportgeräte ist zurzeit   The market for sports apparatus is
  gesättigt.   saturated at the moment.
e **Zielgruppe**, -n   target group
Eine bestimmte Altersgruppe wurde   A specific age group was polled.
  befragt.
r Testmarkt, ⁻e   test market
Umfragergebnisse *zeigen: …   Survey results show …
e Markentreue / e Markenidentität   brand loyalty / identity
s Marktvolumen / s Marktpotenzial   market volume / potential
e **Prognose**, -n   forecast
e **Marketingstrategie**, -n   marketing strategy
s **Marketingkonzept**, -e   marketing plan
Zur Steigerung des Marktanteils wurde ein   A new marketing plan was
  neues Marketingkonzept entwickelt.   developed to increase the
       (company's) market share.

s **Image** ['ɪmɪtʃ]   image
sein Image aufbauen / verbessern   build up / improve one's image
s Firmenlogo, -s   company / business logo
e Verkaufsförderung / e Absatzförderung   sales promotion
s Direktmarketing / e Direktwerbung   direct marketing / advertising
s **Merchandising** ['møːɐtʃndaizɪŋ *auch*   merchandising / measures to
  'mœrtʃ…] / verkaufsfördernde   promote sales
  Maßnahmen

e **Publicity** [pa'blɪsiti]	publicity
e ***Werbung**, -en / e ***Reklame**, -n	advertising, advertisement
für ein Produkt Reklame machen	advertise a product
vergleichende Werbung	comparative advertising

Advertising and advertisements can be ...

informativ	informative
ästhetisch ansprechend	aesthetically appealing
zum Kauf motivierend	motivating people to buy
**langweilig*	boring
aggressiv	aggressive
geschmacklos	in bad taste
politisch inkorrekt	not politically correct
originell	original
klischeehaft	clichéed
glaubwürdig ↔ *unglaubwürdig*	credible ↔ implausible
witzig	funny
phantasievoll	imaginative
kreativ	creative
überraschend	surprising
irritierend	irritating

e **Werbeindustrie** / e **Werbebranche**	advertising industry / advertising
in der Werbung tätig sein	be in advertising
e **Werbeagentur**, -en	advertising agency
r künstlerische Leiter // e künstlerische Leiterin einer Werbeagentur	art director of an advertising agency
kreativ / schöpferisch	creative(ly)
e Werbeabteilung, -en	advertising department
Sie haben einen großen Werbeetat.	They have a big advertising budget.
Werbeausgaben *Pl* ↔ Werbeeinnahmen *Pl*	advertising expenditure ↔ revenue
Es wird viel Geld für die Werbung ausgegeben.	A lot of money is spent on advertising.
e **Werbekampagne**, -n	advertising campaign
eine Werbekampagne starten	launch an advertising campaign
eine aggressive Werbekampagne	an aggressive / a hard-sell campaign
Da wird kräftig die Werbetrommel gerührt.	They're really thumping the drum.
r Werbeträger, -	advertising medium
werbewirksam	effective (as advertising)
r **Slogan**, -s ['sloːgn̩] / r Werbeslogan / r Werbespruch, ⁼e	slogan / advertising slogan
r Werbetext, -e	(advertising) copy
r **Texter**, - // e **Texterin**, -nen	copywriter

e **Wẹrbeanzeige**, -n	advertisement
s Werbeinserat, -e *schweiz.*	advertisement
eine Anzeigenserie schalten	place a series of advertisements
in der Zeitung werben	advertise in the newspaper
r **Wẹrbespot**, -s	commercial
Wann wird der Spot gesendet /	When will the spot be broadcast?
ausgestrahlt?	
s Werbefernsehen / r Werbefunk	TV / radio commercials
s Product-Placement ['prɔdakt'ple:smɛnt]	product placement
e **Mẹsse**, -n / e ***Ausstellung**, -en	(trade) fair / exhibition
e Fachmesse / e Publikumsmesse	trade fair / fair for the general public
r **Aussteller**, -	exhibitor
r Ausstellungsbesucher, -	visitor to an exhibition
Besuchen Sie uns doch an unserem	Come and see us on our stand.
Messestand.	
s **Wẹrbematerial**, -ien	promotional material
r ***Prospẹkt**, -e / r Katalog, -e	brochure / catalogue
s **Prospẹkt**, -e *österr.*	brochure
r Handzettel, - / e Broschüre, -n	flyer, handbill / brochure
e Reklamesendung, -en	junk mail
e **Ịnfopost** / e Postwurfsendung, -en /	direct mail / mailshot
r Werbebrief, -e /	
e Werbesendung, -en	
Bitte keine Reklame einwerfen!	No junk mail, thank you.
e **Reklamewand**, ⁼e /	hoarding, billboard
e Plakatwand, ⁼e	
e **Leuchtreklame** / e Neonreklame	neon (advertising) sign
e Schaufensterdekoration, -en /	shopwindow display
e Auslage, -n	
s Werbegeschenk, -e	giveaway
Gutscheine verteilen	distribute coupons
e **Wẹrbewirkung**	advertising / publicity effect
sich identifizieren mit	identify with
Man wird unterschwellig / indirekt zum Kaufen **verführt**.	Subliminally / Indirectly you're induced to buy.
Die Werbung spricht sie nicht an.	The advertising doesn't appeal to them. / They don't respond to the advertising.
e **Öffentlichkeitsarbeit** / Publicrelations ['pablıkri'le:ʃn̩s] / PR	public relations (work)
r **PR-Mạnn**, ⁼er // e **PR-Frau**, -en	PR-man // woman
r Firmensprecher, - // e Firmensprecherin, -nen	company spokesperson
e **Prẹssekonferenz**, -en	press conference
e Pressemappe, -n	press kit

r **Vertrieb** / r **Verkauf**	sales (department)
r Vertriebspartner, - (im Ausland)	distributor (abroad)
r Vertriebsweg, -e	distribution channel
exportieren	to export
r *Export / r Außenhandel	export / export trade
s Exportgeschäft, -e	export business / trade
r Außendienst	sales force
r Außendienstmitarbeiter, - //	salesperson
e Außendienstmitarbeiterin, -nen	
r *Vertreter, - // e Vertreterin, -nen	representative
r Makler, - // e Maklerin, -nen	broker, estate agent, realtor
e **Provision** / e Courtage, -n [kʊrˈtaːʒə]	commission
*verkaufen / vertreiben	sell / market
Wir sind der führende Anbieter für Rollerblades.	We are the leading supplier of rollerblades.
r **Marktführer**, -	market leader
r *Kunde, -n // e Kundin, -nen	customer
r Bestandskunde ↔ r Neukunde	existing ↔ new customer
s Neukundengeschäft, -e	business with new customers
s *Angebot, -e	offer
ein Angebot einholen / um ein Angebot bitten	seek / request an offer
*anbieten (bot an, hat angeboten)	to offer
r *Auftrag, ⁼e	(sales) order, commission
Wir erteilen Ihnen den Auftrag über 1.000 Bürostühle Modell AX.	We herewith place an order with you for 1,000 model AX office chairs.
einen Auftrag ausführen / *erledigen	fill, fulfil, execute an order
Die Auftragslage ist zur Zeit gut ↔ schlecht.	Our present order situation is good ↔ bad.
r **Auftraggeber**, - // e **Auftraggeberin**, -nen	buyer, customer, client
e Auftragsbestätigung, -en	confirmation of order
Der Auftrag wurde zurückgestellt / storniert.	The order was shelved / cancelled.
Bis wann können Sie den Artikel *liefern?	When can you supply / deliver this item by?
e **Lieferung**, -en / e Warenlieferung	delivery / delivery of goods
Lieferung frei Haus.	franco domicile
r Lieferant, -en / e Lieferantin, -nen	supplier
r Lieferauftrag, ⁼e	purchase order
Die Lieferfrist beträgt 2 Wochen.	The delivery time is 2 weeks.

Leider haben wir gerade Lieferprobleme.	We are unfortunately having problems keeping pace with orders at the moment.
Dieser Artikel ist zurzeit leider nicht **lieferbar**.	This item is unfortunately out of stock at the moment.
e ***Rechnung**, -en	invoice, bill
e ausstehende ↔ bezahlte Rechnung	outstanding invoice ↔ paid bill
eine Rechnung *bezahlen	pay an invoice / bill
***Angeblich** hat er die Rechnung schon bezahlt.	He says he's already paid the bill.
e Zahlungsfrist einhalten ↔ versäumen	keep to ↔ exceed the credit period
e Mahnung, -en / e Zahlungserinnerung, -en	reminder
fristgemäß / fristgerecht zahlen	pay within the specified period
Zahlungsaufschub einräumen	grant an extension (for payment)
e **Logistik**	logistics
r ***Transport**, -e	transport
s Transportunternehmen, - / e Spedition, -en	forwarding agent, haulage contractor
eine Spedition beauftragen (für)	hire a forwarding agent (for)
Transportkosten *Pl*	transport costs
Versandpapiere *Pl*	dispatch documents
etwas **versenden**	ship, forward, dispatch something
e Fracht *Sg*	freight
Die Auslieferung erfolgt ab Lager.	The goods can be supplied from stock.
s **Lager**, - / s Warenlager	stock(s), storeroom, warehouse
s Lagerhaus, ⸚er	[large] warehouse
s **Inventar** / r Warenbestand	inventory
Das Lager ist ***voll** / gefüllt ↔ ***leer**.	Stocks are full ↔ empty.
Das Modell ist nicht mehr **vorrätig** ↔ noch vorrätig / **auf Lager**.	The model is out of stock ↔ still available / in stock.
Wir liefern aus, solange der Vorrat reicht.	Orders can be met while stocks last.
e (zweijährige) ***Garantie**	(two-year) guarantee
Unser Name steht für gute Qualität.	Our name is a guarantee of good quality.
Das fällt nicht unter die Garantie.	That isn't covered by the guarantee.
kulant sein	be obliging / accommodating
e Kulanz *Sg*	willingness to oblige, good will
e **Lizenz** [li'tsɛnts] / e Konzession (erteilen)	(grant a) licence
s **Franchising** ['frɛntʃaizɪŋ]	franchising
Diese Restaurantkette wird in Franchise-Form geführt.	This chain of restaurants is run on a franchising model.

Finanzen und Bankverkehr
Finances and banking transactions

Finanzen *Pl*	finances
geordnete ↔ zerrüttete Finanzen	finances in order ↔ in a disastrous state
***finanziell**	financial
Unsere finanziellen ***Mittel** sind begrenzt.	Our financial resources are limited.
Unsere finanzielle ***Lage** ist gut ↔ schlecht.	Our financial position is good ↔ bad.
Finanziell steht die Firma gut da.	Financially the company is healthy.
maximale ↔ minimale / durchschnittliche Erträge	maximum ↔ minimum / average returns
r **Leiter**, - // e **Leiterin**, -nen (der **Finanzabteilung**)	head (of the finance department)
r Schatzmeister, - // e Schatzmeisterin, -nen / r Kassenwart, -e	treasurer
s **Geschäftsjahr**, -e / s **Wirtschaftsjahr**	financial year
s **vorangegangene** / **jetzige** / **kommende** Geschäftsjahr	the previous / present / coming financial year
ein Geschäftsjahr ***abschließen**	close / complete a financial year
e positive ↔ negative **Bilanz**, -en	positive ↔ negative balance sheet
mit ***Gewinn**, -en ↔ ***Verlust**, -en	with a profit ↔ loss
s **Rechnungswesen**	accountancy, accounting
r **Zahlungsverkehr**	payments, transactions
r Zahlungseingang ↔ r Zahlungsausgang	payments received ↔ payments made
***buchen** / **verbuchen**	to book / enter
s Buchungswesen	[theory of] bookkeeping
e **Buchführung** / e **Buchhaltung**	[practice of] bookkeeping, accounting
s ***Konto**, Konten	account
Bitte verbuchen Sie das auf das Konto „Vermischtes".	Please book this under "miscellaneous".
Schwarze Konten / Schwarzkonten / Schwarzgeld	illicit accounts / earnings
s ***Geld**, -er	money
Geld **einnehmen** (nimmt ein, nahm ein, hat eingenommen) ↔ ***ausgeben** (für) (gibt aus, gab aus, hat ausgegeben)	take ↔ spend money (on)
e **Einnahme**, -n ↔ e **Ausgabe**, -n / e **Aufwendung**, -en	income ↔ expenditure
Soll ↔ **Haben**	debit ↔ credit
s **Guthaben**, -	credit balance

r Übertrag, ⸚e	carry-over, amount carried forward
s Abschreibungsobjekt, -e	depreciation base / item
über geringe ↔ große **Geldmittel** verfügen	have few ↔ substantial funds available
Neue Geldmittel werden nicht mehr zur Verfügung gestellt.	Further funding will not be made available.
r finanzschwache ↔ finanzkräftige **Geldgeber**, - / r **Investor**, -en	financially weak ↔ strong backer / investor
Geld *sparen	save money
mit dem Geld sparsam umgehen ↔ das Geld großzügig ausgeben / verprassen *ugs.*	be careful with money ↔ spend liberally / blow money
Die Firma kommt ihren **finanziellen Verpflichtungen** nicht mehr nach.	The company can no longer meet its financial obligations.
zahlungsunfähig werden	become insolvent
Insolvenz anmelden	register insolvency
die Zahlungsunfähigkeit abwenden	avert insolvency
in Konkurs gehen	go bankrupt
*existieren	exist
Die Firma existiert nicht mehr.	The company / firm / business doesn't exist any more.
Schulden *Pl* machen / anhäufen	get into debt / pile up debts
Der Schuldenberg wächst.	The mountain of debt is growing.
jm Geld ***leihen** / Geld **verleihen**	lend money to sb / lend money
(sich) Geld ***borgen** / **ausleihen** / (aus)borgen *österr.* (von)	borrow money (from)
r ***Kredit**, -e [*auch* …'dɪt]	credit, loan
einen Kredit ***bekommen** (bekam, hat bekommen) / ***aufnehmen** (nimmt auf, nahm auf, hat aufgenommen)	get / take out a loan
(jm) einen Kredit **gewähren** ↔ ***ablehnen**	grant ↔ refuse (sb) a loan
kreditwürdig sein	be creditworthy
e **Rate**, -n / e **Ratenzahlung**, -en	instalment
etwas **in Raten *zahlen**	pay for something by instalments
Die erste Rate ist im Mai **fällig**.	The first instalment is due in May.
Er zahlt sein Auto in monatlichen Raten von 200 Euro ab.	He's paying off his car in monthly instalments of 200 euros.
Die Firma muss all ihre Schulden auf einmal zurückzahlen.	The company has to pay off all its debts at one go.
schuldenfrei sein	be free of debt

Geld	money
Kohle	dough
Knete	bread
Pinke Pinke / Kröten / Kies	dosh / dough / bucks

Das ist ein Haufen Geld.	That's a load of money.
Das ist eine Stange Geld.	That's a load of money.
Das ist ein Batzen Geld.	That's a pile of money.
Geld verpulvern / verjubeln	blow money
Geld verschleudern / verprassen	squander money
Geld zum Fenster rausschmeißen	throw money out of the window
Diese Familie stinkt vor Geld.	This family is stinking rich.
Sie schwimmen im Geld. / Sie haben Geld wie Heu.	They are rolling in money.
Sie wissen nicht wohin mit ihrem vielen Geld.	They don't know what to do with their money.
Sie haben das nötige Kleingeld dafür.	They have the wherewithal.

e *Bank, -en	bank
e Sparkasse, -n	savings bank
e Bankfiliale, -n / e Zweigstelle, -n	branch of a bank
Bei welcher Filiale sind Sie?	Which branch are you with?
e Europäische Zentralbank / e EZB	European Central Bank / ECB
e Landeszentralbank	regional / state central bank
r Banker, - ['bɛŋkɐ *auch* 'baŋkɐ] // e Bankerin, -nen / r Bankier, -s [baŋ'kie:]	banker
r Tresor, -e	safe, strong-room
s Schließfach, ⸚er	deposit box
e *Kasse, -n	cash register
r Geldautomat, -en	cash machine / dispenser
r Bankomat, -en *österr. / schweiz.*	cash machine / dispenser
Ich muss noch schnell Geld am Automaten holen / abheben.	I've just got to get / pick up some money from the cash machine.
e Geheimnummer, -n / e PIN-Nummer eingeben	enter a secret (account) number / PIN
s *Konto, Konten	account
s Girokonto / s Sparkonto	current / savings account
s Festgeldkonto / s Wertpapierkonto	deposit account / securities account
s Nummernkonto	numbered account
e Kontogebühr, -en	bank charge
s Homebanking ['hoʊmbæŋkɪŋ] / s Internetbanking ['ɪntɐnɛtbɛŋkɪŋ]	homebanking / internet banking
e Direktbank, -en	direct bank
r Bankkunde, -n // e Bankkundin, -nen	bank customer
r Geschäftskunde, -n ↔ r Privatkunde, -n	business customer ↔ private customer
r Kundenberater, - // e Kundenberaterin, -nen	customer consultant, customer service personnel

At the bank

(bei einer Bank) ein Konto *eröffnen	open an account (with a bank)
e Servicekarte	service card
e Geldkarte	cash card
e Kundenkarte (österr.)	cash card
e EC-Karte	EC [eurocheque] card
e *Scheckkarte / e Bankomatkarte (österr.)	cheque card / cash card
e *Kreditkarte	credit card
e Einzahlung, -en ↔ e Auszahlung, -en	deposit ↔ withdrawal
Geld auf ein Konto *einzahlen	deposit money in an account
an der *Kasse Geld einzahlen	pay in money at the counter
Geld *abheben	make a withdrawal
r bargeldlose Zahlungsverkehr	payment by money transfer
e Überweisung, -en	transfer
e Bankleitzahl / BLZ	bank sorting code
e Kontonummer, -n	account number
Geld auf ein Konto *überweisen	transfer money to an account
das Konto / die Karte sperren lassen	have the account / card frozen

r große ↔ kleine **Geldbetrag**	large ↔ small amount of money
s **Bargeld**	cash
Ich habe kein Bargeld bei mir.	I don't have any cash on me.
s **Kleingeld**	(small) change
Haben Sie Kleingeld? / Können Sie mir einen 10-Euroschein wechseln?	Do you have any small change? / Can you change a 10-euro note for me?
r ***Schein**, -e / r Geldschein / e Banknote, -n	note / bank note / bank note
Wollen Sie den Betrag in großen oder kleinen Scheinen?	Do you want the money in big notes or small notes?
s **Hartgeld** / e **Münze**, -n	coins / coin
e ***Brieftasche**, -n / s **Portmonee**, -s [pɔrtmo'ne: *auch* 'pɔrtmɔne] / r **Geldbeutel**, - / e ***Geldbörse**, -n	wallet / purse / purse / purse
e **Währung**, -en / **Devisen** *Pl*	currency / foreign exchange
r Wechselkurs, -e / r Devisenkurs	exchange rate
Geld *wechseln / *umtauschen	change money
Wir wechseln zum Tageskurs ohne Extragebühr.	We exchange at the current rate without any extra charge.
r ***Euro**, -s ['ɔyro] / r ***Cent**, -s [sɛnt *auch* tsɛnt]	euro / cent
r (amerikanische) Dollar, -	(American) dollar
s (englische) Pfund, -	pound sterling
r ***Schweizer Franken**, - / r ***Rappen**, -	Swiss franc / centime

Money

Wir haben 60.000 Euro auf der Bank.	We have 60,000 euros in the bank.
Das Sofa kostet 389 Euro.	The sofa costs 389 euros.
Das macht dann elf Euro und dreißig Cent.	That's eleven euros and thirty cents.
Geben Sie mir bitte 5 Euro zurück.	Give me 5 euros change, please.
Zahlen Sie *bar oder mit *Karte?	Are you paying cash or by card?
Wie viel wollen Sie anzahlen?	How much do you want to put down as a deposit?

Berufe
Jobs

r *Beruf, -e	job, profession, trade
r Traumberuf, -e	dream job
*werden (wird, wurde, ist geworden)	become
Was möchtest du mal werden? – Tester für Computerspiele.	What do you want to be? – A tester for computer games.
beruflich	occupational, vocational, professional
Was sind Sie von Beruf? / Was machen Sie beruflich? – Ich bin Radiosprecherin (von Beruf). / Ich arbeite als Radiosprecherin.	What do you do (for a living)? – I'm a radio announcer. / I work as a radio announcer.
Welchen Beruf haben Sie erlernt? – Ich bin gelernter Schreiner, aber jetzt arbeite ich als Möbel-Designer.	What are you qualified as? / What trade did you learn? / What profession did you train for? – I'm a trained / qualified carpenter, but I now work as a furniture designer.
e Branche, -n ['brã:ʃə]	line of business, field
In welcher Branche sind Sie denn tätig? – In der Textilbranche.	What line are you in? – Textiles.
s Arbeitsverhältnis, -se	employment relationship
r Mitarbeiter, - // e Mitarbeiterin, -nen	employee, member of staff
Ich arbeite bei VW.	I work for VW.
Mein früherer / jetziger / künftiger Arbeitgeber war / ist …	My previous / present / future employer was / is …
Er hat mehrjährige Berufserfahrung als Krankenpfleger.	He has had several years of experience as a nurse.
r / e Berufstätige, -n ↔ r / e Arbeitslose, -n	working ↔ unemployed person

Er ist *beru̱fstätig ↔ a̱rbeitslos.

He's in employment ↔
  unemployed.

ein künstlerischer / kaufmännischer /
  handwerklicher Beruf

an artistic profession /
  a commercial job / a skilled trade

s Ha̱ndwerk

trade

s Di̱enstleistungsgewerbe, -e

service industries / sector

s produzierende Gewe̱rbe, -e

manufacturing industries

Jobs

Handwerker
Frisör	hairdresser
Koch // Köchin	chef, cook
Dachdecker	roofer
Schneider	tailor
Bierbrauer	brewer
Drucker	printer
Gärtner	gardener
Elektriker	electrician

Craftsmen, Tradesmen

kaufmännische Berufe
Jobs in business
Sekretär	secretary
Sachbearbeiter	(commercial) clerk
Assistent der Geschäftsführung	assistant to the management
Kaufmann // Kauffrau	merchant, trader
Händler	dealer, merchant
Buchhalter	bookkeeper
Bankkaufmann // Bankkauffrau	bank clerk

Dienstleistungsberufe
Service sector jobs
Masseur	masseur
Bibliothekar	librarian
Verkäufer	shop / sales assistant
Telefonist	telephonist
Hausmann // *Ha̱usfrau	house-husband // housewife
Bademeister	swimming-pool attendant
Sicherheitsdienst	security
Haushälterin	housekeeper
Raumpfleger	cleaner

Lehrberufe
Jobs in the teaching profession
Trainer	trainer
*Le̱hrer	teacher
Musiklehrer	music teacher
Lehrbeauftragte	lecturer
*Profe̱ssor	professor

Heilberufe	*Jobs in the medical profession*
Arzthelfer	doctor's receptionist / assistant
Medizinisch-Technische(r)-Assistent(in) (MTA)	medical technician
Geburtshelfer	obstretician
Arzt // Ärztin	doctor
Pfleger	(male) nurse
Zahnarzt // Zahnärztin	dentist
Apotheker	chemist
*Soziᵃlarbeiter	social worker
Sozialpädagoge // Sozialpädagogin	social education worker
künstlerische Berufe	*Artistic professions*
Maler	painter
Designer	designer
Architekt	architect
Im Staatsdienst	*Civil servants*
Berufssoldat	professional soldier
*Polizist	policeman
Staatsanwalt // Staatsanwältin	public prosecutor
Lehrer	teacher
Gerichtsvollzieher	bailiff
Akademiker	*Academics*
Physiker	physicist
*Ingenieur	engineer
Rechtsanwalt // Rechtsanwältin	lawyer
Historiker	historian
Geisteswissenschaftler	scholar

 The feminine suffix is *–in*.

r **Akademiker**, - //	academic
e **Akademikerin**, -nen	
r / e ***Angestellte**, -n	white-collar worker
r Büroangestellte	office worker
r **Kaufmann**, ¨-er // e **Kauffrau**, -en	merchant, trader
r Bürokaufmann	office administrator [with commercial training]
e **Arbeitskraft**	worker
r **Arbeiter**, - // e **Arbeiterin**, -nen	(blue-collar) worker
r Facharbeiter	skilled worker
e ungelernte Kraft	unskilled worker
r Hilfsarbeiter, - //	labourer
e Hilfsarbeiterin, -nen	
e ***Stellung**, -en / e ***Stelle**, -n	job, post, position
r Posten, - *österr.*	job, post, position
beschäftigt sein bei	work for
e ***Arbeit**, -en / r ***Job**, -s [dʒɔp]	work / job

*arbeiten / schuften *ugs.*	to work / slave away, slog away
jobben ['dʒɔbn̩]	do casual work
e leichte ↔ körperlich schwere / harte Arbeit	light work ↔ hard manual labour
*interessant ↔ uninteressant	interesting ↔ uninteresting
abwechslungsreich ↔ eintönig / *langweilig / monoton	varied ↔ monotonous / boring / monotonous
Sie hat viel Erfolg im Beruf. / Sie ist (in ihrem Beruf) sehr erfolgreich.	She is very successful in her job.
r *Arbeitnehmer, - ↔ r *Arbeitgeber, -	employee ↔ employer
Sie arbeitet bei Siemens.	She works for Siemens.
r *Beamte, -n // e Beamtin, -nen	civil servant
r / e Angestellte im öffentlichen Dienst	salaried public employees
r / e Selbstständige, -n	self-employed person
Er hat eine feste Stelle. ↔ Er ist freiberuflich / *selbstständig tätig.	He is in permanent employment / has a regular job. ↔ He's self-employed.
r Freiberufler, - // e Freiberuflerin, -nen / r freie Mitarbeiter, - // e freie Mitarbeiterin, -nen	freelancer
Hauptberuflich war sie Verkäuferin, *nebenbei ist sie noch putzen gegangen.	Her main job was as a shop assistant, but she did some cleaning on the side.
ehrenamtlich tätig sein	work on a voluntary basis / in an honorary capacity
e *Ausbildung, -en	training
Er wird zum Werkstattmeister ausgebildet.	He is training to be a garage manager / master mechanic.
e *Aussicht, -en / e Berufsaussicht, -en	prospect, chance / job prospects
r Berufsanfänger, - // e Berufsanfängerin, -nen ↔ r *Profi, -s	person at the beginning of their career ↔ person with lots of experience / pro
e Probezeit	trial period
Jetzt beginnt der Ernst des Lebens.	Now life begins in earnest.
e *Lehre	apprenticeship
Sie ist noch in der Lehre.	She's still doing her apprenticeship.
e Lehrzeit, -en	period of apprenticeship
r / e *Auszubildende, -n / r / e Azubi, -s	trainee
Er muss erst angelernt werden.	He has to be trained first.
r *Lehrling, -e / r Geselle, -n / r Meister, -	apprentice / journeyman / master craftsman
e Lehrstelle, -n	apprenticeship
Nach langem Suchen hat er endlich eine Lehrstelle gefunden.	After a long search he's finally found an apprenticeship.
e Berufsschule, -n	vocational school

s *Pr**a**ktikum, Praktika	work placement
ein Praktikum machen	do work experience
r *Praktik**a**nt, -en //	trainee, person doing work
e Praktik**a**ntin, -nen	experience
s **A**rbeitsamt, ̈-er	job centre, employment office
s Berufsbildungszentrum, -zentren	job training centre
Gehen Sie doch mal zum Arbeitsamt.	Go along to the job centre.
e Ber**u**fsberatung, -en	career advisory service
e St**e**llenvermittlung	finding of jobs, job placement
e ABM-Stelle, -n /	job on a job creation scheme /
e Arbeitsbeschaffungsmaßnahme	job creation scheme
e F**o**rtbildung	further (vocational) training
e *W**ei**terbildung	further education
s Stelleninserat, -e /	job advertisement
e Stellenanzeige, -n	
e *Bew**e**rbung, -en	application
*sich bew**e**rben um (+ A) (bewirbt,	apply for
bewarb, hat beworben)	
Er bewirbt sich um die Stelle als Assistent.	He's applying for the assistant's job.
Hiermit bewerbe ich mich um einen Ausbildungsplatz zur Bankkauffrau.	I would like to apply for a traineeship as a bank clerk.
s Bew**e**rbungsschreiben, -	letter of application
r L**e**benslauf, ̈-e	CV, resumé
r Bew**e**rbungsbrief, -e	letter of application
r Bew**e**rber, - // e Bew**e**rberin, -nen	applicant
zu einem Bewerbungsgespräch / Vorstellungsgespräch eingeladen werden	be invited for (a job) interview
an einem Auswahlverfahren / Assessment-Center [ɛ'sɛsməntsɛntə(r)] teilnehmen	take part in a selection procedure / at an assessment centre
e Qualifikation, -en	qualification
*ge**ei**gnet sein (ist, war, ist gewesen)	be right / suited, suitable
e *Vor**au**ssetzung, -en	qualification
die Voraussetzungen für die Stelle erfüllen	fulfil the qualifications for the job

Im Büro
In the office

Am Arbeitsplatz
At the workplace

r Arbeitsplatz, ⸚e	workplace, workspace, desk
s *Büro, -s	office
Wo bist du gerade? – Auf dem Weg zur Arbeit / zum Büro.	Where are you at the moment? – On the way to work / to the office.
s Bürogebäude, -	office building
s Großraumbüro	open-plan office
s Architekturbüro	architect's office
e Kanzlei, -en / e Anwaltskanzlei	office of a law firm / lawyer
s *Zimmer, -	room
s Konferenzzimmer, - / s Besprechungszimmer, -	conference room
*dienen	serve / be used as/for
Das Zimmer dient als Stauraum.	The room is used for storage.
Er arbeitet am Empfang.	He works at reception / is a receptionist.
s Vorzimmer, -	secretary's office
e Buchhaltung Sg	accounts (department), bookkeeping
e Poststelle, -n / e Versandstelle, -n	post room / dispatch department
e *Kantine, -n	canteen
e Essensmarke, -n	luncheon voucher
e Büroeinrichtung Sg	office equipment

Office equipment I

r *Schreibtisch, -e / s *Pult, -e (schweiz.)	desk
r Computertisch, -e	computer table / desk
r Schreibtischstuhl, ⸚e	desk chair
r Bürostuhl, ⸚e	office chair
r Schreibtischsessel, - / r Bürosessel, - (österr.)	desk chair / office chair
s *Regal, -e	shelves Pl
r Aktenschrank, ⸚e	filing cabinet
r Hängeordner	file folder (hanging in a drawer)
e Ablage, -n	filing
e Schreibtischlampe, -n	desk lamp
e Schreibtischunterlage, -n	desk mat
r Papierkorb, ⸚e	waste (paper) basket
e Magnetwand	magnet board
e Pinnwand	pinboard

s **Personal** *Sg* / e Belegschaft *Sg*	staff
r **Arbeitskollege**, -n //	colleague
e **Arbeitskollegin**, -nen	
r ***Chef**, -s // e **Chefin**, -nen	boss
r **Mitarbeiter**, - //	member of staff, employee
e **Mitarbeiterin**, -nen	
r **Sekretär**, - // e **Sekretärin**, -nen	secretary
e Chefsekretärin / e persönliche	manager's secretary / personal
Assistentin, -nen // r Assistent, -en	assistant / assistant
e Schreibkraft, ⸚e	typist
s Mädchen-für-alles	Girl Friday
e **Visitenkarte**, -n	business card
Darf ich Ihnen meine Visitenkarte	Can I give you my business card?
überreichen?	
e **Zusammenarbeit** / e **Teamarbeit**	cooperation / teamwork
im Team arbeiten	work in a team
ein Team bilden	form a team
e **Arbeitsstelle**, -n /	job
r **Arbeitsplatz**, ⸚e	
***fest** ↔ **befristet**	permanent ↔ temporary
e Halbtageskraft	half-day employee
e Teilzeitkraft, ⸚e	part-time employee
e Zeitarbeit	temporary work
e ***Tätigkeit**, -en	occupation / work / job
e **Bürotätigkeit**, -en	office job

Office equipment II

r *Computer*, -	computer
r *Laptop*, -s	laptop
r *ISDN-Anschluss*, ⸚e	ISDN connection
r *Organizer*, -s	organizer
r **Drucker*, -	printer
r *Scanner*, -	scanner
s **Handy*, -s ['hɛndi] /	mobile / mobile phone
s *Mobiltelefon*, -e	
e *Telefonanlage*, -n	telephone system
r **Anrufbeantworter*, -	answering machine
s *Faxgerät*, -e	fax machine
s *Diktiergerät*, -e	dictaphone
r **Kopierer* / r *Fotokopierer*, -	photocopier
e *Schreibmaschine*, -n	typewriter
e *Rechenmaschine*, -n	calculator
r *Taschenrechner*, -	pocket calculator
r *Reißwolf*	shredder

e ***E-Mail**, -s ['i:me:l] / e **Mail**, -s	e-mail
mailen (gemailt)	to mail

In der Anlage finden Sie drei Dateien.

I'm sending three files as an attachment.

s *Internet / s Intranet — internet / intranet

Unsere Firma ist vernetzt. — Our company is networked.

r *Brief, -e / s *Schreiben, - — letter

r Geschäftsbrief, -e — business letter

r Kurzbrief, -e — short letter, memo

s *Fax, -e [faks] — fax

*schreiben (schrieb, hat geschrieben) — write

etw in den *Computer [kɔm'pjuːtɐ] eingeben (gibt ein, gab ein, hat eingegeben) / eintippen / *tippen — enter / key in / type sth on the computer

Bitte setzen Sie das Schreiben kurz auf. — Please draft the letter.

e *Anlage, -n — enclosure

e Beilage, -n österr. / schweiz. — enclosure

Legen Sie dem Schreiben diese Kopie bei. — Enclose this copy with the letter.

s Dokument, -e — document

r Tippfehler, - — typing error

r Rechtschreibfehler, - — spelling error

Office activities

*organisieren	organize
*telefonieren	telephone
faxen	fax
mailen / per E-Mail *schicken	mail / send by e-mail
verhandeln	negotiate
Termine ausmachen	fix appointments
Briefe / Schreiben verfassen	draft letters
Briefe / Memos schreiben	write letters / memos
Akten ablegen	do filing
Tabellen erstellen	create tables
Abrechnungen machen	cash up, prepare bills
an Besprechungen *teilnehmen	take part in meetings
Mitarbeiter anlernen / anleiten	train / instruct members of staff
Arbeit weitergeben / delegieren	pass work on / delegate work
Seminare / Messen *vorbereiten	prepare seminars / trade fairs
das Besucherprogramm organisieren	organize the visitors' programme
Gäste *betreuen / empfangen	look after / welcome guests

e Besprechung, -en / e *Sitzung, -en / s Meeting, -s ['miːtɪŋ] — meeting

ein Meeting abhalten — hold a meeting

Er ist gerade in einer Besprechung. — He's in a meeting.

Die Besprechung ist auf heute 3 Uhr angesetzt. — The meeting is fixed for 3 o'clock today.

r Zeitplan, ⸚e — schedule

e Vereinbarung, -en — agreement

eine **schriftliche** ↔ **mündliche** Vereinbarung treffen	make a written ↔ oral agreement
s **Protokoll**, -e	minutes
Wer schreibt heute das Protokoll?	Who is taking the minutes today?
Nehmen Sie das bitte ins Protokoll auf.	Please minute that.
mit der Arbeit ***fertig sein** (ist, war, ist gewesen)	be finished with work
Er macht seinen Job gut ↔ schlecht.	He does his job well ↔ badly.
seine Arbeit ***erledigen**	do / complete one's work
Seine Arbeit **termingerecht** ↔ **verspätet** abliefern.	hand in work on time ↔ late
r ***Termin**, -e	deadline
*sich bemühen um +A	try to get
Können Sie sich für mich um einen Termin beim Chef bemühen?	Can you try and get me an appointment with the boss?
r **Termindruck**	time pressure
einen Termin ansetzen / **vereinbaren** ↔ **absagen** / platzen lassen	fix / agree ↔ cancel / break a deadline
einen Termin einhalten ↔ **verschieben** (verschob, hat verschoben)	keep to ↔ postpone a deadline
*sich irren	be mistaken / wrong
Heute ist kein Meeting? Oh je, ich habe mich im Tag geirrt.	Is there no meeting today? Oh dear, I've got the day wrong.
r ***Kalender**, -	calendar
r **Terminkalender**, -	diary
r volle Terminkalender	full diary
Er hat keine Termine mehr frei. ↔ Er hat am Montag um 17 Uhr noch einen Termin frei.	He's fully booked up. ↔ He's got one appointment slot left on Monday at 5pm.
r Tischkalender, -	desk diary
r Jahresplaner, -	annual planner
r Workaholic, -s [wə:kə'hɔlɪk]	workaholic
r ***Stress**	stress
anstrengend	tiring, taxing

The ideal member of staff

zuverlässig	reliable
belastbar	able to withstand stress
flexibel	flexible
(hoch-)qualifiziert	(highly) qualified
*erfahren	experienced
kompetent	competent
*sozial / kommunikativ	social, public-spirited / communicative
ehrgeizig	ambitious
zielstrebig	determined
teamfähig ['ti:mfɛ:ıç]	able to work in a team

r Firmenausweis, -e	company pass
e elektronische Zeiterfassung / e Stechuhr, -en	electronic time keeping / time clock
Musst du stempeln?	Do you have to clock on?
e Arbeitszeit, -en	working hours
e Arbeitszeitregelung, -en	regulation of working hours, working arrangement
gleitende Arbeitszeit / flexible Arbeitszeiten ↔ feste Arbeitszeiten	flexitime ↔ fixed working hours
e Kernzeit, -en	core time
s Arbeitszeitkonto, -konten	working-hours account
r Arbeitszeitbeginn ↔ s Arbeitsende	time when you start ↔ finish work
*anfangen (fängt an, fing an, hat angefangen) / *beginnen (begann, hat begonnen) ↔ *aufhören mit	start / begin ↔ stop, finish
Er fängt um halb neun zu arbeiten an. / Er beginnt um halb neun mit der Arbeit.	He start work at *half (past) eight.*
Wann machen Sie heute Schluss? – Nicht vor 19 Uhr. / Erst gegen 19 Uhr.	When are you finishing today? – Not before / until about 7 o'clock.
e Wochenarbeitszeit / e 35-Stunden-Woche	weekly working hours / 35-hour week
e Arbeitsstunde, -n	working hour
r Feierabend	finishing time, evening (after work)
nach Dienstschluss	after office hours
e Krankmeldung, -en / s Attest, -e	notification of sickness / medical certificate
ein hoher ↔ niedriger Krankenstand	high ↔ low number of staff off sick
sich *krank *melden	report in sick
krank feiern	skive off work
r *Urlaub / *Ferien Pl ['fe:riən]	holiday / holidays
r bezahlte ↔ unbezahlte Urlaub	paid ↔ unpaid holiday
r Sonderurlaub	special leave
Urlaub *nehmen (nimmt, nahm, hat genommen)	take holiday
Ferien nehmen *schweiz.*	take holiday
den Urlaub genehmigt bekommen	get permission to take holiday
sich einen Tag frei nehmen	take a day off
e *Überstunde, -n	hour of overtime
Überstunden machen	do overtime
Überstunden abfeiern / ausbezahlen	use up overtime / pay out overtime
e Geschäftsreise, -n	business trip
*abrechnen	settle, claim
Die Reisekosten werden mit diesem Formular abgerechnet.	You claim your travelling expenses on this form.

s **Büromaterial**, -materialien
s ***Papier** *Sg*
s **Briefpapier**
s **Kopierpapier** / s **Faxpapier**
Das Kopierpapier ist aus. / Es ist kein Kopierpapier mehr da.

Können Sie bitte neues Kopierpapier besorgen / bestellen.
e ***Notiz**, -en
e Aktennotiz
Notizen *machen / notieren / *aufschreiben (schrieb auf, hat aufgeschrieben)
Einen Moment, das muss ich mir kurz aufschreiben.
r **Notizzettel**, -
r **Notizblock**, ̈e / s Notizbuch, ̈er
e **Akte**, -n
Bringen Sie mir bitte bei ***Gelegenheit** die Akte Enran. Das hat aber keine ***Eile**.

Können Sie diese Akte bitte ablegen.
e **Aktenmappe**, -n / e **Aktentasche**, -n
r **Ordner**, - / r Hängeordner
r Aktenordner, -
einordnen / einsortieren
die Dokumente ***ordnen**
Bitte heften Sie das ab. / Legen Sie das bitte unter Verträge ab.
Bringen Sie mir bitte den Ordner mit den Bestellungen.
Holen Sie bitte den Vertrag aus dem blauen Ordner.
e Unterschriftenmappe, -n
e Durchlaufmappe, -n
s ***Fach**, ̈er / s Postfach

e **Ablage**, -n
Dieser Stapel gehört in die Ablage.
Ich muss heute viel Papierkram erledigen.

diktieren
stenografieren

r **Bürobedarf** / r **Büroartikel**, -

stationery, office supplies
paper
writing paper
photocopying / fax paper
We have run out of photocopying paper. / There is no photocopying paper left.
Could you get / order some new photocopying paper, please.
note
memorandum
make notes / note (down) / write down

Just a moment, I must make a quick note of that.
piece of paper (from a pad / block)
notepad / notebook
file
Get me the Enran file some time, please. There's no hurry about it / it's not urgent.
Can you file this, please?
folder, briefcase / briefcase
file, ring binder / suspension file
file
to sort away
to order / arrange the documents
Please file this. / Please file this under contracts.
Bring me the orders file, please.

Get the contract from the blue file, please.
signature folder
circulating folder
pigeonhole, shelf / pigeonhole for post
filing
This pile of stuff should be filed.
I've got to deal with a lot of paperwork today.
dictate
take something down in shorthand
office supplies

Office supplies

e *Sch<u>e</u>re, -n	scissors
e Büroklammer, -n	paper clip
e Heftklammer, -n	staple
r Hefter, -	stapler
r Papierclip, -s	paper clip
r Locher	(hole) punch
e Reißzwecke, -n / r Reißnagel, ⸚	drawing pin
e Pinnnadel, -n	pin
r Magnet, -en	magnet
r Spit<u>z</u>er, -	pencil sharpener
e Nachfüllpatrone	refill cartridge
s Tipp-Ex®	Tipp-Ex®, Liquid Paper®
r Radiergummi, -s	eraser
Tesafilm® / Tesa® / s Klebeband, ⸚er	Sellotape®
r Tixo® (österr.)	Sellotape®
r Tesafilm-Abroller, -	Sellotape® holder
s Klebeband	sticky tape
r Klebestift, -e / r Kleber, -	Uhu stick® / glue
Post-it®	Post-it sticker®
Papiere zusammenheften / lochen / klammern	staple / punch / staple pieces of paper
*Z<u>e</u>ttel an die *W<u>a</u>nd heften	stick notes on the wall

e *T<u>a</u>fel, -n	board
s Flipchart, -s ['flɪptʃɑrt *auch* ...tʃaːɐ̯t]	flipchart
e Magn<u>e</u>twand, ⸚e	magnetic board
e P<u>i</u>nnwand, ⸚e	pinboard
s schwarze Brett, -er	notice / bulletin board
r St<u>i</u>ft, -e	pen, pencil
Ich bräuchte einen Stift. / Könnte ich kurz Ihren Stift haben?	I need a pen. / Could I borrow your pen for a moment?
r Tafelstift, -e	board marker
e St<u>i</u>ftablage, -n	pen holder
Der Stift geht / schreibt nicht mehr.	The pen doesn't work any more.
r *Bl<u>ei</u>stift / r Buntstift	pencil / coloured pencil
r *K<u>u</u>gelschreiber, -	ballpoint (pen)
e (auswechselbare) M<u>i</u>ne, -n	refill
r F<u>i</u>lzstift, -e / r Filzschreiber, -	felt tip (pen) / felt pen
r M<u>a</u>rker, -	marker (pen)
r F<u>ü</u>ller, - / e Füllfeder, -n / r Füllfederhalter, -	fountain pen
e T<u>i</u>nte, -n	ink
e Patr<u>o</u>ne, -n / e Druckerpatrone	cartridge / printer cartridge

Kommunikation am Arbeitsplatz
Communication at work

s *Gespräch, -e	conversation
Er führt intensive Gespräche mit seinem künftigen Chef.	He is holding intensive talks with his future boss.
s Geschäftsgespräch, -e	business conversation
ein vertrauliches / privates Gespräch / ein Gespräch unter vier Augen	a confidential / private / private conversation
e Aussprache, -n	talk, discussion
e Unterredung, -en	discussion
e Präsentation, -en	presentation
e Besprechung, -en	meeting
eine Besprechung ansetzen / abhalten	call / hold a meeting
auf einer Besprechung sein / eine Besprechung haben	be in / have a meeting
verhandeln / weiterverhandeln	negotiate / hold further negotiations

Indicating the time plan in a meeting

Zuerst / Am *Anfang / Als erstes / Zu Beginn möchte ich ...	First / At the beginning / First of all / At the beginning I'd like ...
Dann / Danach / Anschließend / Im Anschluss ...	Then / After that / Afterwards / Following that ...
Als Nächstes / Außerdem / Dazu / Zusätzlich ...	Next / Besides / Also / In addition ...
Abschließend / Zum *Schluss / Und *schließlich ...	Finally / In conclusion / And finally ...

ein Gespräch *beginnen (begann, hat begonnen) ↔ abbrechen (bricht ab, brach ab, hat abgebrochen)	begin ↔ break off a conversation
ein Gespräch unterbrechen (unterbricht, unterbrach, hat unterbrochen) ↔ fortführen	interrupt ↔ continue a conversation
mit jm ins Gespräch *kommen (kam, ist gekommen)	get into conversation with sb.
jn in ein Gespräch verwickeln	involve sb. in conversation
sich viel ↔ kaum am Gespräch beteiligen	take an active part ↔ hardly participate in the conversation
ins Gespräch vertieft sein	be engaged in conversation
jm ins *Wort fallen (fällt, fiel, ist gefallen) / jn unterbrechen	interrupt sb.

Getting into a conversation

Entschuldigung, darf ich Sie kurz unterbrechen?	Excuse me, may I just interrupt there for a moment?
Eine Zwischenfrage.	A question.
Darf ich etwas dazu sagen?	May I say something?
Ich möchte etwas dazu sagen.	I'd like to say something.
Entschuldigung, dazu würde ich gern etwas sagen.	Excuse me, I'd like to say something on that.
Darf ich da ganz kurz einhaken?	May I just butt in?
Tut mir Leid, wenn ich Sie unterbreche, aber ...	Sorry to interrupt you, but ...
Entschuldigung, Sie *behaupten, dass ...	Sorry, you claim that ...
Einen Moment noch.	Just a moment.
Wenn Sie mich bitte zu Ende reden lassen würden.	If you would let me finish, please.
Darf ich das noch eben ausführen?	Can I just finish what I was saying?

e **Gesprächsführung**, -en	chairperson of a discussion
e Gesprächsleitung,- en	chairperson of a discussion
r **Referent**, -en //	speaker
e **Referentin**, -nen	
r / e **Vortragende**, -n	speaker
r Vortragsstil, -e	speaking style
ein Gespräch **moderieren**	lead a discussion
*begründen	give reasons for / justify / substantiate
Können Sie das begründen / an einem Beispiel belegen?	Can you substantiate that / prove that with an example?

Introducing a discussion

Unser Thema heute ist: ...	Our topic today is: ...
Heute befassen wir uns mit dem Thema: ...	Today we are dealing with the topic: ...
Unsere Tagesordnung: ...	Our agenda: ...
Ziel unseres Gespräches ist: ...	The aim of our discussion is: ...

Calling on somebody to speak

Bitte Frau Müller.	Frau Müller, please.
Wer möchte beginnen?	Who would like to start?
Was ist Ihre Meinung dazu?	What's your opinion?

Returning to the topic

Darf ich an den Zeitplan erinnern.	Can I remind you of our timetable?
Unsere ursprüngliche Frage war …	Our original question was …
Es ist jetzt 11 Uhr. Stellen wir die Frage zurück und machen erst einmal weiter mit der Tagesordnung.	It's now 11 o'clock. Let's defer the question and continue with the agenda.
Ich würde jetzt gerne zum nächsten Punkt kommen.	I would like to move on to the next point.
Kommen wir noch einmal zurück zur Frage: …	Can we return to the question: …?

Emphasizing something

Entscheidend ist, …	The crucial thing / point is …
Besonders wichtig erscheint mir dabei, …	It seems to me to be particularly important …
Eines möchte ich unterstreichen: …	I'd like to emphasize one thing: …

Summing up

Ich fasse zusammen: …	I'll summarize: …
Folgendes haben wir heute erreicht / entschieden: ..	We've achieved / decided the following: ….
Ich halte fest: …	For the record then: …
Können wir somit festhalten, dass …	So we can record the fact that …

Closing a discussion

Damit kommen wir zum Schluss.	And that brings us to the end of our discussion.
Wir sind am Ende. Ich danke Ihnen für Ihre Aufmerksamkeit / Ihre rege Beteiligung.	We've finished. Thank you for your attention / lively participation.
Tja, das wär's dann für heute. Vielen Dank.	Right then, that's it for today. Thank you very much.

e **Verhandlung**, -en	negotiation
verhandeln	negotiate
zustimmen ↔ *ablehnen	agree ↔ decline, reject, refuse
bedingt zustimmen	partly agree

Agreeing

Abgemacht.	Agreed.
*Ja, *genau!*	Yes, exactly.
*Das sehe ich *genauso.*	That's precisely how I see it.
Da bin ich ganz Ihrer Meinung.	I fully agree with you.
Dem kann ich nur zustimmen.	I can only agree.

Disagreeing

Ich sehe das *anders.	I have a different view on that.
Ich habe da meine *Zweifel.	I have my doubts.
Da bin ich mir nicht so *sicher.	I'm not so sure.
Dem kann ich leider nicht zustimmen.	I'm afraid I can't agree with that.
Tut mir Leid. Aber das sehe ich anders.	Sorry. But I see that differently.
Da muss ich Ihnen *widersprechen.	I have to contradict you.
Das mag Ihr *Standpunkt sein, aber ich sehe das anders.	That may be your point of view, but I see it differently.

Checking

Habe ich Sie richtig verstanden? ...	Have I understood you correctly? ...
Das habe ich nicht verstanden. Könnten Sie das noch einmal *wiederholen?	I didn't understand. Could you say that again?
Was meinen Sie damit? Das ist mir nicht ganz klar.	What do you mean by that? It's not quite clear to me.
Eine kurze Zwischenfrage: ...	A quick question: ...

Correcting oneself

Ich habe mich da vielleicht nicht klar ausgedrückt. Noch einmal also: ...	Maybe I didn't express myself clearly. Let me put it a different way: ...
Darf ich etwas richtig stellen?	I'd like to set something straight.

e **Bürokommunikation**	office communication
e **Anweisung**, -en / e ***Bitte**, -n	instruction / request
e ***Nachfrage**, -n	inquiry

Getting things done

Was kann ich für Sie tun? / Kann ich was für Sie tun?	What can I do for you? / Can I do anything for you?
Was ist (gerade) zu tun?	What needs to be done?
Ich hätte eine Bitte: ...	I have a request: ...
Könnten Sie das für mich *erledigen?	Could you deal with / do that for me?
Könnten Sie noch zusätzliche Arbeit *übernehmen?	Could you take on some extra work?
Könnten Sie heute länger bleiben / Überstunden machen?	Could you stay on today / do some overtime?
Ja, aber erst heute Nachmittag.	Yes, but not till this afternoon.
Nein, ich bin im Moment leider zu beschäftigt ... Vielleicht später?	No, I'm afraid I'm too busy at the moment ... Perhaps later?
Tut mir Leid, ich habe gerade so viel zu tun.	Sorry, I've got so much to do at the moment.

r **Smalltalk**, -s ['smɔːltɔːk]   small talk
Small-talk machen / plaudern (mit)   make small talk

Smalltalk

Ich hoffe, Sie hatten eine gute Anreise.	I hope you had a good journey.
Wie war Ihr Flug?	How was your flight?
Sind Sie mit Ihrer Unterkunft zufrieden?	Are you happy with your accommodation?
Das Wetter heute ist wirklich schön / gut / angenehm / schrecklich.	The weather today is really nice / good / pleasant / awful.
Sind Sie das erste Mal hier?	Is this your first time here?
Wie finden Sie die Stadt?	How do you like the city?
Wie ist das Klima / der Verkehr / … eigentlich bei Ihnen?	Actually, what is the climate / the traffic / … like in your country?
Was machen Sie in Ihrer Freizeit?	What do you do in your free time?

Österreich Austria

Die mit *süddt.* markierten Wörter werden auch in Süddeutschland gebraucht.
The words marked with *süddt.* are also used in Southern Germany.

1.	**Kontakte / Kommunikation**	**Contacts / Communication**
1.1	Servus. ['zɛrvʊs] / Grüß Gott. *süddt.*	Hello.

Titles

Titles are used much more frequently in Austria than in Germany. In common use are, for example, *Ing.* (Ingenieur [ɪnʒeˈniøːɐ̯] = engineer – after a technical baccalaureate), *Mag.* (Magister / Magistra), DI (Diplomingenieur = graduate engineer) and **Dr.** (Doctor).
A further Austrian peculiarity is that teachers at grammar schools are addressed as Frau / Herr **Professor** (Huber).

In Austria the letters *J* and *Q* are pronounced differently: *J* is pronounced [je] (instead of [jot]) and *Q* [kwe] (instead of [ku]).

2.	**Der Mensch**	**Human beeings**
2.5	r Pensionist, -en // e Pensionistin, -nen	pensioner; senior citizen
	r Frühpensionist, -en // e Frühpensionistin, -nen	person who has retired early / taken early retirement
2.7	angreifen (griff an, hat angegriffen)	handle

3.	**Die Familie**	**The family**
3.3	r Bub, -en *süddt.*	boy

4.	**Dinge des Alltags**	**Eyeryday life**
4.1	e Jause, -n [ˈjauzə]	[substantial] snack [eaten in the afternoon]
	jausnen [ˈjauzn̩] / [ˈjausnən]	have a snack
	s Schlagobers *Sg* ↔ r Sauerrahm *Sg*	sweet ↔ sour cream
	s Schlagobers *Sg*	whipped / whipping cream
	r Topfen *Sg*	fromage frais / fromage frais with fruit
	r Knödel, – *süddt.*	dumpling
	s Faschierte *Sg*	mince
	s Frankfurter Würstel, -	wiener
	r Karfiol, -e [karˈfioːl]	cauliflower
	Kohlsprossen *Pl*	Brussel sprout(s)
	e Marille, -n *süddt.*	apricot
	e Ribisel, -n [ˈriːbiːzl] *süddt.*	redcurrant, blackcurrant

4.2 g(e)spritzter Apfelsaft apple juice with mineral water, spritzer

Coffee – Kaffee

In Austria, and especially in Vienna, the coffee-house (**Kaffeehaus**) is a very popular institution. You can drink a cup (bowl) of coffee there, read national and international newspapers and meet up with friends. It is quite common to spend several hours in a coffee-house and only order one or two cups of coffee. The most popular varieties are **Melange** (coffee with whipped hot milk) and the **Kleine / Große Braune** (small / large strong coffee with milk). Each cup of coffee is served with a glass of ordinary tap water.

4.3 s Zündholz, ⸚er *süddt.*	match
4.5 r Schlüpfer, -	slip-on shoe [not *slipper!*]
4.6 e Trafik, -en [tra'fɪk]	kiosk

Trafik (also: Tabak-Trafik)

A Trafik is a small shop (usually just one room) where you can buy newspapers, magazines, cigarettes and other tobacco products, and also stamps. A lot of kiosks also sell official forms needed for applications to the authorities etc., parking tickets and tickets for public transport.

5.	**Zuhause**	At home
5.1	übersiedeln	move
	e Übersiedlung, -en	removal
	e Stiege, -n *süddt.*	stairs, staircase
	s Stiegenhaus, ⸚er *süddt.*	stairwell, staircase
	e Glocke, -n *süddt.*	bell
	läuten *süddt.*	ring the bell
	r Rauchfang ⸚e /	chimney
	r Kamin, -e *süddt.*	
5.2	r Plafond, -s [pla'fõ:] *süddt.*	ceiling
	r Kasten, ⸚ *süddt.*	cupboard / closet
	s Leintuch, ⸚er *süddt.*	sheet
	r Überzug, ⸚e *süddt.*	(duvet) cover
	r Fauteuil, -s [fo'tœj]	armchair
	r Sessel, -	chair
	e Abwasch, -en	(kitchen) sink
	r Eiskasten, ⸚	fridge
	das Licht / die Lampe einschalten / aufdrehen ↔ ausschalten / abdrehen	switch / turn the light / lamp on ↔ off
	r Vorhang, ⸚e *süddt.* / r Store, -s ['ʃto:ɐ̯] *auch* ['sto:ɐ̯].	curtain, drape
	r Mistkübel, - *süddt.*	rubbish / waste bin, garbage can
5.3	kehren *süddt.*	sweep

die Wäsche waschen / schwemmen / schleudern	wash / rinse / spin-dry the washing

5.4 e Eierspeise, -n — scrambled egg
den Germteig gehen lassen — let the yeast dough rise
den Schlag schlagen — whip the cream

6. Feste und Freizeit

Parties, festivals and free time

Austrian National Holiday – *Nationalfeiertag in Österreich* (26. 10.)

In Austria the Catholic festivals are public holidays in all the federal states. Protestants have Good Friday as an additional holiday.

6.1	auf Urlaub sein	have a holiday / be on holiday
	auf Urlaub fahren	go on holiday
6.4	s Gasthaus, ⸚er	restaurant
	s Beisel, -n ['baizl]	pub
	r Heurige, -n	wine tavern
	r Würstelstand, ⸚e	sausage stand, hot-dog stand
	r gespritzte Apfelsaft	apple spritzer (= half apple juice, half mineral water)
	r rote / weiße Gespritzte, -n ['g(ə)ʃprɪtstə]	red / white spritzer (= half wine, half mineral water)
	r rote / weiße Sturm	red / white (fermenting) new wine (= fermenting must)
6.8	e Zündholzschachtel, -n *süddt.*	matchbox

7. Gesundheit und Krankheit

Health and illness
7.1 sich verkühlen *süddt.* — catch a cold

8. Staat und staatliche Institutionen

State and government institutions

8.1	r Bezirkshauptmann, ⸚er	chief administrative officer
	s Magistrat, -e	local authority (area), municipality
8.3	r Landeshauptmann, ⸚er // e Landeshauptfrau, -en	prime minister of a federal state
	e Republik Österreich	Austrian Republic
	r Nationalrat	National Council

Elections

Each person entitled to vote has one vote which he or she can cast for a party. In addition he or she can cast one vote each indicating a preference for a candidate of the chosen party on the state or regional list.

8.6 e Weihnachtsremuneration, -en ['vainaxtsremuneratsio:n] — Christmas bonus

8.8	e Kinderbeihilfe	child benefit
	e Familienbeihilfe	family benefit / family allowance
	s Wochengeld	maternity allowance
	e Karenz	maternity leave
	s Kinderbetreuungsgeld	child benefit
	e Pensionsversicherung	pension scheme, retirement insurance
	e Pension,- en	pension
	e Versicherungspolizze, -n [...po'lɪtsə]	insurance policy
8.10	e Gendarmerie, -n [ʒandarməri:']	gendarmerie, police station [in small communities and many small towns]
	r Gendarm, -en [ʒan'darm]	gendarme, policeman [in small communities and many small towns]
8.11	s Bundesheer	Armed Forces

10. Bildung Education

Educational system

In Austria there are only minor differences between the educational systems of the various federal states.

Compulsory education starts at the age of 6, and finishes at the age of 15. State schools are free, and school textbooks are also provided free of charge.

The **Volksschule** (primary school, = years or classes 1 – 4) provides all children with the same elementary education.

The **Hauptschule** (years 5 – 8 or classes 1 – 4 in the *Hauptschule*) provides a further general education and is intended to prepare students for entry to vocational schools, and enable suitable candidates to transfer to higher-level schools of general eduaction. Students who do not go on to an intermediate or higher-level school generally complete their education with the **Polytechnischer Lehrgang** (9th year). Handicapped children are given special needs' education in **Sonderschulen** (years 1 – 9).

After primary school, students may also go on to attend various types of higher-level schools (years 5 – 12 or classes 1 – 8 in the **Gymnasium** or grammar school), for example a grammar school specializing in modern languages (*Neusprachliches Gymnasium, Realgymnasium* etc). Grammar schools offer a broad and extensive general education and take students in two stages (lower school (years 5 – 8) and upper school (years 9 – 12)) up to the level of university entrance. The school-leaving examination that qualifies students for higher education is called **Matura** in Austria. The independent upper-school colleges are a special type (e.g. *Oberstufenreal-gymnasium*) that are open to students from year 8, again taking them up to the level of university entrance.

Students at *Hauptschule* and *Gymnasium* can transfer after year 8 (class 4) to an intermediate-level vocational school, which trains students for specific trades and professions, to a higher-level vocational school (e. g. *Höhere Technische Lehranstalten (HTL), Handelsakademie*), which takes students up to university entrance level as well as offering practical vocational training, or to an *Oberstufenrealgymnasium*. In Austria students have to pay tuition fees at state universities and colleges. A tertiary-level course of study is usually completed with a diploma exam.

10.1	e Volksschule, -n	primary school
	e Sonderschule, -n	school for children with special needs
	e Matura *Sg.* (= s Abitur)	scholl leaving examination, baccalaureate
	maturieren	take the scholl leaving examination
	inskribieren	enrol (for a subject or course of study)
10.2	r (Unterrichts-)Gegenstand, ⸗e	subject
	r Freigegenstand, ⸗e	option(al subject)
10.3	e Prüfung, -en	exam
	r Maturant, -en // e Maturantin, -nen	person who is taking / has taken their Abitur
	e Sponsion, -en [ʃpɔn'zi̯oːn]	degree ceremony
	Sie hatte letztes Jahr Sponsion. / Sie hat ihr Studium letztes Jahr abgeschlossen.	She graduated (from university) last year.
	e Diplomprüfung, -en	MA / MSc exam

Grades

at school		for a doctorate at a university
very good	1 = *sehr gut*	*summa cum laude*
good	2 = *gut*	*magna cum laude*
satisfactory	3 = *befriedigend*	*cum laude*
sufficient	4 = *genügend*	*rite*
unsatisfactory	5 = *nicht genügend*	

| 10.4 | e Hausübung, -en | homework |

14. Verkehr — **Transport**

14.1	e Straße, -n / e Gasse, -n (enge Straße in der Stadt)	street / alley(way) / lane (narrow street in a city)
	e Umfahrung, -en // e Umfahrungsstraße, -n	bypass
	r Pannenstreifen, -	hard shoulder
	r Vorrang *Sg*	priority
	s Pannendreieck aufstellen	put up the warning triangle

Motoring offences

Unlike in Germany, there is no system of penalty points for motoring offences. Drivers either have to pay a fine, or for more serious offences have their licence taken away for a given length of time.

14.2 den Zug erreichen / erwischen *ugs.* ↔   catch ↔ miss the train
     verpassen / versäumen
     r Speisewagen, -   dining car

15. Zeit, Raum, Menge
15.3 s Dekagramm, -e / s Deka, -   10 Gramm
     (*abbr.:* dag)

16. Stadt und Land   Town and country
16.1 e Bezirkshauptmannschaft, -en   offices of the district
                    administration
16.4 s Herrl // s Frauerl   master // mistress
     e Gelse, -n   midge

18. Information und   Information and
     Kommunikation   commnuication
18.3 e Trafik, -en   (newpaper) kiosk
18.5 abheben ↔ auflegen   lift the receiver ↔ hang up
18.8 zu Handen   att. / for the attention of

19. Wirtschaft und Geschäftsleben   Economy and business life
19.4 r Bankomat, -en   cash machine / dispenser
     e Kundenkarte, -n   cash card
     e Scheckkarte, -n /   EC [eurocheque] card / cash
     e Bankomatkarte, -n   card
     r Posten, -   job, post, position

20. Im Büro   In the office
20.1 r Schreibtischsessel, - /   desk chair / office chair
     r Bürosessel, -
     e Beilage, -n   enclosure
     r Tixo®   Sellotape®

Österreichische Standardvarianten

aus der Wortliste zum *Zertifikat Deutsch*

(Standarddeutsche Entsprechung in Klammern)

Austrian standard variants

from the *Certificate of German* wordlist

(Standard German equivalents in brackets)

abdrehen (ausmachen) Drehen Sie bitte das Licht ab!	turn / switch off Turn / Switch off the light, please.
e **Abfahrt**, -en (Ausfahrt)	exit
absperren (abschließen) Ich glaube, ich habe vergessen, die Tür abzusperren.	lock I think I forgot to lock the door.
abwaschen (wusch, gewaschen) (abspülen)	wash up
am (auf dem) **Land leben**	to live in the country
angreifen (griff, gegriffen) (anfassen) Greifen Sie bitte die Waren nicht an.	touch Please do not touch the goods.
anschauen (ansehen) Den Film müssen Sie sich unbedingt anschauen. Sie schaute mich erschrocken an.	watch, see, look at You must see the film. She gave me a frightened look.
auf (in) **Urlaub sein** Im Mai war ich auf / in Urlaub.	be on holiday I was on holiday in May.
aufmachen (öffnen) Wann machen die Geschäfte auf? Kannst du bitte das Fenster aufmachen?	open When do the shops open? Can you open the window, please.
(aus)borgen ((aus)leihen) Sie können das Buch in der Bibliothek ausborgen. Ich habe mir von ihm 50 Schilling geborgt.	borrow You can borrow the book from the library. I borrowed 50 schillings from him.

ausschauen (aussehen) 1. Sie schauen wieder besser aus. 2. Sie schaut genauso aus wie ihr Bruder. 3. Es schaut so aus, als ob es mit der Wirtschaft wieder aufwärts ginge.	look 1. You look better again. 2. She looks just like her brother. 3. It looks as if the economy is recovering.
s **Beisel**, -(n) (Kneipe)	pub
die **Berge** *Pl* (Gebirge)	mountains
e **Brieftasche**, -n (Geldbörse)	wallet, purse
brennen (brannte, hat gebrannt) (an sein) In ihrem Zimmer hat die ganze Nacht das Licht gebrannt.	be on The light was on in her room all night.
bringen (fahren)	take, drive
r **Bub**, -en (Junge)	boy
ebenfalls (gleichfalls)	the same to you
eingeschrieben Ich habe den Brief eingeschrieben geschickt. (Ich habe den Brief per Einschreiben geschickt.)	(by) registered (mail) I sent the letter by registered mail.
einsperren (einschließen) Ich habe die Papiere im Schreibtisch eingesperrt.	lock (up) (in) I locked the papers up in the desk.
r **Erdapfel**, ¨ (Kartoffel)	potato
s **Faschierte** [faˈʃiːrtə] *Sg* (Hackfleisch)	mince
r **Fauteuil**, -s [foˈtœj] (Sessel)	armchair
fertig / müde (kaputt) Ich bin noch ganz fertig / müde von der Reise.	exhausted, shattered I'm still quite exhausted from the journey.
e **Fisole**, -n [fiˈzoːlə] (Bohne)	bean
e **Fleischhauerei**, -en (Metzgerei)	butcher, butcher's
s **Gasthaus**, ¨er (Kneipe)	pub
gehen (ging, gegangen) (fahren) Der nächste Zug geht / fährt in 20 Minuten.	go The next train goes in 20 minutes.

r **Gehsteig**, -e (Bürgersteig)	pavement
s **Geschäft**, -e (Laden)	shop
gerade (eben) Ich bin gerade / eben erst ange- kommen.	just I've only just arrived.
e **Glocke**, -n (Klingel)	bell
halt (eben) Ich gebe es auf, ich habe halt / eben kein Glück.	simply, just I give up, I just have no luck.
s **Hendel**, - (Hähnchen)	chicken
heuer (dieses Jahr) Heuer / dieses Jahr fahren wir nach Italien auf / in Urlaub.	this year This year we're going on holiday to Italy.
in der Früh (Morgen) Heute in der Früh / Morgen habe ich die Straßenbahn verpasst.	in the / this morning This morning I missed the tram.
e **Kassa**, Kassen (Kasse)	till
r **Kasten**, ÷ (Schrank)	cupboard / closet
s **Kipferl**, -n (Hörnchen)	croissant
e **Kiste**, -n (Kasten)	crate
r **Knödel**, -(n) (Kloß)	dumpling
e **Krankenkassa**, -kassen (Krankenkasse)	health insurance scheme
r **Krankenschein**, -e (Versicherungskarte)	health insurance voucher
s **Kuvert**, -s [ku'vɛːɐ̯] (Briefumschlag)	envelope
läuten (klingeln)	ring
r **Lehrling**, -e (Auszubildender)	apprentice
r **Lift**, -e (Aufzug)	lift
r **Lohn**, ÷e (Gehalt)	pay, salary
e **Matura** *Sg* (Abitur)	baccalaureate

e **Marille**, -n (Aprikose)	apricot
s **Mineral(wasser)**, - (Wasser) Zwei Gläser Mineralwasser, bitte! / Zwei Mineral, bitte!	mineral water Two glasses of mineral water, please. / Two mineral waters, please.
r **Mistkübel**, - (Mülleimer)	rubbish / waste bin, garbage can
momentan (augenblicklich) Nach den Nachrichten kommt ein Bericht über die momentane / augen- blickliche Lage.	present, current After the news there is a report on the current situation.
e **Nachspeise**, -n (Nachtisch)	dessert
r **Nationalrat**, ⁼e (Bundestag)	National Assembly
offen sein (auf sein) Das Fenster ist offen.	be open
e **Orange**, -n [o'rãːʒə] (Apfelsine)	orange
e **Ordination**, -n (Arztpraxis / Sprechstunde)	(doctor's) practice / surgery
s **Packerl**, -(n) ['pakərl] (Päckchen)	packet
e **Palatschinke**, -n [pala'tʃiŋkə] (Pfannkuchen)	pancake
r **Paradeiser**, - [para'daizɐ] (Tomate)	tomato
s **Parterre** Sg [par'tɛr(ə)] (Erdgeschoß)	ground floor
e **Pension**, -en [pɛn'sioːn] (Rente)	pension
in Pension gehen (in Rente gehen) Am liebsten würde ich mit 50 in Pension gehen.	go into retirement I'd love to retire at 50.
r **Polster**, - (Kissen)	pillow
kosten (versuchen) Kosten / versuchen Sie doch einmal meinen Apfelkuchen.	try, taste Try my apple cake.
putzen (reinigen) Ich habe den Anzug putzen / reinigen lassen.	clean I've had the suit cleaned.

rennen (rannte, ist gerannt) (laufen) Für meine Aufenthaltserlaubnis bin ich von Amt zu Amt gerannt / gelaufen.	run, dash; be on I dashed from office to office for my residence permit.
e **Rettung**, -en (Krankenwagen) Wir müssen die Rettung rufen.	ambulance We must call the ambulance.
s **Sackerl**, -(n) (Tüte)	bag
schalten (springen) Die Ampel schaltet / springt auf Rot.	turn The traffic lights are turning red.
schauen (gucken) Schau einmal!	look Look!
r **Schlag** / s **Schlagobers** *Sg* (Sahne)	whipped / whipping cream
sich schrecken (erschrecken) Schreck dich nicht! / Erschreck nicht!	be frightened Don't be frightened.
e **Schularbeit**, -en (Klassenarbeit)	(school) test
s **Schwammerl**, -n (Pilz)	mushroom, fungus
e **Semmel**, -n (Brötchen)	roll
r **Sessel**, -(n) (Stuhl)	chair
s **Sofa**, -s (Couch [ka͜utʃ])	sofa
e **Speise**, -n (Gericht) Was ist deine Lieblingsspeise / dein Lieblingsgericht?	food What's your favourite food / dish?
s **Spital**, ⁼er (Krankenhaus)	hospital
e **Station**, -en (Haltestelle)	stop
steigen (stieg, ist gestiegen) (treten) Ich bin auf ein Stück Glas gestiegen / getreten.	tread I trod on a piece of glass.
e **Stiege**, -n (Treppe)	stairs, staircase
super (prima) Das ist echt super!	super That's just super.
e **Telefonwertkarte**, -n (Telefonkarte)	phone card
r **Topfen** *Sg* (Quark)	fromage frais

e **Trafik**, -en [tra'fık] (Kiosk)	kiosk
e **Türschnalle**, -n (Türklinke)	door handle
übersiedeln (umziehen) Familie Meier ist übersiedelt / umgezogen.	move The Meier family has moved.
vergessen auf +*A* (vergisst, vergaß, hat vergessen) (vergessen) Ich habe *auf* den Termin vergessen.	forget I forgot the appointment.
sich verkühlen (sich erkälten)	catch (a) cold
verlangen (nehmen) Er hat 500 Schilling für diese kleine Reparatur verlangt.	charge He charged 500 schillings for this repair.
versäumen (verpassen) Ich habe den Zug versäumt / verpasst.	miss I missed the train.
vis-à-vis [viza'vi:] (gegenüber) Das Geschäft liegt direkt vis-à-vis von der Post.	opposite The shop is directly opposite the post office.
e **Volksschule**, -n (Grundschule)	primary school
r **Vorrang** *Sg* (Vorfahrt) Er hat den Vorrang nicht beachtet.	priority He didn't give way.
r **(Bahn-)Waggon**, -s [va'go:n] (Wagen)	(railway) carriage
r **Zug**, -̈e (Bahn)	train
zumachen (schließen) Machen Sie bitte das Fenster zu.	shut, close Please shut the window.
zusperren (schließen) Wenn wir weiter so wenig Aufträge bekommen, müssen wir unseren Betrieb zusperren / schließen.	close (down) If we continue to get so few orders, we'll have to close the company down.
s **Zündholz**, -̈er (*Pl* auch: **Zünder**) (Streichholz)	match
e **Zwetschke**, -n (Pflaume)	plum, damson

Wortschatz-Listen zu österreichischen und schweizerischen Standardvarianten aus: „Zertifikat Deutsch –
Lernziele und Testformat", Frankfurt a. M., 1999, mit freundlicher Genehmigung der WBT Weiterbildungs-
Testsysteme, des Goethe Instituts, des Österreichischen Sprachdiploms und der Schweizer Konferenz der
kantonalen Erziehungsdirektoren.

Schweiz Switzerland

Die mit *süddt.* markierten Wörter werden auch in Süddeutschland gebraucht.
The words marked with *süddt.* are also used in Southern Germany.

1.	**Kontakte / Kommunikation**	**Contacts / Communication**
1.1	Salü. ['saly] *auch* [sa'ly:] / Grüezi. ['gry:ətsɪ]	Hello.
	Adieu. [a'diø:]	Bye.

2.	**Der Mensch**	**Human beings**
2.1	r Übername, -n	nickname
2.2	r Märzenflecken, -	freckle
2.4	r Nuggi, - ['nʊgi]	dummy, pacifier
2.5	r / e Pensionierte, -n	pensioner, senior citizen
	r / e frühzeitig Pensionierte, -n	[person who has retired early / taken early retirement]
2.7	tönen	sound

3.	**Die Familie**	**The family**
3.3	r Bub, -en *süddt.*	boy
	s Göttikind, -er	godchild
	r Götti, - // e Gotte, -n	godfather // godmother
	den Schoppen geben	give (a baby) its bottle, bottle-feed (a baby)
	r Nuggi, - ['nʊgi]	dummy, pacifier
	das Baby ['be:bi] abziehen	undress the baby
	s Sackgeld	pocket money, allowance

4.	**Dinge des Alltags**	**Everyday life**
4.1	s Morgenessen, - / r / s Zmorge(n), - ['tsmorge(n)]	breakfast
	s Nachtessen	supper, dinner
	e Glace, -n ['glasə]	ice(-cream)
	s Ruchbrot	bread [made from rye and wheat flour]
	s Semmeli, - / das Bürli, -	roll
	r Fruchtkuchen, -	fruit flan
	r Nussgipfel, -	pastry with nuts
	s Guetsli, - ['gʊətsli]	biscuit
	s Birchermüesli, - / s Müesli, - ['myəsli]	muesli
	s Trutenfleisch	turkey
	s Poulet, -s ['pulɛ]	chicken
	s Wienerli, - / s Frankfurterli, -	wiener
	r Kartoffelstock	potato puree
	s Rüebli, - ['ryəbli]	carrot

	Peperoni *Pl*	pepper
	Zucchetti *Pl* [tsʊˈkɛttɪ]	courgette, zucchini
	r Fruchtsalat	fruit salad
	e Weinbeere, -n	raisin, dried grape
	e Baumnuss, ⸚e	walnut
4.2	e Ovomaltine	[(hot) beverage made of malt]
	r Liqueur [lɪˈkøːr]	liqueur
	r Zapfenzieher, -	corkscrew

In Switzerland, people often drink **Kaffee** after lunch. There is **Milchkaffee / Schale** (coffee with milk) and **Café crème** [kafeˈkrɛm] (coffee with cream). Italian coffee such as **Espresso** [ɛsˈprɛso] and **Cappuccino** [kapʊˈtʃiːno] are very popular.

4.3	s Zündholz, ⸚er	match
4.4	r Coiffeur, -e [ˈkwafør] //	hairdresser
	e Coiffeuse, -n [ˈkwaføz]	
4.5	sich abziehen	get undressed
	e Windjacke, -n	anorak
	r Jupe, -s [ˈʒyp]	skirt
	r Veston, -s [ˈvɛstô]	jacket
	s Gilet, -s [ˈʒilɛ]	waistcoat (GB) / vest (US)
	r Socken, -	[ankle] sock
4.6	e Papeterie [papɛtəˈriː], -n […iːən]	stationer's
	r Ausverkauf *süddt.*	sale(s)
	r Totalausverkauf	clearance sale
	r Bon, -s [bô]	voucher, credit note

5.	**Zuhause**	At home
5.1	s Untergeschoss *süddt.*	basement
	e Hausglocke, -n	bell
	läuten *süddt.*	ring the bell
5.2	r Kasten, ⸚ *süddt.*	cupboard / closet
	tischen ↔ abtischen	lay ↔ clear the table
	r Fauteuil, -s [ˈfotœi]	armchair
	s Lavabo, -s [ˈlavabo]	washbasin / (bathroom) sink
	das Licht / die Lampe anzünden ↔ ablöschen	switch the light / lamp on ↔ off
	r (Abfall-) Kübel, -	rubbish / waste bin, garbage can
	r Abfallcontainer, - […kɔnˈteːnɐ]	dustbin / ashcan / garbage container

6.	**Feste und Freizeit**	Parties, festivals and free time
6.1	in die Ferien fahren	go away (on holiday)

6.2	e Klassenzusammenkunft, ⸚e	class reunion
6.3	ein Rendez-vous ['rã:devu] abmachen / verabreden	fix / have a date
6.4	s Nachtessen, -	evening meal, supper, dinner
	r Hauptgang, ⸚e	main course
	grillieren [grɪ'li:rən] *auch* [grɪ'ji:rən]	grill

6.6	e Velotour, -en ['velotur]	cycling tour
	e Identitätskarte, -en	identity card
7.	**Krankheit und Gesundheit**	**Illness and health**
7.1	s Arztzeugnis, -se	medical certificate
7.2	e Ambulanz, -en	ambulance
	e Notfallstation, -en	casualty / (accident and) emergency department
7.3	e Spezialschule, -n	special school
7.4	e medizinische Praxisassistentin, -nen	doctor's receptionist
	sich abziehen	get undressed
	s Arztzeugnis, -se	medical certificate
7.6	s Spital, ⸚er	hospital
	e Notfallstation, -en	casualty / (accident and) emergency department
8.	**Staat und staatliche Institutionen**	**State and government institutions**
8.1	e Schweiz / e Schweizerische Eidgenossenschaft (Confoederatio Helvetica, CH)	Switzerland / Swiss Confederation
	Er kommt aus der Schweiz.	He is from Switzerland.
	r Kanton, -e	canton
	r Stadtpräsident, -en / r Ammann, ⸚er	mayor
8.2	e Bundesverfassung	Basic Law
	r Nationalrat	National Council
	s Bundesgericht	Federal Constitutional Court

| e Volksabstimmung, -en / | referendum |
| s Referendum | |

8.3 r Bundesrat — Federal Council
s Departement, -e ['departəmɛnt] — ministry, department
r Bundesrat, ⸚e // — Member of the Federal Council
e Bundesrätin, -nen
r Bundespräsident, -en // — President of the Confederation
e Bundespräsidentin, -nen

Political parties in Switzerland

The five main parties in Switzerland:
e SP = e Sozialdemokratische Partei – Social Democratic Party
e FDP = Freisinnig-Demokratische Partei – Free Democratic Party
e CVP = Christlichdemokratische Volkspartei – Christian Democratic People's Party
e SVP = Schweizerische Volkspartei – Swiss People's Party
e Grüne = e Grüne Partei – The Greens

8.4 r Parteipräsident // — party leader
e Parteipräsidentin
e Stimmabgabe, -en (per Post) — (postal) vote

Elections

In Switzerland a vote cast for a specific candidate is simultaneously a vote for that candidate's party. The final result is determined by the number of votes cast for both for individual candidates and the parties.

8.5 s Departement für auswärtige — foreign office
Angelegenheiten
r Mediator, -en // — mediator
e Mediatorin, -nen
8.7 s Steueramt — tax office, taxman
e Steuerrechnung, -en — tax assessment
8.8 e AHV / e Alters- und Hinterbliebenen- — pension scheme, insurance for
versicherung — retirement and dependants
8.9 e Bundesverfassung — Basic Law
r Laienrichter, - // — lay judge, assessor
e Laienrichterin, -nen
8.10 e Busse ['bu:sə] — (parking / speeding) ticket

Eszett (ß)

Other than in German and Austrian orthography in Swiss orthography the Eszett (ß) does not exist. Normally the Swiss-German words with a double-s (ss) are pronounced like their standard German equivalent spelt with an Eszett (ß). (e.g. *e Busse* ['bu:sə] not ['bʊsə] like *e Buße* or *e Strasse, -n* ['ʃtra:sə] like *e Straße, -n*) In general the standard Swiss German (as well as the Austrian) pronunciation often differs a great deal from the standard in Germany.

	e Hauptwache	police headquarters
	r Polizeiposten, -	police station
8.11	e Armee	Armed Forces

9.	**Politische und soziale Fragen**	**Political and social issues**
9.2	r Mediator, -en // e Mediatorin, -nen	mediator
9.5	e Pensionskasse, -n	pension scheme, retirement insurance
	e Pension, -en (auch nicht vom Staat)	pension [also if not paid by the state]

10.	**Bildung**	**Education**
10.1	e Primarschule, -n	primary school
	e Spezialschule, -n	school for children with special needs
	e Matura *Sg.*	baccalaureate [school-leaving examination & university entrance qualification]

Educational System I

In Switzerland the government is responsible for schools and kindergartens. This results in differences from canton to canton. Since the differences are quite considerable, just a rough overview is given below.

Attendance at a state school is free of charge. Schoolbooks too are made available without charge except at Gymnasium.

Children are required by law to attend school from the age of 6 (7) to the age of 15 (16). The minimum schooling requirement covers attendance at *Primarschule* (primary school = years 1–6) and *Sekundarschule* (secondary modern school = years 7–9) plus *Berufsschule* (vocation school). It is possible to enter *Gymnasium* (grammar school = years 7–12) directly after *Primarschule* or after the second year of *Sekundarschule* (in this case attendance at *Gymnasium* lasts only 4 years). Each type of school offers a different type of school-leaving qualification:

Sekundarschule	(7th – 9th year)	*Mittelschulabschluss*
Gymnasium	(7th –12th year)	*Matura*

10.3	s Testatblatt, ⸚er	certificate (as evidence of achievement at a university)
	r Maturand, -en // e Maturandin, -nen	person who has taken the baccalaureate exam

---

Educational System II

Although the *Universitäten* and *Hochschulen* are state-funded and state-controlled in Switzerland, a tuition-fee is levied on students.

A course of study at a university takes a minimum of 4 years and is completed with a *Lizentiatsprüfung* (MA) or a *Diplomprüfung* (MSc). After that students can attain a higher degree by taking their *Doktorat*.

s Lizentiat [litsɛn'tsi̯a:t]	Master's Degree, MA
e Lizentiatsprüfung, -en	MA exam
e Diplomprüfung, -en	MSc exam / diploma examination
s Doktorat [dɔkto'ra:t]	*doctorate*

Grades

at school		for a doctorate at a university
sechs	= *sehr gut (very good)*	*summa cum laude*
fünf	= *gut (good)*	*magna cum laude*
vier	= *befriedigend (satisfactory)*	*cum laude*
drei	= *ausreichend (sufficient)*	*rite*
zwei	= *mangelhaft (poor)*	
eins	= *ungenügend (unsatisfactory)*	

14. Verkehr — Transport

14.1	r Veloweg, -e	cycle track
	s Lichtsignal, -e	traffic light(s)
	s Signal, -e	road / traffic sign
	parkieren	park
	r Führerausweisentzug	driving ban, disqualification from driving

Driving offences

In Switzerland there are fines for the various kinds of driving offences (from parking offences to more serious ones), with the most serious ones leading to driving bans and loss of one's licence.

14.2	r Kondukteur, -e ['kɔndʊktø:r]	guard, *conductor*
	r Lokomotivführer, - // e Lokomotivführerin, -nen	engine driver
	r / s Perron, -s ['pɛrõ]	platform
	r Gepäckrolli, -	luggage / baggage trolley
	s Billett, -e [bɪl'jɛt]	ticket
	e Platzreservation [...rezɛrva'tsi̯on]	seat *reservation*
14.3	s Tram, -s ['tram] *süddt.*	*tram*
	r Billettautomat, -en [bɪl'jɛtautoma:t]	ticket machine
14.4	e Reservation, -en [rezɛrva'tsi̯on]	*reservation*

16. Stadt und Land — Town and country

16.1	r Bezirk, -e	(administrative) district

18. Information und Kommunikation

18.2 r Redaktor, -en // e Redaktorin, -nen — editor

18.3 e Gratiszeitung, -en — advertiser, freebie newspaper

18.5 Es läutet. — The phone's ringing.
e Telefonkabine, -n — telephone box

19. Wirtschaft und Geschäftsleben — Economy and business life

19.2 s Werbeinserat, -e [...ɪnze'raːt] — advertisement

19.4 r Bankomat, -en — cash machine / dispenser

20. Im Büro — In the office

20.1 e Beilage, -n — enclosure
Ferien nehmen — take a holiday

Schweizerische Standardvarianten

aus der Wortliste zum *Zertifikat Deutsch*

(Standarddeutsche Entsprechung in Klammern)

Swiss standard variants

from the *Certificate of German* wordlist

(Standard German equivalents in brackets)

r **Abwart**, -e (Hausmeister)	caretaker
r **Ammann**, ⸗er (Bürgermeister)	mayor
e **Annonce**, -n ['anõs] (Anzeige)	advert
auf (bei) Meine Frau arbeitet auf / bei der Post.	at My wife works at the post office.
r **Betrieb**, -e (Werk)	company, works
s **Billett**, -e [bɪl'jɛt] (Fahrkarte)	ticket
s **Billett**, -s [bɪl'jɛt] (Eintrittskarte)	ticket
bleich (blass)	pale
r **Block**, -s / ⸗e (Wohnblock)	block (of flats)
e **Büchse**, -n ['byksə] (Dose)	tin
r **Camion**, -s ['kamjõ] (Last(kraft)wagen)	lorry
r **Chauffeur**, -e ['ʃɔfør] (Fahrer)	driver
r **Coiffeur**, -e ['kɔafør] (Friseur)	(male) hairdresser
e **Coiffeuse**, -n ['kɔaføz] (Friseurin)	(female) hairdresser
das (die) **Cola**	cola
s **Couvert**, -s ['kuvɛr] (Briefumschlag)	envelope
s **Dessert**, -s ['dɛsɛr] (Nachtisch)	dessert
dünken (erscheinen) Dieser Punkt dünkt mich / erscheint mir besonders wichtig.	seem This point seems to me especially important.
das (die) **E-Mail** ['iːmeːl]	email

exakt [ɛˈksakt] (genau) Das Feuerwerk beginnt exakt um zwanzig Uhr. Hier müssen Sie sehr exakt arbeiten.	exact(ly), precise(ly) The fireworks start at exactly 8pm. You have to work very precisely here.
r **Fauteuil**, -s [ˈfotœj] (Sessel)	armchair
Ferien *Pl* (Urlaub)	holiday(s)
r **Führerausweis**, -e (Führerschein)	driving licence / driver's license
e **Gebrauchsanleitung**, -en (Gebrauchsanweisung)	instructions for use
Gesundheit! (Prost!)	Your health!
e **Glace**, -n [ˈɡlasə] (ice(-cream))	ice(-cream)
e **Gratulation**, -en [ɡratulaˈtsioːn] (Glückwunsch)	congratulations
haben (besitzen)	have, own
r **Harass**, -e (Kasten) Ich habe zwei Harasse / Kasten Bier gekauft.	crate I bought two crates of beer.
s **Heft**, -e (Illustrierte)	magazine
herauskommen (erscheinen)	appear, be published
die Jungen *Pl* (Jugendliche) Diese Veranstaltung wird immer besonders von Jungen besucht.	youth, young people This event is always attended in particular by young people.
r **Jupe**, -s [ˈʒyp] (Rock)	skirt
r **Kasten**, ⁼n (Schrank)	cupboard
Kleider *Pl* (Kleidung)	clothes
e **Konfitüre**, -n [kɔnfiˈtyːrə] (Marmelade)	jam
s **Korn** (Getreide)	corn
läuten (klingeln)	ring
r **Lohn**, ⁼e (Gehalt)	pay
e **Matura** (Abitur)	baccalaureate [school-leaving exam, university entrance qualification]

s **Menü**, -s (Mahlzeit) In der Schweiz gibt es meist nur einmal am Tag ein warmes Menü.	meal In Switzerland there is usually only one hot meal a day.
momentan (augenblicklich) Nach den Nachrichten kommt ein Bericht über die momentane Lage.	present, current After the news there is a report on the current situation.
s **Morgenessen** (Frühstück)	breakfast
nach (entlang) „Gehen Sie immer der Straße nach."	along Go straight along the road.
r **Nationalrat**, ⸚e (Bundestag)	National Council / Assembly
e **Note**, -n ((Geld-)Schein) Kannst du diese Hundertfrankennote wechseln?	(bank)note Can you change this hundred franc note?
s **Parterre** [par'tɛr] *Sg* (Erdgeschoss)	ground floor
s / r **Perron**, -s [pɛ'rõ] (Bahnsteig)	platform
e **Pfanne**, -en (Topf)	pot
r **Pneu**, -s ['pnɔy] (Reifen)	tyre
s **Portemonnaie**, -s ['pɔrtmɔne] (Geldbörse)	purse, wallet
r **Pöstler**, - ['pœstlɐ] (Briefträger)	postman
s **Poulet**, -s ['pule] (Hähnchen)	chicken
pressieren (sich beeilen) Wenn wir pressieren, erreichen wir den letzten Zug noch.	hurry If we hurry, we'll still get the last train.
r **Prospekt**, -e (Broschüre)	brochure
protestantisch (evangelisch)	Protestant
s **Pult**, -e (Schreibtisch)	desk
das **Radio**, -s (Rundfunk)	radio
r **Rahm** (Sahne)	cream
reformiert (evangelisch)	Protestant
e **Reklame**, -n (Werbung)	advert
r **Rock**, ⸚e (Kleid)	dress

r **Schluss** (Ende) Die Wagen der ersten Klasse sind am Schluss des Zuges.	end The first-class carriages are at the end of the train.
sich pensionieren lassen (in Rente gehen)	go into retirement
s **Sofa**, -s (Couch [kautʃ])	sofa
s **Spital**, Spitäler (Krankenhaus)	hospital
r **Stadtpräsident**, -en (Bürgermeister)	mayor
e **Station**, -en (Haltestelle)	stop
e **Taxcard**, -s [phon] (Telefonkarte)	phonecard
e **Telefonkabine**, -n (Telefonzelle)	phone box
r **Titel**, - (Überschrift)	title, heading
s **Tram**, -s ['tram] (Straßenbahn)	tram
s **Trottoir**, -s ['trɔtwar] (Bürgersteig)	pavement
unterdessen (inzwischen) Herr Müller kommt gleich zurück. Sie können unterdessen in seinem Büro warten.	meanwhile, in the meantime Herr Müller will be right back. In the meantime you can wait in his office.
Velo fahren (Rad fahren)	to cycle
s **Velo**, -s ['velo] (Rad / Fahrrad)	bicycle / bike
vis-à-vis [viza'vi:] (gegenüber) Das Geschäft liegt direkt vis-à-vis von der Post.	opposite The shop is directly opposite the post office.
r **Vortritt** (Vorfahrt) Er hat den Vortritt nicht beachtet. (Straßenverkehr)	priority
s **Warenhaus**, ⸚er (Kaufhaus)	department store
s **Zündholz**, ⸚er (Streichholz)	match

Wortschatz-Listen zu österreichischen und schweizerischen Standardvarianten aus: „Zertifikat Deutsch – Lernziele und Testformat", Frankfurt a. M., 1999, mit freundlicher Genehmigung der WBT Weiterbildungs-Testsysteme, des Goethe Instituts, des Österreichischen Sprachdiploms und der Schweizer Konferenz der kantonalen Erziehungsdirektoren.

Index

This is where you find the words:
1.1 = in chapter number 1.1
■1.1 = in chapter number 1.1 (info box)
A = in the chapter **Austria** (page 439 – 444)
CH = in the chapter **Switzerland** (page 451 – 457)
ZD-A = in the chapter **Austrian standard variants** (page 445 – 450)
ZD-CH = in the chapter **Swiss standard variants** (page 458 – 461)

B

D

daily 15.1
dairy product 4.1
dam 17.1
damage 9.5, 14.1
damage (to) 7.7, 14.1
damp 17.2
damson ZD-A
dance 11.4
dance (to) 11.4
dance school 11.4
dance studio 11.4
dancer 11.4
dance-step 11.4
dancing classes 11.4
dancing couple 11.4
danger 14.1
dangerous 14.1
dark 11.1
darling 3.2
dash (to) ZD-A
data 18.1, 18.6
data abuse 18.1
data protection 18.1, 18.6
databank 18.1
database 18.1, 18.6
date 6.3, 15.1, CH
date (fix a ~) 6.3
date (have a ~) 6.3
date from (to) 12.11
date of birth 1.1, 2.1
daughter 3.1
day 15.1
day after tomorrow ■15.1
day before yesterday ■15.1
day out 6.8
dead 2.12
dead (line) 18.5
dead person 2.12, 8.11
deadline 20.1
deaf 2.7, 7.3
deaf and dumb 7.3
deaf-mute 2.7
deal with (to) 12.2
dean 10.4
death 2.12
death notice 2.12
debate 8.3
debate (to ~ a bill) 8.3
debate (to) 12.2
debit 8.6, 19.4
debt (get into ~) 8.6

debt(s) 8.6, 19.4
decade 12.10
deceased (the ~) 2.12
deceleration 12.4
December ■15.1
decency 2.9
decent 2.9
decide 1.5, ■19.1
deciduous tree ■12.6, ■16.5
decilitre 15.3
decision 16.1
deck 14.5
declare (have to ~) 6.6
decline 1.3, 2.5, 20.2, ■20.2
decorate 5.4
decoration (military) 8.11
decrease 15.3
decrease (demand) 8.6
decrease (unemployment) 9.2
decreasing demand 9.2
decrepit 2.5
deep 15.2
defeat 6.9, 8.11
defective 13.4
defence 8.9
defence counsel 8.9
defend 8.11
defendant 8.9
define 11.7
definition 1.2, 11.7
degree (~ Celsius) 12.4, 17.2
degree ceremony 10.3, A
delay 14.2, 14.4
delete 18.6
delicious 4.1
deliver 4.6, 19.3
delivery 3.3, 4.6, 19.3
demand 1.4, 8.6, 9.2, ■9.2
democracy 8.2
democratic 8.2
demonstration 9.1
denomination 11.8
densely populated 16.1
density 12.4
dental clinic 7.5

dental floss 4.4, 7.5
dental treatment 7.5
dentist 7.5
denture(s) 7.5
dentures (set of ~) 7.5
deny 9.8
depart 14.4
department 8.8, 16.1, 19.1, 8.3, CH
department store 4.6, ZD-CH
departure 6.6, 6.7, 14.2, 14.4
depend (~ on) 6.3
deposit 4.6, 5.1, 12.11
deposit (to) ■19.4
deposit box 19.4
depressed 2.6, 12.8
depression 12.8
depth 15.2
descendant 2.12
descended (be ~ from) 12.6
descent 3.1, 12.6
describe 14.1
description 11.6
design 11.2, 18.2
design (to) 11.2
desire 2.8
desire (to) 2.8
desire for information 18.1
desk 20.1, ■20.1, ZD-CH
desk (writing) ■5.2
desk chair 20.1, A
despair 2.8
despair (to) 2.8
desperation 2.8
despise 2.10
dessert 4.1, 6.4, ZD-A, ZD-CH
destination 6.6
destitute 9.6
destitution 9.6
destroyed (be ~) 8.11
destruction 8.11
detail 11.3, 18.3
detective 8.10, 9.8
detective inspector 8.10
detergent ■5.3
deteriorate (~ relationships) 12.9
determine 12.11

detour 14.1
develop (to) 11.7
developing country 8.6
development 13.1
development aid 8.5
deviate (~ from the norm) 12.9
device 13.4
devour (~ a book) 18.2
dew 17.2
diagnose 12.7
diagnosis 7.4, 7.6, 12.7
dial (~ a number) 18.5
dial(ling) tone 18.5
dialogue 2.10, 10.5, 11.5
dialogue (enter into a ~) 2.10
diameter 12.3
diamond 12.11
diaper 3.3
diaper (change the baby's ~) 3.3
diarrhoea 7.1
diary 20.1
dictation 10.2
dictionary 18.1
dictionary of foreign words 18.1
dictionary of style 18.1
die 2.12, 7.1, 7.2
diesel 14.1
diet 4.1, 7.7
diet (drastic reducing ~) 7.7
difference 2.6, 9.4
difference of opinion 2.10
different (~ view) ■20.2
difficult age 3.3
difficulty 3.3
dilute (~ solution) 12.5
dimension 12.3, 15.2
din 2.7
dining car 14.2, A
dinner 4.1, 6.4, CH
dinner jacket 4.5

good (grade) ▪10.3
good (the ~) 2.9
good evening ▪1.1
Good luck ▪1.1
good morning ▪1.1
good night ▪1.1
good terms (try to
get on ~) 2.10
Good time ▪1.1
good value 4.6
goodbye ▪1.1
goodbye (wave ~ to
sb) 1.1
good-for-nothing
2.9
good-natured 2.9
goulash 4.1
government 8.3
government (form
a ~) 8.3
government of a
Land 8.3
grades 10.3, A, CH
gradually ▪15.1
graduate 10.3
graduate (college /
university) 10.3
grain 4.1, 16.3
gram 15.3, A
grammar school
10.1, CH
grammar school,
secondary school
(comprehensive)
10.1, A
gramme 15.3
grandchildren 3.1
granddaughter 3.1
grandfather 3.1
grandmother 3.1
grandparents 3.1
grandson 3.1
grant (to ~ a loan)
19.4
graphic artist 11.1
graphic arts 11.1
grass 16.5
grass (mow the ~)
16.3
grave 2.12
gravestone 2.12
graveyard 2.12
gravitation 17.5
gravy 4.1
great ▪1.5
greed 2.9
greedy (be ~) 2.9
Greek-Orthodox
11.8

green ▪11.1
green (ecological)
7.7
Green Card 9.3
greenhouse 16.5
greenhouse effect
17.4
greet 1.1
greeting 1.1
greetings card 6.2
grey ▪11.1
grill 6.4, CH
grilled 6.4
groomed (well ~)
2.3
groomed (badly ~)
2.3
gross 8.7
gross national
product 8.6
ground floor 5.1,
ZD-A, ZD-CH
ground plan 11.2
ground staff 14.4
group 2.10
group work 10.5
grow 2.4, 12.6, 16.3,
16.5
grow old 2.5
growing up 2.4
growth (process of
growing) 12.6
grubby 2.3
guarantee 19.3
guard 14.2, CH
guard (train) 14.2
guardian 3.3
guest 6.2, 6.7
guest house 6.7
guide 6.6
guide(book) 6.6
guilt 2.9
guilty 2.9, 8.9
guitar ▪11.4
gum(s) 7.5

▪H
habit 2.7
hacker 18.6
hair 2.2, 2.3
hair (have
one's ~ cut) 4.4
hair (to wash
one's ~) 4.4
hair dryer 4.4
hairbrush 4.4
hairdresser 4.4, CH,
ZD-CH

hairpiece 2.3
hairstyle 2.3
half 15.3
half(first/second~of
a game) 6.9
half board 6.7
hall ▪5.1
ham ▪4.1
ham (uncooked ~)
▪4.1
hand 2.2
hand (shake sb's ~)
1.1
hand in
(~ homework) 10.5
hand in (~ the key)
6.7
hand out (to ~ texts)
10.5
hand-baggage 14.4
handcuffs 8.10
handicapped
(mentally ~) 7.3
handicapped
(physically ~) 7.3
handicapped
(visually ~) 7.3
handkerchief 4.4
handle 2.7, A
hand-luggage 14.4
handwriting 18.8
hang (picture) 11.1
hang up 18.5
hang up (the
receiver) 18.5, A
hang up (washing)
5.3
hanky 4.4
happen 18.3
happy 2.6
harbour 14.5
hard 2.6, 5.4, 19.5
hard disk ▪18.6
hard of hearing 2.7,
7.3
hard shoulder 14.1,
A
hardly (know sb ~)
12.1
hardware 18.6,
▪18.6
harmful (be ~) 7.7
harmonious 11.4
harvest 16.3
harvest (to) 16.3
hat 4.5
hate 2.8
hate (to) 2.8, 2.10
hatred 2.8, 2.10

have ZD-CH
have a date 6.3, CH
have a good time
6.2
have gone bust 8.6
have sth on 4.5
have time off 6.1
hay 16.3
haze 17.2
hazy 17.2
head 2.2
head (~ of a
department) 19.1,
19.4
head (~ of an
institute) 12.2
head of nursing
stuff 7.6
head of state 8.2
head office 19.1
heading 18.3, ZD-CH
headline 18.3
health 7.7
health conscious
7.7
health food 7.7
health hazard 7.7
health insurance
7.1, 8.8, 9.5
health insurance
card 7.1
health insurance
scheme 7.1, ZD-A
health insurance
voucher ZD-A
health resort (stay at
a ~) 7.6
healthy 7.7
healthy diet 4.1, 7.7
healthy way of life
7.7
hear 2.7
hear (~ sb coming)
2.7
hearing 2.7
hearing (hard of ~)
2.7
hearing aid 2.7
heart 2.2, 7.1, ▪12.7
heart attack 7.1
heart condition
(have a ~) 7.1
heart trouble 7.1
heat 12.4, 17.2
heat up (~ food)
5.4
heating 5.1
heating (have
the ~ on) 5.1

light year 17.5
lighter 4.3
lighthouse 14.5
like 2.8
like (~ to do sth) 6.8
like (to) 1.5
like to (+ verb) 2.8
likeable ▪2.6
liking 1.5, 2.10
limited
  (~ knowledge)
  12.1
line 12.3, 15.2, 18.5
line (bus) 14.3
line of business 19.5
link 2.10
lip 2.2
liqueur 4.2, CH
liquid 12.4
list of fares 14.2
listen 2.7, 11.4,
  18.4, 18.5
listener 18.4
listening
  comprehension
  10.2
literary criticism
  11.6
literary genre 11.6
literary history 11.6
literary studies 11.6
literary work 11.6
literature 11.6,
  ▪11.6
literature (foreign-
  language ~) 11.6
literature
  (German ~) 11.6
literature (history
  of ~) 11.6
literature (period
  of ~) 11.6, ▪11.6
litre 15.3
little 2.3, 15.2, 15.3
little present 6.6
live (to broadcast ~)
  18.4
live (to) 5.1, 16.1
live in poverty 9.6
live on 4.1
live together 3.2
lively 2.6
liver 2.2
livestock breeding
  16.3
livid ▪2.8
load (to) 18.6
loan 19.4
lobbyist 8.3

local 16.1
local authority 16.1
local authority
  (area) 8.1, A
local public
  transport 14.3
location 15.2
location of industry
  and commerce 8.6
lock 5.1, ▪14.1,
  14.5, ZD-A
lock (to) 5.1
lock (up in) ZD-A
locker (luggage/
  baggage ~) 14.2
lockout 9.2
locksmith service
  5.1
locum 7.4
lodge (~ an appeal
  against the verdict)
  8.9
log off (internet)
  18.6
log off the internet
  (to) 18.6
log on (internet)
  18.6
log onto the inter-
  net (to) 18.6
logic 11.7
logical 11.7, 12.1
logistics 19.3
long 4.5, 15.2
long for 2.8
long way round
  14.1
longevity 2.5
longing 2.8
longsighted 2.7
loo 4.4, 5.2
look 2.7, ZD-A
look (to) 7.6
look after (~ guests)
  ▪20.1
look at 2.7, 6.6,
  18.6, ZD-A
look better 7.6
look round 6.6
look similar 3.3
look sth up (~ in a
  dictionary) 18.1
look up (economy)
  8.6
look worse 7.6
looking after sb
  (person who is ~)
  2.4
loose 4.5

loose tooth 7.5
lorry 14.1, ZD-CH
lose 6.9
lose (~ one's job) 9.2
lose (~ one's
  memory) 12.1
lose (~ one's way)
  14.1
lose (~ self-control)
  2.6
lose (~ the case) 8.9
lose (~ weight) 7.4
loser 6.9
loss 8.6, 19.4
lost and found 14.2
lost property office
  14.2
loud 2.7, 11.4
loudspeaker 11.4
lout 2.4
love 2.8, 2.10
love (be in ~) 3.2
love (fall in ~) 2.8
love (to) 2.8, 2.10
lover 3.2
low 11.4, 15.2, 15.3
low quality 13.4
low season 6.7
low tide 17.1
lower (to) 8.7, 13.2,
  15.3
lower jaw 7.5
low-fat 7.7
download (to) 18.6
loyalty 2.9
luck ▪1.5
luggage 6.6, 14.2,
  14.4
luggage (left-
  ~ locker) 6.6
luggage trolley
  14.2, CH
lullaby 3.3
lunch 4.1, 6.4
lunchtime 15.1
lung(s) 2.2
lyric poet 11.6
lyrical 11.6

M

MA 10.3, A
MA / MSc 10.3
MA / MSc exam
  10.3
MA exam 10.3, CH
machine 13.2, 13.4
magazine ZD-CH
magnet 12.4

magnetic board
  20.1
magnetic field 12.4
maiden name 2.1
mail (to) 18.6, 20.1
mailbox 18.7
mailman 18.7
mail-order
  company 4.6
mail-order firm 4.6
main course 6.4, CH
main job 19.5
main subject 10.2
mains (electricity)
  13.3
maintain (~ contact)
  1.1
maintenance 3.2,
  13.2
maintenance
  payment 3.2
major (music) 11.4
majority 8.3
make a draft 18.8
make a fool of 2.6
make a phone call
  18.5, ▪18.5
make a reservation
  6.6, 6.7
make a statement
  9.8
make a withdrawal
  ▪19.4
make an application
  9.3, 9.5, 12.2, 16.1
make an
  appointment 7.4
make an invention
  13.1
make contact 1.1
make friends ▪2.10
make it up 3.2
make known 18.3
make music 11.4
make notes 20.1
make redundant
  9.2
make-up 4.4
make-up (put on ~)
  4.4
male 2.11, 9.4
malevolent 2.6
maltreat 3.3
maltreatment of
  children 3.3
mammal 16.4
man 9.4
manage (~ staff)
  ▪19.1

send 18.5, 18.6, 18.7, ■20.1
sender 18.7
senile 2.5
senile (be ~) 2.5
senior citizen 2.5, A, CH
senior citizen's (OAP special) 6.4
sensation 2.7
sense 2.7
sense (to) 2.7
sense of direction 2.7
sense of hearing 2.7
sense of sight 2.7
sense of smell 2.7
sense of taste 2.7
sense of touch 2.7
sensible ■2.6
sensitive 2.7, 7.5
sensory impression 2.7
sentence 8.9
sentence (to) 8.9
separate 3.2
separation 3.2
September ■15.1
sequence 15.3
serious (a ~ illness) 12.7
sermon 11.8
serve 6.4, 20.1
server 18.6
service 6.4, 8.6
service (bad ~) 6.4
service (customer ~) 4.6
service (good ~) 6.4
service (mediocre ~) 6.4
service area 14.1
service department 4.6
service industries 19.5
service sector 8.6, 19.5
service sector jobs ■19.5
serviette 6.4
session 8.3
set (stage ~) 11.5
set (to) (machine) 13.4
set (to) (sun) 17.5
set meal 4.1
set sail 14.5
settee 5.2

setting 11.6
settle 20.1
several years of experience (in a job) 19.5
severe (a ~ winter) 17.2
sew 4.5
sex 2.11
sex (gender) 2.1, 2.11, 9.4
sexual 2.11
sexual abuse 2.11
sexuality 2.11
shabbily 9.6
shabby 2.3
shade 17.2
shadow 17.2
shake (sb's) hand 1.1
shame 2.9
shampoo 4.4
share 8.6
shareholder 8.6
sharp (~ knife) 5.4
shattered ZD-A
shave 4.4
shaver 4.4
shed 16.3
sheet 5.2, A
shelf 5.2, 20.1
shelf (book~) 18.1
shelves 5.2, 18.1, ■20.1
shine (to) (sun) 17.2, 17.5
ship 14.5, ■14.5
ship (to) 19.3
shipping 14.5
shipping line 14.5
shirt 4.5
shock 7.2
shoe 4.5, A
shoe (slip-on ~) 4.5
shoot 8.10, 8.11, 12.6
shoot (to ~ at) 16.4
shooting star 17.5
shop 4.6, ZD-A
shop (food ~) ■4.6
shop (specialist ~) ■4.6
shop (work~) 13.2, 13.4
shop assistant 4.6
shop window 4.6
shopping 4.6
shopping (do ~) 4.6
shopping (go ~) 4.6

shore 17.1
short ■4.4, 4.5, 15.2
short circuit 13.3
short letter 18.8
short novel 18.2
shorten (text) 18.2
shortsighted 2.7
shoulder 2.2
show 11.5
show (to) 1.5, 11.5, 19.2
shower 4.4, 5.2
shower (to) 4.4, 5.2
shrimp 4.1
Shrovetide 6.2
shrub 16.2
shut 5.1, 5.2, 6.6, ZD-A
shutter release 11.3
sick (be ~) 7.1, 7.4
sick person 7.1
sickbed (at a ~) ■7.6
sickness 3.3
side dish 6.4
side order 6.4
sideboard 5.2
sidewalk 14.1
sight 6.6
sight (sense of~) 2.7
sight (within ~ of) 2.7
sign 7.1, 14.1
sign (to) 18.8
sign of old age 2.5, 8.5
sign of the zodiac 17.5, ■17.5
silence 2.7
silent 2.7
silent (be ~) 9.1
silk 4.5
similar (to look ~) 3.3
simply ZD-A
sin 2.9, 11.8
since ■15.1
sinew 2.2
sing 11.4
sing (~ high) 11.4
sing (~ in public / to sb) 11.4
sing (~ in tune) 11.4
sing (~ low) 11.4
sing (~ out of tune) 11.4
singer 11.4
singing 11.4
single 2.1, 15.3
single one 15.3

single parent 3.3
single room 6.7
sink 5.2, A, CH
sink (bathroom ~) 5.2
sink (kitchen ~) 5.2
sink (to) 14.5
sister 3.1
sister (church) ■11.8
sister-in-law 3.1
sit 5.2
sit an exam 10.3
sit down 5.2
site office 11.2
site supervision 11.2
site supervisor 11.2
size 2.1, 4.5
skeleton 2.2
sketch 11.1
sketch (to) 11.1
skim through (~ a book) 18.2
skin 2.2, ■12.7
skinny 2.3
skirt 4.5, CH, ZD-CH
sky 17.5
slender 2.3
slice 5.4
slight (a ~ illness) 12.3
slim 2.3
slip-on shoe 4.5, A
slippery (~ roads) 17.2
slogan 19.2
slop (to) 4.2
slovenly 2.3
slow seller 18.2
small 2.3, 4.5, 15.2
small packet 18.7
small studio 5.1
small talk 20.2, ■20.2
small town 16.1
smell 2.7, 16.4
smell (to ~ nice) 16.5
smell (to) 2.7, 16.4
smile (to) 11.3
smock 4.5
smog 17.4
smoke ■9.7
smoke (to) 4.3
smoker 4.3, 9.7
smoking (~ area) ■6.4

stock exchange 8.6
stock(s) 19.3
stomach 2.2, 7.1, ■12.7
stomach trouble 7.1
stomach ulcer 7.1
stomach upset 7.4
stomach-ache 7.1
stone 11.1
stool 5.2
stool test 7.4
stop 14.2, 14.3, ZD-A, ZD-CH
stop (to ~ drinking) 9.7
stop (to) 9.8, 14.1, ■14.1, 15.1, 20.1
store 4.6
store (department ~) 4.6
store (furniture ~) 4.6
store (specialist ~) ■4.6
storeroom 19.3
storey 5.1
storm 17.2
story 11.6, 18.2
stove 5.1, 5.4
straight 15.2
straight (go ~ home) 15.2
straight on 14.1, 15.2
strange ■2.6
stratum 12.11
straw 16.3
stream 17.1
street 14.1
street artist(e) 6.5
street entertainer 6.5
street plan (town/ city ~) 14.1
street worker 9.7
stress 20.1
strike 9.1, 9.2
strike (be on ~) 9.1, 14.4
strike (call a ~) 9.1
strike (end the ~) 9.2
strike (to) 9.2
strike call 9.2
striker 9.2
stroke 7.1
strong 2.6
strong-room 19.4
structural calculation 11.2

structure 11.6
structure (~ of elements) 12.5
stub out (~ a cigarette) 4.3
student 10.4
student (be a ~) 10.1
studio 11.1, 18.4
study 12.2, 12.9
study (to) 10.1, 10.3
study (university/ college) 10.4
stupid ■2.6, 12.1
sturdy 2.3
sty (pig ~) 16.3
style 11.1
stylishly 2.3
subconscious 12.8
subject 10.2, 11.3, A
subject (favourite ~) 10.2
subject (main ~) 10.2
subject (painting) 11.1
subjective 2.8
subscribe (~ to a newspaper) 18.3
subscriber 18.3, 18.5
subscription 6.9, 18.3
subsidiary (subject) 10.2
subsistence level 9.6
substance 12.4
substance (chemical ~) 12.5
substantiate 20.2
subtitle 11.5
suburb 5.1
suburban railway 14.3
suburban train 14.3
suburbs 16.1
subway 14.3
subway station 14.3
succeed (experiment) 12.2
success 6.9, 11.5
successful 11.1
successor 8.3
sudden(ly) ■15.1
sue 8.9
suffer (~ from) 7.4
sufficient 4.6, 15.3
suffocate 7.2
sugar 4.1, 12.5

suggest 1.4
suggestion 1.4
suggestion (acceptable ~) 1.4
suggestion (constructive ~) 1.4
suggestion (unacceptable ~) 1.4
suicide 2.12
suit 4.5
suit (women's ~) 4.5
suit [court] 8.9
suitable (be ~) 19.5
suited (be ~) 19.5
sultry 17.2
sum insured 9.5
summarise 10.5
summary 1.2, 11.6
summer 15.1, 17.2
summer sale(s) 4.6
summit 16.2
sun 17.2, 17.5
Sunday 15.1
sunny 17.2
super ■1.5, ZD-A
superintendent 8.10
supermarket 4.6
supervise 13.2
supervise (~ staff) ■19.1
supper 4.1, 6.4, CH
supplement 14.2, 14.3
supplier 13.2, 19.3
supply 8.6
supply (to) 19.3
support 2.10
support (to) 2.10
supporting role 11.5
suppress 1.5
sure ■1.2
sure (be ~) ■20.2
Sure. ■18.5
surf (~ the internet) 18.6
surface 15.2
surgery (~ hours) 7.4
surgery (doctor's) ZD-A
surgery (time) 7.4
surname 1.1, 2.1
surprise 2.8
surprise (to) 2.8

surrounding area 16.1
surroundings 16.1
survey 12.9
survey results 19.2
surveyor 9.5
survive 7.2, 12.6
suspect 9.8
suspect (become a ~) 9.8
suspect (to ~ sb) 9.8
suspected (be ~) 9.8
suspicion 9.8
suspiciousness 3.2
swear 2.9
swear (to ~ in) 8.3
swearing in 8.3
sweat (to) 7.7
sweep 5.3, A
sweet 2.7, 4.1, 6.4
sweet (~ wine) 4.2
sweet cream 4.1, A
swelling 7.1
swimming costume ■4.5
swimming pool 7.7
swimming trunks ■4.5
swimwear 4.5
swindler 9.8
Swiss 8.1
Swiss Confederation 8.1, CH
Swiss franc 8.6, 19.4
switch 13.3, 13.4
switch off 5.2, 13.3, 13.4, 18.5, A, CH, ZD-A
switch on 5.2, 13.3, 13.4, 18.5, A, CH
switchboard 18.5
switched off (be ~) 13.2
switched on (be ~) 13.2
Switzerland 8.1, CH
syllabus 10.2
symbol 11.8
symbol (mathematical ~) 12.3
sympathy 2.10
symphony 11.4
symptom 7.1, 12.7
symptom of old age 2.5
synagogue 11.8
synthesis 12.5

warmth 5.1, 17.2
warn ■8.11
warning triangle
   14.1, A
wash (~ the
   washing) 5.3, A
wash (to) 4.4, 5.3
wash up 5.3, ZD-A
washbasin 5.2, CH
washing 5.3
washing lotion 4.4
washing up (do
   the ~) 5.3
waste 17.4, ■17.4
waste bin 5.2, A, CH,
   ZD-A
wastebasket 5.2
wasteful 8.6
wastepaper basket
   5.2
watch 2.7, 6.9, 11.5,
   15.1, ■15.1, ZD-A
watch out ■1.1
watch television
   18.4
water ■6.4
water (to) 16.5
water jet 7.5
water sports ■6.9
waterfall 17.1
watering can 16.5
wave (mechanical ~)
   12.4
wave (to ~ goodbye)
   1.1
wave theory 12.4
weak 2.6
weak (performance)
   6.9
wealth 8.6, 9.6
wealthy 9.6
weapon 8.11
wear 4.5
wear (to) 4.5
weather 17.2
weather forecast
   17.2
weather report 17.2
wedding 3.2, 6.2
wedding (golden ~)
   3.2
wedding (silver ~)
   3.2
wedding
   anniversary 3.2
wedding bouquet
   3.2
wedding day 3.2,
   6.2

wedding dress 3.2
wedding reception
   6.2
wedding ring 3.2
Wednesday 15.1
weed(s) 16.3, 16.5
week 15.1
weekday 15.1
weekend 6.8, 15.1
weekly working
   hours 20.1
weigh 2.1
weigh (~ a letter)
   18.7
weigh (~ out) 5.4
weight 2.1, 7.4, 15.3
weight (lose ~) 7.4
weight (put on ~)
   7.7
weightlessness 17.5
welcome ■1.1, 1.1
welcome (to) 1.1
welfare assistance
   9.5
welfare office 8.8,
   9.5
welfare state 8.8,
   9.5
well (know sb ~)
   12.1
well-known 11.1
west 15.2, 17.1
western 17.1
wet 17.2
wheelchair 7.3
when 15.1
where 15.2
where from 15.2
where to 15.2
while ■15.1
whip (~ the cream)
   5.4
whipped cream 4.1,
   A, ZD-A
whipping cream
   4.1, A, ZD-A
white-collar worker
   19.5
Whitsun ■6.1
whole 15.3
wholefood 7.7
wholefood diet 7.7
whore 2.11
wide 15.2
widowed 2.1
wiener 4.1, A, CH
wife 3.2
wig 2.3
wild 16.4

will 2.12
wilted (~ flowers)
   16.5
win 6.9
win (~ the case) 8.9
wind 17.2
window 5.1, ■11.2
window (computer)
   18.6
windy 17.2
wine 4.2, ■6.4
wine bar 6.5
wine tavern 6.4, A
winner 6.9
winter 15.1, 17.2
winter sale(s) 4.6
winter sports ■6.9
wipe 5.3
wipe (nose) 4.4
wipe up 5.3
wisdom 2.9
wish 1.4
withdraw 8.8, 9.5
within (~ the city
   limits) 16.1
within sight of 2.7
witness 8.9
witness (wedding)
   3.2
wok 5.4
woman 9.4
womb 2.2
women's libber 9.4
wonder (to) 2.8
wood 16.2, 16.5
wood(s) 12.6
wool 4.5
word ■1.2
word list 18.1
work 9.2, 19.5, 20.1
work (~ as a scholar)
   12.2
work (~ as a
   scientist) 12.2
work (~ in the
   garden) 6.8
work (to) 19.5
work day 15.1
work of art 11.1
work of art (create/
   make a ~) 11.1
work out (to) 12.3
work placement
   19.5
work through (~ a
   book) 18.2
worked up (get ~)
   2.6
worker 13.2, 19.5

worker (blue-
   collar ~) 19.5
worker (white-
   collar ~) 19.5
working (in ~ order)
   13.4
working day 15.1
working hour 20.1
working hours 20.1
working person
   19.5
workplace 20.1
works ■19.1, ZD-CH
works council 9.2
workshop 13.2,
   13.4
workspace 20.1
world tour 6.6
World Wide Web
   18.6
worship 2.8
worth (be ~) 6.7
worth knowing
   12.1
worthwhile (be ~)
   6.7
wound 7.2, 12.7
wounded person
   8.11
wrap (~ up as a
   present) 6.2
wreath 16.5
wrinkle 2.3
wrinkled 2.3
write 10.3, 11.6,
   18.2, 18.3, 18.8,
   20.1
write (~ a
   dissertation) 10.3
write (~ a doctorate)
   10.3
write (~ a play) 11.5
write down ■1.1,
   20.1
writer 11.5, 11.6,
   18.2
writer (food/
   restaurant ~) 6.4
writing 10.2
writing paper 20.1
written
   (~ agreement) 20.1
written
   (~ correspondence)
   18.8
wrong 2.9
wrong (be ~) 20.1

X

xenophobic 9.3
X-ray 7.6
X-ray (do an ~) 7.4
X-ray (to) 12.7

Y

yard (court ~) 5.1
year 15.1

yearning 2.8
yellow ∎11.1
Yellow Pages 18.5
yes 1.5
yesterday ∎15.1
yob 2.4
yoghurt 4.1
young 2.4
young people ZD-CH
Your health! ZD-CH

youth 2.4
youth (= young
  person) 2.4, ZD-CH
youth hostel 6.7
youthful 2.4

Z

zip 4.5
zip code 18.7

zone 14.3
zoo 16.4
zoological garden
  16.4
zoologist 12.6
zoology 12.6, 16.4
zucchini 4.1, CH

Register

A

A

Adoption 3.3
Adoption
(zur ~ freigeben)
3.3
Adoptivkind 3.3
Adresse 1.1, 2.1,
18.7
Affäre 3.2
After 2.2
ähnlich sehen 3.3
ähnlich sein 3.3
Aids 2.11, 12.7
Akademiker/in
10.3, 19.5, ■19.5
Akkord 11.4
Akku 13.3
Akrobat/in 6.5
Akt (Malerei) 11.1
Akt (Theater) 11.5
Akte 20.1
Aktenmappe 20.1
Aktentasche 20.1
Aktie 8.6
Aktionär/in 8.6
Akustik 11.4
akut (~e Krankheit)
12.7
akzeptabel 1.4
Alarm 7.2
Algebra 12.3
Alibi 9.8
Alimente 3.2
Alkohol 4.2, 12.5
alkoholfrei 9.7
Alkoholiker/in 9.7
alkoholisch 9.7
alkoholisiert 9.7
Alkoholismus 9.7
Alkoholtest 9.7
All 17.5
Alleinerziehende/r
3.3
Allergie 7.1
allergisch 7.1
allgemein 19.1
Allianz 8.5
allmählich ■15.1
Alphabet 2.1
Alptraum 12.8
alt 2.5
Altar 11.8
Altenheim 2.5
Alter 2.1, 2.5, ■9.5
altern 2.5
Alters- und
Hinterbliebenenv-
ersicherung (AHV)
8.8, CH
altersbedingt 2.5

Altersbeschwerden
2.5
Alterserscheinung
2.5
Altersheim 2.5
altersschwach 2.5
altmodisch 5.2
am (Datum) 15.1
am meisten 15.3
Amateur/in 6.9
Ambulanz 7.6
Ambulanz 7.2, CH
Ammann ■8.1, CH,
ZD-CH
Ampel 14.1
Ampere 13.3
Amt 8.8, 16.1
amtlich (~es
Schreiben) 18.8
amüsieren (sich ~)
6.2
an 13.3
an sein 13.3
Analyse 11.7, 12.2
analysieren 11.7,
12.11
Analysis 12.3
Anästhesie 7.6
Anästhesist/in 7.6
Anatomie 12.7,
■12.7
anbauen 16.3
anbeten 2.8
anbieten 4.1, 19.3
Anbieter 19.3
ändern (Meinung ~)
1.3
ändern (Meinung ~)
1.3
ändern (Passwort ~)
18.6
anders ■20.2
anerkannt (~er
Abschluss) 10.3
anerkennen
10.3
Anfahrt 6.6
Anfang 15.1
Anfang (am ~)
■20.2
anfangen 15.1
anfangen (mit der
Arbeit ~) 20.1
anfangs 15.1, ■15.1
anfassen 2.7
Anfrage 18.8
angeblich 19.3
Angebot ■1.4, 4.6,
8.6, 9.2, 18.8, 19.3

Angebot
(~ annehmen) 9.2
Angebot
(~ zurückweisen)
9.2
angehen (jn etw ~)
2.8
angehen (Licht)
13.3
Angehörige/r 3.1
Angeklagte/r 8.9
angespannt 2.6
angespannt (~e
politische Lage)
8.5
Angestellte/r 19.1,
19.5
Anglizismus ■18.1
angreifen 2.7, 8.11,
A, ZD-A
Angriff 8.11
Angst 2.8, 12.8
Angst haben 2.8
ängstlich 2.8
anhaben 4.5
anhalten 14.1
Anhang 18.2
Anhänger/in
(Religion) 11.8
anheben
(Sozialleistung ~)
9.5
anheben (Steuern ~)
8.8
anheben (Zinsen ~)
8.6
Anker 14.5
ankern 14.5
Anklage 8.9
anklagen 8.9
ankommen 14.2,
14.4
Ankunft 14.2, 14.4
Anlage (Brief)
■18.8, 20.1
Anlage (E-Mail)
18.6
Anlage
(Produktion) 13.4
anlegen (Schiff)
14.5
anlernen (jn ~) 19.5
anmachen 13.3
anmachen (Salat ~)
5.4
anmelden (sich zu
einem Kurs ~) 10.4
anmelden (sich zur
Prüfung ~) 10.3

Anmeldung (Kurs)
10.4
annehmbar 1.4
annehmen
(Einladung ~) 6.2,
■6.3
annehmen
(Vorschlag ~) 1.4
Annonce ■18.3,
ZD-CH
Anode 12.5
Anorak 4.5
Anordnung (~ der
Elemente) 12.5
anorganisch 12.5
Anpassung 12.6
Anprobe 4.5
anprobieren 4.5
Anrede 1.1
anreden 1.1
Anreise 6.6, 6.7
Anreiz 10.4
Anruf 18.5
Anrufbeantworter
18.5, ■20.1
anrufen 18.5
Anrufer/in 18.5
Ansage 18.4
Ansage (~ im
Flugzeug) 14.4
Ansager/in 18.4
anschaffen 5.2
anschalten 13.3
anschauen 2.7, 6.6,
11.5, ZD-A
anschauen
(Internetseite ~)
18.6
Anschlag 9.1
anschließen 13.3
Anschluss (Zug)
14.2
anschnallen (sich ~)
■14.1
ansehen 2.7, 11.5
ansetzen
(Meeting ~) 19.1
Ansicht 1.3
ansprechen 1.1
ansprechen (ein
Problem ~) 9.1
anspruchsvoll (~e
Literatur) 11.6
anständig 2.9
Anständigkeit 2.9
anstecken (sich ~)
7.1
ansteckend 7.1
anstellen (jn ~) 9.2

A

A

aufnehmen
(Kontakt ~) 1.1
aufnehmen
(Kredit ~) 19.4
aufnehmen
(Mitglied ~) 6.9
aufpassen ▪1.1
aufräumen 5.3
aufrecht erhalten
(Beziehung ~) 8.5
aufrecht erhalten
(Kontakt ~) 1.1
aufregen (sich ~) 2.6
aufrufen
(Internetseite ~)
18.6
aufrufen (zum
Streik ~) 9.1
aufrunden 12.3
Aufsatz 10.2, 18.1
aufschlagen
(Bücher ~) 10.5
aufschreiben ▪1.1,
20.1
Aufschwung 8.6
aufsetzen (Brille ~)
2.7
aufsetzen
(Schreiben ~) 18.8
aufstehen 5.2
aufsteigen 15.2
aufsteigen (Beruf)
19.1
aufstellen (Rekord ~)
6.9
Aufstieg 15.2
Auftrag 19.3
auftragen 7.4
Auftraggeber/in
19.3
aufwachen 3.3
aufwärmen (Essen ~)
5.4
aufwärts 15.2
aufwischen 5.3
aufziehen 3.3
Aufzug 5.1
Auge 2.2, 2.3
Augenblick 15.1
August ▪15.1
Aupair(-mädchen)
3.3
aus 13.3
aus sein 13.3
ausatmen 7.4
ausbauen
(Kenntnisse ~)
12.1
ausbilden 10.4

Ausbildung ▪10.3,
19.5
ausborgen 19.4,
ZD-A
ausdrücken
(Zigarette ~) 4.3
auseinander setzen
(sich ~ mit) 12.2
Auseinandersetzun-
g 2.10, 8.5
Ausfahrt 14.1
ausfallen
(Maschine) 13.2
Ausflug 6.8
Ausflug (~ machen)
6.8
ausführen
(Auftrag ~) 19.3
ausfüllen (Antrag ~)
16.1
Ausgabe 19.4
Ausgaben 8.6
Ausgang 4.6
ausgeben (Geld ~)
19.4
ausgehen 6.3
ausgehen (Licht)
13.3
ausgezeichnet 4.1
aushalten 2.8
auskommen 2.10
Auskunft ▪1.2
Auskunft (Telefon~)
18.5
Ausland 8.5
Ausländer/in 9.3
Ausländeramt 9.3
Ausländeranteil
9.3
ausländerfeindlich
9.3
Ausländerfeindlich-
keit 9.3
Ausländerpolitik
9.3
Ausländerproblem
9.3
ausländische
Mitbürgerin 9.3
ausländischer
Mitbürger 9.3
ausleihen (Buch ~)
18.1
ausleihen (Geld ~)
19.4
Ausleihfrist 18.1
ausloggen (sich ~)
18.6
Auslöser 11.3

ausmachen 6.3,
13.3
ausmachen
(Motor ~) ▪14.1
ausmachen
(Zigarette ~) 4.3
Ausnahme 10.4
auspacken 6.1
ausrauben 9.8
ausrechnen 12.3
ausreichen 4.6
ausruhen (sich ~)
7.7
Ausrüstung 13.4
aussagen 8.9, 9.8
ausschalten 13.3,
13.4
ausschalten (Anruf-
beantworter ~)
18.5
ausschalten
(Computer ~)
▪18.6
ausschalten (Licht ~)
5.2
ausschauen 7.6,
ZD-A
Ausschlag 7.1
ausschließen (jn ~)
8.4
Ausschnitt 11.3
Ausschreibung
11.2
Ausschuss 8.3, 19.1
aussehen (besser ~)
7.6
aussehen
(schlechter ~) 7.6
Außenpolitik 8.5
außerhalb 15.2,
16.1
Aussicht 16.1
Aussicht (Berufs~)
19.5
Aussperrung 9.2
aussprechen 2.1
ausstehen können
(nicht ~) 2.8, 2.10
aussteigen 14.2
ausstellen 11.1
Aussteller 19.2
Ausstellung 11.1,
19.2
Ausstellungskatalog
11.1
Ausstellungsstück
11.1
aussterben 12.6,
16.4

ausstrahlen
(Sendung ~) 18.4
aussuchen 6.4
austauschen 1.2,
1.3
austauschen
(Informationen ~)
18.1
austeilen (Hefte ~)
10.5
Auster 4.1
austragen
(Konflikt ~) 2.10
austragen
(Konflikt ~) 2.10
austreten (aus der
Kirche ~) 11.8
austreten (aus der
Partei ~) 11.8
Ausverkauf 4.6, CH
Auswärtsspiel 6.9
auswechseln 13.3
auswechseln
(Objektiv ~) 11.3
Ausweis 6.6, 8.1
Ausweis (gültiger ~)
6.6
Ausweis
(ungültiger ~) 6.6
auswendig
(~ lernen) 11.6
Auszeichnung 8.11
ausziehen 3.3, 5.1
ausziehen (sich ~)
4.5, 7.4
Auszubildende/r
19.5
Auto 6.6, 14.1,
▪14.1
Autobahn 14.1
autobiografisch
11.6
automatisch 13.2
automatisiert 13.2
Autopsie 2.12
Autor/in 11.5, 11.6,
18.2
Autorenhonorar
18.2
autoritär 8.2
Autos (zum spielen)
▪2.4
Autoteile ▪13.4
Azubi 19.5

B

Baby 2.4, 3.3
Babysitter 3.3
Bach 17.1
Backbord 14.5
Backe 2.2
backen 5.4
Bäckerei ▪4.6
Backofen 5.4
Bad ▪5.1, 5.2
Badeanzug ▪4.5
Badehose ▪4.5
Badekleidung 4.5
baden 3.3, 4.4
baden 5.2
Badewanne 4.4, 5.2
Badezimmer 5.2
Badezimmer-
  schrank 5.2
Bahn 6.6, 14.2
Bahnhof 14.2
Bahnsteig 14.2
Bahnwaggon ZD-A
bald ▪1.1
Balkon 5.1
Ball (~ spielen) ▪2.4
Ball (auf
  einen ~ gehen) 6.1
Ball (Fest) 6.2
Ballaststoffe 7.7
Ballsportarten ▪6.9
Band 6.5, 11.4
Bande 9.8
Bank 5.2, 19.4,
  ▪19.4
Banker/in 19.4
Bankfiliale 19.4
Bankier 19.4
Bankkunde 19.4
Bankkundin 19.4
Bankomat 19.4,
  19.5, A, CH
Bankomatkarte
  19.4, A
Bankräuber/in 9.8
bankrott sein 8.6
Bar ▪6.4, 6.5
bar (~ zahlen) ▪19.4
Bargeld 19.4
Bart 2.3
Barzahlung 4.6
Base 12.5
Batterie 13.3
Bau 11.2
Bauarbeiten 11.2
Bauarbeiter/in 11.2
Bauch 2.2
Bauchweh 7.1
bauen 11.2

Bauer 16.3
Bäuerin 16.3
Bauernhaus 16.3
Bauherr/in 11.2
Bauindustrie 11.2
Bauleitung 11.2
Baum 12.6, ▪12.6,
  16.2, 16.5, ▪16.5
Baumnuss 4.1, CH
Bauplan 11.2
Baustelle 11.2,
  ▪11.2
Baustil 11.2
Bauunternehmer/in
  11.2
Bauzeit 11.2
beachten 13.4
Beamter 19.5
Beamtin 19.5
beantragen 9.3, 9.5,
  12.2, 16.1
beantragen
  (Telefonan-
  schluss ~) 18.5
beantragen
  (Visum ~) 6.6
beantworten 1.2
beantworten (E-
  Mail ~) 18.6
bearbeiten 13.4
Becher 6.4
Bedarf 8.6
bedeckt (~er
  Himmel) 17.2
Bedeutung 11.6
bedienen 6.4
bedienen (Gerät ~)
  13.4
Bedienung 6.4
Bedienung
  (freundliche ~) 6.4
Bedienung (un-
  freundliche ~) 6.4
Bedingung 8.5
bedrückt 2.6
Bedürfnis 2.8
beeilen (sich ~) 14.2
beeinflussen 8.6
beeinträchtigt sein
  7.3
Beeinträchtigung
  7.3
beenden 15.1
beerdigen 2.12
Beerdigung 2.12
Beet 16.5
Befehl 8.11
befehlen 8.11
Befehlshaber 8.11

befinden (sich ~)
  15.2
befriedigend (Note)
  ▪10.3
befristet (~e
  Arbeitsstelle) 20.1
befruchten 12.6,
  16.5
Befund 12.7
Befürchtung 2.8
begegnen 2.10
Begehren 2.8
begehren 2.8
begeistert sein 11.5
Beginn 15.1
beginnen 15.1
beginnen
  (Gespräch ~) 20.2,
  ▪20.2
beginnen (mit der
  Arbeit ~) 20.1
beginnen
  (Sendung) 18.4
begleiten (auf dem
  Klavier ~) 11.4
begleiten (Musik)
  11.4
begraben 2.12
Begräbnis 2.12
begrenzt (~es
  Wissen) 12.1
begründen 20.2
begrüßen 1.1
Begrüßung 1.1
behalten 12.1
behandeln
  (ärztlich ~) 7.2
Behandlung 7.6
behaupten ▪20.2
Beherrschung (die
  ~ verlieren) 2.6
behindern (den
  Verkehr ~) 14.1
behindert sein 7.3
Behinderte/r 7.3
Behinderung 7.3
Behörde 16.1
beibringen (jn
  etwas ~) 10.4
beide 15.3
Beifall 11.5
Beilage 6.4
Beilage 20.1, A, CH
Beileid 2.12
Bein 2.2
Beisel ▪6.4, A, ZD-A
Beisetzung 2.12
beißen 16.4
Beitrag 6.9

bejahen 1.5
bekannt 2.10, 11.1
bekannt geben 1.2,
  18.3
bekannt machen
  18.3
Bekannte/r 2.10,
  6.3
Bekanntschaft 2.10,
  6.3
bekehren (jn ~) 11.8
Beklagte/r 8.9
bekommen (Fax ~)
  18.5
bekommen
  (Informationen ~)
  18.1
bekommen
  (Kredit ~) 19.4
beleidigen 2.10
Beleidigung 2.10
Belichtung 11.3
bellen 16.4
Belletristik 11.6,
  18.2
bemerken 2.7,
  ▪10.4
bemühen (sich ~)
  20.1
Benehmen 2.6, ▪2.6
benehmen (sich ~)
  2.6, 3.3
beneiden 2.8
benutzen 13.4
Benutzer/in 18.1,
  18.6
Benzin 14.1
beobachten 2.7
Beobachtung 2.7
bequem 5.2
beraten 8.3
Beratung 12.8
berechnen 12.3
Bereich 12.2
bereit sein 1.4
bereuen 2.9
Berg 16.2
bergab (~ gehen)
  (Wirtschaft) 8.6
bergauf (~ gehen)
  (Wirtschaft) 8.6
Berge (die ~) ZD-A
bergsteigen 6.8
Bergungsarbeiten
  17.3
Bergwerk 12.11
Bericht 1.2, 12.2,
  18.3
berichten 1.2, 18.3

G

G

komponieren 11.4
Komponist/in 11.4
Komposition 11.1
Kompromiss 8.5
Kondom 2.11
Kondukteur 14.2,
  CH
Konfekt 4.1
Konferenz 8.5
Konfession 11.8
Konfirmation 11.8
Konfitüre 4.1, ZD-CH
Konflikt 2.10, 8.5,
  12.9
König/in 8.2
Konjunktur 8.6
konkret 12.2
Konkurs 9.2
können 12.1, ■12.1
konservativ 2.6
konsistent 11.7
konstruktiv (~er
  Vorschlag) 1.4
Konsulat 6.6, 8.5
Kontakt 1.1, 2.10
kontaktfreudig 2.6
Kontaktlinse 2.7
Kontinent 12.11,
  17.1, ■17.1
kontinental 17.1
Konto 19.4
Kontra (Pro und ~)
  1.3
Kontrast 11.3
kontrollieren
  (Hausaufgabe ~)
  10.5
Kontur 11.1
konvertieren 11.8
konzentrieren
  (sich ~) 10.4
konzentriert (~e
  Lösung) 12.5
Konzert 11.4
Konzertsaal 11.4
Kopf 2.2
kopieren 18.6,
  ■18.6
Kopierer ■20.1
Kopierpapier 20.1
Korkenzieher 4.2
Korn 16.3, ZD-CH
Körper 2.2, 11.7
Körper (Geometrie)
  12.3
Körper (Physik)
  12.4
körperbehindert
  7.3

körperlich
  behindert 7.3
Körperpflege 4.4
Korrespondent/in
  18.3
Korrespondenz
  18.8
korrigieren 18.8
korrupt 2.6, 2.9
Korruption 2.9, 8.6
Kosmetikartikel
  ■4.4
Kosmologie 17.5
kosten 2.7, 4.2, ZD-A
Kosten ■8.9, 13.2
kostenlos 11.5
Kostüm 4.5, 11.5
Kotelett 4.1
Krabbe 4.1
Krach 2.7
Kraft 12.4
Kraftfahrzeug 14.1
kräftig 2.3
Kraftwerk 13.3
krank (~ sein) 7.1
krank (~ werden)
  7.1
krank
  (jn ~ schreiben)
  7.1
krank
  (sich ~ melden)
  20.1
krank
  (unheilbar ~ sein)
  7.6
Kranke/r 7.1
kränken 2.10
Krankenbesuch 7.6
Krankenbett (am ~)
  ■7.6
Krankengymnast/in
  7.4
Krankengymnastik
  7.4
Krankenhaus 7.6
Krankenkassa 7.1,
  ZD-A
Krankenkasse 7.1,
  8.8, 9.5
Krankenpflege 7.6
Krankenpfleger 7.6
Krankenschein ZD-A
Krankenschwester
  7.6
Krankenversiche-
  rung 7.1, 8.8, 9.5
Krankenwagen
  7.2

Krankenwagen
  (~ rufen) 7.2
Krankheit 7.1, 12.7
Krankheitsverlauf
  12.7
Krankmeldung 20.1
Krankschreibung
  7.1
Kränkung 2.10
Kranz 16.5
Krater 12.11
Kräuter 4.1
Kräutertee 4.2, 7.7
Krawatte 4.5
kreativ 19.2
Krebs 7.1
Kredit 19.4
Kreditkarte ■19.4
Kreis 12.3, 15.2
kreisförmig 12.3
Kreislauf 2.2
Krematorium 2.12
Kreuz 11.8
Kreuzfahrt 6.6, 14.5
Kreuzung 14.1
Krieg 8.11
Krimi ■11.6, ■18.4
Kriminalbeamter
  8.10
Kriminalbeamtin
  8.10
Kriminalität 9.8
Kriminalpolizei
  8.10
kriminell 9.8
Krise 8.5, 9.1
Krise (in einer ~ sein)
  9.1
Krise (in
  einer ~ stecken)
  9.1
Kristall 12.11
kristallisieren 12.11
Kritik 11.5
Kritiker/in 6.4,
  11.5, 18.2
kritisieren 18.2
Krone 7.5
krumm 15.2
Kübel 5.2, CH
Küche ■5.1, 5.4
Kuchen ■4.1, 5.4
Kugelschreiber 20.1
kühl 17.2
Kühlschrank ■5.2
kulant (~ sein) 19.3
Kultur 11.1
Kunde 4.6, 18.5,
  19.3

Kundenberater/in
  19.4
Kundendienst 4.6
Kundenkarte 19.4,
  A
kündigen
  (Mitgliedschaft ~)
  6.9
kündigen
  (Versicherung ~)
  9.5
Kündigung 9.2,
  18.8
Kundin 4.6, 18.5,
  19.3
künftig (~er
  Arbeitgeber) 19.5
Kunst 11.1, ■11.1
Kunst (alte ~) 11.1
Kunst (bildende ~)
  11.1
Kunst (entartete ~)
  ■11.1
Kunst
  (zeitgenössische ~)
  11.1
Kunstakademie
  10.1
Kunstfaser 4.5
Kunstgalerie 11.1
Kunstgewerbe 11.1
Kunsthändler/in
  11.1
Kunsthandwerk
  11.1
Kunsthistoriker/in
  11.1
Künstler/in 11.1
künstlerisch 11.1
künstlerische Berufe
  ■19.5
Künstlername 11.4
Kunstwerk 11.1
Kunstwerk
  (~ schaffen) 11.1
Kur 7.6
Kurs 8.6, 10.4
Kurs (~ besuchen)
  10.4
Kurs (~ halten) 10.4
Kurs (an
  einem ~ teil-
  nehmen) 10.4
Kurs (Schiff) 14.5
Kursleiter/in 10.5
Kursraum 10.5
Kursteilnehmer/in
  10.5
Kurve ■12.3, 14.1

kurz ■4.4, 4.5, 15.2
Kurzbrief 18.8
kürzen
   (Sozialleistung ~)
   9.5
kürzen (Text ~) 18.2
kürzlich 15.1
Kurznotiz 18.8
Kurzschluss 13.3
Kürzung (Text) 18.2
Kuss 3.2
küssen 3.2
Küste 17.1
Kuvert ZD-A

Labor 12.2
lächeln ■2.8, 11.3
lachen 2.8, ■2.8
Laden 4.6
laden 18.6
Ladenhüter 18.2
Ladenöffnungs-
   zeiten 4.6
Ladung
   (elektrische ~) 12.4
Lage 15.2
Lage (finanzielle ~)
   19.4
Lager 19.3
Lager (auf ~ sein)
   19.3
Laie 12.2
Laienrichter/in 8.9,
   CH
Lampe 5.2
Land 8.1, 16.2
Land (am ~) ZD-A
Land (an ~ gehen)
   14.5
Land (auf dem ~)
   16.2
Landbevölkerung
   16.1
Landebahn 14.4
landen 14.4, 17.5
Landeshauptfrau
   8.3, A
Landeshauptmann
   8.3, A
Landeshauptstadt
   16.1
Landesregierung
   8.1
Landkreis 16.1
Landschaft 16.2
landschaftlich 16.2
Landtag 8.1

Landung 14.4
Landwirt/in 16.3
Landwirtschaft
   16.3
lang 4.5, 15.2
lange 12.1
Länge 12.3, 15.2
Langlebigkeit 2.5
langweilig ■1.5,
   ■2.6, 11.6, 18.2,
   19.5, ■19.2
Laptop 18.6
Lärm 2.7
Laser 12.4
lässig 2.6
Last(kraft)wagen
   14.1
Laster 2.9
Laub 16.5
Laubbaum ■12.6,
   ■16.5
laufen (Kinofilm)
   11.5
Laufwerk ■18.6
Laune 2.6, 2.8
laut 2.7, 11.4
Laut 2.7
läuten 5.1, 18.6, A,
   CH, ZD-A, ZD-CH
Lautsprecher 11.4
Lautstärke 2.7
Lava 12.11
Lavabo 5.2, CH
Lawine 17.3
leben 5.1
Leben retten 7.2
lebendig 2.12
Lebensalter
   (mittleres ~) 2.5
Lebenserwartung
   2.5
Lebensgefahr 7.1
Lebensgefährte 3.2,
   6.3
Lebensgefährtin
   3.2, 6.3
Lebenslauf 19.5
Lebensmittel 4.1
Lebensmittel-
   geschäft ■4.6
Lebenspartner/in
   3.2
Lebensstandard
   8.6, 9.6
Lebensweise 7.7
Leber 2.2
Lebewesen 12.6
Leder 4.5
ledig 2.1

leer 4.2, 19.3, 13.3
leeren
   (Briefkasten ~)
   18.7
legal 8.9
Legalisierung 9.7
legen ■15.2
Legierung 12.11
Lehrberufe ■19.5
Lehrbuch 10.4, 18.2
Lehre 10.1, 19.5
lehren 10.4
Lehrer/in 10.4,
   10.5, ■19.5
Lehrerkollegium
   10.4
Lehrgang 10.4
Lehrling 10.1, 19.5,
   ZD-A
Lehrmaterial 10.4
Lehrplan 10.2
Lehrstelle 19.5
Lehrstuhl 10.1, 10.4
leicht 6.6, 19.5,
   12.7, 12.3
Leichtathletik ■6.9
Leichtmetall 12.11
leiden 7.4
leiden
   (nicht ~ können)
   2.8, 2.10
Leidenschaft 2.8
leidenschaftlich
   2.8
leider ■1.5
leihen (Geld ~) 19.4
Leine 16.4
Leintuch 5.2, A
Leinwand 11.1
leise 2.7, 11.4
Leistung 12.4, 13.2
leiten (Projekt ~)
   ■19.1
leitend (~e
   Angestellte) 19.1
Leiter (Strom) 12.4
Leiter/in 12.2
Leiter/in
   (Abteilung) 19.1,
   19.4
Leiter/in (Betrieb)
   13.2
Leitung 13.3
Leitungswasser 4.2
Lektor/in 18.2
lernbehindert 7.3
lernen 10.4
lernen (für die
   Prüfung ~) 10.3

lernfähig (~ sein)
   10.4
Lernstrategie 10.4
Lernziel 10.4
Lesbe 2.11, 9.4
Lesbierin 2.11
lesbisch 2.11
lesen 10.4, 11.6,
   18.2, 18.3
Leser/in 11.6, 18.2
Lesesaal 18.1
Leseverstehen 10.2
Lesung 18.2
Letzte/r 15.3
letztes Mal 15.3
Leuchtreklame 19.2
Leuchtturm 14.5
leugnen 9.8
Leute ■12.9
Lexikon 18.1
Licht 12.4
Lichtjahr 17.5
Lichtschalter 13.3
Lichtsignal 14.1, CH
lieb ■1.1
Liebe 2.8, ■2.9, 2.10
lieben 2.8, 2.10
lieber 2.8
Liebhaber 3.2
lieblich (~er Wein)
   4.2
Liebling 3.2
Lieblingsfach 10.2
Lied 11.4
lieferbar 18.2, 19.3
liefern 4.6, 18.2,
   19.3
Lieferung 4.6, 19.3
liegen 5.1, 15.2
Lift 5.1, ZD-A
Likör 4.2
Limonade 4.2
Linie 12.3, 15.2
Linie (Bus~) 14.3
Linke/r 8.4
links 14.1, 15.2
Lippe 2.2
Liqueur 4.2, CH
Liter (l) 15.3
Literatur 11.6,
   ■11.6
Literaturepoche
   11.6, ■11.6
Literaturgattung
   11.6
Literaturgeschichte
   11.6
Literaturkritik
   11.6